Schriftenreihe des Instituts für Rechnungslegung und Controlling

Band 7

Herausgegeben von Prof. Dr. Reiner Fickert, Universität St. Gallen

Dr. Olaf Hoffmann

Performance Management

Systeme und Implementierungsansätze

3., unveränderte Auflage

Verlag Paul Haupt
Bern · Stuttgart · Wien

Olaf Hoffmann schloss sein Studium der Betriebswirtschaft an der Universität St. Gallen (HSG) mit der vorliegenden Dissertation ab. Nach einer vierjährigen Assistenzzeit am Institut für Rechnungslegung und Controlling der Universität St. Gallen wechselte er 1997 in die Telekommunikationsbranche. Bis Anfang 2000 war er bei einem führenden Unternehmen dieser Branche als Leiter Controlling & Planung tätig. Heute leitet er in Zürich den Bereich «Business Development» bei der Credit Suisse Financial Services.

1. Auflage: 1999
2. Auflage: 2000

Die Deutsche Bibliothek – CIP-Einheitsaufnahme

Hoffmann, Olaf:
Performance Management : Systeme und Implementierungsansätze /
Olaf Hoffmann. –
3., unveränd. Aufl.. –
Bern ; Stuttgart ; Wien : Haupt, 2002
(Schriftenreihe des Instituts für Rechnungslegung und Controlling ; Bd. 7)
Zugl.: St. Gallen, Univ., Diss. 1999
ISBN 3-258-06105-X

Dieses Papier ist umweltverträglich, weil chlorfrei hergestellt;
es stammt aus Schweizer Produktion mit entsprechend kurzen Transportwegen
Printed in Switzerland

www.haupt.ch

Meiner Familie

Vorwort

Diese Arbeit ist in zwei Phasen entstanden. In der ersten Phase konnte ich als Assistent am Institut für Rechnungslegung und Controlling der Universität St.Gallen ein theoretisches Fundament erarbeiten. Die zweite Phase war durch den Aufbau des Controlling bei einem Internetprovider gekennzeichnet und führte dazu, dass mein ursprüngliches Modell tiefgreifend überarbeitet und erweitert worden ist. Ich möchte mich bei all den Personen bedanken, die mich während beider Phasen begleitet und damit auch einen Beitrag zum Gelingen dieser Arbeit geleistet haben.

Zu sehr grossem Dank bin ich meinem Doktorvater Herrn Prof. Dr. Reiner Fickert verpflichtet. Ohne seine Unterstützung wäre die vorliegende Arbeit in dieser Form nicht zustande gekommen. Grossen Dank schulde ich auch Herrn Dr. Erwin Staehelin für die Übernahme des Co-Referats.

Viele weitere Personen haben dazu beigetragen, dass diese Dissertation möglich wurde. Dazu gehören Hermann Stern sowie sein Team, die mich auf vielfältige Weise bei der Implementierung eines Performance Management Systems unterstützt haben. Weitere wertvolle Erfahrungen während der Umsetzungsphase konnte ich in Gesprächen mit zahlreichen Praktikern sammeln. Ihnen gilt an dieser Stelle mein Dank.

Herzlich bedanken möchte ich mich auch bei Prof. Dr. Hanno Roberts für seine konstruktive Kritik und seine wertvollen Hinweise. Kerim Can und Ulf Knöbel bin ich für die zahlreichen anregenden Gespräche während unserer gemeinsamen Zeit am Institut für Rechnungslegung und Controlling der Universität St.Gallen sehr verbunden.

Oliver van Ligten, Silke Aschmann, Mathias Turwitt, Frank Schnückel und Franca Grossevollmer haben die mühevolle Arbeit des Korrekturlesens übernommen, wofür ich ihnen sehr herzlich danken möchte.

Mein besonderer Dank gilt den Menschen, die mir am nächsten stehen: meinen Eltern für ihre liebevolle Unterstützung sowie Roman und Dorit. Ohne Dorits Verständnis, ihre Hilfe und Liebe wäre diese Arbeit nicht fertiggestellt worden. Weil Worte meine Dankbarkeit für das Empfangene nicht ausdrücken können, möchte ich ihr diese Arbeit widmen.

Zürich, im August 1999 Olaf Hoffmann

Inhalt

1 Einleitung

1.1 Problemstellung und Zielsetzung

„In the past eighteen months, we have heard that profit is more important than revenue, quality is more important than profit, that people are more important than profit, that customers are more important than our people, that big customers are more important than our small customers, and that growth is the key to our success. No wonder our performance is inconsistent.“[1]

In der jüngeren Vergangenheit kann eine zunehmende Performanceorientierung in Unternehmen festgestellt werden.[2] Sie manifestiert sich nicht nur in einer intensiven Shareholder Value-Diskussion, sondern u.a. auch in der Popularität, die Performance Management Ansätze wie z.B. der Balanced Scorecard Ansatz erfahren.[3]

Als externe Ursachen für die zunehmende Performanceorientierung können ein steigender Wettbewerbsdruck sowie anspruchsvollere Kunden sowie ein stetiger Wandel der Marktstrukturen betrachtet werden.[4] Zahlreiche Unternehmen reagieren auf den Wandel der Wettbewerbsverhältnisse mit Reorganisationen, die sich in der Dezentralisierung von Entscheidungskompetenzen, flacheren Hierarchiestufen sowie neueren Formen der Zusammenarbeit (z.B. in Form von Netzwerkstrukturen) niederschlagen.

Der Umgang mit dieser dynamischen Entwicklung stellt das Performance Management von Unternehmen vor grosse Herausforderungen: einem stetigen Wandel unterworfene externe Wettbewerbsfaktoren und veränderte interne Organisationsstrukturen erfordern eine Überprüfung der Leistungsmessung sowie der zugrundeliegenden Planungsprozesse bzgl. ihrer Adäquanz.

---

1 Zitat eines Marketingleiters. Hostettler (1999), S.8

2 Fickert/Anger (1998), S.54

3 Creelman (1998) führt hierzu aus: „The balanced scorecard is certainly one of the hottest management topics of the 1990s. Increasing numbers of organizations are building and implementing balanced scorecards with the intention of achieving significant competitive advantage.“ Creelman (1998), S.1

4 Diese drei Aspekte sind im Rahmen einer 1998 veröffentlichten Untersuchung über den Einsatz von Balanced Scorecards in Grossbritannien als die wichtigsten externen Einflussfaktoren genannt worden. Creelman (1998), S.319

Empirische Ergebnisse einer schweizerischen Studie deuten aber darauf hin, dass in der Praxis dbgzl. noch ein Nachholbedarf existiert. So zeigen die empirischen Ergebnisse einer 1998 veröffentlichten Studie, dass lediglich 31 Prozent der Befragten mit ihren bestehenden Indikatoren der Leistungsmessung zufrieden waren.[5] Zudem belegt die Studie, dass sehr selten Mitarbeiter tieferer Hierarchiestufen in die Zielsetzungsprozesse involviert sind.[6] Das scheint im Widerspruch zu den Erfordernissen nach einer weitreichenden Delegation von Entscheidungskompetenzen zu stehen.

Im Spannungsfeld zwischen einer stärkeren Performanceorientierung und einer zunehmenden Dynamik der Unternehmensumwelt treten verschiedenartige Fragestellungen auf, von denen nur einige exemplarisch genannt werden sollen:

- Wie kann die Abstimmung zwischen den verschiedenen Massnahmen zur Verbesserung der operativen Performance sichergestellt werden?
- Wie kann ein rasches Feedback sichergestellt werden, um die Reaktionszeiten zu verkürzen und u.U. zukünftige Entwicklungen zu antizipieren?
- Wie können performancerelevante Informationen adressatengerecht kommuniziert werden?
- Wer besitzt die Verantwortung für das Reporting in dezentralen Organisationseinheiten?
- Wie kann die Unternehmensstrategie konkret in messbare operative Ziele übersetzt werden?

Die Fragestellungen deuten darauf hin, dass es im Rahmen des Performance Managements eines koordinierten Vorgehens bedarf, um Dysfunktionalitäten und Inkonsistenzen zu vermeiden. Das betrifft auch die Neuausrichtung der Leistungsmessung und der Zielsetzungsprozesse, die bislang als die Kernaufgaben des Controllings betrachtet werden können. Wenn sich das Controlling nicht aktiv mit diesen Fragestellungen auseinandersetzt, läuft es zunehmend Gefahr, dass sein Nutzen im Rahmen der Unternehmensführung kritisch hinterfragt wird.

---

5 Brunner (1998), S.17
Damit weicht dieser Wert nicht sehr stark von den Ergebnissen einer internationalen Studie von Arthur Andersen zum Themengebiet Performance Management ab. Brunner (1999), S.9

6 Lediglich in 22 Prozent der Unternehmen sind Mitarbeiter tieferer Hierarchiestufen in die Zielvereinbarungsprozesse involviert worden. Brunner (1998), S.24

In dieser Arbeit sollen Wege aufgezeigt werden, mit denen Inkonsistenzen bei der Implementierung von Performance Management Systemen vermieden werden können. Dabei verfolgt sie zwei Zielsetzungen, die den Aufbau und die Umsetzung von Performance Management Systemen betreffen:

Als erste Zielsetzung soll mit dieser Arbeit eine Systematisierung der Kernelemente von Performance Management Systemen vorgenommen werden. Dazu werden u.a. drei existierende Performance Management Ansätze analysiert und verglichen.

Die Ergebnisse dieser Untersuchung fliessen in die Entwicklung eines Gestaltungsrahmens, der das Design und die Implementierung von Performance Management Systemen unterstützen soll. Die Herleitung dieses Gestaltungsrahmens bildet das Hauptziel dieser Arbeit. Er soll die Koordination zwischen den verschiedenen Elementen des Performance Managements unterstützen sowie ein strukturiertes Vorgehen bei der Implementierung von Performance Management Systemen gewährleisten. Implementierungsaspekte sollen anhand von fünf Fallstudienunternehmen näher betrachtet werden.

1.2 Aufbau der Arbeit

Wie aus der nachfolgenden Abbildung 1-1 ersichtlich wird, gliedert sich die Arbeit neben der Einleitung und dem Fazit in drei Teile.

Abbildung 1-1: Aufbau der Arbeit

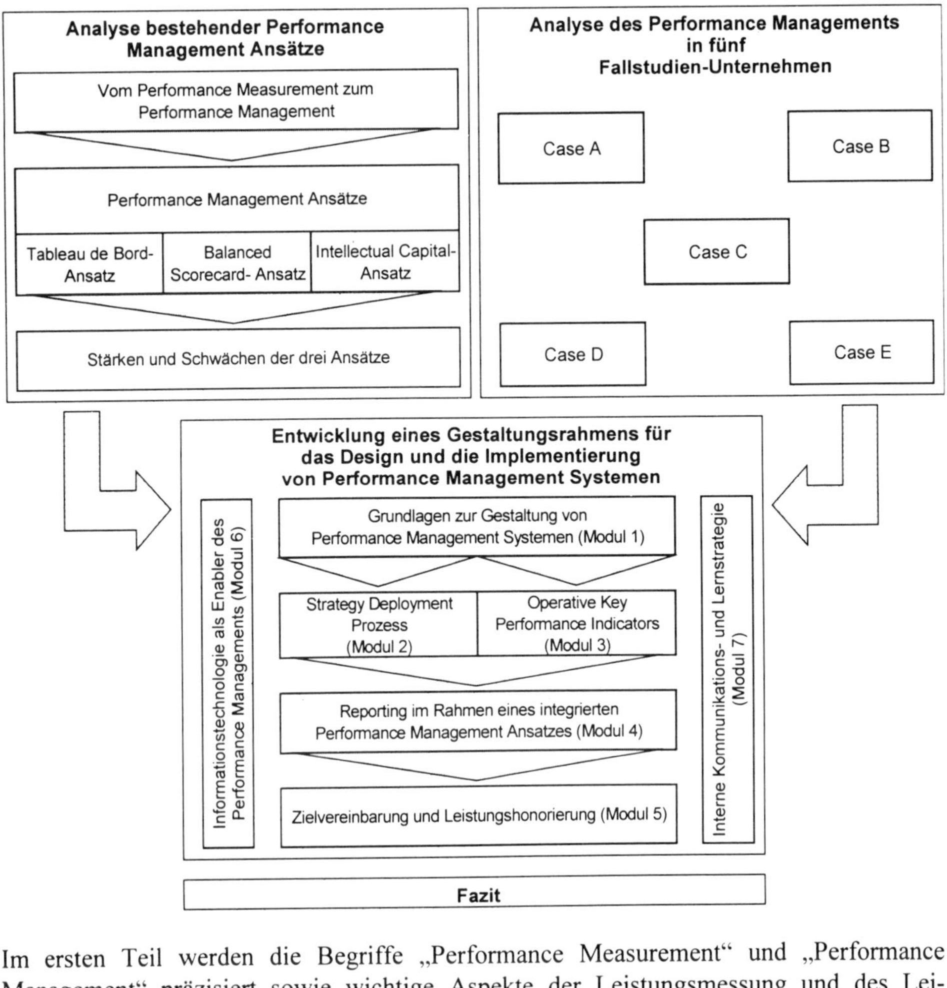

Im ersten Teil werden die Begriffe „Performance Measurement" und „Performance Management" präzisiert sowie wichtige Aspekte der Leistungsmessung und des Leistungsmanagements erläutert. Nach einer Vorstellung der Zielsetzungen und Elemente von Performance Management Ansätzen werden drei in Theorie und Praxis verbreitete Ansätze analysiert sowie ihre Stärken und Schwächen herausgearbeitet.

Im Hauptteil dieser Arbeit wird ein konzeptioneller Bezugsrahmen entwickelt, mit dessen Hilfe das Design und die Implementierung von Performance Management Systemen in koordinierter Weise unterstützt werden kann.

Der Gestaltungsrahmen besteht aus sieben Modulen, die einzelne wichtige Aspekte von Performance Management Systemen beleuchten. Impulse zur Entwicklung der einzelnen Module sind nicht nur von den drei analysierten Performance Management Ansätzen ausgegangen, sondern auch von den Erfahrungen von fünf Unternehmen bei der Umsetzung des Performance Managements.

Anhand von Fallstudien werden spezifische Gestaltungs- und Implementierungsaspekte von Performance Management Systemen im vierten Abschnitt dieser Arbeit erläutert. Dabei wird sowohl auf die Rahmenbedingungen eingegangen, die die Projekte zur Neuausrichtung der Performance Management Systeme initiiert haben, als auch auf wichtige Zusammenhänge bei ihrer Umsetzung.

2 Performance Measurement und Management

2.1 Grundlagen

2.1.1 Vielschichtigkeit des Begriffs „Performance“

Die Bezeichnung „Performance“ ist ein oft erwähnter Begriff, der noch keine eindeutige Übersetzung in der deutschsprachigen betriebswirtschaftlichen Literatur erfahren hat.[7] Eine einheitliche Übersetzung wird dadurch erschwert, da die Bedeutung von „Performance“ kontextbezogen und folglich sowohl von den Verwendern des Begriffs als auch von dem Verwendungsgebiet abhängig ist.[8] Der Blickwinkel des Betrachters bestimmt, was als Performance definiert wird und wie sie gemessen wird.[9]

Es ist daher auch nicht verwunderlich, dass sich in der englischsprachigen Literatur unter den Publikationen zum Thema „Performance Measurement“ und „Performance Management“ sowohl solche mit controlling- und finanzmarktorientierten als auch jene mit organisatorischen, qualitätsfokussierten und personalwirtschaftlichen Themenschwerpunkten befinden.[10]

Der Begriff „Performance“ kann in freier Übersetzung mit „Leistung“, der Begriff „Performance Measurement“ mit „Leistungsmessung“ umschrieben werden.[11] Unter „Lei-

---

7 Euske et al. (1995), Lebas (1995), Klingebiel (1996), Gleich (1997) und Schust (1994)

8 Eine sehr allgemeingültige Definition von Performance liefert Lebas: „Performance is about deploying and managing well the components of the causal model that lead to the timely attainment of stated objectives within constraints specific to the firm and to the situation.“ Lebas (1995), S.29

9 „Performance is case specific and decision-maker specific.“ Lebas (1995), S.29

10 Eine kurze Auswahl von Werken, die das Schlagwort „Performance“ im Titel haben, zeigt die verschiedenartigen Facetten dieses Begriffes: Brealey/Myers (1991) liefern eine umfassende Übersicht über finanzielle Performancegrössen. Brealey/Myers (1991), S.675ff. und 268ff.
Fisher (1997) geht in ihrem Buch mit dem Titel „Performance Management“ auf Aspekte der Leistungsbewertung und –steigerung von Mitarbeitern ein. Spangenberg (1994) betont in einem Buch mit demselben Titel verstärkt motivationale Aspekte der Leistungszielvereinbarung und Leistungsmessung von Teams und Individuen. Kaydos (1991) stellt in dem Buch „Measuring, managing and maximising performance“ eine TQM-orientierte Betrachtungsweise des Performance Managements dar. Der Untertitel seines Buches weist bereits auf diesen Schwerpunkt hin: „What every manager needs to know about quality and productivity […].“ Lockamy/Cox (1994) gehen im Gegensatz dazu verstärkt auf organisatorische und Management Accounting relevante Gesichtspunkte der Neuorientierung der Leistungsmessung ein. Fuller (1997) äussert sich im Gegensatz dazu ausschliesslich über organisatorische Aspekte von Performance Management Projekten.

11 Willmann (1994), S.433

stung“ soll im Rahmen dieser Arbeit nicht der im betrieblichen Rechnungswesen verwendete pagatorische oder kostenorientierte Wertbegriff verwendet werden, da dieser eine pekuniäre Komponente besitzt.[12] Dieser eignet sich nicht, um alle Ergebnisse von betrieblichen Teilprozessen darzustellen, da er zu sehr auf das finale Ergebnis des betrieblichen Leistungserstellungsprozesses fokussiert ist. Stattdessen soll in dieser Arbeit für Performance/Leistung ein weiter gefasster Begriff verwendet werden[13]:

Unter Performance/Leistung wird der bewertete Beitrag zur Erreichung der Ziele einer Organisation verstanden. Dieser Beitrag kann von Individuen und Gruppen von Mitarbeitern innerhalb der Organisation sowie von externen Gruppen (wie z.B. Lieferanten) erbracht werden.

In dieser Definition wird der Bedeutung des Humankapitals als primären Leistungsträger besondere Bedeutung beigemessen. „Performance cannot change without people“[14] stellen Lynch/Cross in diesem Zusammenhang fest. Mit dieser Arbeitsdefinition soll auch der Tatsache Rechnung getragen werden, dass die Messung von Leistung sowohl der Entscheidungsunterstützung als auch der Verhaltensbeeinflussung von Menschen dient.

De Haas/Kleingeld betonen diese Komponente, indem sie ausführen: „performance measurement is supposed to stimulate the necessary ‚mental shift‘ of the organisation, which is ultimately made in the minds of humans.“[15]

Die Leistungsmessung stellt keinen Selbstzweck dar, sondern ist ein Mittel, um die Aufmerksamkeit auf die Ziele einer Organisation auszurichten. Damit bilden die Bestimmung von Leistungsgrössen, ihre Messung sowie die Bewertung von Leistung seit jeher zentrale

---

In diesem Werk sollen die Begriffe „Performance“ und „Leistung“ sowie „Performance Measurement“ und „Leistungsmessung“ synonym verwendet werden.
Im Englischen kann „performance“ mit „manner or quality of functioning“ umschrieben werden. Damit steht die Charakterisierung der Funktionsweise, nicht die Leistung (-sbereitschaft) als solches, im Vordergrund. o.A. (1994), S.1158

12 Zdronwomyslaw (1995) umschreibt Leistungen im Sinne eines kostenbasierten Leistungsbegriffs als „der in Geld ausgedrückte Wert aller erbrachten Güter und Dienstleistungen im Rahmen der eigentlichen (typischen) betrieblichen Tätigkeit einer Periode eines Unternehmens, wobei der Wertansatz auf den für die Gütererstellungen anfallenden Kosten (wertmässigen oder pagatorischen) Kosten basiert.“ Zdronwomyslaw (1995), S.67.
Analog dazu bezieht sich beim wertbasierten Leistungsbegriff der verwendete Wertansatz auf die Preise des Absatzmarktes.

13 Damit orientiert er sich sehr stark an einer Definition von de Haas/Kleingeld (1997).
de Haas/Kleingeld (1997), S.6

14 Lynch/Cross (1991), S.194

15 de Haas/Kleingeld (1997), S.6

Aufgaben der Managementfunktion.[16] Drucker führt in dem 1954 erstmals erschienenen Werk „The practice of management" zur Bedeutung der Leistungsmessung aus: "The real difficulty lies indeed not in determining what objectives we need, but in deciding how to set them. There is only one fruitful way to make this decision: by determining what shall be measured in each area and what the yardstick of measurement should be. For the measurement used determines what one pays attention to. It makes things visible and tangible. The things measured become relevant."[17]

Im Zusammenhang mit der Bestimmung von Leistungsgrössen können zwei Fragestellungen unterschieden werden, die bei deren Charakterisierung helfen und interagieren[18]:

- Warum wird in einer Organisation gemessen?
- Was soll in einer Organisation als Leistung betrachtet werden?

Lebas identifiziert fünf Ursachen, warum in Organisationen die Leistung gemessen wird. Bei allen fünf von ihm beschriebenen Gründen, warum gemessen wird, stehen Planungs-, Koordinations- und Kontrollaufgaben im Vordergrund. Die fünf Ursachen lassen sich in Frageform wie folgt umschreiben:[19]

- *Wo stand die Organisation in der Vergangenheit?* Die Beantwortung dieser Frage erlaubt Rückschlüsse auf die jüngste Entwicklung, d.h. warum und wie eine Organisation ihr heutiges Stadium erreicht hat. Damit bildet sie die Basis für Leistungshonorierungen, die i.d.R. auf vergangenheitsorientierten Informationen basieren. Ferner liefert sie auch eine Datenbasis für eine Projektion in die Zukunft.
- *Wo steht die Organisation heute?* Damit sollte die Messung von Leistung Informationen über all jene Dimensionen liefern, die den heutigen Organisationszustand definieren. Zudem sollte die Darstellung des heutigen Status Rückschlüsse auf die zukünftigen Potentiale sowie Aktivitätsfelder mit Verbesserungsbedarf liefern.

---

16 Mackenzie (1969), S.81ff.; Pfohl/Stötzle (1997), S.3ff.

17 Drucker (1968), S.85

18 Crowther (1996) führt dbzgl. aus: „It is argued however, that appropriate measures cannot be selected until the purpose of evaluation has been determined. It is therefore again demonstrated that the foundation of performance measurement is the identification of the reasons for the evalutation of performance [...]". Crowther (1996), S.5

19 Lebas (1995), S.24

- *Wohin soll sich die Organisation in Zukunft entwickeln?* Messgrössen sollten bei der Operationalisierung der zukünftigen Ziele helfen, indem sie u.a. Zielwerte liefern sowie die Entwicklung und Konkretisierung von Aktionsplänen unterstützen.[20]

- *Wie wird die Organisation dorthin gelangen?* Bei Planungs- und Budgetierungsprozessen können Messgrössen ebenso wie bei Prozessen der kontinuierlichen Verbesserung das Fundament liefern. Damit bilden sie die Basis für Abstimmungsprozesse, die die Umsetzung von Zukunftsplänen betreffen.

- *Woran wird die Organisation erkennen, dass sie ihre Ziele erreicht hat?* Mittels Feedback-Schleifen können Messgrössen Informationen über den Grad der Zielerreichung zur Verfügung stellen. Diese Informationen fliessen in die Leistungshonorierung und dienen bei der Initialisierung der neuen Planungsprozesse (Fragen drei und vier). [21]

Diese Fragestellungen liefern jene drei Arten von Informationen, die Simons et.al. bereits 1954 als die kritischen Informationen zur Steuerung eines Unternehmens betrachtet haben: Informationen zum „Scorekeeping“, „Attention directing“ und „Problem solving“[22].

Die Fragestellung warum gemessen wird, ist wie eingangs erwähnt, eng an die Informationsbedürfnisse der Stakeholder[23], den Verwendern der Messgrössen einer Organisation gekoppelt. So dienen Messgrössen z.B. auf individueller Ebene den Mitarbeitern zur Selbstkontrolle, zu Lernzwecken sowie zur Verbesserung der eigenen Leistungsfähigkeit. Bei vertikalen und lateralen Verbindungen erfüllen sie für das Management Koordinationsfunktionen indem sie Zielsetzungs- und Honorierungsprozesse unterstützen. Externen Stakeholdern, wie z.B. Fremdkapitalgebern, liefern sie wiederum Informationen über den Zustand einer Organisation.

Jeder Verwender wird spezifische Grössen gemäss seiner individuellen Bedürfnisse benötigen. Daraus erwächst im Zusammenhang mit dem Performancebegriff eine Matrix mit den beiden kontextualen Dimensionen der Zielsetzung (warum gemessen wird) und den

---

20 Grady (1991) betont die Verbindung zwischen Performancegrössen, Initiativen und Aktionsplänen: „Business strategies change from time to time and performance measures must keep pace with these changes. If they don’t, it becomes difficult to focus on supporting action plans and initiatives that promote continuous improvement.“
Grady (1991), S.50

21 Hyndman (1997), S.30

22 Simons et.al., zitiert bei Dirks (1997), S.3
Siehe zu diesen drei Funktionen auch Horngren et al. (1997), S.8f.

23 Stakeholder sind die Anspruchsgruppen (Kunden, Mitarbeiter, Zulieferer, Staat), die neben den Shareholdern (Eigentümern) ein Interesse an einer Unternehmung haben.

Verwendern von Messgrössen. Jedes System der Performancemessung, dem es nicht gelingt, diese beiden Dimensionen gebührend zu berücksichtigen, wird auf Widerstände stossen, die auch einen Einfluss auf die Leistungsfähigkeit einer Organisation haben können.[24]

Bei der Beantwortung der Frage, was als Leistung gemessen werden soll, trifft man bisweilen auf eine Dominanz finanzieller Indikatoren.[25] Lebas stellt dabei eine starke Orientierung an finanzielle Performancemessgrössen insbesondere in den Ländern fest, wo eine starke Fokussierung auf die Aktienmärkte vorhanden ist.[26] Eccles führt diese Dominanz auf die sehr lange Erfahrung mit finanziellen Performancegrössen zurück, auf ihre Institutionalisierung durch „Regulatory Bodies", Wirtschaftsprüfungsgesellschaften und ihre Einbindung in Lehrpläne.[27]

In vielen Unternehmen nimmt das Rechnungswesen seit geraumer Zeit die Bewertung und Kommunikation unternehmerischer Leistungen wahr. Um den Informationsbedürfnissen seiner internen und externen Kunden weitestgehend entsprechen zu können, wird oft eine Aufteilung in das interne (Management Accounting) und externe Rechnungswesen (Financial Accounting) vorgenommen.[28] Messgrössen der finanziellen Performance dürften von den unternehmerischen Leistungsindikatoren zu jenen mit dem grössten Verbreitungsgrad gehören.[29] Es wird daher zunächst mit der Darstellung finanzieller Grössen zur Performancemessung begonnen.

---

24 „Any system which fails to address all needs will inevitably be deemed unsatisfactory by some stakeholders who will therefore exert effort to change the systems. In doing so, the resources of the organisation will be diluted by the internal conflict resulting from this failure to meet all needs, thereby diminishing the overall performance of the organisation." Crowther (1996), S.7

25 Brealey/Myers (1991), S.268ff.; Black et al. (1998), S.89f.

26 Lebas (1994a), S.37

27 Eccles (1991), S.134

28 Fickert/Anger (1998) führen dbzgl. aus: „In der Praxis lässt sich feststellen, dass sich beide Komponenten [die externe und interne Komponente des Rechnungswesens] trotz unterschiedlicher Ausrichtung (externer globaler eher historisch orientierter Fokus vs. interner detaillierter, auch zukunftsorientierter Fokus z.B. über die Wertschöpfungskette) in zentralen Bewertungsfragen annähern." Fickert/Anger (1998), S.54
Siehe zur Unterscheidung in Financial und Management Accounting auch Horngren et al. (1997), S.2

29 Grady (1991) führt hierzu aus: „[...] most companies' performance measures traditionally are financially oriented. The controller has the responsibility for reporting and monitoring these measures". Grady (1991), S.53

2.1.2 Finanzielle Performancegrössen

Die Verwendung finanzieller Performancemessgrössen leitet sich sowohl aus den Bedürfnissen interner als auch externer Benutzer ab, die eine Erfolgsbeurteilung im Sinne der Zielerreichung oder eines Unternehmensvergleichs durchführen.[30] Als Messgrössen zur Bewertung der finanziellen Unternehmensperformance können sowohl marktorientierte Grössen wie die Marktkapitalisierung, der Market Value Added (ex post bestimmt) oder die Aktien- bzw. Dividendenrendite dienen als auch unternehmensbezogene Grössen wie der Gewinn, die Umsatzrendite, der ROI bzw. ROE oder der Free Cash-flow und der Economic Value Added (EVA).[31]

Abbildung 2-1: Klassifizierungmöglichkeiten von finanziellen Performanceindikatoren

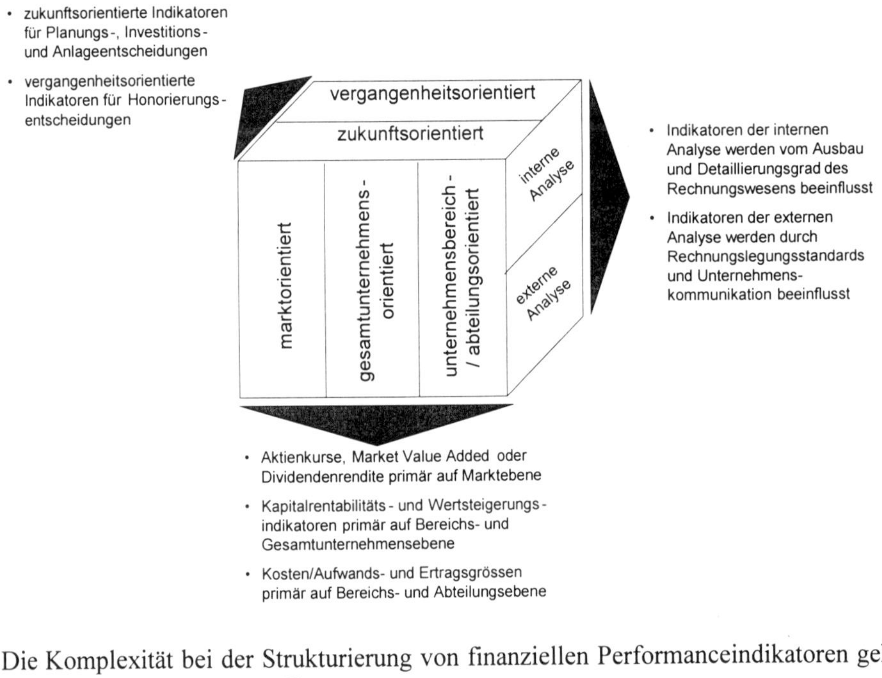

Die Komplexität bei der Strukturierung von finanziellen Performanceindikatoren geht aus der Abbildung 2-1 hervor.[32] Jeder der Dimensionen können unterschiedliche Informationsbedürfnisse zugeordnet werden, die mit Hilfe von finanziellen Messgrössen abgedeckt

30 Hostettler (1997a), S.231
31 Hostettler (1997a), S.234
32 Darin wurde auf eine weitere Unterteilung in Accrual- und Cash-basierte Indikatoren verzichtet.

werden. Im folgenden werden die Vorteile und Grenzen einiger weit verbreiteter finanzieller Performancegrössen aufgezeigt.

2.1.2.1 Performancemessung auf Markt- und Gesamtunternehmensebene

Die marktorientierte Performancemessung auf Basis von Aktienkursen besitzt den Vorteil, dass auf täglicher Basis Informationen über die Bewertung von Aktiengesellschaften vorliegen, die bereits relevante zukünftige Erfolgsfaktoren antizipiert haben. Diese Art der Performancemessung setzt einen effizienten Kapitalmarkt mit einer genügenden Liquidität voraus, was lt. Röttger in Deutschland aber nur für eine vergleichsweise geringe Anzahl von Unternehmen tatsächlich auch zutrifft.[33]

Zudem wird der Börsenwert lt. Boemle dadurch verzerrt, dass immer nur ein kleiner Bruchteil des gesamten Aktienbestandes gehandelt wird und folglich der Börsenkurs nur einen „Minderheitsaktienpreis“ darstellt.[34] Eine weitere Beeinträchtigung resultiert daraus, dass eine zu starke Fokussierung auf Aktienkurse zu einer kurzfristig orientierten Optimierung unter Vernachlässigung der langfristigen Unternehmensziele verleiten kann.

Unternehmensinterne Leistungsgrössen wie der Gewinn oder der ROI besitzen in der Praxis eine grosse Verbreitung, was auf viefältige Gründe zurückgeführt werden kann: Als wichtigsten Grund nennen Berry et al. die Aggregierbarkeit verschiedener Geschäftstätigkeiten und ihre Verdichtung in der Grösse Gewinn.[35] Damit eignen sie sich zur Führung divisionalisierter Unternehmen: „Here the control of the company is delegated to those in operating divisions who are considered to be closest to the environment and who can therefore make the best decisions because of local knowledge.“[36] Neben ihrer Aggregier- und Vergleichbarkeit, sind ihre einfache Verwendung, ihre Rolle bei Planungsaufgaben (wie bspw. im Rahmen der Budgetierung) sowie die langjährige Erfahrung aufgrund ihrer Verwendung zu nennen. Das hat nicht nur zur Verbreitung einer spezifischen „Sprache“,

---

33 Röttger (1994), S.8

34 Boemle (1995), S.638

35 Berry et al. (1995), S.94
Berry et al. (1995) ziehen trotz der offensichtlichen Nachteile von Accountinggrössen das folgende Fazit: „However flawed it [accounting information] may be, it can be argued that it is still the best control we have available to us.“ Berry et al. (1995), S.94

36 Berry et al. (1995), S.90

sondern auch zu einer grossen Sicherheit im Umgang geführt, da die einzelnen Elemente und ihre Zusammenhänge weitestgehend bekannt sind.[37]

Diesen Vorteilen stehen Beeinträchtigungen gegenüber: aufgrund z.T. interpretierbarer Ansatz- und Bewertungsrichtlinien, der fehlenden Berücksichtigung des Investitions- und Finanzierungsrisikos sowie der Vernachlässigung des Zeitwertes des Geldes können buchhalterisch beeinflusste Performanceindikatoren bei Planungs- und Anlageentscheidungen Mängel aufweisen.[38] Zudem konnte nachgewiesen werden, dass kein signifikanter Zusammenhang zwischen dem marktbezogenen Aktienkurs und Kenngrössen wie dem Gewinn pro Aktie oder dem ROE besteht.[39]

Im Rahmen des Value-Based Managements, das auf die Steigerung des Eigentümerwerts (Shareholder Value) eines Unternehmens ausgerichtet ist, gewinnen der (Free) Cash-flow sowie alternativ dazu der NOPAT als Bewertungselemente der Unternehmensperformance an Bedeutung.[40] Die Cash-flow–Orientierung zur (langfristigen) Performancemessung wurde massgeblich von externen Analysten gefördert.

In jüngerer Vergangenheit ist auch ihre zunehmende Bedeutung als interner Bewertungsmassstab feststellbar, was u.a. auch darin zum Ausdruck kommt, dass rund 2/3 aller amerikanischen Grossunternehmen sich zum Shareholder Value als Handlungsmaxime bekannt haben.[41]

Trotzdem kann noch eine fehlende Methodensicherheit festgestellt werden, welcher Weg zur Wertsteigerungsanalyse verwendet werden soll. Gefördert wird die Unsicherheit im deutschsprachigen Raum zudem durch die Adaption neuer Rechnungslegungsvorschriften.[42]

---

37 Zur Bedeutung und zum Wert einer „Accountingsprache“ siehe u.a. Pfaff/Weber (1998), S.160 und Fickert/Anger (1998), S.61

38 Zu den Gefahren bei der Verwendung von buchhalterischen Werten zur Berechnung der finanziellen Performance, insbesondere der Kapitalrendite, siehe Brealey/Myers (1991), S.275f.
In Form detaillierterer Empfehlungen zur Rechnungslegung haben die Standard Setters (FASB, IASC) in den vergangenen Jahren eine zunehmende Orientierung an den Informationsbedürfnissen der Investoren vollzogen.
Fickert/Anger (1998), S.55; Black et al. (1998), S.12 und S.42f.

39 Black et al. (1998), S.44

40 NOPAT bildet die Abkürzung für „Net Operating Profit after Taxes“, den betrieblichen Gewinn nach adjustierten Steuern ab und stellt ein Kernelement zur Berechnung des Economic Value Added (EVA) dar. Hostettler (1997a), S.49

41 Black et al. (1998), S.24

42 Horváth/Kaufmann (1998), S.39

Alternativ zur Cash-flow Orientierung hat der Economic Value Added (EVA), der auf dem betrieblichen Übergewinn basiert, eine weite Verbreitung als Methode zur Bestimmung der finanziellen Performance sowie des Unternehmens-wertes erfahren. Der EVA besitzt – ebenso wie Cash-flow basierte Methoden der Unternehmensbewertung – Vorteile gegenüber traditionellen Leistungsziffern wie dem Umsatz, Gewinn oder den ROI, da er operative, investitive, finanzielle sowie risikorelevante Faktoren in einer Grösse vereint. Dadurch kann eine Vergleichbarkeit zwischen Unternehmen(-sbereichen) verschiedener Grösse, Kapitalintensität und Finanzierungsstruktur ermöglicht werden. Da der EVA auf Accrualwerten beruht, können zudem bei seiner Implementierung Vorteile gegenüber Cash-flow-basierten Performanceansätzen resultieren, bei denen in der Praxis „immer noch eine beachtliche Unsicherheit festzustellen ist."[43]

Trotz der konzeptionellen Vorteile von unternehmenswertorientierten Ansätzen auf Basis von Cash-flows oder des Übergewinns gegenüber traditionellen Performancegrössen wie dem ROI, ist in Kontinentaleuropa der Begriff des Shareholder Value mit einem negativen öffentlichen Image behaftet.[44] Das hat einige Unternehmen bereits dazu bewogen, sich öffentlich von dieser Kenngrösse zu distanzieren, da sie in breiten Bevölkerungskreisen Assoziationen mit einem rücksichtslosen Kapitalismus und Stellenabbau erweckt.[45]

2.1.2.2 Performancemessung auf Bereichs- und Abteilungsebene

Bei der Bewertung der Performance auf Unternehmensbereichs- und Abteilungsebene spielen die Komponenten des Gewinns, die Umsätze und Kosten eine dominierende Rolle. Das kann einerseits damit zusammenhängen, dass die Aufteilung und Adjustierung der Komponenten des Unternehmenswertes auf Bereichsebene ein komplexes Unterfangen ist, andererseits mit dem Fehlen marktorientierter Grössen auf niedrigeren Aggregationsstufen.[46]

Auf Unternehmensbereichs- und Abteilungsebene sind in jüngerer Vergangenheit die grössten Fortschritte auf den Gebieten der Kostenallokation und –gestaltung feststellbar.[47]

---

43 Fickert/Anger (1998), S.55

44 Bierach (1997), S.113

45 Steingart (1998), S.142

46 Zu Korrekturen bei der Bestimmung des betriebsnotwendigen Kapitals siehe u.a. Bacidore et al. (1997), S.12f. und Hostettler (1997a), S.111ff.

47 Fickert/Anger (1998), S.57
Keegean et al. (1989) betonen die grosse Bedeutung von Kosten für die Performancemessung: „Having stated that performance measures do not necessarily have to be expressed as cost, we

So kann bspw. die Ermittlung von prozessbasierten Kostensätzen eine verursachungsgerechtere Zuordnung der Kosten fördern und die Basis für mehrdimensionale Profitabilitätsanalysen bilden, mit derer Hilfe die finanzielle Performance einzelner Produkte, Kundengruppen oder Vertriebskanäle dargestellt werden kann.[48]

Die dadurch generierten Informationen können als Steuerungsgrössen (operative und strategische) Entscheidungen unterstützen. Ferner kann die unternehmensinterne Kommunikation durch die Verwendung von Prozesskostensätzen verbessert werden, da für Nicht-Accountants an Aktivitäten gebundene Kostensätze oft leichter verständlich sind als die Verwendung abstrakter, oft wertbasierter Zuschlagssätze. Der „Preis" für eine genauere Kostenallokation ist der erhöhte Implementierungs- und Pflegeaufwand eines prozessorientierten Kostenrechnungssystems.[49]

Interessanterweise sehen Pfaff/Weber den Nutzen der Prozesskostenrechnung aber weniger in den ausgewiesenen differenzierteren Kostensätzen als in „darin einfliessenden Mengen(ressourcen-)betrachtungen und -analysen, die den Nutzen dieser Rechnung für ein Unternehmen ausmachen können."[50] Sie verallgemeinern diese Aussage in der These, dass der Nutzen der Kostenrechnung wahrscheinlich weniger in dem Wissen über die ermittelten Kostensätze liegt als in der genauen Kenntnis des dahinterstehenden Mengengerüsts, das für die Aufgaben der Entscheidungsunterstützung wertvolle Dienste leistet.[51]

---

understand, nonetheless, that cost is a most important basis for performance measurement." Keegean et al. (1989), S.48

48 Knöbel (1995), S.8ff.; Fickert (1998), S.23

49 Heilmann (1996) warnt vor einer Institutionalisierung der Prozesskostenrechnung, da sie „einer ‚Zementierung' gleichkommt und damit dem Prozessgedanken nach einer kontinuierlichen und dynamischen Weiterentwicklung widerspricht." Heilmann (1996), S.331
Ein Prozesskostenrechnungssystem stellt trotz hoher Erwartungen kein Allheilmittel dar.
Heerema/ Rogers (1991) führen dbzgl. aus: „[...] simply changing the method of allocating overhead costs will not eliminate the distortion of information. We feel that distortion occurs because of the common practice of using cost accounting systems to serve a dual purpose: (1) to provide information relevant for planning and control and (2) to evaluate and reward managerial performance."
Johnson (1992) kritisiert die zu hohen Erwartungen an Prozesskostensysteme, indem er aufzeigt, dass viele wettbewerbsentscheidende Faktoren mit ihnen nicht abgebildet werden können.

50 Pfaff/Weber (1998), S.158

51 Pfaff/Weber (1998), S.159

2.1.3 Vom finanziellen zum mehrdimensionalen Performancebegriff

Trotz der beschriebenen Fortschritte auf dem Gebiet des Kostenmanagements sowie der Messung der finanziellen Unternehmensperformance haben die Stimmen, die eine Erweiterung des Performancebegriffs fordern, zugenommen. [52]

Gleich führt dbzgl. aus: „Monetäre Steuerungsgrössen wie beispielsweise der ROI oder die Eigenkapitalrendite reichen nicht mehr aus, das gesamte, dimensionenübergreifende Leistungsvolumen eines Unternehmens abzubilden und einen langfristigen wirtschaftlichen Wert zu schaffen."[53] Die Schwächen „traditioneller, meist bilanzorientierter"[54] Konzepte zur Leistungsmessung sieht er primär in ihrer Vergangenheitsorientierung sowie ihres fehlenden Adaptionsvermögens an ein stark dynamisches und turbulentes Wettbewerbsumfeld. Weil der Performancebegriff in einem engen kontextualen Zusammenhang zu dem Unternehmensumfeld steht, ist es empfehlenswert, die dort wirkenden Kräfte zu erläutern, da sie unmittelbar auch auf den Performancebegriff einwirken.

2.1.3.1 Einflussfaktoren im Unternehmensumfeld

Die Rahmenbedingungen unternehmerischen Handelns unterliegen seit geraumer Zeit einem stetigen Anpassungsdruck, der sich nicht ausschliesslich auf bestimmte Branchen beschränkt, sondern auf die gesamte Wertschöpfungskette aller Unternehmen mit unterschiedlicher Intensität einwirkt und z.T. umfassende Anpassungsprozesse nach sich zieht.[55]

---

52 Exemplarisch für die Vielzahl von Quellen wird hier auf Lockamy/Cox (1994), S. 5f. und 39ff.; Hope/Hope (1995), S.46ff. und 95ff.; Atkinson et al. (1997a), S.22f.; Waterhouse (1997), S.58ff.; Peavey (1990), S.31ff.; Beischel/Smith (1991), S.27f.; Heerema/ Rogers (1991), S.35f. und Kaplan/Norton (1997), S.5ff. verwiesen.
Eccles (1993) weist darauf hin, dass 1961 bereits alle Aspekte eines 1991 von ihm veröffentlichten Artikels erläutert worden sind. Eccles (1993), S.3

53 Gleich (1997), S.114

54 Gleich (1997), S.114

55 Siehe zur Bedeutung veränderter Rahmenbedingungen auch Kaplan/Norton (1996a), S.2ff. und Can (1997), S.7ff.
Eccles (1993) führt die zunehmende Bedeutung finanzieller Indikatoren sowohl auf externe Kräfte („external pressures"), wie z.B. die Globalisierung des Wettbewerbs und gestiegene Kundenanforderungen, als auch auf interne Kräfte („internal pressures") wie z.B. Business Process Reengineering und fortgeschrittene Informationstechnologien, zurück. Eccles (1993), S.2
Für die Automobilbranche wurden die auf die Industriestrukturen wirkenden Einflussfaktoren 1990 von Womack et al. (1990) sehr ausführlich dargestellt. Für andere Branchen sei auf Hammer/Champy (1993), S.7ff. verwiesen.

Aus der Anzahl der Strategien, die die Anpassungsaktivitäten vieler Unternehmen an die wandelnden Rahmenbedingungen prägen, seien exemplarisch vier genannt:

- Zunehmende Kundenorientierung im Sinne einer TQM Philosophie[56]
- Schaffung „schlanker" Leistungsprozesse infolge einer stärkeren Prozessorientierung[57]
- Identifikation der Zeit als Wettbewerbsfaktor[58]
- Konzentration auf Kernkompetenzen und zunehmende Bedeutung des Wissens als wettbewerbsrelevante Komponente[59]

Mit der Neuausrichtung der strategischen Zielsetzungen aufgrund des Veränderungsdrucks kann auch das Bedürfnis nach neuen Leistungsindikatoren entstehen. Messgrössen der Kundenzufriedenheit, der Durchlaufzeit sowie Indikatoren, um die Entwicklung von Kernkompetenzen abzubilden und wertschöpfende von nicht-wertschöpfenden Prozessen zu unterscheiden können dabei helfen, den Erfolg des Wandels abzubilden.[60]

Daraus kann für das System der Performancemessung die Herausforderung entstehen, veränderte und neue Ursache-Wirkungs-Zusammenhänge zwischen einer steigenden Anzahl von kritischen Faktoren der Strategieumsetzung abzubilden. Diese dienen nicht nur der Leistungsevaluation und Entscheidungsunterstützung (u.a. über die Ressourcenallokation), sondern liefern den Entscheidungsträgern auch Signale zum besseren Verständnis des organisatorischen Verhaltens in der Zeit des Wandels.[61]

Nicht nur unternehmensexterne, in Form umfeldbasierter Faktoren, sondern auch interne organisatorische Elemente haben einen Einfluss auf die Neuausrichtung von Performancemessgrössen. Crowther stellt hierzu fest: „The need for new measures to evaluate performance has to be set within the context of a changing external environment, with organi-

56 TQM steht für „Total Quality Management". Zur Bedeutung einer TQM-Orientierung im Management Accounting siehe u.a. Johnson (1992)

57 Eine wesentliche Zielsetzung vieler Reengineeringprojekte war auch die Schaffung „schlanker" Unternehmensstrukturen. Zu „lean production" sei auf Bromwich (1994) und Womack et al. (1990) verwiesen.

58 Zum Thema „Zeitwettbewerb" hat Stalk eine Vielzahl Artikel publiziert. Stellvertretend sei auf Stalk (1993) verwiesen. Zur Bedeutung des Wettbewerbsfaktors Zeit siehe auch Hostettler (1997b), S.23ff.

59 Siehe hierzu Publikationen u.a. von Prahalad/Hamel (1990), Argyris (1992), Argyris (1993) sowie von Krogh/Köhne (1998), S.235f.

60 Barbato/Collini (1997), S.2

61 Barbato/Collini (1997), S.2

sations increasingly being concerned with holsim, together with such issues as soft systems, culture and the establishment of competences, as well as accountability."[62]

Dieser Veränderungsdruck wirkt unmittelbar auf die finanziellen Grössen, die zur internen Performancebeurteilung hinzugezogen werden – namentlich die Kosten. Weber erläutert die mannigfachen Wirkungen, die sich aus den Änderungen des Unternehmensumfelds auf die Kostenrechnung ergeben und kommt zu dem Schluss: „Ein einheitliches, laufendes Rechnungssystem kann die geänderten Anforderungen an die Kostenrechnung nicht erfüllen."[63]

Abbildung 2-2: Veränderungsdruck auf kostenbasierte Performancegrössen[64]

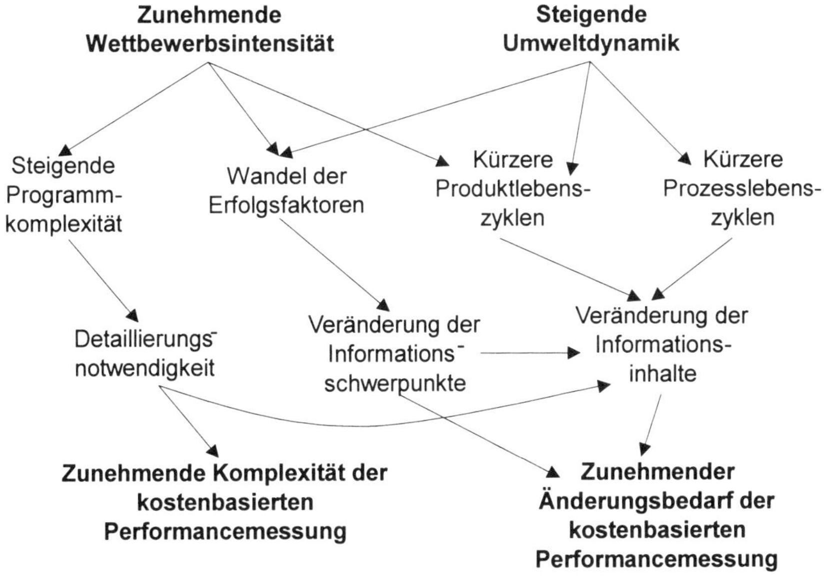

Die Grenzen, an die finanzielle Performancegrössen stossen, werden nachfolgend im Detail erläutert.[65]

---

62 Crowther (1996), S.7

63 Weber (1996), S.198

64 In Anlehnung an Weber (1996), S.198

65 Neben der Notwendigkeit einer strategischen Neuausrichtung sehen sich viele Unternehmen auch mit veränderten Kostenstrukturen konfrontiert, die durch einen Anstieg des Fix- und Gemeinkostenanteils an den Gesamtkosten geprägt sind. Backhaus/Funke (1997), S.29ff.
Ursachen hierfür liegen u.a. in der zunehmenden Bedeutung von Dienstleistungsfunktionen innerhalb von Unternehmen, neuen Produktionsmethoden und eines grundsätzlich gestiegenen Anteils des tertiären Sektors. Damit steigt auch der Bedarf nach Instrumenten, um die Transparenz der ko-

2.1.3.2 Grenzen finanzieller Performancegrössen

Aus der gestiegenen Anzahl von Veröffentlichungen, die die Schwächen finanzorientierter Indikatoren der Performance betrachten, soll in diesem Abschnitt eine Übersicht oft genannter Defizite dargestellt werden[66]:

- Interne Fokussierung finanzieller Performancegrössen
- Eingeschränkte Verständlichkeit und späte Verfügbarkeit
- Strategische Lücke finanzorientierter Performanceindikatoren

Interne Fokussierung

Malchione stellt fest, dass in vielen Unternehmen die Leistungsmessung nicht mehr mit den Geschäftsanforderungen übereinstimmt.[67] Eine Schwachstelle bildet seiner Meinung nach der Sachverhalt, dass die Leistungsmessung oft auf interne Kosten- und Effizienzziele fokussiert ist, anstatt auf externe Faktoren wie die Kundenzufriedenheit oder notwendige Wettbewerbsfähigkeiten.[68] Dhavale führt dbzgl. aus: „Inordinate emphasis on financial measures can tempt managers [...] to improve the performance of their subunits at the expense of long-term benefits to the organisation."[69] Daraus leitet er ab, dass die verwendeten Messgrössen ausgewogen sein sowie Prüfgrössen beinhalten sollten, um die Gefahr von suboptimalen Entscheidungen aufgrund von einseitigen finanziellen Informationen zu vermeiden.[70]

Ein weiteres, hiermit verbundenes Problem kann die Vernachlässigung des Gesamtprozesses der Leistungserstellung zugunsten einer Konzentration auf das Endprodukt sowie die Fokussierung auf bestimmte Abteilungen zu Lasten von übergeordneten Geschäftszielen sein.[71] Dieses Problemfeld lässt sich u.a. dadurch erklären, dass laterale, prozesskostenba-

---

sten- und leistungstreibenden Faktoren in diesen Bereichen abzudecken. Die Prozesskostenrechnung stellt ein Instrument dazu dar, doch zeigt deren Implementierungsgrad in Deutschland, dass auch weiterhin ein Bedarf nach weniger komplexen Lösungen wie z.B. in Form von nichtfinanziellen Kennzahlensystemen existiert. Seidenschwarz (1998), S.248

66 Siehe die Ausführungen in der Fussnote 52 sowie Pfaff/Weber (1998), S.151f.; Hauer (1994), S.12ff.; Welge/Amshoff (1997), S.61ff. und Can (1997), S.22ff.

67 Malchione (1993), S.516f.

68 Waterhouse (1997), S.60

69 Dhavale (1996), S.51

70 Dhavale (1996), S.51

71 Welge/Amshoff (1997), S.62f. und Can (1997), S.28

sierte Leistungsgrössen sich aufgrund ihrer grossen Komplexität nur mit grossem Aufwand in finanzorientierte Performancemesssysteme integrieren lassen.[72]

Eine regelmässige interne Fokussierung auf kostenbasierte Performancegrössen zum Zweck der Entscheidungsunterstützung wird zusehends kritisch betrachtet. Die Diskussion zu diesem Thema in der deutschsprachigen Literatur verdeutlicht, dass es einer laufenden Kostenrechnung von einigen Autoren immer weniger zugetraut wird, der Aufgabe der Entscheidungsunterstützung gerecht zu werden.[73] Als Gründe für eine stark eingeschränkte Entscheidungsunterstützung durch eine laufende Kostenrechnung nennen Pfaff/Weber u.a. das Fehlen von Opportunitätskosten sowie die fehlende Fähigkeit, den Veränderungen einer dynamischen Unternehmensumwelt rechtzeitig Rechnung zu tragen.[74] Pfaff/Weber lassen sich in diesem Zusammenhang sogar zu der Warnung verleiten: „[...] wer daher in Zukunft Lehrbücher weiterhin so ‚entscheidungsorientiert' schreibt wie bisher, schaufelt am Grab der Kostenrechnung."[75]

Neben der eingeschränkten Entscheidungsorientierung findet gemäss einiger Kritiker in der Kostenrechnung eine zu starke Betonung von Kontrollaspekten zulasten der Evaluation von Fähigkeiten statt (z.B. auf Kundenwünsche rasch zu reagieren).[76] Atkinson et al. betonen in diesem Zusammenhang, dass eine Kontrollkultur in einem von TQM, Continuous Improvement und Empowerment der Mitarbeiter geprägten Unternehmensumfeld unangemessen ist: „The system of work and cost standards represented a philosophy by which engineers and managers determined operators' tasks. [...] In the current vigorous global competition that companies are now confronting, however, performance against historical [cost] standards is no longer adequate."[77] Sehr eng mit dem Vorwurf der mangelnden Ori-

---

72 Malchione (1993), S.517; Heilmann (1996), S.331
Der Aspekt der Vernachlässigung von übergeordneten Geschäftszielen ist auch von Lockamy/Cox (1994) genannt worden: „The problem is that each function will develop performance measurement systems relative to local objectives rather than to the global objectives of the firm" Lockamy/Cox (1994), S.5
Des weiteren führen sie aus: „[...] the underlying assumption of the traditional management philosophy – that optimising local measures is equivalent to optimising global measures – is false." Lockamy/Cox (1994), S.6

73 Pfaff/Weber (1998), S.158; Hauer (1994), S.14ff.; Can (1997), S.22f.

74 Pfaff/Weber (1998), S.158f.

75 Pfaff/Weber (1998), S.162

76 Malchione (1993), S.516

77 Atkinson et al. (1997a), S.23
Eine detaillierte Darstellung von sechs Problemfeldern der Performance Messung im TQM geprägten Umfeld liefert Spangenberg (1994), S.6ff.

entierung an den tatsächlichen Informationsbedürfnissen ist auch die zweite Vorhaltung verbunden.

Eingeschränkte Verständlichkeit und späte Verfügbarkeit

Im Rahmen der zunehmenden Betonung von Fähigkeiten der Mitarbeiter gewinnt auch ihre Versorgung mit verständlichen, auf ihre Bedürfnisse zugeschnittene Informationen an Bedeutung. Einige Probleme bergen auch in der Verwendung finanzieller Grössen: Kommunikationsprobleme können bei finanziellen Messgrössen auf tieferen Hierarchiestufen aufgrund fehlender betriebswirtschaftlicher Kenntnisse sowie ihres hohen Abstraktions- und Aggregationsniveaus auftreten.[78] Dhavale führt aus: „Many performance measurement systems use financial measurements that [...] are too hard to relate to activities taking place on the shop floor."[79]

Um interne Prozesse sowie Faktoren der Kundenzufriedenheit zu verbessern, sind Informationen bspw. über die Durchlaufzeit oder den Anteil von rechtzeitigen Lieferungen essentiell. Diese Informationen können z.T. nur mit grossem Aufwand in Kosten transformiert werden.[80] Zudem können innerhalb einer Organiastion Hemmnisse bestehen, finanzielle Informationen weiten Kreisen der Belegschaft zugänglich zu machen.[81]

In der Literatur wird in diesem Zusammenhang oft betont, dass auf höheren Hierarchiestufen primär finanzielle Informationen Verwendung finden, während auf tieferen Hierarchiestufen nichtfinanzielle Grössen überwiegen.[82] Weber fordert hingegen, dass nichtfinanzielle Messgrössen verstärkt auch auf oberen Hierarchiestufen verwendet werden sollten: „Mengen-, Zeit- und Qualitätsdaten sind unmittelbarer auf das Führungsproblem zugeschnitten, treffen die Sprach- und Denkwelt der Führungskräfte unmittelbar und sind zumeist erheblich zeitnäher."[83]

Im Rahmen der Ausrichtung auf die Informationsbedürfnisse der internen Kunden des Rechnungswesens gewinnt auch die rechtzeitige Zurverfügungstellung von Informationen

78 Smith (1997), S.32

79 Dhavale (1996), S.50; Welge/Amshoff (1997), S.64

80 Atkinson et al. (1997a), S.25

81 Atkinson et al. (1997a) betonen die positiven Effekte, die von einer erhöhten Transparenz von Kosteninformationen auf tieferen Hierarchiestufen ausgehen können.
Atkinson et al. (1997a), S.26
Ähnlich äussern sich auch Greer et al. (1992), S.39ff.

82 Beischel/Smith (1991), S.26; Lebas/Chiapello (1996), S.8

83 Weber (1996), S.199

an Bedeutung, die zur Entscheidungsunterstützung hinzugezogen werden können.[84] Dbzgl. wird von einigen Kritikern der Vorwurf erhoben, Kostenrechnungsinformationen seien vergangenheitsorientiert und werden zudem oft spät zur Verfügung gestellt.[85] So liegen bspw. in einem Telekommunikationsunternehmen erst drei Wochen nach Monatsende die entsprechenden Umsatz- und Kostendaten vor.[86] Aufgrund dieser verspätet vorliegenden Informationen können Korrekturen erst mit erkennbarer Verzögerung durchgeführt werden. Diese Beobachtung wird von den Ergebnissen einer deutschen Studie in mittelständischen Unternehmen gestützt: Gemäss der Studie nannten 59 Prozent der Befragten die Aktualität und 56 Prozent die Transparenz der Ergebnisse als Probleme des Rechnungswesens in ihrem Unternehmen.[87]

Im Rahmen der zunehmenden Bedeutung des Faktors Zeit sollte auch die zeitliche Anpassungsfähigkeit finanziell orientierter Informationssysteme an veränderte Rahmenbedingungen berücksichtigt werden. Welge/Amshoff kritisieren dbzgl., dass insbesondere in der Kostenrechnung oft weitgehend statische interne und externe Kontextfaktoren unterstellt werden.[88]

Strategische Lücke finanzorientierter Performanceindikatoren

Einige Kritiker werfen einer finanzorientierten Performancemessung Defizite bzgl. der Strategierelevanz der Informationen vor: Drtina/Monetti verdeutlichen strategische Informationsverluste aufgrund der Fokussierung auf finanzielle Grössen anhand eines Herstellers von elektronischen Komponenten.[89] Der Hersteller besitzt vier kritische Fähigkeiten, die er beherrschen muss, um sich gegenüber seinen Konkurrenten zu differenzieren: das Produktdesign, die kurze Reaktionszeit auf Kundenbestellungen, die Erhaltung der Effizienz der Distributionskanäle sowie die hohe Kapazitätsauslastung. Lediglich die Effizienz der Distribution fliesst in herkömmliche finanzielle Reports, während die übrigen kritischen Fähigkeiten nur mit hohem Aufwand in finanzielle Indikatoren transformiert werden können, was ihre Integration in das finanzielle erschwert.[90]

---

84 Horngren et al. (1997), S.6

85 Zur Vergangenheitsorientierung siehe auch Waterhouse (1997), S.60 und Atkinson et al. (1997a), S.589

86 Bis diese Informationen aufbereitet und dem Management vorgestellt worden sind, sind annähernd vier Wochen vergangen.

87 Schulz (1999), S.42

88 Welge/Amshoff (1997), S.67

89 Drtina/Monetti (1995), S.43

90 Drtina/Monetti (1995), S.43

Vitale/Marinac haben in vielen amerikanischen Unternehmen inadäquate, finanzlastige Performance Measurement Systeme identifiziert, die nicht in der Lage sind, wettbewerbsentscheidende Faktoren in die Entscheidungsprozesse zu integrieren. Sie führen hierzu aus: „While they [performance measurement systems] may be useful in stable environments where cost control is a priority, these systems simply weren't designed to cope with the valuation of intangible corporate capabilities."[91]

Performancemessgrössen sollten nach Meinung zahlreicher Autoren die strategischen Unternehmensziele widerspiegeln und auf diese abgestimmt sein.[92] Am Beispiel des Komponentenherstellers wurde erläutert, dass es nicht möglich ist, alle strategisch relevanten Faktoren in finanzielle Grössen zu transformieren. Folglich können finanzielle Zielgrössen auch auf individueller Ebene oft nur eine sehr beschränkte Konsistenz mit den strategischen Zielen eines Unternehmens aufweisen.[93] Diese Verknüpfung stellt lt. Grady eine grosse Herausforderung an die Entwickler eines Performance Measurement Systems dar.[94]

Diese drei kurz umrissenen Themenbereiche zeigen, wie finanzielle Performancegrössen zu Verzerrungen von Informationen und so zu einer fragwürdigen Entscheidungsgrundlage führen können. Dadurch können sie den Anstrengungen des strategischen Managements entgegenwirken und dessen Wirkungen kompensieren.

Dass die Transformation strategisch relevanter Faktoren in finanzielle Indikatoren gar nicht notwendig ist, betont Grady (1991): „A performance measurement system should not be viewed as another accounting system. [...] A performance measurement system does not need to calculate the specific cost of the activity, attach it to all products, and roll up product costs. The key activities in a performance measurement system, based on analysis of the business, drive a critical strategy [...]. The exact cost impact is not required by management in order to make the business decision." Grady (1991), S.51

91 Vitale/Marinac (1995), S.43f.

92 Dhavale (1996), S.51; [Butler, 1997 #1143], S.247; Klingebiel (1996), S.81 und Welge/ Amshoff (1997), S.64

93 Zwar haben Shank/Govindarajan (1993) einen Ansatz des strategischen Kostenmanagements entwickelt, doch besitzt dieser Prozesskostenansatz eine Fokussierung primär auf die Analysephase zur Unterstützung langfristiger strategischer Entscheidungen.

94 „Linkage to strategy becomes very important as performance measures are pushed down the organization. Performance measures consistent with corporate strategies are not developed easily – they need to be linked to ensure they support and do not inhibit strategy implementation." Grady (1991), S.49

Lt. Keegean et al. (1989) existieren zu viele irrelevante Messgrössen, die nicht an die Unternehmensstrategie gebunden sind. Sie schlagen daher vor: „Look to strategy. For many companies, the central problem is not that they lack performance measures, but that they have too many – and too many irrelevant ones. Start with strategy." Keegean et al. (1989), S.49

2.1.3.3 Notwendigkeit eines mehrdimensionalen Performancebegriffs

Die Gefahren, die von der Verwendung singulärer finanzieller Performancekennziffern ausgehen können (kein strategischer Fokus[95], Gefahr eines dysfunktionalen Verhaltens[96], fehlende Initiierung eines aktionsorientierten Verhaltens[97]) sind im vorangegangenen Abschnitt sowie in der Literatur umfassend dargestellt.[98]

Drucker betont, dass jede managerial geprägte Tätigkeit durch einen ständigen Akt des Abwägens verschiedener Ziele und folglich auch verschiedener Grössen zur Messung der Zielerreichung gekennzeichnet ist: „To manage a business is to balance a variety of needs and goals. This requires judgement. The search for the one objective is essentially a search for a magic formula [...]. But the attempt to replace judgement by formula is always irrational.“[99]

Da oft keine adäquate Form existiert, um die Performance eines Geschäfts oder einer Organisationseinheit in einer Grösse zu verdichten, kann eine Lösung in der Verwendung mehrerer Kenngrössen bestehen, die sich aus finanziellen und nicht-finanziellen Indikatoren zusammensetzen.[100]

In der Unternehmenspraxis existieren solche Lösungen schon seit geraumer Zeit: So hat z.B. General Electric 1952 damit begonnen, Organisationseinheiten anhand von „Key Result Areas“ zu bewerten. Die Bewertungsmassstäbe setzten sich nicht nur aus finanziellen Indikatoren wie dem Residualeinkommen zusammen, sondern sollten auch die Gebiete „Market Position“, „Productivity“, „Product Development“, „Personnel Development“, „Employee Attitudes“ und „Public Responsibility“ abdecken. Dabei sollte auch darauf ge-

---

95 Aaker (1998) stellt auch eine weit verbreitete Fokussierung auf kurzfristige Leistungsindikatoren fest: „One of the difficulties [...] is developing performance indicators that convincingly represent long-term prospects. The tempation is to focus on short-term profitability measures and to reduce investment in new products and brand images that have long-term payoffs.“ Aaker (1998), S.121 Zur kurzfristigen Orientierung vieler Management Accounting Systeme siehe auch Kaplan/ Johnson (1987), S.201 und Welge/Amshoff (1997), S.66

96 Dearden (1987), S.84ff.

97 Lebas (1995), S.28

98 Wilson/Chua (1993) führen dbzgl. aus: „Whatever index of performance is chosen must encompass a variety of factors, but it is extremely difficult to conceive of a singe measure that embraces all the key factors. [...] A profit index accommodates both revenue and cost but excludes such important issues as (i) customer loyality; (ii) establishing good employee relations; (iii) building a skilled team.“ Wilson/Chua (1993), S.443

99 Drucker (1968), S.82

100 Stivers et al. (1988), S.44; Keegean et al. (1989), S.48; Lynch/Cross (1991); Grady (1991), S.51; Kaplan/Norton (1992), S.71ff.; Nanni et al. (1992), S.1ff.

achtet werden, dass ein ausgewogenes Verhältnis zwischen kurz- und langfristigen Zielen besteht.[101]

Zum Verhältnis zwischen finanziellen und nicht-finanziellen Messgrössen stellen Beischel/Smith fest, dass es sich nicht um eine Frage der Ausschliesslichkeit handelt, sondern auf die Verknüpfung und Abstimmung beider Messgrössenarten ankommt.[102]

Um ein solches System zu entwickeln, sind genaue Kenntnisse über die Ursache-Wirkungs-Zusammenhänge notwendig, die die Performance eines Unternehmens beeinflussen.[103] „If we want to talk about performance, we have to consider the whole chain of events and all the steps in that chain“[104] führt Lebas dazu aus und verwendet zur Darstellung des Zusammenhangs zwischen Performance und den Faktoren, die die Performance beeinflussen, das Bild eines Baumes.[105]

Die Komplexität des Performancebegriffs wird anhand der Abbildung 2-3 ersichtlich: Im engeren Sinne kann unter Performance das operative Ergebnis verstanden werden, die Differenz zwischen dem Umsatz und den Kosten eines Unternehmens. Die finanzielle Performance eines Unternehmens wird primär durch diese beiden Faktoren bestimmt. Umsatz und Kosten werden wiederum durch eine Vielzahl von Faktoren, wie z.B. der Qualität der Produkte, der Kundenzufriedenheit, der Liefertreue oder dem Innovationsgrad der Problemlösungen determiniert.

Diese Performancekomponenten können oft das Ergebnis zugrundeliegender operativer Prozesse sein. Die Prozessleistung wird wiederum massgeblich durch Faktoren wie die Motivation und Ausbildung der Mitarbeiter, Kenntnisse über Märkte, dem Managementstil, die Informationsflüsse oder die Investitionen in die Kommunikations- und Produktionstechnik beeinflusst. Diese Einflussgrössen bilden die Rahmenbedingungen für die Leistungserstellung. Um langfristig zufriedenstellende Ergebnisse liefern zu können, sollten die Prozesse sowie ihre wichtigsten Einflussgrössen auf allen Teilebenen beherrscht werden. Dazu werden Informationen über die Prozessperformance und die Entwicklung

---

101 Coates et al. (1993), S.141

102 „[It] is not an ‚all or nothing‘ proposition but a matter of balance and emphasis.“ Beischel/Smith (1991), S.28

103 Neely et al. (1996), S.92; Kaplan/Norton (1996a), S.149
Ein Beispiel für ein Ursache-Wirkungs-Diagramm findet sich bei Zimmermann (1992), S.347

104 Lebas (1994a), S.38

105 In Anlehnung an einer Darstellung von McBeth, vorgestellt während des U.K Management Accounting Research Group Annual Meeting im April 1993 in London. Lebas (1995), S.27

der wesentlichen Einflussgrössen benötigt. Finanzielle Informationen eignen sich lt. Lebas für diese Aufgabenstellung u.a. auch aufgrund ihres Zeitverzuges nicht.[106]

Abbildung 2-3: Das Kausalmodell des Performance-Begriffs[107]

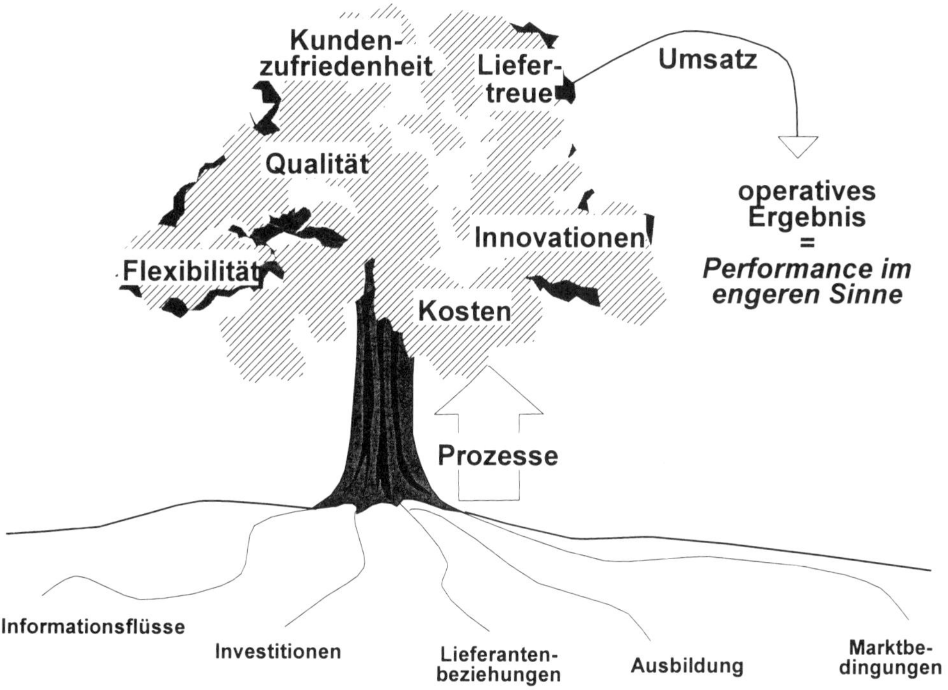

Fasst man die Ursache-Wirkungsbeziehungen aus der Abbildung 2-3 zusammen, so lassen sich vier unterschiedliche Ebenen des Performance Measurement unterscheiden, wie aus der nachfolgenden Abbildung hervorgeht.[108]

---

106 Lebas (1994a), S.39

107 In Anlehnung an Lebas (1995), S.28

108 Kaplan/Norton (1996a) nehmen eine Differenzierung zwischen sog. „Leading Indicators“ und „Lagging Indicators“ vor. Eine ähnliche Unterscheidung schlagen auch Atkinson et al. (1997a) vor, indem sie zwischen zwei Arten von Messgrössen unterscheiden: den sog. „Primary Measures“ und den „Secondary Measures“. Kaplan/Norton (1996a), S.31f. und Atkinson et al. (1997a), S. 35. Lebas (1994a) verfeinert Kaplan/Norton's Klassifizierung von „Leading Indicators“, indem er sie in drei Gruppen klassifiziert. Lebas (1995), S.28

Abbildung 2-4: Ebenen des Performance Measurement[109]

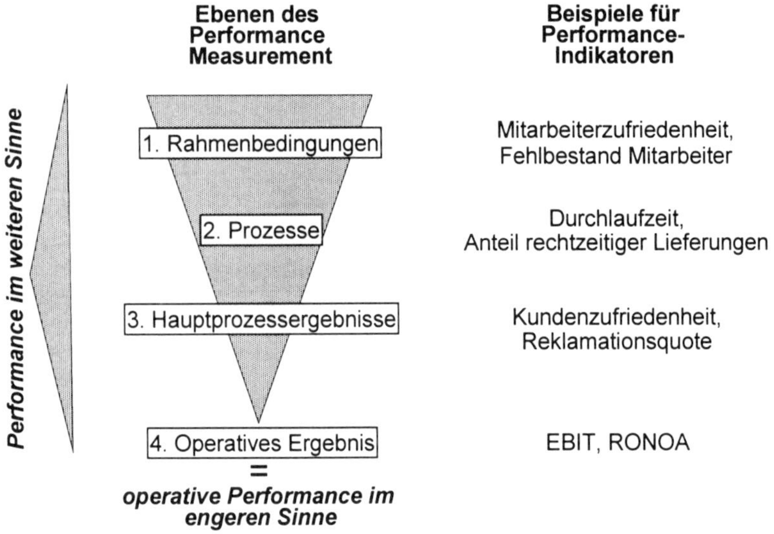

Finanzorientierte Performancemasse orientieren sich oft an Grössen, die primär durch das operative Ergebnis geprägt werden (wie z.B. am EBIT, RONOA, EVA). Wie im Abschnitt 2.1.3 dargestellt, bedarf es einer Erweiterung um nichtfinanzielle Performancemessgrössen, um ein umfassendes Bild der Unternehmensperformance zu liefern. Die Vorteile, die hieraus resultieren, umschreibt Lebas wie folgt: "unterstanding the process of performance generation not only facilitates the identification of measures and therefore of corrective actions, it allows for a clear deployment of strategy at all levels of responsibility."[110]

---

109 Kaplan (1990), S.26ff.
Unter EBIT werden die „Earnings Before Interest and Tax" (Gewinn vor Zinsen und Steuern), unter RONOA wird der „Return On Net Operating Assets" (Rendite auf dem betriebsnotwendigen Vermögen) verstanden. Neben der operativen Performance im engeren Sinne existiert auch eine neutrale finanzielle Performance, die u.a. durch das Beteiligungsergebnis bestimmt wird.

110 Lebas (1995), S.28

2.1.4 Vom Performance Measurement zum Performance Management

Das Performance Management greift sehr viel weiter als die alleinige Performancemessung, indem es Techniken beinhalten kann, mit denen Manager in Abstimmung mit den übergeordneten Unternehmenszielen die Performance ihrer Mitarbeiter planen, lenken und verbessern können.[111] „Performance is not simply measured, it is proactively created" betont Lebas und leitet daraus die Forderung nach einer Ausrichtung aller Managementinstrumente auf diese Zielsetzung ab.[112]

Kermally sieht die bedeutende Rolle des Performance Managements in seiner Koordinationsfunktion begründet.[113] Die Abstimmungsaktivitäten sollten gemäss Kermally auf die Treiber und nicht auf die Ergebnisse der Performance fokussieren, wobei er zwischen internen und externen Treibern („drivers of organizational performance") unterscheidet.[114] Die Messung der Leistung bildet das Fundament für die Beeinflussung der Treiber.

Klingebiel stimmt mit Kermally überein, indem er dbzgl. ausführt: „Generelle Zielsetzung des Performance Measurement ist eine Verbesserung der ebenenspezifischen Leistung einer Organisation".[115] Als das wesentliche Instrument zur Realisierung dieser Zielsetzung betrachtet er dabei die Implementierung einer Berichtsstruktur, die eine effektive Steuerung mithilfe zeitnaher Informationen ermöglicht.[116]

Die Performancemessung stellt somit den zentralen Baustein eines Performance Management Systems dar.

---

111 Fay (1990), S.346

112 Lebas (1994a), S.39

113 „Performance management is used as the organisation's steering wheel, helping all parts of the organisation to move together in the right direction." Kermally (1997), S.1
Davis (1997) führt dbzgl. aus: „Performance management helps shape reframing, realigning, refocusing [and] regenerating organisational transformation." Davis (1997), S.4
Ähnlich äussern sich auch Black et al. (1998): „The connections between strategy, operations and compensation systems need to be identified to ensure a single consistent focus internally. These linkages are particularly important in that they can institutionalize targeted changes in the management process and galvanize management action. Performance metrics serve an important role in providing these linkages." Black et al. (1998), S.89f.

114 Die internen Treiber klassifiziert er in vier Gruppen: „Leadership", „Employees", „Corporate culture" und „Product and processes". Die externen Treiber können den Dimensionen „Umweltfaktoren","Wettbewerb", „Kunden" und „Eigentümer" zugeordnet werden. Kermally (1997), S.5ff.

115 Klingebiel (1997), S.642

116 Klingebiel (1997), S.643

Vier Elemente kennzeichnen lt. Spangenberg (1994) ein Performance Management System:[117]

- Planung der Performance (Performance Planning)
- Aktivitäten zur Beeinflussung / Lenkung der Performance (Managing Performance)
- Messung der Performance (Performance Measurement)
- Belohnung der Performance (Rewarding Performance)

Klingebiel spezifiziert die vier Kernelemente des Performance Managements, indem er die Wechselbeziehungen zwischen ihnen erläutert sowie die der Performancemessung vorgelagerten Schritte integriert. Das Zusammenwirken der Elemente des Performance Managements wird aus der nachfolgenden Abbildung ersichtlich.

Abbildung 2-5: Elemente des Performance Managements[118]

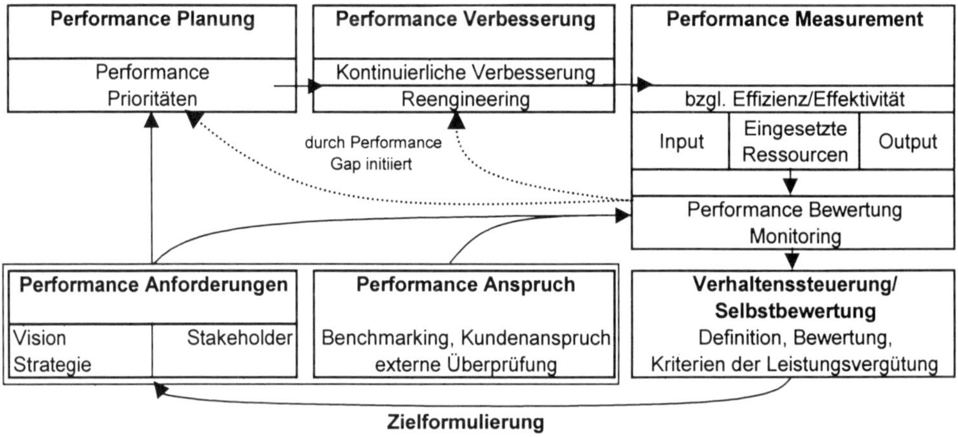

Das Performance Measurement sowie das Einleiten von Massnahmen, um die Performance zu beeinflussen, sind – wie aus der Abbildung 2-5 hervorgeht - sehr eng miteinander verknüpft.[119]

---

117 Spangenberg (1994), S.14

118 In Anlehnung an Klingebiel (1997), S.642

119 Die Ursprünge des Performance Managements lassen sich in der betriebswirtschaftlichen Literatur nicht eindeutig identifizieren. Einen wesentlichen Beitrag zur Thematisierung dieses Begriffes hat der Artikel „Demand better results - and get them“ von Schaffer aus dem Jahre 1974 geleistet. Darin schlägt er ein mehrstufiges Vorgehen vor, das neben der Auswahl von Zielen auch den

Lebas bezeichnet das Peformance Management demzufolge als „philosophy which is supported by performance measurement“[120]. Beide Begriffe interagieren: Die Massnahmen des Performance Managements können aufgrund der Ergebnisse der Performancemessung ausgewählt werden. Das Performance Management kann wiederum die Wahl der Performancemessgrössen beeinflussen.[121] Die Performancemessung kann vom Performance Management nicht getrennt werden, da die Messung lediglich die Konsequenzen von performancebezogenen Entscheidungen aufzeigt und somit diesem direkt nachgelagert ist.[122]

Bittlestone hebt die Bedeutung der Mitarbeiter im Rahmen des Performance Managements besonders hervor.[123] Um das zu verdeutlichen, verwendet er das in Abbildung 2-6 dargestellte Modell.

Abbildung 2-6: Zusammenspiel der Elemente des Performance Managements[124]

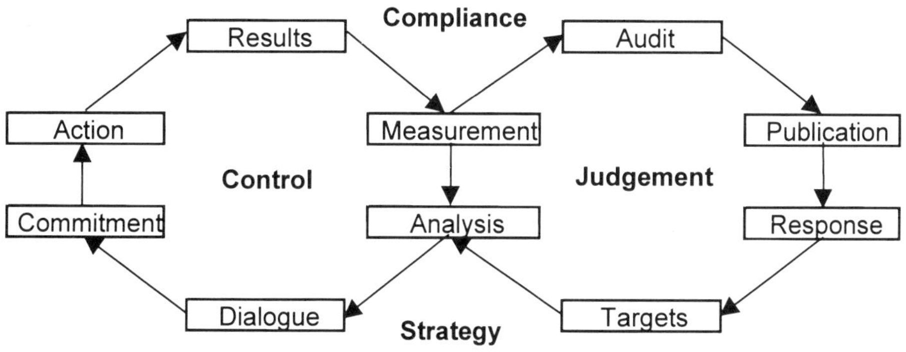

Selbst wenn ein optimales Messsystem („Measurement“) vorläge, können Schwächen der nachgelagerten Elemente („Analysis“, „Dialogue“ und „Commitment“) des Performance Management Modells die Handlungen und Ergebnisse in einem Unternehmen beeinträchtigen. Durch Schulung der Mitarbeiter können bspw. ihre Analysefähigkeiten („Analysis“) verbessert werden. Die Kommunikation sowie die Auseinandersetzung mit den gemessenen Ergebnissen („Dialogue“) können die Selbstverpflichtung („Commitment“) der

---

Kommunikationsprozess sowie das Monitoring der Zielerreichung beinhaltet. Schaffer (1974), S.94ff.

120 Lebas (1995), S.34

121 Euske et al. (1995), S.12f.

122 Zahlreiche Autoren betonen die Schlüsselrolle der Performancemessung im Rahmen von Performance Management Systemen. Horvàth et al. (1996), S.191 und Euske et al. (1995), S.12

123 Bittlestone (1996), S.4ff.

124 Bittlestone (1996), S.3

Mitarbeiter fördern. Anhand der Darstellung der einzelnen Elemente des Performance Management-Prozesses wird ersichtlich, dass nur durch ihre Abstimmung ein wirkungsvolles Performance Management umgesetzt werden kann.

Legt man die Annahme zugrunde, dass jede Kette nur so stark ist wie ihr schwächstes Glied, dann werden Verbesserungen bei der Performancemessung nur bescheidene Früchte tragen, solange Defizite auf den „weicheren“ Stufen „Analysis“, „Dialogue“ und „Commitment“ vorhanden sind. Eine solche Betrachtungsweise wird auch anhand der empirischen Ergebnisse von Kotter/Heskett zum Themengebiet Unternehmenskultur und Performance gestützt.[125]

Die Elemente der Performance Planung, Messung sowie der Mitarbeiterkompensation sind elementare Instrumente, um Mitarbeiter zu motivieren und ihr Verhalten auf die operativen und strategischen Ziele eines Unternehmens abzustimmen.[126] Fehler bei der Entwicklung und der Implementierung können zudem ein dysfunktionales und suboptimales Verhalten innerhalb von Organisationen fördern.[127]

Frameworks stellen dabei ein wichtiges Instrument dar, um die Konsistenz und die Abstimmung zwischen den verschiedenen konstituierenden Elementen des Performance Managements zu gewährleisten.

---

125 Diese Studie untersucht über einen Zeitraum von 17 Jahren den Einfluss, den die spezifische Unternehmenskultur auf den Erfolg von Unternehmen ausüben kann.
Kotter/Heskett (1992)

126 Atkinson et al. (1997a), S.702ff.; Drtina/Monetti (1995), S.42f.
Booth (1997) betont die Bedeutung einer konsistenten Honorierungskomponente im Rahmen des Performance Managements indem er ausführt: „Performance Management is an approach to running a business which is based on the premise that managers and staff should be rewarded on the basis of their performance, as objectively measured by a framework which is consistent with the organisation's goals, objectives and strategies.“ Booth (1997), S.29

127 Dhavale (1996), S.50; Maguire (1993), S.64f.

2.2 Performance Management Frameworks

Obwohl in der Literatur ein weites Einverständnis über die Notwendigkeit und Bedeutung von Performance Management Systemen besteht, existiert kein generell akzeptiertes Modell, das ausführlich darstellt, wie ein solches System konstruiert sein sollte.[128] Otley führt das u.a. darauf zurück, dass das ideale System von einer sehr grossen Menge von spezifischen Einflussfaktoren in einer Organisation abhängt, denen es gerecht werden muss.[129]

Die Summe der strategischen, organisatorischen und umweltbezogenen Determinanten führt zwangsläufig auch zu einer Vielzahl von Einflussfaktoren, die ein Performance Management System charakterisieren können. Sie wirken sich auch auf die Prozesse zur Ermittlung neuer Performanceindikatoren, zur Zieldefinition und zur Leistungshonorierung aus.[130]

Otley schlägt zur Charakterisierung von Performance Management Systemen eine Analyse von drei Elementen vor, die für deren Aufbau kennzeichnend sein können[131]:

- Die Performance-Dimensionen
- Die Prozesse, die zur Herleitung von Messgrössen und Zielwerten verwendet werden
- Die Konsequenzen, die mit dem (Nicht-)Erreichen der Performanceziele verbunden sind

Performance-Dimensionen

Die Dimensionen eines Performance Management Systems dienen zur Strukturierung der Messgrössen, die als relevant betrachtet werden. Merchant hält die Auswahl der richtigen

---

128 Moon/Fitzgerald (1996), S.441
Zur Bedeutung einer koordinierten Vorgehensweise bei Massnahmen zur Erhöhung der unternehmerischen Performance siehe u.a. Black et al. (1998), S.89ff.; Maguire (1993), S.64ff.; Gast (1998), S.16

129 Otley (1987), S.8
In der betriebswirtschaftlichen Literatur wird dieser Aspekt mithilfe der Kontingenztheorie („Contingency Theory") erklärt. Die Ursprünge dieser Theorie gehen auf Arbeiten von Woodward (1965) und Lawrence/Lorsch (1967) zurück.

130 Die Vielzahl sich z.T. widersprechender Einflussgrössen birgt die Gefahr von Konflikten, wie Crowther (1996) ausführt: „These performance evaluation needs have led to tensions within the organisational performance measurement system as organisations have sought to evaluate performance against conflicting criteria, and [...] to meet often incompatible needs." Crowther (1996), S.8

131 Otley (1987), S.8ff.; Merchant (1998), S.72ff.

Performance-Dimensionen für eine sehr kritische Aufgabe, da sie die Ziele einer Organisation widerspiegeln sollten und somit den Mitarbeitern signalisieren, was als wichtig erachtet wird.[132] Die Dimensionen der Messgrössen können von den strategischen Zielen eines Unternehmens für verschiedene hierarchische Stufen abgeleitet werden und dadurch ein Bild über alle wichtigen Leistungsebenen liefern.[133] Die ausgewählten Dimensionen sollten gemäss Neely et al. (1996) auch mit den Umwelten korrespondieren, in denen ein Unternehmen agiert.[134]

Lynch/Cross schlagen eine Unterteilung in Indikatoren der (externen) Effektivität und der (internen) Effizienz vor, die auf einem tieferen Aggregationsniveau den Dimensionen „Kundenzufriedenheit“, „Flexibilität“ und „Produktivität“, auf einem höheren Niveau den Dimensionen „Markt“ und „Finanzen“ zugeordnet werden können.[135] Fitzgerald et al. empfehlen eine Unterscheidung zwischen ergebnisfokussierten Leistungsmassen (Wettbewerbsfähigkeit, Finanzielle Leistung) sowie den Determinanten des Ergebnisses, wobei sie eine Einteilung in Messgrössen der Qualität, der Flexibilität, der Ressourcennutzung und der Innovation als sinnvoll erachten.[136]

Der Detaillierunggrad der bereits im voraus vorgegebenen Dimensionsklassifizierungen[137] kann gemäss dem gewählten Performance Management Ansatz von recht spezifiziert wie

---

132 Merchant (1998), S.72

133 Zur Herleitung von Messgrössen anhand der Unternehmensstrategie siehe u.a. auch Atkinson et al. (1997a), S.35; Kaplan/Norton (1996a), S.147ff.; Hronec (1993), S.220ff. und Lockamy/Cox (1994), S.16ff.

134 Neely et al. (1996), S.11

135 Lynch/Cross (1991), S.65
Fickert/Schedler (1995) schlagen eine Differenzierung von Messgrössen gemäss den Dimensionen „Markt“, „Unternehmung“, „Teilbereich“ und „Aktivität“ vor, wobei für jede Dimension sowohl finanzielle als auch nicht-finanzielle Performancemessgrössen bestimmt werden können. Fickert/Schedler (1995), S.386
Lockamy/Cox (1994) empfehlen für produktionsorientierte Unternehmen eine Gliederung der Indikatoren gemäss der Dimensionen „Ressourcen“, „Kunden“ und „Finanzen“. Lockamy/Cox (1994), S.38

136 Fitzgerald et al. (1991), S.6ff.

137 Neben der inhaltlichen Zuordnung, die sich an den Zielen eines Unternehmens ausrichten kann, können die Performancemessgrössen auch nach ihren zeitlichen sowie ihren organisatorischen Dimensionen klassifiziert werden. Die zeitliche Klassifizierung kann in Feedforward- und Feedbackgrössen, die organisatorische Zuteilung nach aufbau- oder ablauforganisatorischen Gesichtspunkten erfolgen. Weitere Klassifizierungen finden sich u.a. bei Horvàth et al. (1996), S.191; Hronec (1993), S.18 und Rummler/ Brache (1990), S.16f.

beim Intellectual Capital- und Balanced Scorecard-Ansatz bis zu relativ unbestimmt reichen, wie der Tableau de Bord-Ansatz verdeutlicht.[138]

Prozesse zur Definition von Messgrössen und Zielwerten

Die Prozesse zur Definition von Messgrössen und Zielwerten können als das zweite konstituierende Element eines Performance Management Systems betrachtet werden.[139]

Bei der Charakterisierung von Performance Management Systemen kann von Bedeutung sein, wer die Messgrössen auswählt und die Zielwerte vorgibt.[140] Dabei kann zwischen primär Top-down und Bottom-up-geprägten Ansätzen bei der Herleitung und Konkretisierung der Messgrössen unterschieden werden.[141] So wird bspw. der Balanced Scorecard-Ansatz in der Literatur als Top-down-orientierter Ansatz beschrieben, während im Umfeld des Total Quality Management angesiedelte Ansätze eine Vielzahl von Bottom-up-Elementen aufweisen können.[142]

Ferner können für die Beschreibung eines Performance Management Systems Fragestellungen relevant sein, für welche organisatorischen Einheiten Ziele definiert werden, ob Vergleiche der Zielwerte innerhalb einer Organisation möglich sind und damit die Basis für ein internes Benchmarking gelegt wird.

Diese Fragen können einen starken Einfluss auf das „Ownership“ von Performance Management Systemen besitzen, d.h. auf die Eigentümerschaft solcher Systeme innerhalb von Organisationen sowie auf die treibenden Kräfte bei ihrer Fortentwicklung.[143]

---

138 Edvinsson/Malone (1998) empfehlen die Verwendung standardisierter Messgrössen, um eine Vergleichbarkeit nicht-finanzieller Performance-Indikatoren zwischen unterschiedlichen Unternehmen zu ermöglichen. Edvinsson/Malone (1998), S.163ff.
In den Veröffentlichungen zur Balanced Scorecard werden von Kaplan/Norton vier verschiedene Leistungsperspektiven unterschieden. Innerhalb der Perspektiven können ebenfalls einige generische Performance-Indikatoren identifiziert werden, wie z.B. der „Umsatz mit neuen Produkten“ oder die „Durchlaufzeit“ verschiedener Prozesse, die in den Scorecards verschiedener Unternehmen verwendet werden. Kaplan/Norton (1996b), S.9
Zu den generischen Performance-Indikatoren „Umsatz Neuprodukte“ und „Durchlaufzeit“ siehe u.a. Beispiele zur Ausgestaltung von Scorecards bei Paul (1998), S.15; Meissner (1998), S.20f.; März (1997), S.12 und Butler (1997), S.249

139 Merchant (1998), S.73f.

140 Moon/Fitzgerald (1996), S.446f.

141 Klingebiel (1996), S.83

142 Maschmeyer (1998), S.78
Siehe hierzu auch Johnson (1992)

143 Zur Bedeutung des Ownership siehe u.a. Roberts (1997), S.4

Konsequenzen der (Nicht-)Erreichung der Performanceziele

Hierbei ist von Bedeutung, ob, wie und in welchem Ausmass die Leistung honoriert wird. Dabei sind verschiedene Arten der Honorierung von Performance denkbar: sie können von Anerkennung durch die Mitarbeiter und Gehaltssteigerungen bis zu erhöhter Autonomie und Arbeitsplatzsicherheit reichen.[144]

Im engen Zusammenhang mit der Honorierung von Performance steht die Frage, wie sichergestellt wird, dass Klarheit und Verständlichkeit bei allen Entscheidungsträgern über die Ziele und die erwarteten Konsequenzen geschaffen wird. Das betrifft unmittelbar die Kommunikationsprozesse in einem Unternehmen sowie die Einbindung der Mitarbeiter bei der Herleitung von Messgrössen und Zielwerten. Ausserdem spielt der Beeinflussungsgrad der Messgrössenergebnisse eine grosse Rolle.[145]

Lebas und Kaplan/Norton schlagen beim Tableau de Bord- und Balanced Scorecard-Ansatz individuelle Ergebniskarten mit Zielwerten auf Mitarbeiterebene vor.[146] Die Konsequenzen der (Nicht-)Erreichung der Performanceziele werden aber i.d.R. von der unternehmensspezifischen Ausgestaltung des Performance Management Systems abhängen. Daher können zu diesem letzten Themenkreis kaum verallgemeinernde Aussagen gemacht werden, die zur Charakterisierung von Performance Management Systemen hinzugezogen werden können.[147]

Im folgenden werden drei Performance Management Frameworks vorgestellt sowie ihre potentiellen Stärken und Schwächen herausgearbeitet. Dabei werden insbesondere die ersten beiden charakteristischen Elemente (Einteilung der Performance-Dimensionen sowie die Prozesse zur Herleitung von Messgrössen und Zielwerte) näher betrachtet.

Ein Performance Management Framework kann verallgemeinernde Gestaltungsempfehlungen zur Entwicklung und Ausrichtung eines unternehmensspezifischen Performance

---

144 Merchant (1998), S.74

145 Merchant (1998) führt hierzu aus: „The main rationale behind the controllability principle is that results measures are useful only to the extent they provide information about the desirability of the actions that were taken. If a results area is totally uncontrollable, the results measures tell us nothing about what actions were taken.“ Merchant (1998), S.76

146 Kaplan/Norton (1996a), S.216 und Lebas/Chiapello (1996), S.21f. und 26f.

147 Das betrifft auch die motivationalen Wirkungen der Leistungshonorierung. Merchant (1998) gibt dbzgl. zu bedenken: „Only scattered evidence exists as to the motivational effects of the various forms of rewards for different groups of individuals“. Merchant (1998), S.75

Management Systems enthalten.[148] Damit kann es als eine Leitplanke beim Entwicklungsprozess von unternehmensspezifischen Performance Management Systemen dienen.

Ashton umschreibt u.a. den Nutzen von Frameworks wie folgt: „Their value lies in [...] providing a structure for more effective management and systems [and] establishing a more rigorous basis for rethinking key measurement issues as related to people“.[149] Er hat in diesem Zusammenhang fünf Voraussetzungen identifiziert, damit ein Performance Management Framework in einem Unternehmen erfolgreich umgesetzt werden kann. Das von einem Framework hergeleitete Performance Management System sollte fokussiert, mehrdimensional, integriert, flexibel sowie unternehmensspezifisch ausgerichtet sein.[150]

Alle drei Frameworks, die anschliessend vorgestellt werden, erfüllen die von Ashton genannten Voraussetzungen weitestgehend: sie zeichnen sich u.a. durch eine mehrdimensionale Performance-Definition, eine Fokussierung auf kritische Performance-Dimensionen sowie einen integrierten Ansatz bei ihrer Entwicklung aus.

Ein wichtiges Kriterium für ihre Auswahl war ihre weite Verbreitung und Akzeptanz in der Praxis. Zudem sollten sie auch eine laufende Performanceevaluation ermöglichen, um auch im täglichen operativen Bereich eingesetzt werden zu können.[151] Des weiteren wurden die Ansätze auch deswegen ausgesucht, da sie aus drei unterschiedlichen Kulturräu-

---

148 Das „English Dictionary“ von Collins umschreibt den Begriff „Framework“ mit „a structural plan or basis of a project“ sowie „a structure or frame supporting or containing something“. Beide Umschreibungen können im Rahmen des Performance Managements verwendet werden. Collins (1994), S.610

149 Ashton (1997), S.18

150 Dabei betont er auch die Bedeutung des Managements beim Implementierungsprozess: „Consider [...] also the fact that leadership and cross-functional participation are essential in drafting or prototyping a framework.“ Ashton (1997), S.37

151 Unter laufender Performanceevaluation ist gemeint, dass regelmässig Performancemessgrössen erhoben werden, die ein rasches Reagieren im Falle von Zielabweichungen ermöglichen. Unter Strategiebezug soll verstanden werden, dass die Messgrössen direkt von der Unternehmensstrategie abgeleitet werden und somit konsistent sind.
Das EFQM-Modell (EFQM steht für „European Foundation for Qualtiy Management“) ist nicht berücksichtigt worden, da es zum einen oft nur auf jährlicher Basis verwendet wird, zum anderen dessen operative Messgrössen keinen spezifischen Strategiebezug aufweisen. Booth (1997), S.30
In Grossbritannien ist z.B. am Anfang der 90er Jahre von der RSA (Royal Society for the Encouragement of Arts, Manufactures and Commerce) ein Projekt mit dem Titel „Tomorrow's Company, the Role of Business in Society“ gestartet worden. Im Rahmen dieses Projekts sind auch Anregungen zur Gestaltung von Performance Management Systemen entwickelt worden, die auf einer erweiterten Definition von Erfolg beruhen. Sie werden im Rahmen dieser Arbeit nicht näher behandelt, da die praktischen Erfahrungen noch begrenzt sind. Siehe hierzu Goyder (1993) und Eccles (1993), S.4

men stammen und somit über eine eigene, z.T. von den anderen Ansätzen losgelöste Entwicklungsgeschichte verfügen.

Die drei Ansätze sind:

- der französiche Tableau de Bord-Ansatz
- der in Skandinavien entstandene Intellectual Capital-Ansatz sowie
- der in den USA entwickelte Balanced Scorecard-Ansatz

Für jeden Ansatz soll zunächst ihre Entstehungsgeschichte kurz vorgestellt sowie ihre (typischen) Performance-Dimensionen erläutert werden. Daneben wird die Herleitung von spezifischen Performanceindikatoren, das Reportingdesign sowie die Einbindung in bestehende Managementprozesse näher erläutert.

Anhand der dabei identifizierten Stärken und Schwächen sollen Gestaltungsempfehlungen für die Entwicklung von Performance Management Systemen abgeleitet werden, die in den dritten Abschnitt dieser Arbeit einfliessen.

2.2.1 Tableau de Bord-Ansatz

2.2.1.1 Entstehung des Tableau de Bord-Ansatzes

Die ersten Tableaux de Bord sind in der ersten Hälfte dieses Jahrhunderts von Ingenieuren in Produktionsunternehmen entwickelt worden, die primär nichtfinanzielle Informationen zur Produktionssteuerung benötigten.[152] Weil ihnen für viele Entscheidungen in der Fabrikation die vom finanziellen Rechnungswesen zur Verfügung gestellten Informationen nicht halfen - da diese entweder zu spät vorlagen oder für zahlreiche Fragestellungen wegen ihres hohen Abstraktionsgrades irrelevant waren - entwickelten sie ein System von Messgrössen, das die wesentlichen Erfolgsfaktoren eines Einflussbereiches abbildet.[153]

Die Entwicklung des Tableau de Bord hat sich in seinen Anfängen unabhängig und isoliert von den Entwicklungsbahnen der Kostenrechnung vollzogen. In den fünfziger Jahren hat der Tableau de Bord-Ansatz auch starke Beachtung von den Mitarbeitern des Rechnungswesens zahlreicher französischer Unternehmen gefunden. Chiapello und Lebas führen das hauptsächlich auf zeitliche Unzulänglichkeiten von Kosten- und Budgetdaten zurück.[154] Das führte zu einem separat aufgebauten Informationssystem, dem Tableau de Bord.

Mit der zunehmenden Verbreitung in der Praxis begann auch die Wissenschaft sich mit dem Ansatz zu beschäftigen. Das bis dahin unstrukturierte und stark auf die individuellen Bedürfnisse seiner Anwender angepasste System wurde zunehmend systematisiert und formalisiert. Es erhielt sein theoretisches Fundament erst Anfang der 60er Jahre, als in Frankreich die ersten Veröffentlichungen zum Tableau de Bord erschienen sind.[155]

Zur Begründung der weiten Verbreitung eines Systems zur Performancemessung, das einen starken Fokus auf nicht-finanziellen Informationen besitzt, verweisen Chiapello und Lebas auf zwei Rahmenbedingungen in Frankreich hin[156]:

Einerseits haben Börsen in der Vergangenheit in Frankreich nicht die Bedeutung besessen,

---

152 Epstein/Manzoni (1997a), S.29; Chiapello/Lebas (1996), S.1

153 Lebas (1994b), S.47

154 Chiapello/Lebas (1996), S.5

155 Aus der Fülle der Veröffentlichungen sei hier nur exemplarisch auf Lauzel/Cibert (1962) sowie De Guerny/Mariani (1986) verwiesen.

156 Chiapello/Lebas (1996), S.5

die ihnen im angelsächsischen Raum zukommt. Demzufolge besitzen kurzfristig orientierte finanzielle Zahlen bei der Berichterstattung nicht die dominierende Bedeutung wie z.B. in den Vereinigten Staaten, wo sich das kurzfristige finanzielle Ergebnis unmittelbar auf den Aktienkurs und somit auch auf die Bewertung des Managements auswirkt.

Andererseits sind oberste Führungsfunktionen von Unternehmen in Frankreich sehr häufig von Ingenieuren besetzt, die finanzielle Informationen nicht als alleinige Erfolgsindikatoren betrachten. Da Finanzdaten die Erfolgsursachen nicht abschliessend erklären können, sondern den Charakter von Symptomen besitzen, wuchs das Bedürfnis nach der Abbildung von (nicht-finanziellen) Erfolgsfaktoren im Informationssystem des Managements.[157]

Diese beiden Faktoren können als Argumentationsbasis nur einen Teil der Entstehungsrichtung von Tableaux de Bord erklären. Infolge der zunehmenden Bedeutung der Kapitalmärkte für Grossunternehmen sowie einer Professionalisierung von Managementfunktionen verlieren die beiden Aspekte in jüngerer Vergangenheit zusehends an Bedeutung. Die Ursachen für den Fortbestand des Tableau de Bord-Ansatzes müssen daher anderer Natur sein als jene, die ihre Entwicklung erklären.

Aufgrund ihrer langen Entwicklungsgeschichte in der Praxis sowie der Tatsache, dass die Tableaux de Bord als interne Informationssysteme keinerlei Konventionen unterworfen sind, sind verschiedenartige Arten von Tableaux entstanden. Eine Individualisierung infolge der Branche, der Unternehmensstrategie, -struktur und der Verwendungsdauer im Unternehmen führt zu zahlreichen Varianten von Tableaux de Bord. Diese Rahmenbedingungen sind bei der Beschreibung des Tableau de Bord-Ansatzes zu berücksichtigen und erschweren eine allgemeingültige Darstellung.[158]

2.2.1.2 Zielsetzung des Tableau de Bord-Ansatzes

Dem Konzept des Tableau de Bord liegt die Annahme zugrunde, dass Manager primär nur den Grössen Beachtung schenken sollten, die den Zustand von kritischen Faktoren ihres Zuständigkeitsbereiches abbilden. Jene Messgrössen stehen zu sogenannten „leviers

---

157 Chiapello/Lebas (1996), S.5

158 Die hier vorgenommenen Aussagen beruhen primär auf Quellen des HEC in Jouy en Josas.

d'action" in Beziehung, kritischen Erfolgsfaktoren, denen bei Entscheidungen besondere Aufmerksamkeit zuteil wird.[159]

Dem Tableau de Bord-Ansatz liegt ein operatives Modell der Unternehmung zugrunde, das durch die Erfolgsfaktoren beschrieben werden kann.[160] Durch ihre Beeinflussung kann ein Manager auf das von ihm zu verantwortende (finanzielle) Ergebnis einwirken.

Die im Tableau abgebildeten Grössen können aber auch externe Faktoren beinhalten, die zwar ausserhalb des Einflussbereiches liegen, jedoch auf die betrieblichen Aktivitäten Einfluss haben können. Durch ihre Verwendung soll beim Entscheidungsträger ein antizipatives Verhalten gefördert werden. Die sachliche Gliederung der Daten obliegt dem Anwender des Tableau de Bord.

Da jeder Unternehmensbereich i.d.R. unterschiedliche Ziele und Verantwortungsbereiche hat, gleicht kein Tableau dem anderen innerhalb eines Unternehmens. Jeder Entscheidungsträger sollte sein eigenes spezifisches Tableau besitzen, was zum einen eine Eigenkontrolle der von ihm beeinflussbaren Prozesse und Ressourcen erlaubt, zum anderen im Rahmen seiner Erstellung und Pflege die Kommunikation und Koordination mit Stellen höherer und tieferer hierarchischer Ordnung fördern soll.[161]

Ein wesentliches Merkmal des Tableau de Bord-Ansatzes ist seine Flexibilität aufgrund des Fehlens von Konventionen.[162] Da der Inhalt der Tableaux durch die Art der Entscheidungen bestimmt ist, kann ein Verantwortungsbereich mit einem kurz- und langfristigen Entscheidungshorizont über zwei verschiedene Tableaux verfügen.[163]

2.2.1.3 Reporting von Performanceindikatoren

Aufgrund der Flexibilität dieses Instruments gestaltet sich auch eine Strukturierung der darin enthaltenen Informationen sehr schwierig. In der Literatur zum Tableau de Bord-Ansatz finden sich folglich kaum strukturierte Beispiele von Messgrössengruppen, wie beispielsweise beim Balanced Scorecard-Ansatz mit seinen vier generischen Messgrössendimensionen.[164]

---

159 Lebas (1994b), S.481
160 Epstein/Manzoni (1997a), S.29; Mévellec (1995), S.14
161 Lebas (1993), S.47
162 Malleret (1989), S.5
163 Chiapello/Lebas (1996), S.14
164 Epstein/Manzoni (1997a), S.34

In Anlehnung an eine von Lebas entwickelte Methodik zur Gestaltung von Tableaux lassen sich die darin enthaltenen Informationen auf zwei verschiedene Arten strukturieren: nach ihrer Ausrichtung (operativ/strategisch) sowie nach ihrer hierarchischen Herkunft (tiefere/laterale Hierarchiestufen).[165]

2.2.1.3.1 Ausrichtung der Messgrössen

Gemäss ihrer Ausrichtung können die Messgrössen in drei verschiedene Gruppen eingeteilt werden, die aus der nachfolgenden Abbildung hervorgehen.

Abbildung 2-7: Herkunft der Indikatoren eines Tableau[166]

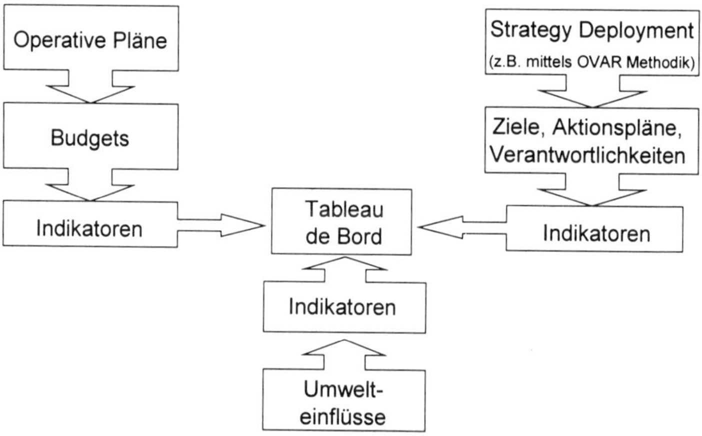

Die erste Gruppe leitet aus den operativen Plänen und den darauf abgestimmten jährlichen Budgets operative Messgrössen ab, die durch ihren finanziellen Charakter geprägt sind. Die zweite bildet Messgrössen von Umwelteinflüssen ab, wie bspw. den Indikatoren der Marktentwicklung oder Informationen über Konkurrenten.

Die dritte Gruppe setzt sich aus Indikatoren zusammen, die aus einem Strategy Deployment Prozess, einem Prozess zur Operationalisierung von strategischen Zielen, hervorgehen.[167]

---

165 Siehe hierzu Veröffentlichungen von Jordan/Fiol (1997a), Chiapello/Lebas (1996) und Malleret (1989)

166. In Anlehnung an Jordan/Fiol (1997a), S.7

167 Ansätze zur Unterstützung des Strategy Deployment Prozesses werden in Abschnitt 3.2 dieser Arbeit eingehender behandelt.

Die mittels dieser Methodik hergeleiteten Messgrössen können eine Konsistenz der Messgrössen auf verschiedenen Hierarchiestufen gewährleisten. Die Bedeutung der Abstimmung von Performanceindikatoren verschiedener Stufen wird von zahlreichen Autoren hervorgehoben.[168]

Von Lebas ist eine als OVAR[169] bezeichnete Methodik entwickelt worden, die aus fünf Schritten besteht:[170]

- Herleitung der strategischen Ziele[171]
- Bestimmung der kritischen Erfolgsfaktoren bei der Zielerreichung und Erstellung von Aktionsplänen (sind an konkrete Massnahmenprojekte gekoppelt)[172]
- Bestimmung der Verantwortlichkeiten bei der Umsetzung von Aktionsplänen
- Identifikation von Messgrössen, die Fortschritte bei der Umsetzung von Aktionsplänen abbilden
- Entwicklung eines IT-gestützten Systems zur Abbildung der Messgrössen in Tableaux de Bord[173]

Aufgrund dieser drei Messgrössengruppen soll vermieden werden, dass ein Tableau de Bord eine zu starke Fokussierung auf rein finanzielle Indikatoren besitzt. Die Integration unternehmensexterner Messgrössen sowie von strategischen Massnahmenprojekten abgeleiteten Messgrössen soll die Perspektive des Benützers erweitern. Dabei sollten idealerweise nur jene operativen und strategisch hergeleiteten Messgrössen abgebildet werden, die der Benützer direkt beeinflussen kann, bzw. für deren Entwicklung er verantwortlich ist.[174] Die Abbildung der gegenwärtigen Ergebnisse kann dabei als eine Möglichkeit betrachtet werden, zukünftige Entwicklungen zu antizipieren.[175]

---

168 Epstein/Manzoni (1997a), S.30; Lebas (1994b), S.483f.

169 OVAR setzt sich aus den Abkürzungen der Worte „Objectifs", „Variables d'Action" und „Responsable" zusammen.

170 Chiapello/Lebas (1996), S.21ff. und Jordan/Fiol (1997b), S.2ff.

171 Strategieableitung basiert auf einer ex ante von allen Beteiligten zugestimmten Vision. Übereinstimmung wurde erreicht über die Kausalannahmen des Modells. Das Kausalmodell ist nach den Informationsbedürfnissen der Benutzer entwickelt worden Lebas/Chiapello (1996), S.19ff.

172 Die Identifikation der kritischen Erfolgsfaktoren wird von Lebas (1994b) als das wichtigste Element beim Aufbau eines Performancemesssystems betrachtet. Lebas (1994b), S.482

173 Lebas/Chiapello (1996), S.25

174 Epstein/Manzoni (1997a), S.29

175 Jordan/Fiol (1997b), S.5

Neben der Analyse der Tableauinformationen nach der Ausrichtung ihrer Informationsquellen, können die im Tableau enthaltenen Daten auch gemäss ihrer hierarchischen Herkunft unterschieden werden.

2.2.1.3.2 Herkunft der Messgrössen

Es können verschiedene Quellen von Informationen unterschieden werden, die das Tableau de Bord eines Verantwortungsbereiches enthalten kann:[176]

Ein Tableau de Bord enthält hauptsächlich für einen individuellen Verantwortungsbereich relevante lokal anfallende Informationen. Damit dient das Tableau primär dem „Self Assessment", der Selbststeuerung des Leiters eines Verantwortungsbereiches.[177] Die hierbei abgebildeten kritischen Erfolgsfaktoren dienen eher der Prognose der kurzfristigen zukünftigen Entwicklung. Im Gegensatz zum Responsibility Accounting Ansatz besteht die Intention des Tableau de Bord-Ansatzes nicht darin, das exakt darzustellen, was in der Vergangenheit passiert ist, um die Leistung von Managern zu beurteilen. Vielmehr soll es die kritischen Erfolgsfaktoren in ihrer Entwicklung abbilden, sowohl für jeden Verantwortungsbereich, als auch für die Unternehmung als Ganzes.[178]

Informationen tieferer Hierarchiestufen sollten insofern integriert werden, als dass sie die Leistung der übergeordneten Hierarchiestufe massgeblich beeinflussen. Da Interdependenzen der Performance verschiedener Verantwortungsbereiche existieren, sollte ein Manager auch Einsicht in die Informationen der benachbarten Bereiche erhalten, die seine eigene Leistungsfähigkeit beeinflussen. Die Integration von Messgrössen lateraler Tableaux gewinnt im Zuge einer zunehmenden Prozessorientierung an Bedeutung.

2.2.1.3.3 Darstellung der Messgrössen im Tableau

Zwei wesentliche Unterschiede bestehen zwischen der Darstellung im Tableau-Format und der konventionellen tabellarischen Darstellung von Daten des Rechnungswesens: Einerseits werden die Informationen vorzugsweise grafisch dargestellt.[179] Dadurch können die

---

176 Lebas/Chiapello (1996), S.6f
177 Malleret (1989), S.4f.
178 Lebas/Chiapello (1996), S.18
179 Voyer (1999a)
Siehe hierzu auch DuPree/Hartgraves (1987), die sich neben der Verwendung einer auf die Benützer abgestimmten Sprache auch für den Gebrauch von Grafiken aussprechen. DuPree/Hartgraves (1987), S.42
Für eine sehr detaillierte Übersicht über die Vor- und Nachteile der grafischen Visualisierung von Managementinformationen siehe Meyer (1996a), S.160ff.

Informationen schneller vom Leser wahrgenommen werden. Des weiteren können anhand von Abbildungen verschiedenartige Informationen miteinander kombiniert und verdichtet werden. Als dritter Vorteil ist die Darstellung von Trends zu nennen, was eine schnelle Abschätzung der zukünftigen Entwicklung durch Fortschreibung bestehender Entwicklungen erlaubt.

Als zweiter Aspekt ist die Begrenzung der Anzahl an Informationen zu nennen, um die Komplexität gering zu halten und die Übersichtlichkeit zu erhöhen.[180] Das zwingt zu einer Konzentration auf die wesentlichen Messgrössen. Bei der Tableauentwicklung ist daher eine Klärung der eigentlichen Informationsbedürfnisse notwendig.

Abbildung 2-8: Beispiel für die Gestaltung eines Tableau de Bord[181]

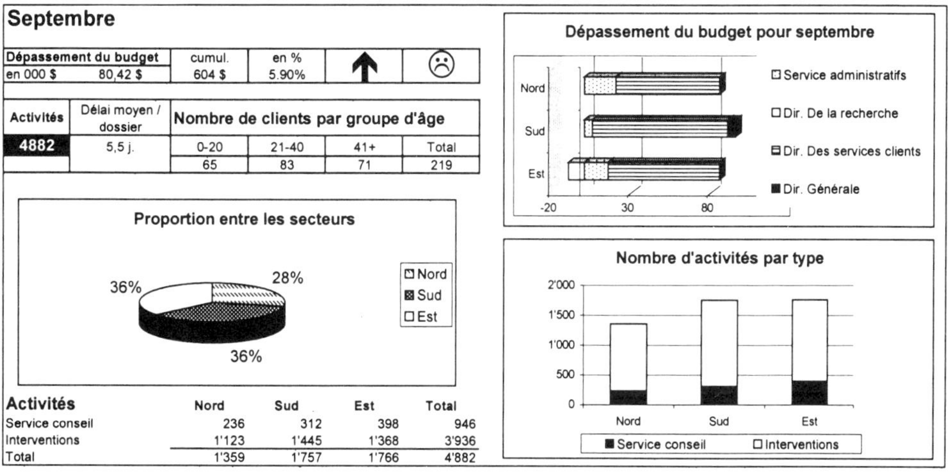

2.2.1.4 Beurteilung des Tableau de Bord-Ansatzes

Die Bewertung des Tableau de Bord-Ansatzes wird durch ihre zahlreichen existierenden Varianten sowie die weite Verwendung des Begriffs „Tablau de Bord“ beeinträchtigt.[182] Unter einem Tableau de Bord kann sowohl die Informationsstrukturierung auf individueller Ebene mittels lokaler Spreadsheetprogramme subsummiert werden, als auch die Ausgestaltung eines MIS auf obersten Hierarchiestufen. Es zeigt sich zudem, dass in der Litera-

180 Lebas (1995), S.14; Epstein/Manzoni (1997a), S.30; Lebas (1994b), S.482

181 In Anlehnung an Voyer (1999b)

182 So wird der Begriff „Tableau de Bord“ z.B. auch dabei verwendet, wenn technische Daten eines Autos in übersichtlicher Form in einem Verkaufsprospekt dargestellt werden.

tur verschiedenartige Auffassungen über die Gestaltung von Tableaux existieren: während Lauzel/Cibert ein finanzorientiertes Schema entwickeln, das sehr starke Gemeinsamkeiten mit dem ROI-Baum von DuPont besitzt, schlagen Lebas/Chiapello eine auf Kausalketten beruhende Methodik vor.[183]

Im Gegensatz zum Balanced Scorecard-Ansatz existiert beim Tableau de Bord-Ansatz kein generisches Modell, das allen Ausprägungen der Tableaux gemeinsam ist.[184] Dadurch wird das Aufstellen verallgemeinernder Aussagen im Rahmen ihrer Bewertung erschwert.

Zusammen mit den finanziellen Daten, die im Rechnungswesen ermittelt werden, soll das Tableau de Bord die notwendige Datenbasis liefern, um Entscheidungsträgern ein ausgewogenes Bild der Unternehmung im Augenblick sowie in naher Zukunft zu liefern.[185] Es handelt sich beim Tableu de Bord-Ansatz in seinem Verhältnis zum Rechnungswesen um ein komplementäres und selbstständiges Informationssystem, das nicht notwendigerweise mit den Zyklen des Rechnungswesens verknüpft ist.[186]

Zahlreiche französische Autoren betrachten den Tableau de Bord-Ansatz als einen umfassenden Management Ansatz, der neben der Dezentralisierung der Entscheidungsunterstützung auch der Strukturierung von Zielen und der Identifizierung von kritischen Erfolgsfaktoren im Rahmen der Strategieumsetzung und Tableauentwicklung dient.[187]

Im Vordergrund sollte bei der Entwicklung eines Tableau die Suche nach wenigen Kerngrössen stehen, die den gegenwärtigen Zustand und die Entwicklungspotentiale eines Verantwortungsbereiches erklären.[188] Das Ergebnis dieses Auswahlprozesses wird von Lebas/Chiapello und Epstein/Manzoni als genauso wichtig erachtet wie die gelieferten Informationen aus dem Bericht des Tableau de Bord.[189]

---

183 Lauzel/Cibert (1962), S.26; Lebas/Chiapello (1996), S.18

184 Siehe hierzu die Ausführungen zum Balanced Scorecard-Ansatz auf den Seiten 50f.

185 Lebas (1994b), S.481

186 Chiapello/Lebas (1996), S14; Voyer (1999c)

187 Epstein/Manzoni (1997a), S.30

188 Mévellec bemerkt hierzu, dass die gesamten Informationen, die in allen Tableaux de Bord einer Unternehmung enthalten sind, zu einem Informationssystem mit sehr hoher Komplexität führen. „These Systems are, however, often complex, burdened down by an overload of quantitative data and therefore sometimes difficult to exploit in an effective manner.“ Mévellec (1995), S.14. Damit widerspricht er Lebas (1993) mit dessen Äusserung: „each one [tableau] will be so focused that there will be no risk of information overload“. Lebas (1993), S.47

189 Deswegen sprechen sie sich auch entschieden gegen die Verwendung von vorgefertigten und standardisierten Tableaux aus, die über Verzeichnisse von Kenngrössen verfügen, wie sie in der französischen Fachliteratur beschrieben sind. Chiapello/Lebas (1996), S.29; Epstein/Manzoni (1997b), S.5

Im Rahmen der zunehmenden Popularität von Balanced Scorecards wird in Frankreich der Tableau de Bord-Ansatz verstärkt diskutiert und dem Scorecard-Ansatz gegenübergestellt.[190] Obwohl zahlreiche konzeptionelle Gemeinsamkeiten zwischen beiden Ansätzen bestehen, können Unterschiede und Diskrepanzen bei der praktischen Umsetzung von Tableaux de Bord identifiziert werden.[191]

Epstein/Manzoni haben dbzgl. zahlreiche typische Abweichungen zwischen den konzeptionellen Empfehlungen und der tatsächlichen Umsetzung von Tableaux in der Praxis identifiziert, die im folgenden kurz erläutert werden sollen: [192]

Die starke Fokussierung auf finanzielle Messgrössen steht im Widerspruch zur Betonung der Literatur, dass es sich um ein komplementäres System zum Rechnungswesen handelt.[193] Die grosse Komplexität aufgrund zahlreicher Messgrössenarten kann einen grossen regelmässigen Pflegeaufwand erfordern.[194] Dieser Aufwand kann reduziert werden, wenn primär finanzielle Grössen abgebildet werden.

Neben der Fokussierung auf finanzielle Grössen findet oft auch eine Konzentration auf interne Indikatoren statt, die zudem den Vorjahreswerten gegenübergestellt werden, anstelle von (externen) Best Practice-Werten. So findet z.B. die Kundenorientierung, die in vergangenen Jahren stark an Bedeutung gewonnen hat, oft nicht den angemessenen Raum im Tableau de Bord.[195] Dieses Problem lässt sich auch auf fehlende Informationsquellen zurückführen, die eine rasche Integration der gewünschten externen Daten verhindern.

Es besteht auch die Neigung zu einer umfangreichen Darstellung verschiedener Messgrössen, was der Konzentration auf wenige kritische Erfolgsfaktoren widerspricht. Im Zeitablauf kann die Tendenz bestehen, neue Messgrössen zum Tableau hinzuzufügen, um ein möglichst umfassendes Bild zu gewährleisten. Lorino führt hierzu aus: „Eine natürli-

---

190 Epstein/Manzoni (1997a), S. 34

191 Siehe hierzu die Gesamtzusammenfassung dieses Abschnitts auf den Seiten 78ff.

192 Epstein/Manzoni (1997a), S.34

193 Die Beobachtungen von Epstein/Manzoni (1997a) stehen im Widerspruch zu Gestaltungsempfehlungen von Lebas (1994b): „It [the tableau de bord] does not give a major place to accounting-based information. Physical information is considered to be anticipatory and a better base for decision making.“ Lebas (1994b), S.482

194 Lorino (1997) berichtet über die Mängel vieler Leistungssteuerungssysteme in Frankreich, wobei der u.a. die Schwächen eines Tableau de Bord Systems (nicht-finanzieller Leviathan) wie folgt umschreibt: „[...] das System kann so umfangreich und komplex werden, dass es für die meisten Betroffenen undurchsichtig wird, die Wartungs- und Betriebskosten können übermässig ansteigen, und es erweist sich als sehr schwierig, den permanenten Einsatz externer Berater zu beenden.“ Lorino (1997), S.27

195 Dieses Defizit trifft auch für eine Vielzahl von Literaturquellen zu. Epstein/Manzoni (1997a), S.34

che Folge ist der Versuch, ad hoc Indikatoren und Erfolgsmassstäbe auf allen Management Ebenen zu erstellen, einschliesslich möglichst aller, aber auf jeden Fall vieler aktueller und potentieller Leistungsaspekte. Auf diese Weise hofft der Entscheidungsträger, dass das Werkzeug jederzeit anwendbar ist und bleibt, auch wenn sich die Leistungsstruktur verändert."[196] Das kann den Blick der Benützer von den wenigen zentralen Grössen ablenken, die im Rahmen der Tableauentwicklung erarbeitet worden sind. Zudem kann die grosse Anzahl von Messgrössen zu Interpretationsproblemen aufgrund von Redundanzen, uneinheitlichen Begriffsverwendungen sowie unkoordinierten Aktualisierungen führen.[197]

Epstein/Manzoni stellen dbzgl. fest, dass Tableaux oft als Instrument des Management by Exceptions gegenüber tieferen Hierarchiestufen verwendet werden.[198] Sie werden häufiger als ein Kontrollinstrument verwendet, denn als ein interaktives Kommunikationsinstrument.[199] Das birgt die Gefahr, dass „Schattensysteme" entstehen: ein Tableau kann dem Reporting gegenüber höheren Hierarchiestufen dienen, ein weiteres Informationssystem kann der Orientierung des Entscheidungsträgers helfen und wird gegenüber dem vorgesetzten Hierarchieistufen verborgen.[200]

Zahlreiche hier genannte Probleme betreffen nicht ausschliesslich den Tableau de Bord-Ansatz, sondern können bei allen dezentralisierten Performance Management Systemen auftreten, die eine starke Gewichtung von nicht-finanziellen Grössen besitzen. Der Tableau de Bord-Ansatz kann aber die Intensität verstärken, mit der diese Probleme auftreten, da er einen offenen Rahmen für das Reporting von nicht-finanziellen Indikatoren bietet.

Anhand der Ausführungen zum Tableau de Bord-Ansatz wurde offensichtlich, dass er aufgrund des Fehlens von konkreten Gestaltungsempfehlungen eine grösstmögliche individuelle Gestaltungsfreiheit erlaubt. Diese kann die Ausbildung der beschriebenen Probleme fördern.

---

196 Lorino (1997), S.26

197 Lorino (1997), S.27

198 Epstein/Manzoni (1997a), S.35

199 Die Nutzen von Tableaux als Kommunikationsinstrument wird von Lebas/Chiapello (1996) hervorgehoben. Lebas/Chiapello (1996), S.29

200 Epstein/Manzoni (1997a), S.35
Lorino (1997) hat im Rahmen der Kommunikation Problemfelder in französischen Unternehmen identifiziert, die sich negativ auf das Design und die Verwendung von Tableaux de Bord auswirken: starre hierarchische Strukturen, technokratische Führungsstile mit einem Mangel an Kommunikationsbereitschaft sowie Karrieremodelle, die wenig Platz für eine leistungsbezogene Entlohnung lassen. Lorino (1997), S.28

2.2.2 Balanced Scorecard-Ansatz

2.2.2.1 Entstehung des Balanced Scorecard-Ansatzes

Der Balanced Scorecard-Ansatz ist aus einem 1989/90 durchgeführtem zwölfmonatigen Forschungsprojekt entstanden, das vom Nolan Norton Institute unter der Mitwirkung von 12 Unternehmen sowie Kaplan durchgeführt worden ist.[201] Das Ergebnis dieses Projekts, bei dem die Performancemessung in einer Auswahl amerikanischer Grossunternehmen untersucht worden ist, bildet ein Bericht mit Gestaltungshinweisen, wie Performance in Unternehmen gemessen werden kann.[202]

Im Rahmen des Forschungsprojektes sind zahlreiche existierende Performance Messsysteme untersucht worden, wobei der mehrdimensionale Ansatz des Elektronikkomponentenherstellers Analog Devices als Vorläufer der späteren Balanced Scorecard mit ihren vier Messgrössendimensionen betrachtet werden kann.[203]

Die hohe Bekanntheitsgrad des Ansatzes kann u.a. auf drei in der Havard Business Review zum Themenbereich Balanced Scorecard veröffentlichte Beiträge, eine Buchpublikation sowie den hohen Bekanntheitsgrad des Mitautors Kaplan zurückgeführt werden. Empirische Ergebnisse lassen hingegen für 1998 darauf schliessen, dass in Deutschland die Verbreitung von Balanced Scorecards nicht sehr stark ausgeprägt war.[204]

---

201 Hoffecker/Goldenberg (1994), S.7
Das "Nolan Notron Institute" ist ein Tochterunternehmen der Wirtschaftsprüfungsgesellschaft KPMG Peat Markick

202 Die Grundsätze werden kurz vorgestellt, da sie die spätere Gestaltung des Balanced Scorecard-Ansatzes prägen: a) Die Leistungsmessung sollte ausgewogen sein, um alle Bereiche zu integrieren, die den Shareholder Value langfristig erhöhen. b) Die Leistungmessung sollte die werttreibenden Faktoren (Value Driver) des ShareholderValue wie z.B. die Kundenzufriedenheit messen. c) Finanzielle Messgrössen sollten explizit langfristig orientierte, Shareholder Value bezogene Grössen beinhalten. Der EPS, ROI oder ROE können zu Verzerrungen bei der Darstellung der finanziellen Performance führen. d) Die Leistungsmessung ist ein Top-Down-Prozess, der die Verknüpfung mit der Vision und Strategie sicherstellen muss. Es sollte zwar von der Geschäftsleitung unterstützt werden, aber iterativ verlaufen. e) Die Leistungsmessung sollte sicherstellen, dass die individuelle Performance jedes Mitarbeiters auf die Unternehmensvision und Strategie abgestimmt ist. Das setzt eine offene Kommunikation voraus.
Geanuracos/Meiklejohn (1993), S.50

203 Institute (1991), S.15

204 Gaiser (1997), S.7 und Seidenschwarz (1998), S.248

2.2.2.2 Reporting von Performanceindikatoren

Kaplan/Norton schlagen die Strukturierung der wichtigsten finanziellen und nicht-finanziellen Kennzahlen mittels Ergebnistafeln („Scorecards") vor. Sie unterscheiden dabei vier Perspektiven einer Unternehmung, die für die Bewertung der Leistung eingenommen werden können: die finanzielle, Kunden-, Innovations- und interne Prozessperspektive.[205] Die Kennzahlen der vier Perspektiven sollten Antworten auf die vier in Abbildung 2-9 gestellten Fragen liefern.

Abbildung 2-9: Gliederung einer Balanced Scorecard[206]

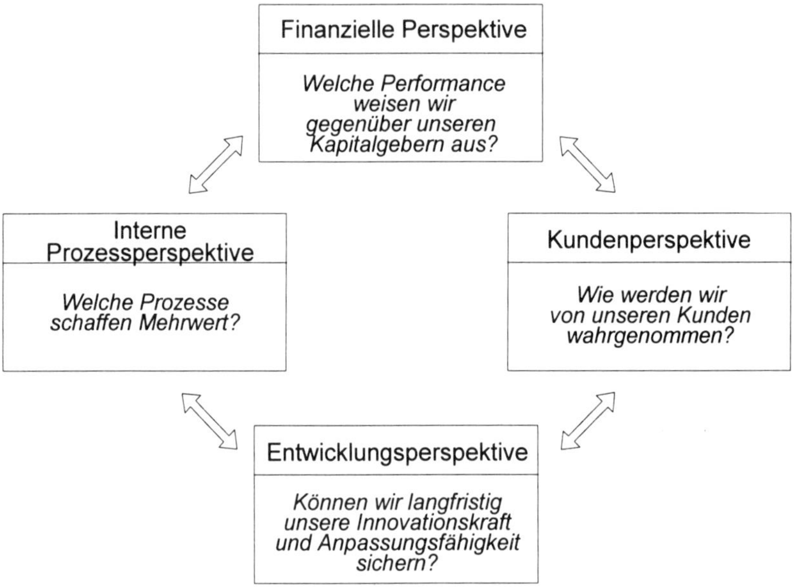

Die finanzielle Perspektive enthält Kennzahlen, die über den finanziellen Erfolg der Unternehmensstrategie Rechenschaft ablegen. Die Wahl der Kennzahlen dieser Perspektive sollte von der Entwicklungsstufe des Unternehmens abhängen.[207]

Die Kundenperspektive sollte die Leistungen der Unternehmung so abbilden, wie sie vom Kunden wahrgenommen werden. Die kundenorientierten Messgrössen können in die Kategorien marktanteils-, retentions-, akquisitions-, zufriedenheits- und profitabilitätsbezoge-

205 Kaplan/Norton (1996a), S.8
206 In Anlehnung an Morrow (1992), S.156
207 Kaplan/Norton (1996b), S.56

ne Kennzahlen eingeteilt werden.[208] Da fast alle Strategien die Kunden in den Vordergrund stellen, bilden die Grössen dieser Perspektive einen direkten Bezug zur Messung kritischer Erfolgsfaktoren bei der Umsetzung der Strategie eines Unternehmens.[209]

Die interne Prozessperspektive steht in einem direkten Bezug zur Kundenperspektive, da die Qualität der Prozesse von entscheidender Bedeutung für die Kundenzufriedenheit ist.[210] Der Fokus der internen Perspektive sollte lt. Kaplan/ Norton auf den Messgrössen jener Prozesse beruhen, die den grössten Einfluss auf die Kundenzufriedenheit und die Erreichung der finanziellen Ziele haben.[211] Zur Förderung der Leistungsorientierung kann das Benchmarking der Messgrössen der internen Prozessperspektive mit vergleichbaren Organisationen empfohlen werden.[212]

Die Entwicklungsperspektive bildet die Fähigkeit einer Unternehmung ab, Innovationen erfolgreich einzuführen, sich ständig zu verbessern sowie ihre Potentiale im Change Management Prozess.[213] Hinter der Abbildung dieser Art von Kennzahlen, die oft nur indirekt gemessen werden können, verbirgt sich der Anspruch der Scorecard, nicht nur Messgrössen der Vergangenheit, sondern auch Indikatoren zu erfassen, die für den zukünftigen Erfolg einer Unternehmung von existentieller Bedeutung sind. „The Balanced Scorecard keeps companies looking - and moving - forward instead of backward“[214]: drei wichtige Quellen der Organsiationsentwicklung werden von Kaplan/Norton hervorgehoben: die Mitarbeiter, die verwendeten Systeme sowie die organisatorischen Abläufe.[215] Die Messgrössen der Entwicklungsperspektive sollten alle drei Gruppen abdecken, um ein ausgewogeneres Bild des Entwicklungspotentials zu gewähren.[216]

---

208 Kaplan/Norton (1996b), S.59ff.

209 Kaplan/Norton (1992), S.73
In der Veröffentlichung des Nolan Norton Institutes werden mindestens drei Messgrössenkategorien dieser Dimension empfohlen: Indikatoren der Durchlaufzeit, der Produkt- und Servicequalität sowie Indikatoren des Services einschliesslich der Ergebnisse von Kundenzufriedenheitsanalysen. Geanuracos/Meiklejohn (1993), S.51

210 Kaplan/Norton (1992), S.74

211 Kaplan/Norton (1996b), S.62

212 Geanuracos/Meiklejohn (1993), S.52

213 Kaplan/Norton (1992), S.75f.

214 Kaplan/Norton (1992), S.79

215 Kaplan/Norton (1996b), S.64

216 Die Nolan Norton Studie schlägt drei Bereiche vor, um die Fortschritte in der Entwicklungsdimension zu messen: die Messung der Marktinnovationen (z.B. durch den Anteil des Umsatzes mit jungen Produkten), die Messung der kontinuierlichen Verbesserung (z.B. mithilfe des Half-Life-Ansatzes, die die Zeit misst, die benötigt wird, um eine 50 prozentige Verbesserung zu realisieren) sowie die Messung des Know Hows der Mitarbeiter. Geanuracos/Meiklejohn (1993), S.53

Die Gestaltung der Scorecard mit vier Ergebnistafeln ist als Vorschlag zu verstehen, um strategierelevante Informationen zu strukturieren. Ihre Auswahl sollte auf die Informationsbedürfnisse der Unternehmung abgestimmt sein, die wiederum durch die verfolgten strategischen Ziele, die Branche, Organisationsform u.a. determiniert sind.[217] So verwenden z.B. zwei Werke der ABB in Schweden aufgrund der hohen Bedeutung, die sie ihren Mitarbeitern beimessen, eine zusätzliche Personaldimension um ihre Performance abzubilden.[218] Die IT-Gruppe des amerikanischen Verteidigungsministeriums verzichtet auf eine finanzielle zugunsten einer strategischen Perspektive in ihrer spezifischen Scorecard.[219] Die Swisscom, eine schweizerische Telekomgesellschaft, besitzt auf Top-Management-Stufe fünf Leistungsdimensionen mit spezifischen Messgrössen der Kunden- und Mitarbeiterdimension, der operativen Performance, der Entwicklung des Shareholder Value sowie der übrigen finanziellen Einflussgrössen. Die Shareholder Value Dimension wurde aufgrund des Börsengangs im Herbst 1998 integriert.[220]

Zudem ist bei der Scorecardgestaltung die Hierarchiestufe ihrer Anwender zu berücksichtigen: auf Gesamtunternehmensebene sind die in den Leistungsperspektiven dargestellten Kennzahlen oft bereits aus einer Verdichtung von Kennzahlen unterer Ebenen hervorgegangen, um die Anzahl der Informationen überschaubar zu halten und um der Gefahr einer Überfrachtung mit Informationen entgegenzuwirken. Das kann mithilfe von Indizes erfolgen.[221]

Auf tieferen Hierachiestufen kann sich der Aufbau von Scorecards deutlich von einer Top-Management Scorecard unterscheiden, da nur eine Teilsicht von operationalisierbaren Indikatoren relevant sein kann. Abweichungen im Scorecardaufbau können auch auf unterschiedliche Teilstrategien autonom agierender Divisionen zurückzuführen sein, da die Auswahl der Scorecardmessgrössen einen starken Strategiebezug besitzen sollten.[222]

---

217 Fickert (1993), S.207

218 Ewing/Lundahl (1996), S.14

219 Finanzielle Grössen werden in der „internal business perspective" berücksichtigt. Kinghorn (1996), S.26

220 o.V. (1996), S.3

221 Die Mobil Oil Corporation verwendet auf oberster Hierarchiestufe 10 Indizes, die hauptsächlich die interne sowie die Entwicklungsperspektive betreffen. Dazu gehören u.a. ein Qualitäts-, ein „Climate Survey" sowie ein „Strategic Competency Availability" Index. Innerhalb der einzelnen Ebenen der Scorecard ist ebenfalls eine Gewichtung der einzelnen Perspektiven vorgenommen worden, wobei die finanzielle und die interne Dimension mit je 35% am stärksten bewertet werden. Die verbleibenden Dimensionen werden mit je 15% gewichtet. Corporation (1996), S.1

222 Hoffecker/Goldenberg (1994), S.12; Kaplan/Norton (1997), S.10

Abbildung 2-10: Verdichtung von Informationen mittels der Balanced Scorecard[223]

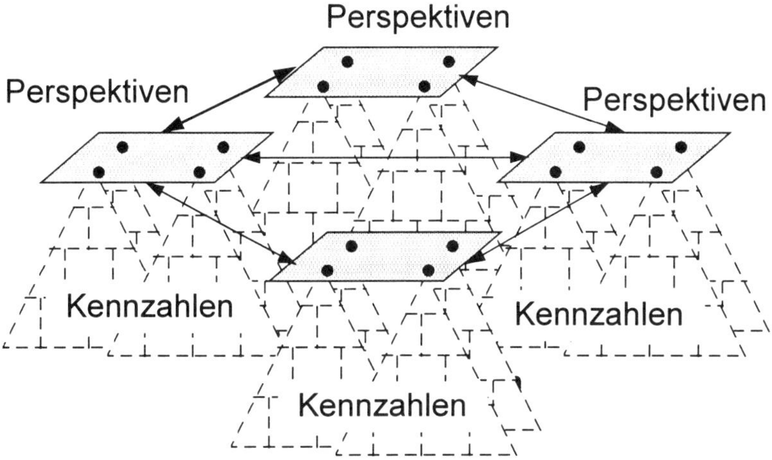

2.2.2.3 Kausale Verknüpfung der Messgrössen verschiedener Perspektiven

Beim Scorecard-Ansatz besteht keine zwingende Veranlassung, die finanziellen Grössen aufeinander abzustimmen, wie das z.B. bei „klassischen" finanziellen Kennzahlensystemen der Fall ist.[224] Von grösserer Bedeutung als die zahlenmässige Verdichtung ist ein bestehender Kausalzusammenhang zwischen den Messgrössen der vier Perspektiven bezüglich der Strategieumsetzung.

Der Balanced Scorecard-Ansatz beruht auf der Annahme, dass die Ergebnisse der finanziellen Perspektive stimmen werden, sobald die kritischen Grössen der übrigen Perspektiven angemessene Werte annehmen und die getroffenen Hypothesen über Ursache und Wirkungszusammenhänge stimmen. Anstelle der ex post Abbildung von finanziellen Ergebnissen fokussiert der Ansatz auf die Antizipation zukünftiger Entwicklungen, was vor allem durch die Darstellung nichtfinanzieller Werte verschiedener Leistungsperspektiven unterstützt wird. Zur Erreichung dieser Aufgabe können sowohl unternehmensinterne, wie z.B. Indikatoren der Mitarbeitermotivation als auch unternehmensexterne Daten, wie z.B. die Kundenzufriedenheit herangezogen werden.

223 Buess (1996), S.21

224 Als Beispiel dafür kann das DuPont-Kennzahlensystem dienen. Eine detaillierte Darstellung liefert Reichmann (1993), S.21ff.

Ein weiterer Unterschied zu finanzorientierten Führungsinformationssystemen stellt die Informationsverdichtung dar: die Konsolidierung der Daten erfolgt nicht durch Addition verschiedener finanzieller Grössen. Indizes sind zwar ein Mittel zur Aggregation auf höheren Hierarchiestufen, doch wird eine Aggregation primär aufgrund eines nicht algebraischen Kausalmodells vorgenommen. Dieses sollte nach den Bedürfnissen seiner Benützer entwickelt werden und eine grosse Offenheit und Flexibilität bzgl. Änderungen besitzen.[225] Da die Abbildung von Ursache-Wirkungsbeziehungen eine Grundvoraussetzung für die Erstellung einer Scorecard ist, werden die Führungskräfte angehalten, ein Kausalmodell ihres Unternehmens zu erstellen und dieses zu verifizieren bzw. falsifizieren.

Exemplarisch wird in der Abbildung 2-11 eine Kausalkette für ein Unternehmen dargestellt, das eine Strategie der Qualitätsführerschaft verfolgt. Ein sehr wichtiger Einflussfaktor bei der Umsetzung der Strategie bildet die Qualität der Produkte, die durch die Prozessqualität determiniert ist.[226] Die Prozessqualität wird wiederum durch die Qualität und Motivation der Mitarbeiter entscheidend beeinflusst.[227] Abbildung 2-11 zeigt, wie sich die Motivation der Mitarbeiter gemäss der aufgestellten Hypothesen auf vielfältige Weise auf die Qualität und schliesslich auf die Rendite (hier dargestellt durch den Return on Investment) auswirken könnte. Daraus lässt sich eine Kausalkette erstellen, die alle vier Perspektiven der Scorecard miteinander verknüpft.

Durch das Kausalkettenmodell wird das Denken in Alternativen begünstigt, das die Basis jedes strategischen Handelns ist. Ergebnisse einer Umfrage bei der ABB zeigen, dass der Scorecard-Ansatz bei den Managern das strategische Denken gefördert hat: Zahlreiche der befragten Manager sehen in der Scorecard zudem ein nützliches Instrument, um auch den Erfolg bei der Umsetzung der Unternehmensstrategie zu messen.[228]

---

225 Chiapello/Lebas (1996), S.18ff.

226 Kaplan/Norton (1996a), S.127.
Die Auffassung, dass die Mitarbeiter auf den Erfolg von qualitätsorientierten Strategien den massgeblichen Einfluss haben, wird in der Literatur über TQM nicht in Frage gestellt. Exemplarisch seien hier auf Feigenbaum (1991), S.13 und Frehr (1994), S.32 verwiesen.

227 McDermott et al. (1993), S.1 und 15ff.

228 Ewing/Lundahl (1996), S.29
Diese Aussage wird von Kaplan/Norton (1997) unterstützt, die betonen, dass die Scorecard primär ein Instrument zur Strategieimplementierung ist und nur begrenzt zur Strategieformulierung. Kaplan/Norton (1997), S.10

Abbildung 2-11: Kausale Verknüpfung der Messgrössen der Perspektiven[229]

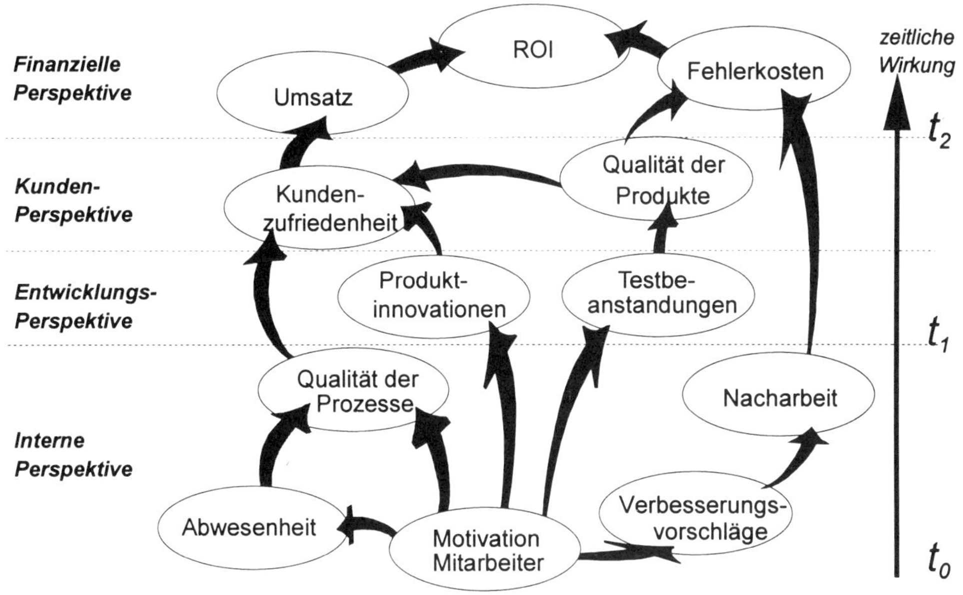

Das Kausalkettenmodell bildet das Fundament des Scorecard-Ansatzes. Problematisch kann die Verknüpfung von Messgrössen in dem Fall sein, wenn eine sehr lange Feedbackdauer zwischen einzelnen Indikatoren besteht. Aufgrund der langen Zeitdauer ist eine eindeutige Zuordnung von Ursache-Wirkungs-Zusammenhängen weitestgehend ausgeschlossen, da zahlreiche Störfaktoren kompensierende Wirkungen entfalten können. Das kann u.a. dazu führen, dass der Nutzen der Einführung einer Scorecard in Frage gestellt wird, wenn keine finanziellen Auswirkungen innerhalb einer überschaubaren Zeitfrist nach der Scorecardimplementierung feststellbar sind.[230] Von Vertretern des Scorecard-Ansatzes könnte in diesem Fall entgegengehalten werden, dass Fehler im Kausalmodell enthalten sind, da keine finanzielle Rückkoppelung eintritt. Da diese Fehler aber sehr schwer feststellbar sind, kann das Vertrauen in den Scorecard-Ansatz schwinden.

229 Kaplan/Norton (1996c), S.83

230 In einem Unternehmen wurde der Nutzen der Abbildung zahlreicher nichtfinanzieller Messgrössen im Reporting in Frage gestellt, da die finanzielle Performance sich eineinhalb Jahre nach deren Einführung nicht verbessert hat. Das Ausbleiben der erhofften finanziellen Vorteile hat dazu geführt, dass der Nutzen des gesamten Projekts zur nicht-finanziellen Performancemessung von der Seite der finanziellen Geschäftsleitung in Frage gestellt wird.

2.2.2.4 Einsatzfelder von Balanced Scorecards

Mittlerweile dokumentiert die grosse Anzahl von Veröffentlichungen zum Themenbereich „Balanced Scorecard", dass mannigfaltige Anwendungsfelder für Scorecards neben der „klassischen" Neuausrichtung von MIS existieren.[231] Der Scorecard-Ansatz mit seinen vier Dimensionen findet in der Praxis oft dort Verwendung, wo verschiedenartige Messgrössen strukturiert werden müssen. Das kann sowohl bei der Steuerung von Grossprojekten, der Integration neuer Prozesse als auch für die Strukturierung von Messgrössen des Kundenwertmanagements zutreffen: So empfehlen Clinton/Hsu die Verwendung der vier generischen Scorecarddimensionen, um die Performancemessung von JIT-Prozessen neu auszurichten, berichten Kaplan/Norton über die Eignung des Scorecard-Ansatzes, um ein Joint Venture zu steuern und wird eine spezifische projektorientierte Scorecard benutzt, um Fortschritte im Fusionsprozess von zwei Finanzdienstleistern abzubilden.[232]

Ferner schlagen Curtis/Ellis die Strukturierung von finanziellen und nicht-finanziellen Messgrössen im Entwicklungsbereich mittels dreier Scorecards vor, die neben einer finanziellen Perspektive auch eine kunden- und zeitbezogene Dimension ausweisen.[233]

Basierend auf dem Scorecard-Ansatz leitet Knöbel eine individuelle Customer Scorecard ab, um die vier Potentialfaktoren der Kundenattraktivität (Wert-, Service-, Risiko- und Zukunftspotential) im Retailbanking zu messen.[234]

All diese Beispiele belegen die Universalität des Scorecard-Ansatzes bei der Strukturierung von Kennzahlen unterschiedlicher Messsysteme. Den beschriebenen Anwendungsbeispielen ist nur gemeinsam, dass die Benutzer ein ausgewogenes Bild der Performance darstellen wollten, das nicht alleine auf finanzielle Grössen fokussiert ist.

Als häufigster Grund für die Einführung von Scorecards dürften in der Praxis Projekte zur strategischen Neuausrichtung gelten.[235] Der Wandel zu einer stärkeren Beachtung von Zeit, Qualität und Innovationsfähigkeit als wettbewerbsentscheidende Faktoren kann einen bedeutenden betrieblichen Transformationsprozess auslösen. Bei strategischen Rich-

231 Der Zusatz „klassisch" ist insofern zutreffend, da der erste Artikel über den Balanced Scorecard-Ansatz in der Havard Business Review die Neuausrichtung von Management Informationssystemen zum Thema hatte. Kaplan/Norton (1992)

232 Clinton/Hsu (1997), S.22; Kaplan/Norton (1996a), S.173

233 Curtis/Ellis (1997), S.14

234 Knöbel (1997), S.156

235 Kaplan/Norton (1996a), S.156; Kaplan/Norton (1996b), S.73; Kaplan (1997b), S.5; Fink/Grundler (1998), S.227 und Rucci et al. (1998), S.88f.

tungsänderungen kann der Scorecard-Ansatz eine Leitplanke für das operative Handeln setzen. Ein Transformationsprozess ist oft durch Unübersichtlichkeit und eine Vielzahl parallel laufender Projekte gekennzeichnet, die über die Scorecard miteinander verbunden werden können. Im Rahmen des Wandels hin zu einer stärkeren Strategiefokussierung kann der beschriebene Ansatz auch als Moderations- und Kommunikationsinstrument von Führungskräften dienen. Er kann dazu beitragen, dass die Führungskräfte sich über eine gemeinsame Schwerpunktbildung einigen, die sich in der Gestaltung der Scorecard widerspiegelt.[236]

2.2.2.5 Balanced Scorecard als Management System

Der Balanced Scorecard-Ansatz hat sich im Laufe seiner noch jungen Entwicklungsgeschichte von einem Vorschlag zur Ausgestaltung der Performancemesssysteme zu einem Ansatz des strategischen Managements weiterentwickelt.[237] Die Entwicklung der Balanced Scorecard von einem Messsystem hin zu einem Planungs- und Feedbackinstrument scheint in vielen Fällen die zwangsläufige Folge ihrer intensiven Nutzung zu sein. Erfahrungen eines Projekts bei der ABB in Schweden unterstreichen diese Beobachtung: „It became already at this stage clear that the EVITA-system [Name des Scorecard-Systems] is just not a simple measurement / feedback system. It has the potential as a comprehensive planning / decision / feedback / learning model [...] The system can be used as link between overall objectives and strategies down to performance measurements and acitivities."[238]

Vier Komponenten kennzeichnen lt. Kaplan/Norton die Scorecard als strategisches Management System, die aus der nachfolgenden Abbildung hervorgehen.[239]

236 o.V. (1994), S.8

237 Das wird anhand der Titel von zwei massgeblichen Artikeln zu diesem Themenbereich ersichtlich: Der erste Artikel in der Harvard Business Review trug 1992 den Titel „The Balanced Scorecard – Measures that drive Performance". Der dritte, im Jahre 1996 erschienene Artikel, hiess „Using the Balanced Scorecard as a Strategic Management System". Kaplan/Norton (1992) und Kaplan/ Norton (1996c). Folglich zieht Kaplan die Bezeichnung „Management Tool" der des „Measurement Tools" vor.

238 Ewing/Lundahl (1996), S.15

239 Kaplan/Norton (1996a), S.197
Die Strategie und Unternehmensvision wird als gegeben vorausgesetzt, da Kaplan/ Norton (1996a) keine Aussagen über den Prozess der Strategieformulierung machen.

Abbildung 2-12: Komponenten eines strategischen Management Systems[240]

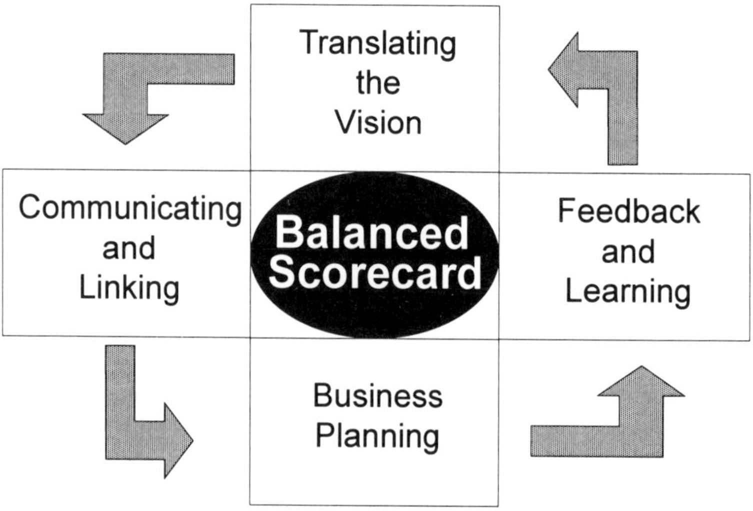

Übersetzung der Unternehmensvision und -strategie

Die Entwicklung einer Balanced Scorecard kann helfen, die Strategie zu operationalisieren und dadurch einen Konsens in der Geschäftsleitung über die strategischen Schwerpunkte zu erreichen. Die dadurch geschaffene Klarheit bildet die Basis für den gesamten Prozess des strategischen Managements.[241] In zahlreichen Unternehmen wird lt. Kaplan die Strategie von den Personen nicht verstanden, die sie umsetzen sollten, worunter die Strategieumsetzung signifikant leidet.[242]

Kommunikation und Verknüpfung der strategischen Ziele mit jenen tieferer Hierarchiestufen

Die individuellen Ziele der Mitarbeiter, ihre Kompetenzen sowie die Anreizsysteme eines Unternehmens sollten eine Konsistenz zur Unternehmensstrategie und den Grössen zur Messung ihrer Umsetzung besitzen. Das setzt eine offene Kommunikation sowie Schulungsaktivitäten bzgl. der Konsequenzen bei der Strategieumsetzung voraus. Schwedische Forschungsergebnisse unterstreichen die grosse Bedeutung der Übersetzung der Strategie

240 Kaplan (1997b), S.7

241 „[...] the scorecard creates shared understanding. It creates a holistic model of the strategy". Kaplan/Norton (1996b), S.77

242 Kaplan (1997b), S.2

auf den gesamten Implementierungsprozess der Balanced Scorecard: „[...] already the development process as such had positive effects regarding the participants motivation, creativity and effectiveness. The participants express deeper understanding of the long term orientation of the business and the key issues for achieving this."[243]

Ausrichtung der Planungsprozesse auf die Unternehmensstrategie

Eine von den strategischen Zielsetzungen abweichende Ressourcenallokation kann dysfunktionales Verhalten in einer Organisation verstärken. Um das zu vermeiden, sollten die finanziellen Budgets der Unternehmensbereiche und deren Investitionen mit den Streckzielen der Scorecard korrelieren. Die Scorecard kann aber auch die zur Identifizierung und Prioritätensetzung von Aktions- und Investitionsprogrammen notwendige Transparenz schaffen, die die Basis der Ressourcenallokation bildet.[244]

Feedback und Lernen

Die Ergebnisse der Scorecardmessgrössen können neben der Abbildung der Performance auch dazu verwendet werden, um die im Kausalmodell aufgestellten Hypothesen der Strategie zu überprüfen und ggfs. anzupassen. Mithilfe von nicht-finanziellen Messgrössen, die frühzeitig Rückschlüsse auf die Entwicklung kritischer Erfolgsfaktoren sowie der strategisch relevanten Fragestellungen erlauben können, ändert sich lt. Kaplan auch der Strategiereview-Prozess eines Unternehmens[245]: Die erhöhte Transparenz der Performance aufgrund der Scorecard-Einführung kann dazu führen, dass weniger Zeit zur Bewertung der zurückliegenden Leistung benötigt wird. Diese Zeit kann für die Diskussion über die Implikationen für die einzelnen Dimensionen der Scorecard zur Verfügung stehen.[246]

In jüngeren Quellen zum Balanced Scorecard-Ansatz wird auf die grosse Bedeutung der IT-Unterstützung bei der Implementierung von Feedback-Systemen hingewiesen.[247] Dieser Themenkreis kann sehr weit greifen, da dabei sowohl Aspekte der Integration nicht-finanzieller Informationen als auch solche der Informationsdistribution an weite Kreise „interner Kunden" im Blickpunkt stehen.[248]

---

243 Ewing/Lundahl (1996), S.11

244 „If the right lead indicators are identified, investments and initiatives will drive desired long-term outcomes. If not, investments will be wasted." Kaplan/Norton (1996b), S.77

245 Kaplan (1997b), S.26

246 Kaplan (1997b), S.27

247 Mountfield/Schalch (1998), S.316ff.; Creelman (1998), S.260ff. und Klaus et al. (1998), S.374ff.

248 Insbesondere die Distribution performancerelevanter Informationen kann die Basis für die Intensivierung des Lernens in einer Organisation legen.

Mit der Feedback- und Lernfunktion schliesst sich der Kreis des strategischen Managements wieder, da die neugewonnenen Erkenntnisse in die Strategieformulierung und –übersetzung fliessen sollten.

2.2.2.6 Beurteilung des Balanced Scorecard-Ansatzes

Der Balanced Scorecard-Ansatz versucht eine Verbindung von externen und internen, Feedforward und Feedback sowie kurz- und langfristigen Indikatoren in einem Top-Down-Ansatz herzustellen. Vorteile können aus einem ausgewogeneren Performanceverständnis sowie aus kürzeren Reportingfristen resultieren.

Kritische Äusserungen zum konzeptionellen Entwurf können kaum in den bisherigen Veröffentlichungen zu diesem Thema gefunden werden und betreffen zumeist die fehlende Integration weiterer Stakeholder-Gruppen.[249]

Der bedeutende Nutzen des Scorecard-Ansatzes kann wie beim Tableau de Bord-Ansatz aus seiner Eignung als Kommunikationsinstrument bei der Operationalisierung von Unternehmensstrategien resultieren. Die Operationalisierung bedingt neben klaren Zielsetzungen auch ein Verständnis über das Zusammenwirken interner Prozesse und z.T. divergierender Stakeholderinteressen.

Bei der Operationalisierung von Strategien liefern Kaplan/Norton aber nur im begrenzten Umfang Hinweise über den kritischen Aspekt der Kommunikation ihres Ansatzes innerhalb einer Organisation sowie über den Prozess, wie Messgrössen auf tiefere Hierarchiestufen heruntergebrochen werden können. So kann der Eindruck verstärkt werden, dass es sich bei der Balanced Scorecard hauptsächlich um ein Werkzeug des Top Managements handelt, um dessen Transparenz zu erhöhen. Zudem wird die Bedeutung des „Ownership“ dieses Instruments von seinen Benutzern auf tieferen Hierarchiestufen nicht gebührend in den Publikationen gewürdigt, obwohl die Einstellungen auf tieferen Hierarchiestufen gegenüber diesem Instrument für dessen Erfolg von entscheidender Bedeutung sind.[250]

---

249 Atkinson et al. (1997b) führen hierzu aus: „However, we feel that the Kaplan/Norton view fails to recognize that stakeholder issues, including what stakeholders want from and offer to the organisation, are issues that must be sonsidered simultaneously, as they are in conventionals SWOT analysis, rather than sequentially as the Kaplan and Norton model implies.“ Atkinson et al. (1997b), S.36

250 Zur Integration eines Bottum-up-Ansatzes bei der Gestaltung von Systemen der Performancemessung siehe Gouillart (1995), S.83f.
Ewing/Lundahl (1996), S.11ff.

Mittels Scorecards werden strategisch relevante Ziele kommuniziert sowie Messgrössen zur Zielerreichung abgebildet. Der Ansatz beruht auf der Annahme, dass die Mitarbeiter intuitiv die Verhaltensweisen adaptieren sowie die notwendigen Tätigkeiten auswählen werden, die notwendig sind, um diese Ziele zu erreichen. Diese Rationalität setzt hohe Ansprüche an das Mitarbeiterverhalten, das aufgrund zahlreicher Störfaktoren beeinträchtigt werden kann. Ein wesentlicher Schritt zur Vermeidung dieser Faktoren besteht u.a. in dem Abbau von Dysfunktionalitäten in den Managementsystemen und Führungsstilen.[251]

Andererseits vernachlässigt der Scorecard-Ansatz lt. Atkinson et al. den Beitrag, den Mitarbeiter und Lieferanten leisten, um die strategischen Ziele zu erreichen. Sie führen hierzu aus: "[...] we feel that it [the balanced scorecard] is incomplete, because it fails to identify performance measurement as a two-way process, which enables management to the company's primary and secondary goals and enables stakeholders to assess whether the organisation is capable of fulfilling its obligations to them now and in the future."[252]

Kaplan/Norton sind der Auffassung, „implementing a strategy begins by educating and involving the people who must execute it."[253] Diese Ansicht sollte erweitert werden, da der Implementierungs- von dem Strategieformulierungsprozess nur willkürlich getrennt werden kann.[254] Während beim Ansatz von Kaplan/Norton Top-Down-Elemente dominieren, schlagen Stern/Burnside die Delegation des Strategieentwicklungsprozesses von der Geschäftsleitung an funktionsübergreifende Teams vor, in denen Linienmanager überwiegen.[255] Der Hauptvorteil dieses Vorgehens ist, dass Strategien entwickelt werden, „die von denen, die sie letztendlich umsetzen sollen, als ‚ihr Werk' angesehen werden und dadurch erst umsetzbar werden."[256]

Das Problem bei Scorecardprojekten stellt nicht die Entwicklung einer Scorecard auf Geschäftsleitungsstufe dar, sondern das Ziel, sie zu einem tatsächlich verwendeten Instrument des operativen Managements auf tieferen Hierarchiestufen zu transformieren.[257] Dabei können zahlreiche Probleme auftreten, die den Erfolg eines Scorecardprojektes beein-

251 Die bestehenden Managementsysteme werden gemäss einer britischen Studie als das bedeutendste Hemmnis bei der Implementierung von Balanced Scorecards betrachtet. Creelman (1998), S.338

252 Atkinson et al. (1997b), S.26

253 Kaplan/Norton (1996a), S.199

254 Stern/Burnside (1993), S.607

255 Stern/Burnside (1993), S.608

256 Stern/Burnside (1993), S.609

257 „While building the high-level goals and measures of the BSC [Balanced Scorecard] is invaluable, it is the stuff of executives, not a motivator for shop floor people or customer service agents." Gouillart (1995), S.83

trächtigen können: abgeleitet von den primären Zielsetzungen (wie z.B. der Steigerung der Kundenzufriedenheit) können sekundäre Ziele bestimmt werden, die die primären Ziele konkretisieren bzw. den Weg für ihre Erreichung beschreiben (z.B: besser motivierte Servicemitarbeiter). Dafür sind genaue Kenntnisse über Ursache-Wirkungs-Zusammenhänge notwendig. So ist z.B. auch in der Literatur unklar, ob eine höhere Mitarbeitermotivation tatsächlich auch zu einer besseren Mitarbeiterperformance führt.[258] Zudem stehen viele Organisationen insbesondere bei der Entwicklungs- und Kundenperspektive vor der Frage, welche Zielsetzungen angestrebt, welche Ressourcen dafür zugeteilt und wie konkret die Zielerreichung gemessen werden soll. Ist bspw. eine Erhöhung der Schulungskosten um 20 Prozent tatsächlich ein Mittel, um die Kundenzufriedenheit zu erhöhen? Diese Aufgabe stellt wohl die grösste Herausforderung bei der Einführung von Scorcards dar und birgt gleichzeitig die grösste Komplexität in sich, insbesondere beim Herunterbrechen der Ziele und Messgrössen innerhalb einer Organisation.

Um die genannte Komplexität zu vermeiden und schnell erste Erfolge auszuweisen, kann eine grosse Versuchung darin bestehen, Messgrössen schon in der Praxis existierender Scorecards zu kopieren. Die Versuchung kann umso grösser sein, wenn ein externer Berater involviert ist, der Zugang zu Messgrössenkatalogen besitzt. In diesem Fall wird zwar sehr schnell eine Top-Management-Scorecard entwickelt, doch spätestens beim Deployment dieser Scorecard können die oben beschriebenen Probleme zutage treten. Sie können noch verstärkt werden, wenn bei der Scorecardentwicklung z.B. aufgrund von Zeitrestriktionen kein Konsens über die primären und sekundären Ziele und deren Interaktionen erreicht worden ist.

Beim Herunterbrechen von Messgrössengruppen stellt sich auch die Frage, ob und wie sie konsolidiert werden sollen und wer die Verantwortung für welche Messgrössengruppen trägt. Dieses Problemfeld kann dadurch verstärkt werden, wenn die unterschiedlichen Zeitfenster der Volatilität einzelner Messgrössengruppen berücksichtigt werden. Ein weiteres Problem kann bei konkurrierenden Zielen auftreten.

Zudem können die Indikatoren innerhalb einer Organisation inkonsistent sein, wünschenswerte Grössen nicht erhebbar und andere Messgrössen wiederum in so grosser Anzahl vorliegen, sodass der Verlust der Übersichtlichkeit droht. Die Inkonsistenzen können auf die Vielfalt der verschiedenen Datenquellen zurückgeführt werden und aufwendige Bereinigungsarbeiten nach sich ziehen.

---

258 Atkinson et al. (1997a), S.533

Zusammenfassend lässt sich festhalten, dass zahlreiche Aspekte des Scorecard-Ansatzes sowie die Notwendigkeit zur Abstimmung ihrer einzelnen Elemente nicht neu sind.[259]

Einen gewissen Neuigkeitsgehalt kann hingegen der Integration der verschiedenen Elemente in ein konsistentes Prozessmodell eines strategieorientierten Performance Managements bescheinigt werden. Aufgrund der Erfahrungen zahlreicher Implementierungen konnte das Modell im Laufe der Zeit erweitert werden. Zudem besticht der Ansatz auf dem ersten Blick durch seine Einfachheit, die aber missführend sein kann: Die tatsächliche Komplexität dieses Ansatzes entsteht, wie oben erwähnt, beim Ableiten von Zielen, Ressourcen, Verantwortlichkeiten und Messgrössen auf tieferen Hierarchiestufen. Dabei spielt die Mitarbeiterpartizipation eine Schlüsselrolle bei der erfolgreichen Umsetzung.

Es kann befürchtet werden, dass in den nächsten Jahren zahlreiche Misserfolge bei der Implementierung von Balanced Scorecards auftreten werden, die auch auf die Unterschätzung der immensen Komplexität und den fehlenden organisatorischen Voraussetzungen zurückgeführt werden können.

---

259 Aus der Vielzahl der Publikationen, die Parallelen zu einzelnen wichtigen Elementen der Balanced Scorecard aufweisen, sei hier exemplarisch auf einige Veröffentlichungen hingewiesen: Zur Notwendigkeit einer mehrdimensionalen Performancedefinition, die sowohl die Marktseite als auch die internen Prozesse integriert, haben sich vor der ersten, 1992 auf weite Akzeptanz stossende Veröffentlichung zur Balanced Scorecard u.a. auch Lynch/Cross (1991), Keegean et al. (1989) und Grady (1991) geäussert. Lynch/Cross (1991), S.67; Keegean et al. (1989), S.45ff.; Grady (1991), S.49ff.
Beim Tableau de Bord-Ansatz wird auf die Bedeutung der (strategischen) Unternehmensziele bei der Herleitung von Messgrössen verwiesen. Malleret (1989), S.4ff.; Epstein/Manzoni (1997a), S.27
Siehe zu dem Themengebiet auch Rockart (1979), S.81ff.
1991 weisen u.a. Bungay/Goold (1991) und Grady (1991) auf die Bedeutung des Performance Managements als Katalysator bei der Strategieimplementierung hin.
Bungay/Goold (1991), S.35 und Grady (1991), S.49ff.
Zur antizipativen Steuerung mittels sog. „Feedforward"-Indikatoren, wie sie u.a. auch bei der Scorecard vorgesehen ist (u.a. auch auf Seite 55) siehe Koontz/Brandspies (1972), S.27ff.
Maschmeyer (1998) verweist auf Ähnlichkeiten zwischen dem Management by Objectives und Elementen der Balanced Scorecard. Maschmeyer (1998), S.79

2.2.3 Intellectual Capital-Ansatz

Im Gegensatz zum Balanced Scorecard und zum Tableau de Bord-Ansatz, die einen sehr engen Bezug zum internen Reportingsystem eines Unternehmens besitzen, geht der Intellectual Capital-Ansatz[260] von einer anderen Fragestellung aus: Er sucht nach einer Erklärung, warum Unternehmen mit vergleichbarer Kapitalausstattung stark divergierende Börsenkapitalisierungen besitzen können.[261]

Unsichtbare, nicht in der Bilanz ausweisbare Vermögensbestandteile („Intangible Assets") dienen den Vertretern des Intellectual Capital-Ansatzes als Erklärung für diese Abweichungen.[262] Damit identifiziert er Schwächen der externen Rechnungslegung, während die beiden oben genannten Ansätze primär ihren Ursprung in den Mängeln des internen Berichtswesens besitzen.

In der nachfolgenden Abbildung veranschaulicht Sveiby, einer der rennomiertesten Vertreter des Intellectual Capital-Ansatzes, dass die „Intangible Assets" die in der Bilanz ausgewiesenen Buchwerte signifikant übersteigen können.

Lev stellt ergänzend dazu fest, dass ein immer geringerer Teil der Börsenkursentwicklung auf Veränderungen in den ausgewiesenen Gewinnen zurückgeführt werden kann und fordert daher die zusätzliche Integration von Informationen über die „Intangible Assets" in die externe Berichterstattung.[263]

---

260 Da der Intellectual Capital-Ansatz als sehr junger Ansatz in der Praxis entstanden und in verschiedenen Unternehmen weiterentwickelt worden ist, ist es sehr schwierig, verallgemeinernde Aussagen über ihn zu machen. Die hier getroffenen Aussagen stützen sich auf Quellen der beiden bedeutenden schwedischen Autoren Edvinsson/Malone (1998) und Sveiby (1998a) ab, die den Intellectual Capital-Ansatz in der heutigen Form massgeblich geprägt haben. Doch auch sie weichen voneinander in zahlreichen Punkten ab, wie im folgenden dargestellt werden wird.

261 Als Beispiele können insbesondere High Tech Unternehmen wie Microsoft, Oracle, Cisco oder 1&1, ein deutsches Multimediaunternehmen dienen. Dessen Börsenkapitalisierung betrug im März 1998 rund 240 Mio DM, obwohl das in der Bilanz ausgewiesene Eigenkapital lediglich mit ca. 11 Mio DM beziffert werden konnte Das Verhältnis zwischen Markt- und Buchwert wird auch als Tobins Q bezeichnet. Siehe dazu auch Brealey/Myers (1991), S.684f.

262 Namhafte Vertreter des IC Ansatzes stammen aus Skandinavien.

263 Lev (1997), S.1
Siehe zur Integration nichtfinanzieller Performancekenngrössen in die externe Berichterstattung auch Kaplan/Norton (1996a), S.38f. und Black et al. (1998), S.259ff.

Abbildung 2-13: Börsenkapitalisierung und unsichtbare Vermögensbestandteile (April 1995)[264]

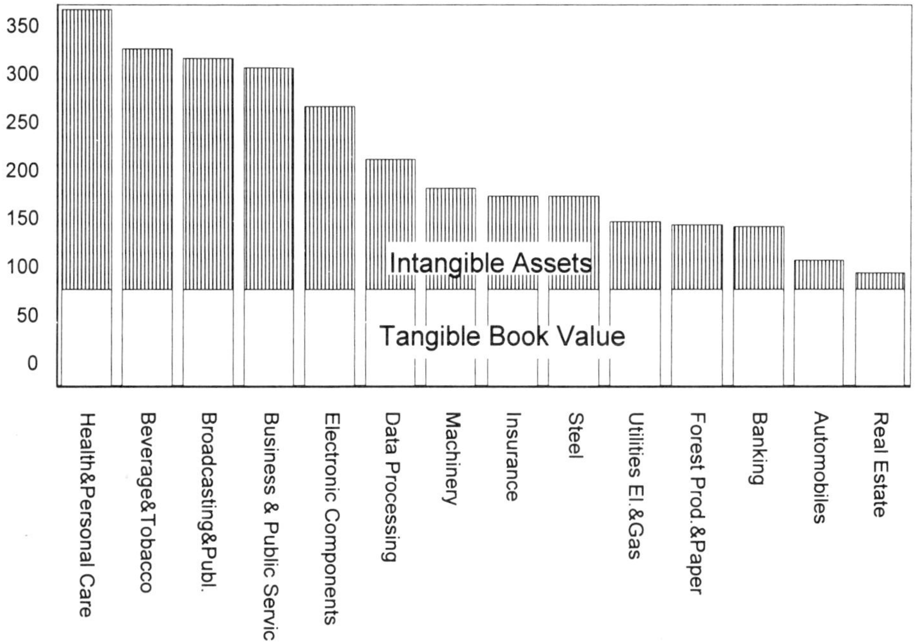

2.2.3.1 Entstehung des Intellectual Capital-Ansatzes

Die Anfänge des Intellectual Capital-Ansatzes gehen auf eine Publikation des Jahres 1986 zurück, in der ein Entwurf für die Gliederung der „Intangible Assets" enthalten ist.[265] 1988 erscheint „The Invisible Balance Sheet"[266], in der die Ergebnisse einer Arbeitsgruppe dargestellt werden, die sich mit Fragen der Bewertung von Know How-basierten Firmen beschäftigt hat. Darin wird das Kapital von Unternehmen in drei Gruppen aufgeteilt: in das in der Bilanz ausgewiesene finanzielle Kapital sowie die nicht dargestellten Arten des strukturellen Kapitals sowie des Individualkapitals.[267]

Sveiby, der Herausgeber der 1988 erschienenen Publikation, hat in den Folgejahren das Konzept verfeinert, indem er die verborgenen Komponenten differenzierter unterteilt in

264 Sveiby (1998c), S.1

265 In diesem Jahr wird in der Publikation „The Knowledge Organisation" eine Methode zur Abbildung von „Intangible Assets" in der externen Berichterstattung vorgestellt.

266 Sveiby (1988)

267 Sveiby (1988), S.20

Kapitalarten der externen und internen Struktur sowie der Mitarbeiterkompetenz.[268] Die beiden letztgenannten Komponenten werden unter der Bezeichnung „Knowledge Capital“ subsummiert.

Abbildung 2-14: Komponenten des Unternehmenswertes gemäss Sveiby[269]

<table>
<tr><th colspan="4">Market Value of a Company</th></tr>
<tr><td rowspan="3">Equity
= Tangible Assets
- Visible Liabilities</td><td colspan="3">Intangible Assets</td></tr>
<tr><td rowspan="2">External Structure</td><td colspan="2">Knowledge Capital</td></tr>
<tr><td>Internal Structure</td><td>Individual Competence</td></tr>
</table>

1991 hat Skandia, ein schwedisches Versicherungsunternehmen, die erste Stelle eines „Intellectual Capital Director“ eingerichtet.[270] Zwei Jahre später empfiehlt die Schwedische Vereinigung von Dienstleistungsunternehmen ihren Mitgliedern den zusätzlichen Ausweis von Indikatoren des Intellectual Capital in ihren Jahresberichten.

Es existieren zahlreiche Bezeichnungen für die nicht in der Bilanz ausgewiesenen Vermögensbestandteile, die den Marktwert eines Unternehmens nachhaltig bestimmen können. „Intangible Assets“, „Knowledge-Based Assets“ und „Intellectual Capital“ werden sehr häufig als Namen dafür verwendet, wobei die letztgenannte Bezeichnung in der Literatur eine dominierende Stellung einnimmt und daher auch im Rahmen dieser Arbeit verwendet werden soll.[271]

2.2.3.2 Klassifizierung des Intellectual Capital

1997 verwendeten ca. 40 Unternehmen in Schweden Instrumente zur Messung ihrer „unsichtbaren“ Vermögensbestandteile.[272] Da die benutzten Instrumente auf die individuellen Gegebenheiten jedes Unternehmens zugeschnitten sein sollten, bestehen Unterschiede in

268 Die externe Struktur bildet die Kunden- und Lieferantenverhältnisse sowie das Image eines Unternehmens ab. Die interne Struktur wird durch die verwendeten ablauforganisatorischen Konzepte und Instrumente sowie durch seine administrativen Systeme sehr stark beeinflusst. Unter Mitarbeiterkompetenz wird die Qualität der Beschäftigten verstanden, die sich u.a. auch in ihrer Anpassungsfähigkeit an unvorhersehbare Situationen manifestiert. Sveiby (1998c), S.2

269 Sveiby (1998c), S.2

270 Sveiby (1998e), S.2

271 Sveiby (1997a) verwendet die Begriffe „Intangible Assets“ und „Knowledge-Based Assets“, während Roos/Roos (1997), Edvinsson/Malone (1998) und Stewart (1997) den Begriff „Intellectual Capital“ bevorzugen.

272 Sveiby (1997b), S.2

der Benennung, Bedeutung und der Ermittlung von Indikatoren der einzelnen Bestandteile des Intellectual Capital.[273]

Die Klassifizierung von Bestandteilen des Intellectual Capital wird in Unternehmen, die diesen Performance Management Ansatz umgesetzt haben, oft als Grundlage für die Bestimmung von Performancedimensionen verwendet.[274]

Abbildung 2-15: Gegenüberstellung verschiedener Klassifizierungsmethoden[275]

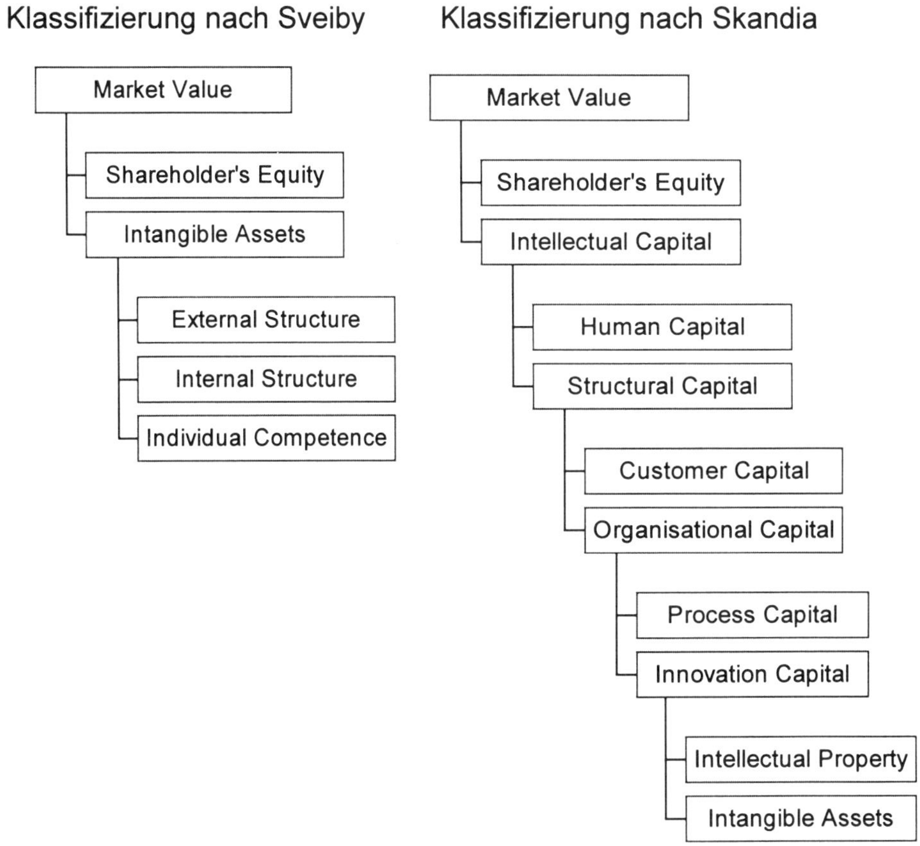

273 Roos (1996), S.7

274 Es sei hierbei sowohl auf die Seite 70 als auch auf den Geschäftsbericht der schwedischen Informatikberatung WM-Data verwiesen. WM-Data (1997), S.25ff.

275 Jede Gegenüberstellung von Komponenten des Intellectual Capitals wird Unterschiede aufweisen, die auf unternehmensspezifische Faktoren zurückzuführen sind. Weitere Klassifizierungen finden sich bei Roos/Roos (1997), S.416, 418, 420

So weist z.B. Skandia im Anhang zu seinem Geschäftsbericht detailliertere Auskünfte über seine verwendeten Komponenten des Intellectual Capital aus.[276] Die von Sveiby unter den Vermögensbestandteilen der externen Struktur subsummierten Potentiale werden von Skandia als Customer Capital bezeichnet. Die Fähigkeiten der Internen Struktur nennt Skandia Prozess- und Innovationskapital, die individuelle Kompetenz wird als Humankapital klassifiziert. Nachfolgend werden exemplarisch die wichtigsten Elemente des Intellectual Capital erläutert.

Human Capital

Alle individuellen Fähigkeiten der Beschäftigten werden unter dieser intangiblen Kapitalart subsummiert. Das Unternehmen kann in das Humankapital auf vielfältige Art „investieren": im klassichen Sinne durch Weiterbildungen, andererseits aber auch, indem sie ein konstruktives Klima schafft, in dem die Mitarbeiter Wissen austauschen sowie Fehler machen können.[277] Diese Kapitalgrösse sollte die Kreativität sowie das Innovationspotential der Mitarbeiter ausdrücken. Diese Kapitalart gehört den Mitarbeitern und geht folglich verloren, sobald Mitarbeiter das Unternehmen verlassen.

Structural Capital

Diese Kapitalart steht in einer sehr engen Beziehung zum Human Capital; sie kann als dessen Infrastruktur bezeichnet werden.[278] Während das Human Capital den Mitarbeitern gehört, ist das Structural Capital an das Unternehmen gebunden. WM-Data, ein schwedisches Datenverarbeitungsunternehmen, umschreibt es wie folgt: „It represents the value manifested in the organisation's structure and working methods. This includes the business concept, image, values and corporate culture as well as systems, routines and networks [...] The structural capital is what distinguishes the company from its competitors. "[279]

Es kann weiter untergliedert werden in die Komponenten „Customer Capital" und „Organisational Capital".

---

276 Skandia Supplement zum Geschäftsbericht 1994

277 Edvinsson/Malone (1998), S.34

278 Edvinsson/Malone (1998), S.35

279 WM-Data (1997), S.26

Customer Capital

Das Image bei den Kunden sowie deren Loyalität stellen Edvinsson/Malone die Basis zukünftiger Cash Flows dar.[280] Sveiby geht bei der Formulierung des Werts von Kunden einen Schritt weiter, indem er fordert, dass die Qualität der Kunden auch Berücksichtigung finden sollte.[281]

Der bedeutende Stellenwert dieser Komponente wird auch daran ersichtlich, dass sie in einigen Unternehmen, die Indikatoren ihres Intellectual Capital (IC) ausweisen, als wichtiges separates Element des IC dargestellt wird.[282]

Organisational Capital

Die Grösse „Organisational Capital" kann aufgrund von Investitionen in Knowledge Sharing Systeme wie z.B. Intranet-Applikationen oder Collaboration-Systeme erhöht werden.[283] Diesen Systemen ist gemeinsam, dass sie die Infrastruktur für die Wissensgenerierung bei den Mitarbeitern bilden.[284]

Das „Organisational Capital" kann weiter in seine Elemente „Process Capital" und „Innovation Capital" untergliedert werden.

Die Klassifizierung der Komponenten des Intellectual Capitals stellt den ersten Schritt auf dem Weg zum Management dieser unsichtbaren Kapitalart dar. Dadurch wird eine „neue Sprache"[285] innerhalb des Unternehmens geschaffen, um Fragestellungen des Intellectual Capital und seiner Performance zu diskutieren. Die weiteren Schritte nach der Kategorisierung umfassen die Abbildung der Entwicklung der einzelnen Komponenten des Intellectual Capital sowie Massnahmen ihrer Planung und Beeinflussung.

---

280 Edvinsson/Malone (1998), S.37
Einen Ansatz zur Bewertung von Kundenbeziehungen stellt Fickert (1997) vor. Fickert (1997), S.250ff.

281 Sveiby (1997b), S.4

282 So z.B. bei der Unternehmung CIBC. Edvinsson/Malone (1998), S.37

283 Eine ausführliche Definition dieser Instrumente befindet sich u.a. bei Bair et al. (1997), S.19ff.

284 Edvinsson/Malone (1998), S.35

285 Roos (1996), S.8; Edvinsson (1997a), S.368
Aus diesem Grund haben sich bspw. auch die beiden skandinavischen Firmen Ericsson und Skandia entschlossen, im Internet gemeinsame Internetseiten mit einem Lexikon der wichtigsten Begriffe des Intellectual Capital-Ansatzes zu veröffentlichen.
Ericsson/Skandia (1999)

2.2.3.3 Reporting von Indikatoren des Intellectual Capital

Nachdem die wertgenerierenden Faktoren des Intellectual Capital identifiziert und klassifiziert worden sind, stellt sich die Frage, wie ihre Entwicklung transparent gemacht und wie sie beeinflusst werden können. Die Transparenzerhöhung erfordert Anpassungen in der Reportingstruktur, indem Indikatoren der werterhöhenden Faktoren abgebildet werden.

2.2.3.3.1 Internes Reporting

In der Praxis existieren verschiedenartige Instrumente zur Darstellung von Indikatoren des Intellectual Capitals. So schlägt Sveiby die Verwendung eines Rasters vor, das er als „Intangible Assets Monitor" bezeichnet. Für alle drei von ihm[286] verwendeten Elemente des Intellectual Capital sollten Indikatoren des Wachstums, der Effizienz sowie der Stabilität ausgewählt werden, sodass sich insgesamt neun Indikatorengruppen ergeben. Beispiele für jede Gruppe können der folgenden Abbildung entnommen werden.

Abbildung 2-16: Intangible Assets Monitor mit Beispielindikatoren[287]

	External Structure Indicators	Internal Structure Indicators	Competence Indicators
Indicators of Growth	*Profitability per Customer*	*Investment in IT*	*Training and Education Costs*
Indicators of Efficiency	*Satisfied Customers Index*	*Proportion of Support Staff Values/Attitudes Index*	*Value Added per Employee*
Indicators of Stability	*Frequency of Repeat Orders*	*Support Staff Turnover*	*Professionals Turnover*

Sveiby versteht den Monitor als Strukturierungshilfe beim Design bzw. der Neuausrichtung von Management Informationssystemen sowie bei internen Audits des Intellectual Capital. Für jedes Feld sollte nur eine geringe Anzahl Messgrössen ausgewählt werden, damit der Umfang des Monitors eine Seite nicht übersteigt. Der Auswahlprozess der Indikatoren sollte durch die Unternehmensstrategie beeinflusst werden. [288]

Als eines der z.Zt. am häufigsten zitierten Instrumente zur Messung von Indikatoren des Intellectual Capital in der Praxis gilt der Skandia Navigator.[289] Dieses Instrument wurde

[286] Siehe hierzu Abbildung 2-14 und Abbildung 2-15

[287] Sveiby (1998b), S.1

[288] Sveiby (1998b), S.1

[289] Fickert/Anger (1998), S.59; Kaplan/Norton (1996a), S.212; Brunner (1999), S.24; Creelman (1998), S.275

1993 entworfen und sukzessive weiterentwickelt, um die Umsetzung des Intellectual Capital Konzepts bei Skandia zu unterstützen.[290] Es orientiert sich nicht an einzelnen Kapitalarten, sondern an sechs Bereichen, die fokussiert werden müssen, um den gesamten Unternehmenswert (inkl. des Intellectual Capital) zu steigern. Die sechs Bereiche gehen aus der nächsten Abbildung hervor.

Abbildung 2-17: Skandia Navigator[291]

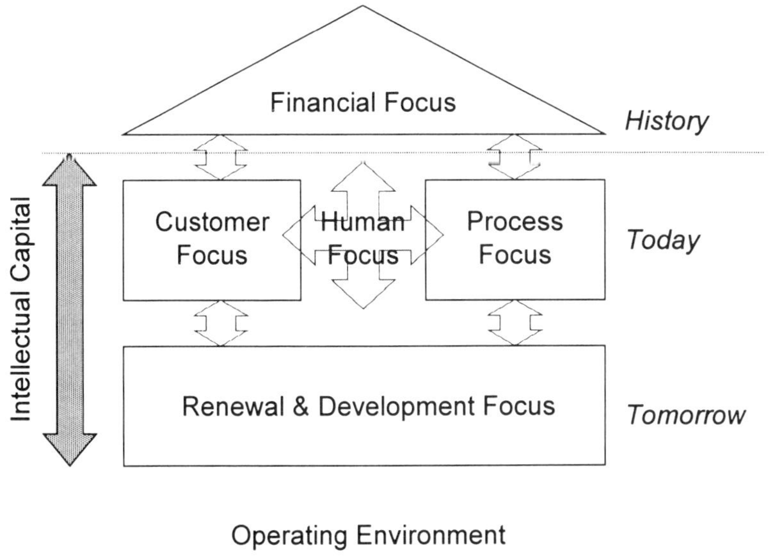

In seiner Struktur ähnelt der Navigator der generischen Scorecard, obwohl Edvinsson darauf hinweist, dass er unabhängig davon entwickelt worden ist.[292] Alle Ebenen mit Ausnahme der finanziellen referenzieren auf Komponenten des Intellectual Capital: so besitzt der Customer Focus einen Bezug zum Customer Capital, der Renewal & Development Focus einen zum Innovation Capital. Das erfordert aber, dass zusätzlich zur generischen Scorecard die „Operating Environment" sowie der „Human Focus" im Navigator integriert werden, um alle Arten des Intellectual Capital zu repräsentieren. [293] Der „Human Focus"

---

290 Edvinsson/Malone (1998), S.57f.
Die Messung von Indikatoren des Intellectual Capital hat bei Skandia 1992 begonnen. Edvinsson (1997a), S.368

291 Edvinsson/Malone (1998), S.68

292 Gespräch mit Edvinsson am 19.4.1999

293 Edvinsson (1997a), S.371

beeinflusst das Zusammenwirken der verschiedenen Ebenen sowie deren Entwicklung am nachhaltigsten.[294]

Der Navigator dient der Darstellung von Veränderungen innerhalb des Intellectual Capital. Die Indikatoren eines Navigators dienen nicht nur als Basis für die Planungs- und Budgetierungsphase, sondern auch bei der Erhebung der Leistungshonorierung.[295] Anfangs wurden die meisten Grössen (wie z.B. die Fluktuationsrate, der Anteil weiblicher Führungskräfte oder die Schulungskosten pro Mitarbeiter) bei Skandia auf jährlicher Basis erhoben, da sie sich auf monatlicher Basis nur geringfügig verändern. Mit der zunehmenden Verfeinerung der Indikatoren wurden vermehrt volatilere Grössen integriert, die z.T. auch auf täglicher Basis erfasst werden können.[296] Die Daten des Navigators können sowohl in den internen Intellectual Capital Report als auch in die Berichterstattung gegenüber Externen einfliessen.

2.2.3.3.2 Externes Reporting

Da der Intellectual Capital-Ansatz aufgrund von Schwächen der herkömmlichen Rechnungslegung bei der Bewertung von Know How basierten Unternehmen entstanden ist, sollte eine Konsequenz daraus sein, dass das Reporting gegenüber Dritten überarbeitet und ergänzt wird.[297] Das ist aber nur bei einer sehr geringen Anzahl von Unternehmen der Fall, wobei Skandia AFS, eine Tochtergesellschaft von Skandia, mit ihren ausführlichen Informationen eine Ausnahme darstellt.[298]

Im Mai 1995 wurde erstmals von ihr ein Anhang zum Geschäftsbericht mit dem Titel „Visualizing Intellectual Capital" publiziert.[299] In dem Anhang sind Indikatoren des IC-Modells abgebildet worden. Die Breite der Informationen reichte über Indikatoren der

---

294 Edvinsson/Malone (1998), S.123

295 Edvinsson (1997b), S.3

296 Sveiby (1998d), S.1

297 Siehe zur Entwicklungsgeschichte des Intellectual Capital-Ansatzes die Ausführungen auf den Seiten 65ff.

298 Siehe hierzu die Ausführungen auf Seite 66

299 Skandia war nicht das erste Unternehmen, das Kapitalgebern Einsicht in ihr Intellectual Capital gewährt. Seit dem Jahre 1989 weist die schwedische Firma WM-data in ihrem Geschäftsbericht Informationen über die Komponenten ihres Intellectual Capital aus. WM-Data (1997)
Seit 1993 informiert die dänische Beratungsgesellschaft PLS-Consult in ihren Geschäftsberichten über ihre unsichtbaren Vermögensbestandteile.
Edvinsson/Malone (1998), S.158f.

Mitarbeiterzufriedenheit, der PC-Ausstattung und Betriebszugehörigkeit bis zu den Verträgen pro Mitarbeiter und Indikatoren der Kundenzufriedenheit.[300]

Ein früherer Ansatz von Skandia zur Integration des Intellectual Capital in die externe Berichterstattung sah eine erweiterte Bilanz vor, in der das Intellectual Capital als Verbindlichkeit gegenüber den Stakeholdern auf der Passivseite ausgewiesen wurde. Das Pendant auf der Aktivseite bildete der Goodwill.[301] Dieser Versuch ist jedoch u.a. auch deswegen gescheitert, da er mit der in der Rechnungslegung üblichen Verwendung des Goodwill im starken Widerspruch stand. Zudem ist die Quantifizierung des Intellectual Capital in monetären Grössen kaum realisierbar, da sie ein zu grosses Willkürpotential besitzt.[302]

Es wurde nach einer anderen Darstellungsart gesucht und die Form eines Supplements zum Geschäftsbericht gewählt, in der nichtfinanzielle Messgrössen den Kapitalgebern Einblick in die Entwicklung des Intellectual Capital bei Skandia gewähren. Die Struktur des 1995 erschienenen Supplements orientiert sich an jener des Skandia Navigators.[303] Damit wurde die bestehende Form der Rechnungslegung nicht berührt, sondern nur um IC Messgrössen ergänzt.

Eine Verdichtung der Informationen auf Konzernstufe, wie in Geschäftsberichten üblich, findet bei Skandia nicht statt.[304] Im Supplement wurden Indikatoren für separate Divisionen abgebildet, da das Wissen über geeignete Methoden zur Konsolidierung der Indikatoren noch fehlt.[305]

---

300 Skandia (1994), S.9ff.

301 Edvinsson (1997a), S.367f.

302 Als ergänzendes Argument gegen die Aktivierung von Komponenten des Intellectual Capitals kommt neben dem Risiko noch hinzu, dass die Ausgaben zum Aufbau des IC in keinem Verhältnis zu den entsprechenden Benefits stehen müssen. Daher stellt sich die Frage, was aktiviert werden soll: die Ausgaben oder die erhofften Benefits? Ferner ist zu befürchten, dass Aktienbesitzer aufgrund der grossen Unsicherheit der IC Komponenten zu Klagen wegen Täuschung gegenüber den IC ausweisenden Unternehmen veranlasst werden könnten.

303 In der Folgezeit sind separate Interimreports zu einzelnen Dimensionen des Navigators erschienen: im Herbst 1995 mit dem Fokus auf die Entwicklungsdimension, im Frühjahr 1996 mit Bezug zur Prozessperspektive (Titel: „Value Creating Processess") sowie im Herbst 1996 ein Bericht mit dem Titel „Power of Innovation".
Edvinsson/Malone (1998), S.54

304 Es sei hierzu auf eine Aussage von S.Wallmann, Kommissar des SEC, in einem 1997 erschienenen Interview über die Aggregation von Informationen in Geschäftsberichten hingewiesen. Karlgaard/Wallmann (1997), S.4

305 Die Entwicklung zielt bei Skandia eher in die entgegengesetzte Richtung: Der Navigator wird in ersten Testbereichen als Instrument zur Messung der individuellen Performance verwendet. Edvinsson (1997a), S.371

Die starke Resonanz auf den Anhang spiegelt sich in zahlreichen Publikationen und Konferenzen zum Themengebiet des Intellectual Capital wider. So hat sich bspw. ein Symposium des SEC mit Fragen der Erweiterung der externen Berichterstattung im Sinne von Indikatoren des Intellectual Capital-Ansatzes beschäftigt.[306]

Im Gegensatz zum Tableau de Bord- und zum Balanced Scorecard-Ansatz, die auf das individuelle Unternehmen abgestimmte Messgrössen der Performance postulieren, verlangen einige Autoren des Intellectual Capital-Ansatzes nach der Verwendung von einheitlichen Messgrössen, die unternehmensübergreifende Vergleiche ermöglichen.[307] Durch eine standardisierte Gruppe von Indikatoren sollen die bestehenden Defizite der externen Rechnungslegung überwunden und eine einheitliche Basis geschaffen werden. Die Verwendung dieser externen Grössen schliesst aber die Nutzung weniger unternehmensspezifischer Indikatoren nicht aus, die als interne Steuerungsgrössen verwendet werden können. Das wird anhand des Beispiels von Skandia ersichtlich.[308]

2.2.3.4 Management des Intellectual Capital

Ähnlich wie beim Tableau de Bord- und Balanced Scorecard-Ansatz hat sich aus der Erweiterung der Performancemessgrössen im Laufe der Zeit ein umfassender Managementansatz gebildet.[309]

„The real question posed by intellectual capital is not one of measurement of financial reporting, it is how to manage the companies.“[310] Obwohl diese Aussage von einem der Kritiker des Intellectual Capital-Ansatzes stammt, umschreibt sie dessen primäre Aufgabe: eine strukturierende Hilfe bei der Unternehmensführung.[311]

Der Navigator und die externe Berichterstattung können die Transparenz bei der Entwicklung von einzelnen Komponenten des Intellectual Capital erhöhen. Diese ersten Schritte dienen als notwendige Basis für eine Beeinflussung der gemessenen Indikatoren (Manage-

306 Im April 1996 hat das SEC zu diesem Themengebiet ein Symposium in Washington unterstützt. Edvinsson (1997a), S.367

307 Edvinsson/Malone (1998), S.209

308 Auffällig ist bei Skandia im Rahmen der externen Berichterstattung die grosse Anzahl von Indikatoren pro Navigator-Dimension, die berichtet werden soll. Sind es intern pro Navigator i.d.R. höchstens 30 Messgrössen, so steigt deren Zahl in der externen Berichterstattung auf über 60 an. Edvinsson/Malone (1998), S.151ff. und Malone (1997), S.2f.

309 Edvinsson/Malone (1998), S.58ff.

310 Rutledge (1997), S.5

311 Edvinsson/Malone (1998) führen aus: „[...] the Navigator and the indicators are first and foremost an aid to the comapany's leadership.“ Edvinsson/Malone (1998), S.58

ment des Intellectual Capital). Das Management des Intellectual Capital reicht von der Messung der Indikatoren über die Erstellung einer Kommunikationsplattform für die Wissensdistribution bis zur Kapitalisierung des Wissens.[312]

In der nachfolgenden Abbildung werden die Wechselbeziehungen zwischen den verschiedenen von Skandia unterschiedenen Kapitalarten dargestellt. Die Zielsetzungen des Managements des Intellectual Capital umschreibt Edvinsson wie folgt: „The goal [...] is to improve the company's value generating capabilities through identifying, capturing, leveraging and recycling intellectual capital.“[313] Eine Schlüsselrolle nimmt dabei lt. Edvinsson das „Structural capital“ ein, da es eine grosse Hebelwirkung auf aus „Human capital“ ausüben kann.[314]

Abbildung 2-18: Management des Intellectual Capital[315]

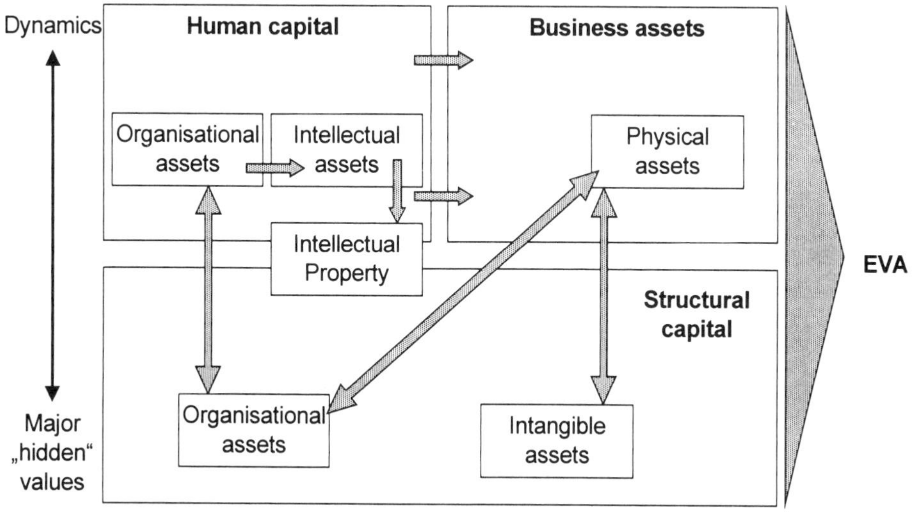

312 Die Kapitalisierung kann auf vielfältige Weise wie z.B. durch Multiplikation von organisatorischen Praktiken oder die Anmeldung von Patenten erfolgen.

313 Edvinsson (1997a), S.372

314 Edvinsson (1997a), S.372

315 In Anlehnung an Edvinsson (1997a), S.372
Interessanterweise bestehen einige wesentliche Unterschiede zwischen Versionen dieser Abbildung in zwei verschiedenen Publikationen von Edvinsson. Sie betreffen hauptsächlich die „Intangible Assets“ in der rechten unteren Hälfte der Abbildung.
Siehe hierzu Edvinsson (1997a), S.372 und Edvinsson/Malone (1998), 59

Ein effektives Management des Intellectual Capital basiert gemäss Edvinsson/ Malone auf vier Elementen: [316]

- Der Schaffung eines Verständnisses darüber, welche Teile des Reportinginstruments die Fähigkeiten zur Wertsteigerung sowie deren Ursprünge abbilden.
- Der Steigerung des Intellectual Capital durch Austausch und Erweiterung von Kernfähigkeiten.
- Der Konzentration auf den Wissensfluss sowie den Austausch von Kompetenzen in der Organisation u.a. durch die Schaffung von Wissensdatenbanken
- Der Kapitalisierung des Wissens u.a. durch Recycling-, Kodifizierungs- und Multiplikationsaktivitäten.

Eine wesentliche Voraussetzung dafür ist das „Commitment" des Managements, auf der Basis der neuen Indikatoren die Stärken und Schwächen des Unternehmens sowie dessen Entwicklung zu überdenken. Das setzt eine intensive Auseinandersetzung mit den Kenngrössen des Intellectual Capital voraus.

Leider geht Edvinsson aber nicht konkreter auf das Management des Intellectual Capital bei Skandia ein. Die Ausführungen hierzu sind bedauernswerterweise sehr kurz ausgefallen.[317] Es wäre für den Leser interessant zu erfahren, wie die Indikatoren des Intellectual Capital ausgewählt wurden, wie sie mit den bestehenden Managementprozessen verknüpft worden sind und inwiefern sie operativen und strategische Entscheidungen bei Skandia beeinflusst haben.

2.2.3.5 Beurteilung des Intellectual Capital-Ansatzes

Der Skandia Navigator und der Intangible Assets Monitor besitzen zahlreiche Gemeinsamkeiten mit der generischen Balanced Scorecard: Beide Konzepte betonen die Konzentration auf wenige Grössen, die Bedeutung des Strategiebezugs sowie die Notwendigkeit von Messgrössen verschiedener Dimensionen. Die Schwerpunkte vom Navigator liegen aber in der starken Fokussierung der Abhängigkeiten und Beziehungen zwischen den einzelnen Dimensionen des Intellectual Capital.[318] In der hohen Bedeutung dieser Interaktio-

---

316 Edvinsson/Malone (1998), 59

317 Edvinsson äussert sich zum Management des Intellectual Capital lediglich auf einer respektive zwei Seiten. Edvinsson (1997a), S.372 und Edvinsson/Malone (1998), 58f.

318 Aussage Edvinsson, Director of Intellectual Capital bei Skandia.

nen zwischen den verschiedenen Arten des Intellectual Capital unterscheidet sich lt. Edvinsson der Navigator am deutlichsten vom Balanced Scorecard-Ansatz.[319]

Die bedeutendste Rolle bei den Monitoringinstrumenten des Intellectual Capital wird lt. Sveiby und Edvinsson/Malone den mitarbeiterbezogenen Indikatoren zuteil.[320] Edvinsson erläutert hierzu: "Whereas all of the different sections of the Navigator interact with one another to various degrees, only the human factor interpenetrates the others, serving as the active agent operating on all the others."[321]

Die starke Betonung des Humankapitals ist folgerichtig, wenn man berücksichtigt, dass der Intellectual Capital-Ansatz zur Bewertung von Know How Unternehmen entstanden ist, die i.d.R. einen sehr starken Mitarbeiterbezug besitzen. Der finanzielle Ressourceneinsatz kann in dieser Art von Unternehmen zur Lösung von Kundenproblemen oft nur von sekundärer Bedeutung sein.[322]

Die finanzielle Dimension spielt beim Intellectual Capital-Ansatz nur eine untergeordnete Rolle. Zielsetzung dieses Ansatzes ist zwar die Steigerung des Unternehmenswertes, doch kann diese Zunahme gemäss den Vertretern des Intellectual Capital-Ansatzes oft nur bedingt anhand von Veränderungen der Buchwerte erklärt werden. Kritiker dieses Ansatzes werden entgegenhalten, dass man mittels der Prognose zukünftiger Cash-flows sehr wohl in der Lage ist, die weitere Wertentwicklung eines Unternehmens abzuschätzen, ohne eine sehr grosse Anzahl von Indikatoren des Intellectual Capital identifizieren zu müssen.[323]

Weitere Unterschiede resultieren aus dem konzeptionellen Fundament: der Intellectual Capital-Ansatz beruht auf einer wissensbasierten Betrachtungsweise von Unternehmen, in der Menschen die wichtigsten Wissensträger sind. Der Balanced Scorecard-Ansatz ist an kein spezielles Unternehmenskonzept gebunden und bezieht daraus seine Wertneutralität und Universalität.[324]

Sveiby wirft dem Scorecard-Ansatz vor, er sei der Denkweise der industriellen Ära verwurzelt und stelle die dieser Ära zugrunde liegende Organsisationstheorie nicht in Fra-

---

Edvinsson (1997b), S.1

319 Edvinsson (1997b), S.1

320 „Without a successful human dimension to a company, none of the rest of the value creating activities will work." Edvinsson/Malone (1998), S.123; siehe dazu auch Sveiby (1998a), S.1

321 Edvinsson/Malone (1998), S.123

322 WM-Data (1997), S.25

323 Rutledge (1997), S.4

324 Sveiby (1998a), S.1

ge.[325] Dieser Vorwurf schiesst über das Ziel hinaus, da der Scorecard-Ansatz sich ebenso für Unternehmen mit stark ausgeprägten Dienstleistungsbereichen wie für Produktionsunternehmen eignet.[326]

Unabhängig von der zugrunde liegenden Organisationstheorie können Unternehmen, die den Scorecard-Ansatz wählen, zu denselben Messgrössen gelangen, wie jene, die den Intellectual Capital-Ansatz verwenden. Die von Edvinsson/Malone ausgewiesenen Grössen unterscheiden sich nicht von jenen, die von Unternehmen verwendet werden, die eine Balanced Scorecard oder ein Tableau de Bord eingeführt haben.[327]

Daher ist die Beantwortung der Frage nach dem konzeptionellen Fundament und der Organisationstheorie eher von sekundärer Bedeutung. Entscheidend sind das Ergebnis des Auswahlprozesses mit den ermittelten Messgrössen und deren Auswirkungen auf das Verhalten von Entscheidungsträgern im Unternehmen.

Es sollte bei der Bewertung des Intellectual Capital-Ansatzes berücksichtigt werden, dass es sich um einen verhältnismässig jungen Ansatz handelt. Skandia hat z.B. erst 1994 damit begonnen, ihr Intellectual Capital zu messen.[328] Es sollte daher im Rahmen dessen Bewertung bedacht werden, dass seine Entwicklung noch nicht abgeschlossen ist und dass zahlreiche potentielle Auswirkungen, wie z.B. auf die externe Berichterstattung, noch nicht abgeschätzt werden können.[329]

2.2.4 Zusammenfassende Würdigung der drei Frameworks

Die Entwicklungsgeschichte der drei Ansätze weist einige Gemeinsamkeiten auf. Der Wunsch nach aussagekräftigen, performancerelevanten Indikatoren motivierte zur Entwicklung der beschriebenen Ansätze, die sich in allen drei Fällen durch einen evolutionären Charakter auszeichnen. Während beim Tableau de Bord-Ansatz der Anstoss von der Suche nach besseren Indikatoren zur Produktionssteuerung ausging[330], bildeten beim Balanced Scorecard- und beim Intellectual Capital-Ansatz die identifizierten Defizite der in-

325 Sveiby (1998a), S.1

326 Die folgende Aussage von Malone, Co-Autor einer Buchpublikation zum Thema Intellectual Capital, kann mit Besorgnis betrachtet werden: „[...] intellectual capital establishes a whole new set of images through which to order the world, and to determine what behaviour will be valued and rewarded and what will be dismissed and punished.“ Malone, zitiert von Rutledge (1997), S.5

327 Edvinsson/Malone (1998), S.147ff.

328 Sveiby (1997b), S.2f.

329 Edvinsson (1997b), S.2

330 Siehe hierzu die Ausführungen auf der Seite 39

ternen und externen Bericht-erstattung die Ausgangbasis ihrer Entwicklung.[331] Im Laufe ihres Entwicklungs-prozesses verschob sich der Fokus von der Performancemessung hin zur einer proaktiven Planung und Gestaltung von performancetreibenden Faktoren.[332]

Die drei betrachteten Ansätze können heute als integrierte Performance Management Konzepte bezeichnet werden: Von massgeblichen Autoren aller drei Ansätze wird betont, dass es sich bei ihnen nicht nur um Performance Measurement-, sondern um Performance Management Systeme handelt.[333]

Die Ansätze können sich bzgl. der Dimensionen von Performanceindikatoren sehr stark unterscheiden. Während diese beim Tableau de Bord-Ansatz unbestimmt und vage sind[334], empfehlen die Vertreter des Intellectual Capital-Ansatzes eine Orientierung an den verschiedenen unternehmensspezifischen Bestandteilen des Intellectual Capital. Kaplan/ Norton schlagen eine Gliederung der Indikatoren gemäss vier Leistungsperspektiven vor, die auch die zeitlichen Aspekte eines zugrundeliegenden Kausalkettenmodells berücksichtigt.[335]

Der Prozess der Messgrössenentwicklung wird von zahlreichen Autoren der drei Konzepte eine grosse Bedeutung beigemessen.[336] Das ist nicht verwunderlich, besitzt doch der Partizipationsgrad bei der Entwicklung einen grossen Einfluss auf den späteren Implementie-

---

331 So beginnen Sveiby (1988) eine Publikation zum „Intellectual Capital" (Titel: „The invisible balance sheet") mit einer Beschreibung der Schwächen bestehender Geschäftsberichte und beenden ihn mit Empfehlungen zur Bewertung von Know-How-Firmen. Siehe hierzu auch Edvinsson/ Malone (1998), S.1f.
Der Balanced Scorecard-Ansatz ging aus einer Studie mit dem Titel „Measuring Performance in the Organization of the Future" hervor. Kaplan/Norton (1996a), S.vii

332 Beim Balanced Scorecard-Ansatz wird das bspw. anhand der Titel wesentlicher Publikationen zu diesem Themenbereich ersichtlich: 1992 trug der erste Artikel in der Havard Business Review den Titel „The Balanced Scorecard: Measures that Drive Performance". Die Erweiterung des Ansatzes geht auch aus dem Titel des dritten, 1996 erschienenen Artikels hervor: „Using the Balanced Scorecard as a Strategic Management System".

333 Kaplan/Norton (1996a), S.191; Epstein/Manzoni (1997a), S.30; Edvinsson/Malone (1998), S.58f.

334 Epstein/Manzoni (1997a) weisen lediglich darauf hin, dass bei der Auswahl von Indikatoren eine Ausrichtung an den kritischen Erfolgsfaktoren eines Unternehmens-/Verantwortungsbereichs stattfinden sollte. Epstein/Manzoni (1997a), S.29
Jordan/Fiol (1997b) empfehlen eine Berücksichtigung von budget- und umweltorientierten sowie von der strategischen Planung abgeleiteten Indikatoren.
Jordan/Fiol (1997b), S.7

335 Siehe hierzu die Ausführungen auf der Seite 55.

336 Horváth (1997), S.10; Jordan/Fiol (1997c), S.4; Edvinsson/Malone (1998), S.35

rungserfolg. Beim Intellectual Capital-Ansatz kann auch durch die Partizipation der Mitarbeiter das sog. „Organizational Capital“ erhöht werden.

Im Widerspruch zur Bedeutung des Entwicklungsprozesses steht aber die Tatsache, dass sich in der Literatur zu allen drei Ansätzen kaum konkrete Hinweise für die Herleitung von Indikatoren finden lassen. Hierbei soll insbesondere eine Publikation von Edvinsson/Malone hervorgehoben werden, die z.T. den Charakter eines Messgrössenkatalogs besitzt, ohne dass aber Vorschläge zur Identifikation von Indikatoren unterbreitet werden.[337]

Eine Ausnahme bildet die im Zusammenhang mit der Entwicklung von Tableaux durchzuführende OVAR-Methodik, auf die in Abschnitt 2.2.1.3.1 eingegangen worden ist.[338]

Der Erfassung und dem Reporting von prozessbasierten Kennziffern wird von allen Performance Management Ansätzen eine vergleichsweise geringe Bedeutung beigemessen. Hier zeigen sich auch die grössten inhaltlichen Unterschiede der drei verschiedenen Ansätze. Anhand der Frage, ob und welche operativen Messgrössen integriert werden, wird auch die unterschiedliche organisatorische Ausrichtung aller drei Ansätze ersichtlich.

Zwar wird von Lebas/Chiapello und Epstein/Manzoni im Rahmen der Entwicklung von Tableaux de Bord auf die Bedeutung lateraler Beziehungen hingewiesen, die auch in Messgrössen abgebildet werden sollten[339], jedoch stützt sich die auf Seite 48 kurz vorgestellte OVAR-Methodik zur Herleitung operativer Indikatoren auf ein funktionales Unternehmensmodell ab.[340]

In den englischsprachigen Veröffentlichungen zum Themengebiet des Tableau de Bord finden sich keine Hinweise, wie prozessorientierte Kennziffern verschiedener Teilprozesse

---

337 Siehe bei Edvinsson/Malone (1998) insbesondere die Seiten 115ff., 147ff., 151ff. und 179ff.

338 Siehe zur fehlenden Methodensicherheit bei der Entwicklung von Balanced Scorecards auch Mountfield/Schalch (1998), S.318

339 Sie führen dbzgl. aus: „To the extent that the performance of any manager is dependent on the performance of others, he or she needs information about how well other responsibility centers – as well as his or her own – will be performing in the future – and has been performing so far – in order for him or her to take anticipatory corrective actions to an originally agreed plan.“ Hier kann eine funktionale Orientierung interpretiert werden, da von „Responsibility Centers“ gesprochen wird.
Lebas/Chiapello (1996), S.6f.
Epstein/Manzoni (1997b) betonen auch die Notwendigkeit, laterale Messgrössen in ein Tableau de Bord zu integrieren: “At the same time, subunits often need to collaborate on interdependent tasks and projects. […] Such areas of interdependence should be identified and reflected in the choice of indicators monitored at the subunit and overall company levels.“ Epstein/Manzoni (1997b), S.4

340 Lebas/Chiapello (1996), S.21ff.

und Aktivitäten aufeinander abgestimmt werden sollen. Zumindestens ist aber die Integration operativer Kenngrössen, die in prozessorientierten Organisationen von Prozessen hergeleitet werden können, vorgesehen.

Kaplan/Norton betrachten die Integration von Prozessmessgrössen als signifikanten Fortschritt von operativen Performancemesssystemen.[341] Da eine Beherrschung der internen Prozesse eine conditio sine qua non ist, sollten ihrer Meinung nach aber nur die Messgrössen jener Projekte/Massnahmen in eine Balanced Scorecard einfliessen, die geplante Quantensprünge bei der Prozessperformance gegenüber den Konkurrenten abbilden.[342]

Die alleinige kontinuierliche Verbesserung der operativen Prozessperformance schafft lt. Kaplan/Norton keinen Wettbewerbsvorteil und gehört demzufolge auch nicht in eine strategisch ausgerichtete Balanced Scorecard.[343] Hieran zeigt sich, dass der Balanced Scorecard-Ansatz kein globaler Performance Management Ansatz für operative Bereiche ist, sondern ein Instrument, um strategischen Wandel durch die Fokussierung auf wenige Kenngrössen zu fördern. Operative, nicht-finanzielle Prozesskenngrössen gehören wie Kostendaten zu den „Hygienefaktoren" eines Prozesses, eine strategische Bedeutung wird ihnen aber weitestgehend abgesprochen.

Der Intellectual Capital-Ansatz legt bei der Prozessfokussierung ein stärkeres Gewicht auf die Fragestellung „how an enterprise uses its technology tools to create value."[344] Die Ermittlung generischer Prozesskennziffern[345] wie z.B. der Durchlaufzeit besitzt einen geringen Stellenwert gegenüber Messgrössen, die Rückschlüsse auf den effektiven Einsatz von Informationstechnologien erlauben. Das verwundert vor dem entwicklungsgeschichtlichen Hintergrund des Intellectual Capital-Ansatzes zunächst nicht.

---

341 „For most companies today, having multiple measurements for cross-functional and integrated processes represents a significant improvement over their existing performance measurement systems." Kaplan/Norton (1996a), S.93

342 Lt. Kaplan/Norton (1996a) verbessern heute die meisten Unternehmen ihre Prozesse stetig: „All companies are now attempting to improve quality, reduce cycle times, increase yields, maximise throughput, and lower costs for their business processes."
Kaplan/Norton (1996a), S.93

343 „Because these measurements tend to be generic, and do not arise uniquely from the scorecard approach, we defer to the appendix of this chapter, the discussion of the time, quality, and cost performance measurements of operating processes."
Kaplan/Norton (1996a), S.105

344 Edvinsson/Malone (1998), S.110

345 „Jeder Prozess hat seine eigenen kritischen Erfolgsfaktoren und Ziele. Dennoch gibt es generische Kennzahlen, die, situativ angepasst, auf fast alle Prozesse anwendbar sind und relevante Aussagen liefern. [...] Diese generell anwendbaren Kennzahlen bilden einen Kern, aus dem heraus sich ein prozessspezifisches Kennzahlensystem gestalten lässt." Mende (1995), S.75

Lediglich zur Messung der Effizienz der externen Struktur werden Grössen vorgeschlagen, die die Performance von Prozessen aus externer Kundensicht bewerten.[346] Der internen Kundenorientierung wird aber kaum Bedeutung beigemessen. Zwar werden einige qualitative Messgrössen von Edvinsson/Malone empfohlen (z.B. „Contracts filled without error"), jedoch reichen sie nicht aus, um die Prozessperformance ausreichend abzubilden. Der Intellectual Capital-Ansatz zeichnet sich deshalb auch nicht als ein umfassender Ansatz des Performance Managements aus, da er sich auf Prozessebene – wie sein Name ausdrückt – auf Ansätze zur Generierung und Messung des internen Know Hows konzentriert sowie zahlreiche infrastrukturbezogene Kenngrössen integriert. Edvinsson/Malone ist sich dessen bewusst und betont daher, dass andere prozessbezogene Indikatoren bei Bedarf in die offene Struktur des Intellectual Capital Navigators bei Skandia integriert werden können.[347]

Bei der organisatorischen Ausrichtung bestehen offensichtliche Differenzen zwischen den einzelnen Ansätzen: Der Balanced Scorecard-Ansatz besitzt aufgrund seiner Entwicklungsgeschichte einen starken Top-Management-Bezug. Bei fehlenden Deploymentkenntnissen kann die Gefahr bestehen, dass eine ausschliessliche Ausrichtung auf das Top-Management vorgenommen wird und jene tieferen Führungsstufen vernachlässigt werden, auf denen viele für die Strategieumsetzung notwendigen Entscheidungen getroffen werden.[348] Im ungünstigen Fall dient die Balanced Scorecard ausschliesslich als Ansatz für eine Neuausrichtung des Executive Information Systems (EIS)[349], ohne dass die anderen Reportinginstrumente auf diesem Ansatz abgestimmt oder damit verknüpft werden. Diese Gefahren können u.a. auch deswegen auftreten, da Kaplan/Norton keine klare Vorgehensweise zur Verbindung der Strategie mit messbaren Kennzahlen vorschlagen.[350]

---

346 Diese besitzen aber einen geringen Konkretisierungsgrad, da sie nicht direkt mit einzelnen Prozessen verbunden sind, sondern einen aggregierten Überblick über die Kundenzufriedenheit und –struktur liefern. Sveiby (1998b), S.1 und Edvinsson/Malone (1998), S.89ff.

347 „There are, of course, other perspectives, such as those suggested by Michael Hammer, Tom Davenport, and especially Kaplan and Norton. They, too, might generate their own unique measurements. But they, too, would still fit within the overall focus structure of the IC Navigator." Edvinsson/Malone (1998), S.110

348 Mountfield/Schalch (1998), S.318

349 Die Aufgaben von Executive Information System (EIS) bestehen gemäss Black et al. in der Erfüllung der folgenden Ziele: „EIS geben Führungskräften einen komfortablen und weitgehend vordefinierten, aber nach Bedarf selektierbaren Zugriff auf Berichte bzw. Daten und ermöglichen die Nutzung von Kommunikationsfunktionen im Rahmen des elektronischen Berichtswesens." Black et al. (1997), S.2

350 Mountfield/Schalch (1998), S.318

Beim Tableau de Bord-Ansatz ist die Betonung der Ergebnisdelegation an Mitarbeiter tieferer Hierarchiestufen viel stärker als beim Scorecard-Ansatz. Von Lebas/Chiapello und Epstein/Manzoni wird die Bedeutung von Tableaux bei der individuellen Entscheidungsunterstützung auf verschiedenen Hierarchiestufen explizit herausgestellt.[351] Die starke Betonung des Kommunikationsprozesses bei der Entwicklung von Tableaux deutet auch auf die notwendige Integration von Mitarbeitern hin. Die OVAR-Methode kann eine methodische Sicherheit bei der Übersetzung der strategischen Ziele in konkrete Verantwortlichkeiten und eindeutige Messgrössen liefern. Ohne diese Methode könnte der Tableau de Bord-Ansatz in sehr freier Interpretation auch als eine Sammlung von Gestaltungsregeln für das Design individualisierter Informationssysteme der Entscheidungsunterstützung betrachtet werden. Diese Gefahr wird u.a. dadurch gefördert, da kein generisches Tableau de Bord-Modell existiert. Demzufolge ist auch der kreative Aufwand bei der inhaltlichen Strukturierung der Messgrössen ungleich höher als beim Balanced Scorecard-Ansatz. Als Gefahr kann daraus resultieren, dass einerseits eine Gruppe von (finanziellen) Messgrössen dominiert sowie andererseits Messgrössen wichtiger kritischer Erfolgsfaktoren vernachlässigt werden.[352]

Beim Intellectual Capital-Ansatz ist aufgrund seiner Entwicklungsgeschichte die Ausrichtung auf das Top-Management sowie auf Führungskräfte sehr stark ausgeprägt.[353] Es geht beim Intellectual Capital-Ansatz nicht primär darum, Entscheidungskompetenzen und klare Ziele in Form von Zielvorgaben zu delegieren, sondern um die Identifikation der werttreibenden Faktoren, die die Intangible Assets eines Unternehmens beeinflussen. Die Indikatoren können dabei als Erklärungsgrössen für Veränderungen der Intangible Assets die-

351 Epstein/Manzoni (1997b) führen dbzgl. aus: „To provide managers with information they can use for decision making, the Tableau de Bord should primarily contain performance indicators that are largely ‚controllable' by the subunit."
Epstein/Manzoni (1997b), S.4
Als Vorteile des Tableau de Bord-Ansatzes diagnostizieren sie: „Force each subunit to (a) position itself within the context of the firm's overall strategy and the responsibilities of other subunits, and (b) identify corresponding KSF [Key Success Factors] and KPI [Key Performance Indicators]." Epstein/Manzoni (1997b), S.6
Lebas/Chiapello (1996) nennen als eine der Aufgaben vom Tableau de Bord-Ansatz: „[...] support the management of shared responsibilities" Lebas/Chiapello (1996), S.6

352 Epstein/Manzoni (1997b) spricht in diesem Zusammenhang von dem besonderen Charakter finanzieller Indikatoren: „[...] financial measures have inbred advantages with respect to top management attention and are bound to ‚creep up' on top managers unless their attention is specifically focused in other directions as well."
Epstein/Manzoni (1997b), S.13

353 Der Intellectual Capital-Ansatz ist u.a. auch aufgrund von Unzulänglichkeiten bei der Unternehmensbewertung entstanden. Sveiby (1988), S.11f.

nen. Die Verteilung dieser Informationen an die Mitarbeiter wird im Sinne der Förderung einer „lernenden Organisation“ von zahlreichen Autoren begrüsst.[354]

Weitere Unterschiede resultieren aus der Verwendung der Messgrössen: Während der Tableau de Bord sowie der Balanced Scorecard-Ansatz primär der Neustrukturierung des internen Berichtswesens dienen, verbirgt sich hinter dem Intellectual Capital-Ansatz ein erweiterter Anspruch. Edvinsson/Malone empfehlen, Messgrössen des Intellectual Capital auch Investoren zur Verfügung zu stellen, damit sie sich ein ausgewogeneres Bild über das zukünftige Potential eines Unternehmens machen können.[355] Mit den spezifischen Indikatoren des Intellectual Capital glauben sie einen Weg gefunden zu haben, mit denen verschiedenartige Unternehmen verglichen werden können: „Suddenly you can compare apples and oranges – not by looking at the fruit, but at the trees – especially the roots – from which they come.“[356] So begrüssenswert dieser Gedanke auf den ersten Blick insbesondere für externe Analysten sein mag, ohne spezifische Branchen- und Umweltkenntnisse werden sich aussagekräftige Vergleiche zwischen Unternehmen verschiedener Branchen nicht durchführen lassen.

Zusammenfassend werden in der nachfolgenden Abbildung 2-19 die drei Performance Management Frameworks einander gegenübergestellt und dadurch ihre Schwerpunkte identifiziert.

Aufgrund der identifizierten Stärken und Schwächen der drei hier vorgestellten Ansätze sollen im dritten Abschnitt dieser Arbeit Gestaltungsempfehlungen für die Entwicklung von Performance Management Systemen abgeleitet werden. Dabei wird ein modulares Konzept des Performance Managements entwickelt, das einige Gemeinsamkeiten mit den in diesem Abschnitt erläuterten Frameworks besitzt. Darüber hinaus werden sowohl der Prozessdimension als auch Aspekten bei der Implementierung eine grosse Aufmerksamkeit zuteil.

---

354 Edvinsson/Malone (1998), S.162

355 Edvinsson/Malone (1998), S.52f.

356 Edvinsson/Malone (1998), S.175

Abbildung 2-19 Gegenüberstellung der drei Performance Management Frameworks

Kriterium	Tableau de Bord-Ansatz	Balanced Scorecard-Ansatz	Intellectual Capital-Ansatz
Strukturierung der Messgrössen in Dimensionen	□	◨	■
Basierend auf Stakeholdergruppen–Modell	□	◨	■
Wertneutralität des Ansatzes	◨	◨	□
Beschränkung der Indikatorenanzahl	◨	■	◨
Verknüpfung mit strategischen Zielen	◨	■	◨
Bedeutung von kritischen Erfolgsfaktoren für Messgrössenselektion	◨	◨	□
Basierend auf Kausalmodell, das Feedforward-Controlling finanzieller Indikatoren ermöglicht	◨	◨	□
Top Down Orientierung bei Umsetzung	◨	■	◨
Strukturiertes Vorgehen bei Erstellung	◨	◨	□
Individuelle Gestaltungsfreiheit	■	◨	◨
Deployment der Unternehmensziele mit klaren Verantwortlichkeiten	■	◨	□
Herleitung und Integration prozess-basierter Performanceindikatoren	□	□	□
Ressourcenorientierung	□	□	◨
Gewichtung einzelner Messgrössengruppen	□	□	◨
Interne und externe Verwendung der Indikatoren	□	□	◨
Grafische Orientierung	■	□	□
Betonung der Entscheidungsunterstützung	■	◨	◨
Integration der Leistungshonorierung ins Framework vorgesehen	□	◨	□
Berücksichtigung der Enabler-Funktion von Informationstechnologie	◨	◨	◨
Hervorheben der Bedeutung von Mitarbeitern im Performance Management Prozess	◨	◨	■

□ Merkmal kaum ausgeprägt

◨ Merkmal ausgeprägt

■ Merkmal sehr stark ausgeprägt

3 Entwicklung eines Performance Management Frameworks

Wie bereits anhand der Definition des Begriffs „Performance Management" in Abschnitt 2.1.4 deutlich wurde, besitzt das Management der Performance vielfältige Aufgaben. Diese vielfältigen Aktivitäten auf dem Weg zur Verbesserung der Performance eines Unternehmens erfordern eine Koordination, damit sie zielgerichtet stattfinden können. Diese Abstimmung sollte aber nicht nur die Elemente eines Performance Management Systems (wie z.B. das Reportingdesign oder die Leistungshonorierung) betreffen, sondern auch Unternehmensspezifika wie dessen Kultur, Struktur sowie die bisherigen Erfahrungen mit Managementsystemen berücksichtigen.[1]

Da der Entwurf eines Performance Management Systems (PMS) nicht losgelöst von der späteren Implementierung betrachtet werden sollte, spielen Gesichtspunkte der Umsetzung eine sehr wichtige Rolle.[2] Dabei kann sich ein Spannungsfeld zwischen dem Grad der Allgemeingültigkeit der Aussagen und den umfeldspezifischen Kriterien ergeben, unter denen ein PMS implementiert wird.

Der in diesem Abschnitt zu entwickelnde Gestaltungsrahmen für ein Performance Management System orientiert sich an der in Abbildung 3-1 dargestellten, stark vereinfachten Kausalkette.[3] Er besteht aus sieben Modulen, die entlang der Kausalkette angeordnet sind.[4]

---

1 Siehe hierzu auch Spangenberg (1994), S.266f.

2 In diesem Abschnitt sollen daher auch kritische Punkte bei der Umsetzung des Performance Managements identifiziert sowie Gestaltungsempfehlungen gegeben werden. Siehe auch Roberts (1997), S.3f.

3 Die einzelnen Elemente der Kausalkette sind aufgrund einer Analyse der Stärken und Schwächen in der Literatur beschriebener Performance Management Ansätze sowie aufgrund von Erfahrungen aus der Unternehmenspraxis ausgewählt worden. Während die Analyse von drei sehr weit verbreiteten mehrdimensionalen Ansätzen im ersten Abschnitt dieser Arbeit vorgenommen worden ist, werden im vierten Abschnitt anhand von fünf Fallstudien praktische Aspekte des Performance Managements erläutert, die auch Implikationen für die Modellgestaltung gehabt haben.

4 Eine primäre Zielsetzung bei der Entwicklung des Gestaltungsrahmens war die Schaffung eines offenen Frameworks, das nicht durch einen mechanistischen Top-down-dominierten Ansatz geprägt sein sollte, sondern auch Raum für die Berücksichtigung von lateralen sowie Bottom-up-Aspekten im Rahmen der PMS-Gestaltung gewährt. Aufgrund des starken Implementationsbezugs von PMS sowie der auf dem Gebiet des soziotechnischen Systemdesigns gewonnenen Erfahrungen, spielen die letztgenannten Aspekte eine Schlüsselrolle bei der erfolgreichen Umsetzung. Siehe hierzu auch Abschnitt 3.7

Eine sehr wichtige Zielsetzung jedes Performance Management Systems besteht darin, Verhaltensweisen in Organisationen zu initiieren und zu unterstützen, die zu Verbesserungen der Performance führen. Deshalb wird die Verbesserung der Performance als die wahrscheinlich bedeutendste Zielsetzung eines PMS am Ende der Kausalkette dargestellt. Die Strategie stellt einen integrativen Bezugsrahmen zur Koordination der einzelnen Elemente eines Performance Management Systems dar.[5] Sie bildet daher das Ausgangselement der Kausalkette.[6]

Abbildung 3-1: Kausalkette zur Erstellung eines Performance Management Framework

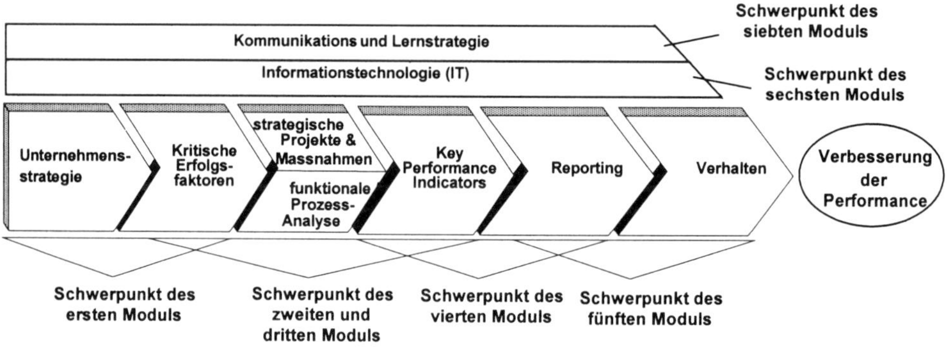

Im ersten Modul soll das Fundament für ein verbessertes Verständnis des gesamten Entwicklungsprozesses gelegt werden. Darin werden Zusammenhänge zwischen der Unternehmensstrategie und den sog. „kritischen Erfolgsfaktoren" erläutert, die eine Fokussierung bei der Messgrössenselektion fördern können.

Beim zweiten und dritten Modul, in denen mögliche Wege zur Herleitung von Performancemessgrössen diskutiert werden, gliedert sich die Kausalkette in zwei Äste. Diese Gliederung entspricht der Differenzierung von zwei verschiedenen Messgrössenarten, die zwar beide anhand der kritischen Erfolgsfaktoren abgeleitet werden können, jedoch unterschiedliche Zielsetzungen unterstützen.

Die letztgenannten Gesichtspunkte gewinnen vor dem Hintergrund einer zunehmenden Wettbewerbsdynamik sowe der notwendigen Erhöhung der Anpassungsgeschwindigkeit an Bedeutung. Siehe hierzu auch Bleicher (1991a), S.17ff.

5 Es ist auch vorstellbar, dass die normative Dimension des Managements einen Koordinationsrahmen für ein PMS bildet. Simons (1994) verwendet in diesem Zusammenhang den Begriff der Kontrolle durch „Beliefs Systems". Simons (1994), S.173

6 Damit greift das Modell auf Empfehlungen des Tableau de Bord- und des Balanced Scorecard-Ansatzes zurück, die die Notwendigkeit der Strategieunterstützung eines PMS explizit betonen.

Diese Unterscheidung basiert auf der Beobachtung, dass Unternehmen ihre Performance auf zwei verschiedene Arten verbessern können: einerseits im Rahmen der kontinuierlichen Verbesserung der internen Prozesse, andererseits durch die Realisierung signifikanter Verbesserungen aufgrund radikaler Änderungen bei der Leistungserstellung.

Beiden Methoden liegen sehr spezifische Planungs- und Reviewprozesse zugrunde, die wiederum spezifische Kenngrössen erfordern können: Bedeutende Verbesserungen der Unternehmensperformance erfordern oftmals eine Konzentration der Kräfte und zeichnen sich daher zumeist auch durch einen starken Projektbezug aus. Im zweiten Modul wird auf diese Möglichkeit der Performanceverbesserung näher eingegangen.

Die kontinuierliche Verbesserung der Performance setzt ein sehr gutes Prozesswissen voraus, das durch Prozessanalysen bzw. die Analysen von funktionalen Bereichen gewonnen werden kann. Basierend auf diesem Wissen können Performancemessgrössen abgeleitet werden, die Anstrengungen zur stetigen Verbesserung unterstützen.

Das vierte Modul beschäftigt sich mit der Frage, wie relevante Informationen des Performance Managements im Reporting adressatengerecht strukturiert und kommuniziert werden können. Im fünften Modul werden Aspekte der Leistungshonorierung näher betrachtet. Die Module sechs und sieben beinhalten primär unterstützende Funktionen bei der Implementierung, die sämtliche Prozessstufen bei der Entwicklung eines PMS übergreifen und sich bei der Implementierung von PMS als erfolgskritisch herausstellen können.

3.1 Modul 1: Grundlagen der Gestaltung von Performance Management Systemen

In diesem Modul soll u.a. ein Fundament für den anschliessenden Selektionsprozess von Performancemessgrössen (Key Performance Indicators) gelegt werden.[7] Viele Konzepte des Performance Managements empfehlen einen Prozess zur Herleitung von Messgrössen, der seinen Ausgangspunkt in der Unternehmens-/Geschäftsfeldstrategie[8] besitzt und eine enge Verknüpfung zur strategischen Planung aufweist.[9] In einem zweiten Schritt kann es sinnvoll sein, die bei der Umsetzung der Unternehmens-/Geschäftsfeldstrategie auftretenden kritischen Erfolgsfaktoren zur Konkretisierung des Selektionsprozesses zu verwenden. Diese beiden Elemente gehen aus der Abbildung Abbildung 3-2 hervor.

Die Herausforderung bei der Auswahl strategiekonformer Messgrössen lässt sich durch die beiden Begriffe „Abstimmung" und „Fokussierung" umschreiben: Sie besteht zum einen in der Abstimmung[10] der Verantwortlichkeiten verschiedener Hierarchiestufen (vertikale Koordination) und Funktionsbereiche (horizontale Koordination) in Bezug auf die strategischen Unternehmensziele sowie in der Beschränkung auf wenige elementare Fragestellungen, die für die Strategieumsetzung von signifikanter Bedeutung sind und eine Konzentration der Kräfte fördern.[11]

---

7 In dieser Arbeit wird der Begriff „Key Performance Indicator" synonym zum Begriff „Performancemessgrösse" verwendet. Eine genaue Definition dazu befindet sich auf den Seiten 103f.

8 Kaplan/Norton (1997) sprechen sich dafür aus, dass ein strategieorientiertes Performance Managementsystem auf Geschäftsfeldebene („Business unit's unique strategy") eingerichtet werden soll, da sich deren Design in Grossunternehmen aufgrund heterogener Geschäftsfelder auf Gesamtunternehmensebene sehr schwierig gestalten kann. Kaplan/Norton (1997), S.9; Kaplan/Norton (1996c), S.55
Siehe hierzu auch Meissner (1998), der vorschlägt, Balanced Scorecards auf Geschäftsfeldebene zu entwickeln. Meissner (1998), S.6
In Unternehmen mit einer homogenen Produktstruktur sowie in mittelständischen Unternehmen ist die Implementierung eines stategieorientierten Performance Managementsystems auf Unternehmensebene durchaus denkbar. Im weiteren Verlauf dieser Arbeit wird nicht zwischen den Begriffen „Geschäftsfeldstrategie" und „Unternehmensstrategie" differenziert.

9 Epstein/Manzoni (1997b), S.29; Lebas (1995), S.11ff. und 19f.; Kaplan/Norton (1997), S.9; Bühler (1998), S.12; Spangenberg (1994), S.61f.; Lynch/Cross (1991), S.65; Neely et al. (1996), S.51ff.; Crockett (1992), S.44; Jeannet (1998a), S.8; Butler et al. (1997), S. 247; Grady (1991), S.53; Keegean et al. (1989), S.49; Hoffecker/Goldenberg (1994), S.13; Schreuder (1995), S.74

10 Zur vertikalen und horizontalen Koordination durch die Verwendung von Performancemessgrössen siehe auch Atkinson et al. (1997b), S.31f.

11 Bühler (1998), S.9

Abbildung 3-2: Schwerpunkt des ersten Moduls

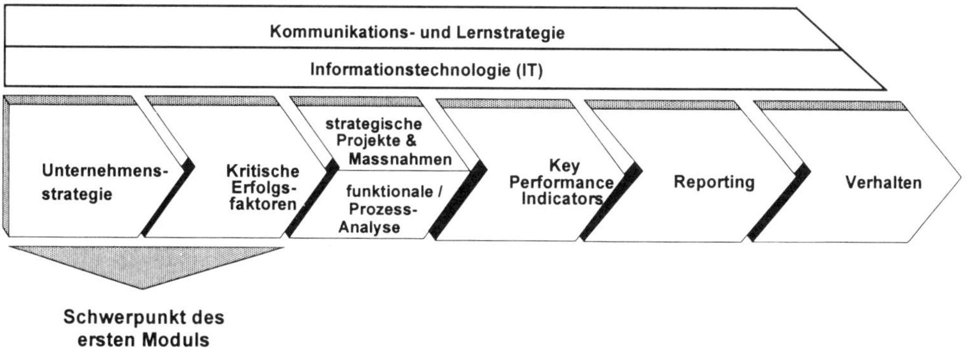

Problematiken bei der Herleitung strategiekonformer Performancemessgrössen werden anhand der strategischen Planung offensichtlich und können auf zahlreiche Bereiche der Entwicklung von Performance Management Systemen (PMS) übertragen werden: Während die strategische Planung die Herleitung von Zielen sowie Messgrössen zur Zielüberprüfung in vielen Unternehmen gemäss eines programmorientierten Top-down-Ansatzes durchgeführt wird, mehren sich die Autoren, die sich verstärkt für die Integration von Bottom-up-Elementen sowie für eine vermehrte Selbstabstimmung der Linie aussprechen.[12] Sie argumentieren, dass insbesondere in hochdynamischen und globalen Märkten das Wissen der Instanz nicht mehr ausreicht, „um in einen Top-down-Prozess detailliert und begründet Vorgaben über die zu erreichenden Formalziele zu nennen [...]".[13]

12 de Sitter et al. (1997) argumentieren dbzgl.: "As we do not know what the future will bring, we do not know the specific objects and problems to be controlled." de Sitter et al. (1997), S.506
Daraus leiten sie für das Systemdesign von Managementsystemen im allgemeinen eine grosse Bedeutung für Bottom-up-Elemente ab. de Sitter et al. (1997), S.514
Simons/Dávila (1998) fordern, dass die Bottom-up-Kommunikation in Unternehmen nicht auf Planungsphasen alleine beschränkt sein sollte: „Equally important, employees in high-ROM [Return on Management] organizations must routinely send new information up the line so that senior managers can use it to realign strategy."
Simons/Dávila (1998), S.80
[Gouillart, 1995 #635], S.83; Weber et al. (1997), S.279ff.
Eine Übersicht über vier Methoden zur Festlegung von Zielen in Organisationen liefert Spangenberg (1994), S.280ff.
Bei programmorientierten Top-down-Ansätzen besteht zudem die Gefahr, dass die dezentralen Einheiten zu reinen „Datenlieferanten" werden. Weber et al. (1997) führt dbzgl. aus: „Die strategische Planung muss in dieser Form eher als bürokratischer Prozess denn als innovativer Denkansatz bezeichnet werden." Weber et al. (1997), S.281

13 Weber et al. (1997), S.286

Ein Vorgehen, das Top-down- und Bottom-up-Elemente verknüpft, wird in der englischen Literatur oft mit einem Ballspiel („Catchball") verglichen, bei dem die Unternehmensleitung den Ball in Form von strategischen Zielen sowie kritischen Erfolgsfaktoren auf Unternehmens-/Geschäftsfeldstufe tieferen Hierarchiestufen „zuspielt".[14] Diese greifen die Vorgaben/Vorschläge auf, spezifizieren sie, erstellen ggfs. Gegenvorschläge und reichen konsolidierte Ziele sowie Indikatoren der Zielerreichung weiter. Dadurch können Rückkopplungsprozesse gefördert werden, die die möglichen Handlungsmöglichkeiten auf ihre Akzeptanz hin überprüfen und konkretisieren.[15] Diese als „Catchball"-Verfahren bezeichnete Methodik der dialogorientierten Ziel- und Messgrössendefinition kann sich insbesondere dort eignen, wo Abstimmungs- und Fokussierungsaktivitäten in turbulenten Unternehmensumfeldern per se sehr kommunikationsintensiv sind sowie signifikante Wissensdifferenzen zwischen der Instanz und der Linie existieren.[16]

Das Verfahren versucht, die Kommunikation der strategischen Ziele gegenüber den operativ Verantwortlichen zu fördern, indem sie stärker in die strategische Planung eingebunden werden und dadurch auch eine grössere Durchlässigkeit für Ideen der Basis sicherzustellen. Eine wichtige Prämisse für ein solches Vorgehen besteht darin, dass die Unternehmensleitung gewillt ist, die Strategie den Mitarbeitern zu kommunizieren und sich einem Dialog über die Konsequenzen der verfolgten Strategie zu stellen, was eine entsprechend offene Unternehmenskultur voraussetzt.[17]

Im Rahmen dieser Arbeit werden Elemente eines dialogorientierten Ansatzes im zweiten Modul (Auswahl von strategischen Performancemessgrössen), im dritten Modul (Selektion

---

14 Es kann davon ausgegangen werden, dass auf unteren Hierarchiestufen ebenfalls spezifische kritische Erfolgsfaktoren existieren, die der Unternehmensführung nicht bekannt bzw. deren Bedeutung unterschätzt worden ist. So stellt bspw. auf Prozess- und Teilprozessebene die Identifikation von kritischen Erfolgsfaktoren eine Grundvoraussetzung zur Ermittlung von Messgrössen der Prozessperformance dar. Sie sollten aber nach Möglichkeit von den unternehmensspezifischen kritischen Erfolgsfaktoren abgeleitet werden. Mende (1995), S.59

15 Siehe zur Notwendigkeit der Rückkoppelung im Rahmen der strategischen Planung Weber et al. (1997), S.279

16 Eine Darstellung über das „Catchball"-Verfahren geben Suzaki (1993), S.286; Colletti (1996), S.42; Conti (1993), S.156
Siehe dazu auch Mcmann/Nanni (1994), S.56.
Weber et al. (1997) empfehlen dort, wo sehr hohe Wissensdefizite zwischen der Linie und der Instanz existieren, eine selbstabstimmungsorientierte Gestaltung der Planung zu erwägen, und die Rolle der Instanz auf die Schaffung der entsprechenden Rahmenbedingungen zu beschränken, damit die Selbstabstimmungsprozesse effizient und effektiv ablaufen können. Weber et al. (1997), S.280

17 Andererseits ist äusserst fragwürdig, wie eine Strategie umgesetzt werden kann, die den Mitarbeitern nicht erklärt worden ist.

operativer Performancemessgrössen) sowie im vierten Modul (Reportingdesign) berücksichtigt.

Stark vereinfacht wird das dialogorientierte Verfahren in Abbildung 3-2 dargestellt. Gemäss Roberts stellt eine weitreichende Involvierung der Mitarbeiter in die Messgrössenauswahl den erfolgversprechendsten Ansatz bei der Implementierung von Performance Managementsystemen dar: „the best method for achieving ownership and acceptance [...] is through direct involvement in the process of defining and implementing them."[18]

Es kann empfehlenswert sein, wenn über zwei wesentliche Elemente zu Beginn eines Selektionsprozesses von Performanceindikatoren Klarheit besteht, da dadurch der Prozess vereinfacht werden kann:

- Die *Strategie* sollte konkret und verständlich sein sowie von allen Mitgliedern der Geschäftsleitung getragen werden.
- Auf Geschäftsfeldebene sollten bereits *kritische Erfolgsfaktoren* erkannt worden sein, die im Laufe des Selektionsprozesses kommuniziert werden.

Abbildung 3-3: „Catchball"-Verfahren zur Bestimmung von Performancemessgrössen

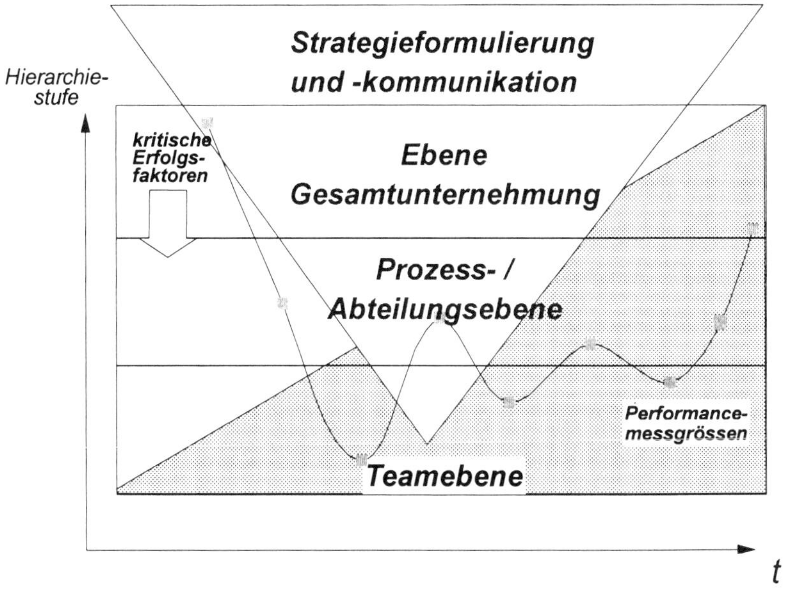

[18] Roberts (1996), S.23

3.1.1 Strategieformulierung und -kommunikation

Eine Grundvoraussetzung für die Herleitung von strategiekonformen Performancemessgrössen bildet die Klarheit über die Unternehmensstrategie. Kaplan/Norton betrachten eine unklare und nicht spezifizierbare Vision und Strategie als eine der vier wesentlichen Hürden bei der Umsetzung eines Performancemanagementsystems.[19] Empirische Ergebnisse einer Studie aus Grossbritannnien und den USA belegen, dass in der Praxis oft bei den Mitarbeitern Defizite bgzl. der Kenntnisse von spezifischen Unternehmensstrategien existieren.[20] Kolks bestätigt anhand von Interviews über die Ursachen für das Scheitern von Strategien diese Ergebnisse.[21] Er hat ermittelt, dass als häufigster Fehlergrund die mangelhafte Vermittlung neuer Strategiekonzepte genannt wird.[22] Die Ursachen liegen zum einen darin, dass die Strategie den Mitarbeitern überhaupt nicht vermittelt worden ist, zum anderen in der Wahl des falschen Führungsstils, der die betroffenen Mitarbeiter nicht gebührend involviert.[23] Folglich ist die Gefahr gross, dass die Identifikation mit der Strategie bei den Mitarbeitern fehlt, die diese später umsetzen sollen.[24]

Als weiterer Aspekt führt Kolks Reibungsverluste bei der Strategieumsetzung auf.[25] Dabei weist er auf die Risiken durch Ressortegoismen und die damit verbundene Gefahr, „dass

---

19 Kaplan/Norton (1996a), S.192f.

20 Gemäss einer 1996 in Grossbritannien und den USA durchgeführten Studie antworteten 91 Prozent der amerikanischen sowie 87 Prozent der britischen Führungskräfte positiv auf die Frage „Do you have a clear vision/mission statement?“. Auf die Frage „What percentage of people clearly understand the vision?“ betrug die Antwort für die Middlemanagement-Stufe sowohl in den USA als auch in Grossbritannien lediglich 40 Prozent, für die Stufe der Arbeiter nur noch drei Prozent in den USA sowie sieben Prozent in Grossbritannien. Quelle: Studie „Turning Strategy into Action“, durchgeführt von der Zeitschrift „CFO Magazine“, Renaissance Worldwide und Business Intelligence, zitiert bei Creelman (1998), S.123

21 Kolks (1990), S.73

22 Im Einklang mit den Ergebnissen von Kolks (1990) steht eine weitere, im Wirtschaftsmagazin Fortune publizierte Untersuchung, nach der die Erfolgsquote einer gelungenen Strategieimplementierung auf kleiner als 10 Prozent geschätzt wird.
Es verwundert aufgrund dieser Ergebnisse daher nicht, dass in der Literatur zu Performance Managementansätzen die Unterstützung des strategischen Managements in jüngeren Publikationen besonders hervorgehoben wird. Als prägnante Beispiele dienen die Titel „Strategic Performance Management“ von Ashton (1997), „The Balanced Scorecard: Translating strategy into action“ von Kaplan/Norton (1996b) sowie ein gleichlautender Beitrag von Epstein/Manzoni (1997b)

23 Zwar führt Kolks (1990) auch als Ursache für das Scheitern von Strategien auf, dass in einigen Unternehmen fehlerhafte Strategien vorhanden waren, doch wurde diesem Aspekt von den Interviewpartnern nur eine geringere Bedeutung beigemessen. Das kann u.a. auch mit der Wahl der Gesprächspartner zusammenhängen.

24 Siehe hierzu auch Stern/Burnside (1993), S.609; Kolks (1990), S.189; Weber et al. (1997), S.289

25 Ähnlich äussern sich auch Horváth/Kaufmann (1998): „Globale Strategieformulierungen [...] lassen grosse Interpretationsspielräume zu, sodass die Führungskräfte kein wirklich deckungsgleiches Grundverständnis der Strategie besitzen. Die Folge sind Reibungsverluste und eine schleppende

strategische Konzepte nicht mit vollem Engagement realisiert werden, um sie bei nächster Gelegenheit als gescheitert bezeichnen zu können."[26]

Gemäss Norton stellt nicht nur die Kommunikation der Strategie innerhalb eines Unternehmens für zahlreiche Unternehmen ein Problem dar, sondern oft auch das Fehlen eines Konsens über die Unternehmensstrategie innerhalb des Top-Managements eines Unternehmens.[27]

Kaplan/Norton betonen daher, dass der erste Schritt bei der Implementierung eines strategieorientierten Performance Managementsystems in der Schaffung einer klaren und akzeptierten Strategie bestehen sollte.[28] In einem späteren Schritt sollte die Strategie weiter spezifiziert werden, indem u.a. die „Value Proposition“[29] des Unternehmens genau umschrieben sowie die sog. „Strategic Issues“[30] identifiziert werden.[31]

Implementierung, was sich in Fällen einer hohen Wettbewerbsdynamik existenzbedrohend auswirken kann.“
Horváth/Kaufmann (1998), S.40

26 Kolks (1990), S.75

27 Norton, der zahlreiche Scorecardprojekte betreut hat, führt dbzgl. aus: „I've never yet, in the 100 plus companies I've worked with to build a balanced scorecard, met a management team that had total consensus about their strategy and who agreed with each element of the scorecard.“
Lewis, Mitglied des Managements bei Mobile Oil, konkretisiert die strategischen Diskrepanzen, die bei Mobile Oil im Frühstadium ihres Scorecardprojektes zutage getreten sind: „Each individual identified what he thought was important for the leadership team. This was synthesized and presented to the group in a subsequent workshop. Only 30 per cent of what was identified was consistent.“
Beide Zitate befinden sich bei Creelman (1998), S.119

28 Kaplan/Norton (1996b), S.278 und 302f.

29 Der Begriff „Value Proposition“ wurde durch die Beratungsfirma Lanning Phillips & Associates geprägt. „Choosing the value proposition means making a disciplined choice of customers to serve (and those not to serve) and of the sprecific end-result benefits and price to deliver to them (and which benefits to deny them), followed by rigorously integrating all functional activities around this value proposition.“ Lanning/Phillips (1994), S.6

30 Zum Begriff „Strategic Issues“ führt Minzberg aus: „A strategic issue is a forthcoming development, either inside or outside of the organization, which is likely to have an important impact on the ability of the enterprise to meet its objectives. [...] there are three possible sources of information about impending strategic issues: the trends in the external environment, the evolutionary trends within the enterprise, and the trends in its performance.“ Mintzberg (1991), S.337 und 340

31 Es hat sich in der Beratungspraxis von Renaissance Solutions als praktikabel erwiesen, zuvor eine finanzielle Gapanalyse, eine Markt- und Konkurrentenanalyse sowie eine Untersuchung der Kernprozesse durchzuführen, um die Konkretisierung der strategischen Ausrichtung auf eine breitere Faktenbasis abzustützen. Geanuracos (1998), S.38

Die Beseitigung der ersten Hürden der Strategieformulierung und –kommunikation kann dabei helfen, den Prozess zur Ermittlung strategiekonformer Messgrössen auf verschiedenen Hierarchiestufen wirkungsvoller durchzuführen.[32]

3.1.2 Geschäftsmodell als Abbild der Unternehmensstrategie

Ein Geschäftsmodell ist ein Kausalmodell, dem Annahmen über Wirkungsverbindungen strategischer sowie performancespezifischer Faktoren zugrunde liegen.[33] Es kann dazu dienen, ein gemeinsames Verständnis über die Art und Weise zu gewinnen, wie die Unternehmensstrategie umgesetzt und Performance generiert werden soll.[34] Dabei beruht es zumeist auf Hypothesen über die Wechselwirkungen zwischen den einzelnen Elementen des Modells.[35]

Gemäss Eccles/Pyburn bildet die Entwicklung eines Geschäftsmodells das Fundament für die spätere Herleitung von Performancemessgrössen: „Thus, the first step in developing a comprehensive performance measurement system is to develop the business model […]“.[36]

---

32 In dem Fall, in dem ein Unternehmen über keine schriftlich formulierte Strategie verfügt, sollte sichergestellt sein, dass in der Unternehmensführung Klarheit über ihre strategischen Ziele besteht. Eine schriftlich formulierte Strategie kann dabei helfen, die Strategie sowie das gewählte Geschäftsmodell offenzulegen und dadurch die Basis für einen Diskurs über die Unternehmensziele und den Weg ihrer Umsetzung zu legen. Dieser Diskurs sollte idealerweise in einen Konsens münden. Eccles (1993) hat beobachtet, dass in den Unternehmen(-sbereichen) schnellere Fortschritte bei der Neuausrichtung der Performancemessung feststellbar sind, die über eine klare Strategie mit einem breiten Konsens verfügen. Eccles (1993), S.11
Weiterhin führt er dbzgl. aus: „There are some obvious problems in implementing these non-financial measures which I think explain the gap between the enthusiasm that people have and the progress that has been made. [...] the lack of a well-defined business model which I have been arguing is one of the most important ones.“ Eccles (1993), S.14
Das Geschäftsmodell (Business Model) sollte die Unternehmensstrategie widerspiegeln.

33 Kaplan/Norton (1996a), S.149 und Lebas (1995), S.27

34 Zwar existieren zahlreiche Publikationen zur Unternehmensmodellierung, jedoch ist deren Inhalt oft auf informatikspezifische Fragestellungen fixiert und selten unmittelbar unternehmensstrategischer Natur. Als Beispiele für informatikbasierte Abhandlungen der Unternehmensmodellierung können die Arbeiten von Bach (1997) und Körmeier (1997) dienen.

35 Butler et al. (1997) betrachten Kausalmodelle als sehr wirkungsvolle Instrumente, um eine Verknüpfung zwischen der Strategie und den Indikatoren der Strategieumsetzung herzustellen: „Measures had been identified from the interviews but how these flowed from strategy and objectives was unclear. The key to unlocking this problem was found to be consideration of ‚cause and effect'“. Butler et al. (1997), S.247
Zum Nutzen und den Anwendungsfeldern von Kausalketten siehe auch Senge/Klostermann (1998), S.95ff.

36 Die Begriffe „Geschäftsmodell“ und „Business Model“ werden in dieser Arbeit synonym verwendet. Eccles/Pyburn (1992), S.43

Dieses Vorgehen ist bei der Neuausrichtung des Performance Managements im Rahmen des Turnaround beim Handelsunternehmen Sears gewählt worden: Am Anfang stand die Schaffung eines neuen Geschäftsmodells (die sog. „Employee-Customer-Profit Chain“[37]), das die Zusammenhänge zwischen den wichtigsten strategierelevanten Faktoren erklärt. Dieses Modell beruhte nicht ausschliesslich auf Annahmen über Ursache-Wirkungs-zusammenhänge, sondern wurde teilweise auch empirisch abgestützt.[38] In einem späteren Schritt sind Messgrössen anhand dieses Modells hergeleitet worden.

Ein Geschäftsmodell zeichnet sich weniger durch mathematische als durch sachlogische Verknüpfungen der einzelnen strategierelevanten und performancetreibenden Elemente aus. [39] Es beruht zumeist auf einem von den Entscheidungsträgern geteilten Verständnis der Beziehungen zwischen den für die Performance und Strategieumsetzung relevanten Faktoren eines Unternehmens/-bereichs.[40]

Aufgrund einer oftmals geringen Datenbasis, langer und oft auch unbekannter Feedback-Dauer sowie kompensierender Wirkungen einzelner Kausalkettenelemente kann sich eine quantitative Bewertung des Einflusses einzelner Faktoren in der Praxis als sehr schwierig erweisen.[41]

Siehe hierzu auch die Ausführungen von Eccles (1993), S.6ff.

37 Rucci et al. (1998), S.83

38 Siehe hierzu die Quantifizierung in Abbildung 3-4. Rucci et al. (1998), S.89
Modelle des Performance Managements, in denen die Wirkungszusammenhänge der einzelnen Elemente quantifiziert worden sind, sind in der Literatur sehr selten anzutreffen. Eine Ausnahme bilden Bühler (1998), S.43 und Rucci et al. (1998), S.91

39 Möglichkeiten zur quantitativen Bewertung von Kausalzusammenhängen sowie eine detaillierte Beschreibung der Problemfelder werden von Homburg/Hildebrandt (1998) beschrieben. Homburg/ Hildebrandt (1998), S.30ff.
Ein alternatives Vorgehen stellt Zimmermann (1992), S.120ff. vor.

40 Eccles (1993), S.8ff.

41 Data Minig Instrumente versprechen eine bessere Nutzung des Datenpools von Unternehmen, da sie oft Funktionalitäten zur automatischen Fahndung nach Auffälligkeiten und Abhängigkeiten besitzen. Heute überwiegen Anwendungen dieser Instrumente im Marketing. Es ist aber in Zukunft durchaus vorstellbar, dass sie im Rahmen einer Kausalanalyse von Performancetreibern zunehmend auch für die Geschäftsmodellüberprüfung eingesetzt werden. Eine detaillierte Übersicht über den Funktionsumfang sowie die zukünftigen Entwicklungstrends dieser Applikationen findet sich bei Brethenoux et al. (1996), S.14ff.; Linden (1999), S.1ff.

Abbildung 3-4: Geschäftsmodell von Sears (stark vereinfacht)[42]

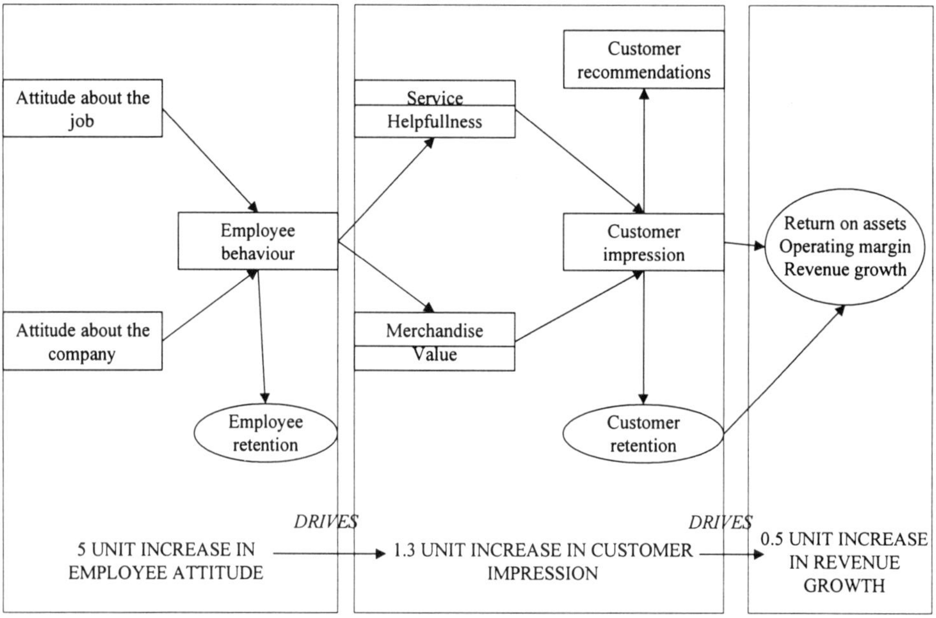

Zur Strukturierung und als Darstellungsform der Beziehungsmuster im Modell eignen sich z.B. das Ishikawa-Diagramm (Fischgrätendiagramm)[43] oder Netzwerke.[44] Mithilfe eines Netzwerkes können eine Vielzahl miteinander interagierender Einflussgrössen in ihrer Wirkungsweise dargestellt und somit ihre Komplexität handhabbar gestaltet werden. Die im Netzwerk verdeutlichten Grundzusammenhänge können das Geschäftsmodell beschreiben und auch dabei helfen, die der Performance zugrundeliegenden Ursache-Wirkungs-Zusammenhänge zu identifizieren. Die Identifikation ist der erste Schritt zur Beeinflussung dieser Faktoren.[45] Mit einer Netzwerkdarstellung kann die Basis für ein verbessertes Verständnis der Interdependenzen von Performancefaktoren gelegt werden.[46]

42 Rucci et al. (1998), S.91

43 Die Technik der Kausalkettenanalyse mittels Netzwerken kann auf allen Hierarchiestufen eingesetzt werden, um Abhängigkeiten zwischen strategisch und performanceseitig relevanten Faktoren zu untersuchen. Obwohl auf oberen Hierarchiestufen Klarheit und Einigkeit über das Business Model bestehen sollte, sollten selbstverständlich die Techniken zur Modellierung dessen Abhängigkeiten keinesfalls auf obere Stufen limitiert sein. Siehe hierzu Palermo/Watson (1993), S.111f.; Ishikawa (1985), S.63 und 198ff.; Lebas (1995), S.28

44 Koontz/Brandspies (1972), S.28 und 33f. sowie Fischer (1992), S.14

45 Lebas (1995) stellt in diesem Zusammenhang fest: „Understanding the processes underlying performance is the only way to define measures that lead to actions." Lebas (1995), S.28

Zimmermann betont kommunikative und interdisziplinäre Aspekte, die "die Erstellung von Netzwerken für alle Beteiligten zu einer wertvollen Weiterentwicklung des Verständnisses ihres systematischen Umfeldes bringt."[47] Diese Vorteile werden auch von Rucci et al. im Zusammenhang mit der Entwicklung eines neuen Geschäftsmodells für Sears erwähnt: „Moreover, the work of creating the [business] model and the measures made such demands on the managers involved that it changed the way they think and behave."[48]

Sobald Klarheit über die Ursache-Wirkungsbeziehungen hergestellt worden ist, die dem Geschäftsmodell zugrunde liegen, können auf ihrer Basis die kritischen Erfolgsfaktoren ermittelt werden, die einen massgeblichen Einfluss auf die erfolgreiche Umsetzung der Strategie sowie die Performance besitzen.[49]

Cohen (1998) bemängelt, dass Manager zu oft versuchen, Performanceprobleme schnell und oberflächlich zu lösen, ohne die zugrundeliegenden Ursachen zu ergründen und so die Basis für nachhaltige Veränderungen zu legen. Er führt dbzl. aus: „Managers also act contrary to their real intend by failing to challenge the underlying causes that loom beneath any given performance problem. [...] Corrective action accepts at face value whatever the immediate performance challenge or shortfall is, but does not challenge the underlying cause. Managers simply try to correct the immediate situation. [...] Transformative action, conversely, does not accept the problem at face value. Instead it challenges the underlying cause or assumption." Cohen (1998), S.32

46 Beim Energieunternehmen BP diente das Netzwerk der Ursache-Wirkungsbeziehungen nicht nur dazu, Klarheit über mögliche Kausalitäten zu schaffen, sondern auch dazu, um die Akzeptanz und Unterstützung der Mitarbeiter zu gewinnen. Dank des Modells konnte den Mitarbeitern besser erläutert werden, warum ein neues mehrdimensionales Messgrössengerüst zur Bewertung der Performance notwendig ist. Wobei die „Buy-in"-Bemühungen insbesondere auf die Mitarbeiter aus dem Finanzbereich abzielten, da diese eine gewisse Skepsis gegenüber dem neuen Performance Managementsystem aufbrachten. Creelman (1998), S.148

47 Zimmermann (1992), S.115
Ähnlich äussern sich auch Bisp et al. (1998), die dieses Instrument zur Unterstützung des Dialogs einsetzen. Bisp et al. (1998), S.60
Eccles (1993) nennt zwei Vorteile, die aus der Entwicklung eines Geschäftsmodells vor der Herleitung von Performance Messgrössen resultieren: „However, I think the exercise of going through the business model turns out to have some ancillary benefits that you get along the way. The first is that it will force people to be explicit about their assumptions. [...] The second benefit, when you do this one at a time and make this information available to the senior team as a group, is that you will be able to see whether or not a consensus exists." Eccles (1993), S.9

48 Rucci et al. (1998), S.84

49 Bisp et al. (1998) verwenden als Instrument dafür „Causal Maps", Ursache-Wirkungsdiagramme, die zahlreiche Gemeinsamkeiten mit Netzwerken aufweisen.
Bisp et al. (1998), S.61

3.1.3 Kritische Erfolgsfaktoren

Das Konzept der „kritischen Erfolgsfaktoren" wurde von Rockart ursprünglich zur Unterstützung der Entwicklung von Management Informationssystemen entworfen.[50] Dabei stand die Ermittlung der individuellen Informationsbedürfnisse von Führungskräften im Vordergrund.[51]

Der Begriff „kritischer Erfolgsfaktor" umschreibt jene wenigen Faktoren, die für den Erfolg einer Unternehmung von Bedeutung sind.[52] Rockart definiert sie als „the limited number of areas in which results, if they are satisfactory, will ensure successful competitive performance for the organisation".[53]

Der Vorreiter der kritischen Erfolgsfaktoren stellt Daniels Idee der „Success Factors" dar, nach der der Erfolg von Unternehmen in einer Branche primär von einer geringen Anzahl

---

50 Rockart (1979) veröffentlichte 1979 in der Havard Business Review einen Artikel mit dem Titel „Chief executives define their own data needs".

51 Mende (1995), S.38
Inzwischen hat eine Verbreitung dieses Ansatzes innerhalb verschiedener betriebswirtschaftlicher Teildisziplinen stattgefunden: Bisp et al. (1998) verwenden diesen Ansatz im Marketing zum Aufbau einer „Competitor Intelligence", während Pümpin/Geilinger (1988) mit der Bezeichnung „Strategische Erfolgsposition" (SEP) all jene Faktoren tituliert, die es einer Unternehmung ermöglichen, langfristig überdurchschnittliche Ergebnisse zu erzielen. Bisp et al. (1998), S.55; Pümpin/Geilinger (1988), S.28
Zur Bedeutung der „critical success factors" siehe auch Berrington/Oblich (1995), S.25 und Maguire (1993), S.66
Unterschiede zwischen dem Ansatz der kritischen Erfolgsfaktoren und den Strategischen Erfolgspositionen werden im Rahmen dieser Arbeit vernachlässigt. Siehe dazu Mende (1995), S. 39
Zur Differenzierung zwischen den Begriffen „Erfolgspotential" und „Strategische Erfolgsposition" sei auf Wolfrum (1993), 73ff. verwiesen.
Der Ansatz der kritischen Erfolgsfaktoren wurde im Rahmen der Strategieentwicklung von Tregoe et al. (1989) aufgegriffen und verfeinert. Sie verwenden den Begriff der „Driving Forces", die die Strategieentwicklung unterstützen. Die Strategie kann auf Kernvariablen in acht Feldern (u.a. Märkte, Technologien, Distributionskanäle, natürliche Ressourcen) beruhen, die ihre spezifischen kritischen Erfolgsfaktoren besitzen. Tregoe et al. (1989), S.45ff. und 209ff.

52 Im Rahmen dieser Arbeit sollen die Begriffe, „key success factors" und „critical success factors" synonym verwendet werden. Anthony et al. (1992), S.500f.; Simons (1995b), S.63; Das (1994), S.28

53 Rockart (1979), S.85
Bisp et al. (1998) unterscheiden vier verschiedene Anwendungsfelder von kritischen Erfolgsfaktoren: „as a (necessary) ingredient in a management information system, as an unique characteristic of a company, as a heuristic tool for managers to sharpen their thinking, as a description of the major skills and resources required to perform sucessfully in a given market" Bisp et al. (1998), S.56

(ca. 3-6) von Erfolgsfaktoren abhängt.[54]

Rockart greift dessen Idee auf und hat ermittelt, dass für Unternehmen die Wahl der kritischen Erfolgsfaktoren neben der Branchenstruktur auch von dessen Strategie, seiner Marktposition, seiner geografischen Lage, Umwelt- sowie zeitlichen Einflussgrössen abhängt.[55] Roberts geht bzgl. der Anzahl der kritischen Erfolgsfaktoren davon aus, dass zwischen vier und acht Faktoren unabhängig von der Grösse einer Unternehmung auf ihren Erfolg einen massgeblichen Einfluss haben.[56] Sie betonen aber auch, dass die Auswahl sehr stark durch subjektive Aspekte beeinflusst wird.[57]

Nimmt man eine weitere Verfeinerung vor, so sind neben branchen- und unternehmensspezifischen Erfolgsfaktoren - abhängig von der Betrachtungsebene - auch unternehmensbereichs-, prozess- und abteilungsspezifische kritische Erfolgsfaktoren vorstellbar.[58] Unterschiedliche Strategien, Wahrnehmungen sowie Interpretationen der am Selektionsprozess beteiligten Personen beeinflussen die Auswahl der kritischen Erfolgsfaktoren und können zu unterschiedlichen Gruppen von Erfolgsfaktoren führen.[59]

Es stellt sich die Frage, wie die limitierte Anzahl tatsächlich relevanter und damit auch kritischer Erfolgsfaktoren für eine Betrachtungsebene erhoben werden kann. Für die Unternehmensebene kann auf eine enge Verknüpfung zum im vorangegangenen Abschnitt beschriebenen Geschäftsmodell verwiesen werden. Da ein kritischer Erfolgsfaktor i.d.R. eine Kausalbeziehung zwischen einem Wettbewerbsvorteil des Unternehmens und den Ursachen ausdrückt[60], die für diesen Vorteil verantwortlich sind, kann es empfehlenswert

---

54 Daniels konzentriert sich auf die Erfolgsfaktoren von Branchen, geht jedoch nicht auf die individuelle Situation einzelner Unternehmen ein. Daniel (1961), S.116

55 Rockart (1979), S.86f.

56 Roberts (1996), S.36
Simons (1995a) betont die Bedeutung der Strategie für die kritischen Erfolgsfaktoren. Anhand des Computerherstellers IBM zeigt er auf, wie sich der Wandel von einer produkt- zu einer marktorientierten Strategie auf die kritischen Erfolgsfaktoren auswirkt. Simons (1995a), S.66

57 Roberts (1996), S.36

58 Mende (1995), S.40

59 Daher werden Unternehmen, die in derselben Branche mit denselben strategischen Ungewissheiten und Risiken konfrontiert sind, unterschiedliche kritische Erfolgsfaktoren aufweisen. Je individueller die Betrachtungsebene, desto spezifischer werden aller Voraussicht nach die kritischen Erfolgsfaktoren. Siehe hierzu auch Langfield-Smith (1997), S.223

60 Bisp et al. (1998), S.56
Gemäss Roberts (1996) erfolgt die Auswahl der kritischen Erfolgsfaktoren oftmals im Rahmen eines strategischen Planungsprozesses. Dabei können u.a. Analysen der Unternehmensumwelt, der Märkte, zukünftiger Trends, des Zufriedenheitsniveaus der Kunden, der finanziellen Situation des Unternehmen oder des Fähigkeitspotentials der Mitarbeiter als Ausgangsbasis für die Identifikation der kritischen Erfolgsfaktoren dienen. Diese Faktoren werden i.d.R. im Rahmen der Strategie-

sein, sie mittels der Netzwerktechnik zu identifizieren.[61] Die kritischen Erfolgsfaktoren sollten sich dabei als jene Variablen mit der höchsten Verflechtungsintensität im Netzwerk herausstellen.[62] D.h. es sollten als kritische Erfolgsfaktoren jene Faktoren ausgewählt werden, auf die von vielen Seiten her eingewirkt wird und die selbst vielseitig Einfluss ausüben.[63] Dafür sind Kenntnisse über die Wirkungen potentieller kritischer Erfolgsfaktoren notwendig, die bspw. in Netzwerken abgebildet werden können.

Für das Design von Performance Management Systemen kann der Ansatz der kritischen Erfolgsfaktoren verschiedenartige Implikationen besitzen: zum einen kann er zu einer Beschränkung auf die Informationen führen, die mit den kritischen Erfolgsfaktoren in einem unmittelbaren Zusammenhang stehen.[64] Damit werden die kritischen Erfolgsfaktoren zu einem wichtigen Kriterium für die Auswahl vom Messgrössen. Sie können Bemühungen unterstützen, den Reportingumfang auf eine überschaubare Anzahl strategie- und performancerelevanter Informationen zu reduzieren.[65]

Da die kritischen Erfolgsfaktoren u.a. durch die Unternehmensumwelt beeinflusst werden, sind sie einem stetigen Wandel ausgesetzt. Dieser Wandel kann einen Druck zur Überprüfung der Relevanz der Reportingstruktur und somit auch einen unmittelbaren Einfluss auf die Informationssysteme des Managements ausüben.

Des weiteren eignet sich der Ansatz der kritischen Erfolgsfaktoren nicht nur, um das Design von Informationssystemen zu unterstützen, sondern auch, um die Planung sowie das Verständnis für die Unternehmensstrategie zu fördern. Damit kann er wie die Abbildung des Geschäftsmodells in einem Netzwerk als Kommunikationsinstrument dienen: sei es

---

formulierung berücksichtigt. Der Balanced Scorecard Ansatz kann vor diesem Hintergrund als Gestaltungsrahmen zur Strukturierung der kritischen Erfolgsfaktoren betrachtet werden. Roberts (1996), S.36f.

61 Siehe zur Anwendung der Netzwerktechnik auch Mende (1995), S.58 und Baisch et al. (1998), S.240

62 Baisch et al. (1998), S.240
Ein Instrument zur Quantifizierung der Wirkungsintensität stellt der sog. „Papiercomputer“ dar. Probst/Gomez (1995), S.25
Zimmermann (1992) zieht den Begriff „Einflussmatrix“ vor, empfiehlt aber dasselbe methodische Vorgehen. Zimmermann (1992), S.120ff.

63 Mende (1995), S.44

64 Beischel/Smith (1991) fordern in diesem Zusammenhang, dass auf jene Messgrössen verzichtet werden sollte, die nicht mit einem kritischen Erfolgsfaktor verknüpft werden können. Beischel/ Smith (1991), S.26
Ähnlich äussert sich auch Creelman (1998), S.147

65 Spangenberg (1994), S.65

entweder als informelle Hilfe bei der Planung oder als Bestandteil eines formellen Planungsprozesses.[66]

Weil die Basis eines kritischen Erfolgsfaktors oftmals Ressourcen oder spezifische Fähigkeiten sind, sollte sie demzufolge auch von den Akteuren im Unternehmen beeinflusst werden können.[67] Kenntnisse über die kritischen Erfolgsfaktoren können helfen, die notwendigen Fähigkeiten und Ressourcen zu entdecken, zu bewahren und auszubauen.[68]

3.1.4 Key Performance Indicators als Ergebnis des Ermittlungsprozesses

Die Ermittlung von kritischen Erfolgsfaktoren dient der Gewichtung und Prioritisierung von Einflussfaktoren auf den zukünftigen Erfolg eines Unternehmens.[69] Um sie abbilden und ihre Entwicklung verfolgen können, sind Indikatoren notwendig, die ihren Status bzw. ihr Niveau zu messen.

Diese Messgrössen sollen im Rahmen dieser Arbeit als „Key Performance Indicators" bezeichnet werden. Dabei wird die folgende Definition zugrunde gelegt[70]:

> Als Key Performance Indicators (KPI) können Messgrössen einer Organisation, einer Organisationseinheit bzw. eines Prozesses bezeichnet werden, die Faktoren abbilden, welche für den gegenwärtigen oder zukünftigen Erfolg der Organisation von entscheidender Bedeutung sind.

Entsprechend der Tatsache, dass es für unterschiedliche Betrachtungsebenen (z.B. Branchen, Unternehmensbereiche oder Prozesse) spezifische kritische Erfolgsfaktoren geben kann, existieren auch unterschiedliche Arten von Key Performance Indicators, die mit den

---

66 Spangenberg (1994), S.65

67 Es besteht eine inhaltliche Verwandtschaft zwischen den kompetenzbasierten Ansätzen von Irvin/Michaels (1989) und Prahalad/Hamel (1990), da all jene Kompetenzen, die einen entscheidenden Wettbewerbsvorteil begründen, auch einen unmittelbaren Bezug zu den kritischen Erfolgsfaktoren besitzen. Irvin/Michaels (1989), S.4ff.; Prahalad/ Hamel (1990)

68 Bisp et al. (1998) sehen einen weiteren Vorteil des Konzeptes der kritischen Erfolgsfaktoren während der Phase der Strategieformulierung, die auf einer geringen Anzahl von Faktoren beruht: „a process of reasoning is started which, by virtue of its systematic nature, actually may lead to improved strategy formation [...]". Das kann wiederum Rückkoppelungen auf das Geschäftsmodell sowie die Performanceindikatoren auslösen. Bisp et al. (1998), S.57

69 Rockart (1979), S.85

70 Die Definition leitet sich von jener der Key Performance Indicators ab, wie sie z.B. von Walsh und Roberts verwendet wird. Walsh (1995), S.62; Roberts (1996), S.10

entsprechenden kritischen Erfolgsfaktoren korrespondieren.[71]

Der Fokus eines KPIs kann entweder auf Performanceaspekte einer Organisation beruhen, die eine signifikante Verbesserung erfordern oder auf Aspekte, die innerhalb einer tolerierbaren Bandbreite weiterhin gewährleistet sein sollten, um auch zukünftig einen wettbewerbsrelevanten Vorteil realisieren zu können.[72] In dieser Arbeit sollen zwei Gruppen von KPIs unterschieden werden, die fortan als „strategische KPIs" und „operative KPIs" bezeichnet werden sollen[73]:

- Die erste Gruppe von KPIs wird aus den strategischen Projekten/Massnahmen zur Umsetzung der Strategie abgeleitet. Da sie den Erfolg von Massnahmen in Gebieten messen, in denen „Quantensprünge" der Performance notwendig sind, werden diese Projekte in der Praxis oft auch mit dem Zusatz „Breakthrough"[74] versehen. Aufgrund der hohen Strategierelevanz der Projekte und Massnahmen wird diese Gruppe von KPIs in dieser Arbeit als „strategische KPIs" bezeichnet.[75] Im zweiten Modul werden sie charakterisiert sowie dargestellt, wie sie identifiziert werden können.

- Die zweite Gruppe von KPIs, die in dieser Arbeit als operative KPIs bezeichnet werden, bilden die Performance operativer Prozesse und funktionaler Unternehmensbereiche ab. Sie sollten ebenfalls wie die strategischen KPIs auf die Unternehmensstrategie abgestimmt sein, doch leiten sie sich nicht unmittelbar von Projekten und Massnahmen der

---

71 Aufgrund unterschiedlicher kritischer Erfolgsfaktoren werden sich die korrespondierenden KPIs (Key Performance Indicators) von Unternehmen zu Unternehmen unterscheiden. Roberts (1996) führt dbzgl. aus: „There are no automatic KPIs that should be used in every organisation. There may well be overlap in the KPIs used in organisations, but that is a function of similar circumstances dictating similar remedies and priorities and, therefore, performance indicators." Roberts (1996), S.10

72 Roberts (1996), S.10

73 Atkinson et al. (1997b) nimmt ebenfalls bei der Beschreibung des Nutzens von Performancemessgrössen eine Unterscheidung zwischen der Abbildung der „strategic priorities" und der Abbildung der „process efficiency" vor. Ferner nennt er als weiteren Nutzen von Messgrössen die Fähigkeit, sowohl die von Lieferanten und Mitarbeitern empfangenen als auch die an die Stakeholder gelieferten Werte abzubilden. Die beiden letztgenannten Nutzenpotentiale von Messgrössen werden im Rahmen des Reportingdesigns in Modul vier aufgegriffen. Sie können aber auch in die Abbildung der operativen Performance eingebunden werden, wie z.B. in Form von Kundenzufriedenheitsindikatoren, die auf den Ergebnissen der Prozessqualität beruhen. Atkinson et al. (1997b), S.30

74 Diese Ziele werden in der Praxis oft auch als „Breakthrough-Ziele" bezeichnet. Folglich können die strategischen KPIs auch „Breakthrough-Messgrössen" genannt werden. Colletti (1996), S.12

75 Zahlreiche Messgrössen der Kunden, internen Prozess- und Entwicklungsperspektive der Balanced Scorecard gehören zu dieser ersten Gruppe, da sie oft direkt an Initiativen gekoppelt sind und deren Fortschritte abbilden sollen. Kaplan/Norton (1996b), S.240f. und S.105

strategischen Planung ab. Viele der Indikatoren dieser Gruppe können als „Hygienefaktoren“ der Unternehmensperformance bezeichnet werden: für ihre Werte existieren häufig bereits aufgrund von Erfahrungswerten Bandbreiten, die eingehalten werden sollten, um das bestehende Performanceniveau aufrecht zu erhalten. Im dritten Modul werden sie weiter differenziert sowie eingehender betrachtet, wie die operativen KPIs ermittelt und strukturiert werden können.[76]

Abbildung 3-5: Differenzierung zwischen strategischen und operativen KPIs

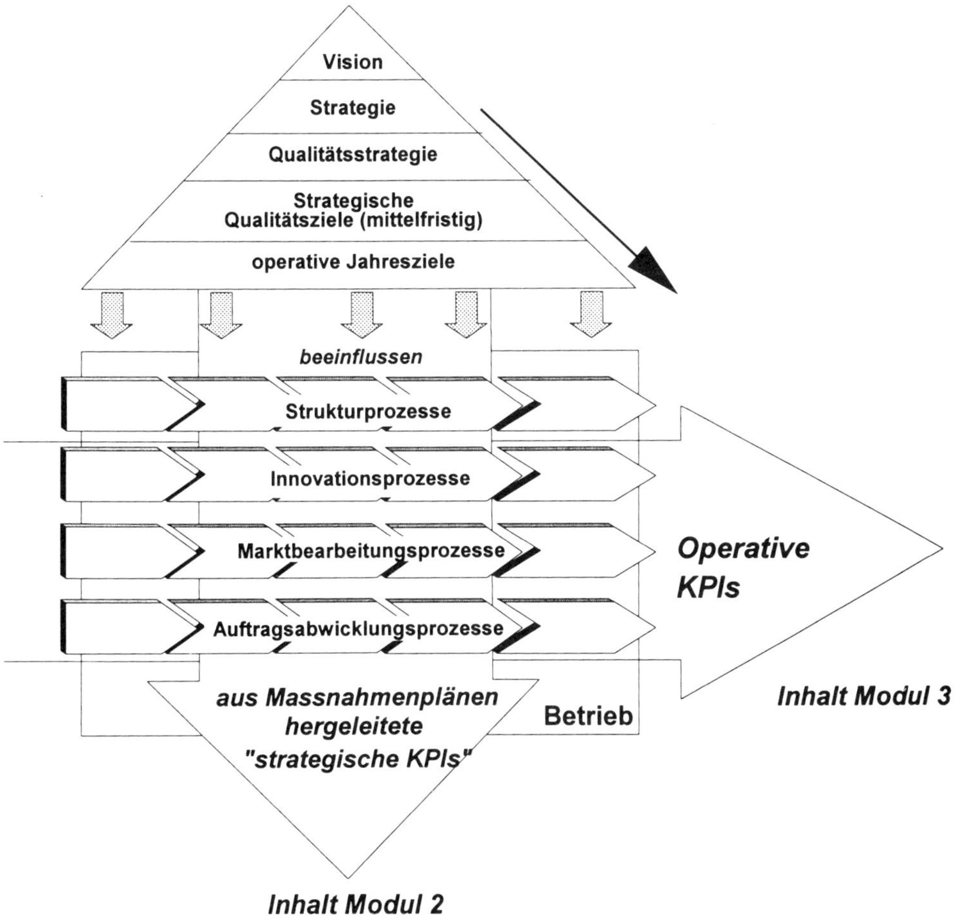

[76] Die Definition von KPIs ist sehr weit gefasst: zu den KPIs können neben der Kennziffer „Anteil rechtzeitiger Lieferungen“, die als ein Indikator der Kundenzufriedenheit gilt, auch Fehlzeiten von Mitarbeitern aufgefasst werden, da sie die Prozessstabilität beeinflussen und dadurch Einfluss auf die Prozessperformance nehmen.

Neben der Symbolfunktion der Namensgebung liegen weitere Unterschiede zwischen strategischen und operativen Messgrössen in ihrer Gewichtung sowie ihrer Volatilität: Nach Ablauf eines Projektes können die strategischen KPIs an Bedeutung verlieren oder werden in ihrem Status zu operativen KPIs zurückgestuft. Bei Konstanz der ihnen zugrunde liegenden Prozesse können die operativen Messgrössen über mehrere Perioden eine grosse Stabilität aufweisen. Gerade aus der Stabilität von operativen Messgrössen im Zeitverlauf erwächst für ihre Anwender eine Sicherheit im Umgang mit ihnen. In Abbildung 3-5 ist der Zusammenhang zwischen den strategischen und operativen KPIs dargestellt.

3.1.5 Zusammenfassung und Beurteilung

Die in diesem Modul beschriebenen Tätigkeiten der Strategieformulierung und –kommunikation sowie die Identifikation der kritischen Erfolgsfaktoren besitzen keinen statischen, sondern einen oft im Rahmen der strategischen Planung wiederkehrenden Charakter. Sie können das Fundament für die Herleitung strategiekonformer Indikatoren der Unternehmensperformance bilden.

Die Unternehmensstrategie kann beim Selektionsprozess einen integrativen Bezugsrahmen bilden, der die horizontale und vertikale Koordination der Organisationsteilnehmer fördert. Drucker betont die Bedeutung des normativen und strategischen Managements, ddas im Rahmen einer zunehmenden Selbstabstimmung der Organisationsmitglieder an Bedeutung gewinnt, und führt dazu aus: "Because the modern organization is comprised of specialists, each with his or her own narrow area of expertise, its mission must be crystal clear. The organization must be singleminded or its members will become confused. [...] Only a focused and common mission will hold the organization together and enable it to produce."[77]

Die Strategie sollte für eine Abstimmung der Ziele innerhalb der Organisation sorgen und somit auch für eine Abstimmung der Performancemessgrössen, die die Zielerreichung abbilden. Im Gegenzug können die Key Performance Indicators als diagnostische Kenngrössen dabei helfen, die der Strategie zugrundeliegenden Ursache-Wirkungs-Beziehungen zu überprüfen.[78]

---

77 Drucker (1992), S.97f.
Simons/Dávila (1998) äussern sich ähnlich, indem sie ausführen: „The energy of an organization's employees becomes most productive when they have a crystal-clear understanding of their organization's strategy." Simons/Dávila (1998), S.80

78 Muralidharan (1997), S.72 und Atkinson et al. (1997b), S.33

Die Orientierung an den für den Unternehmenserfolg kritischen Erfolgsfaktoren kann die Fokussierung auf wenige Teilaspekte der Unternehmensperformance fördern und somit dazu dienen, die Komplexität im Selektionsprozess zu reduzieren.[79] Mit der Orientierung an der Unternehmensstrategie sowie den kritischen Erfolgsfaktoren können die oben erwähnten Herausforderungen bei der Implementierung eines integrierten Performance Managementsystems unterstützt werden: jene Aspekte der Abstimmung und der Fokussierung.[80]

Mit den Worten von Norton, einem der Protagonisten des Balanced Scorecard Ansatzes, lässt sich die Notwendigkeit zur Abstimmung und Fokussierung im Rahmen des Performance Managements umschreiben: „The reason many companies can move so fast is that they've been able to align people with common objectives. These organizations know what they have to focus on and get subsets focused on specific objectives [...]"[81]

Unter dem Begriff der „strategischen Prämissenkontrolle" ist die Überprüfung der bei der Strategieformulierung zugrundeliegenden Kausalitäten im deutschsprachigen Raum bekannt.

79 Roberts (1996), S.36
Simons/Dávila (1998) fordern, dass nur jene Faktoren gemessen werden sollten, die unmittelbar mit dem Scheitern eines Unternehmens in Zusammenhang gebracht werden können. Sie schlagen dafür das folgende Vorgehen von Managern vor: „To do so, they [the managers] should visualize their worst fears. They should close their eyes and imagine the unimaginable: in five years hence, their strategy failed. They should ask themselves what went wrong." Simons/Dávila (1998), S.76

80 Siehe hierzu Seite 90

81 Norton, zitiert bei Creelman (1998), S.269

3.2 *Modul 2: Strategy Deployment Prozess*

Die Intention des Strategy Deployment Prozesses ist es, ausgehend von der strategischen Planung, operative Jahresziele, konkrete Projekte, Massnahmen, Messgrössen und Verantwortlichkeiten abzuleiten und somit strategischen Prioritäten zu kommunizieren.[82] In diesem Prozess identifizierte Messgrössen erhöhen die Transparenz des Umsetzungserfolgs der konkreten Projekte und Massnahmen. Sie sollen in dieser Arbeit als strategische KPIs bezeichnet werden.

In der Literatur und Praxis existieren z.T. sehr ähnliche Konzepte, die den Strategy Deployment Prozess beschreiben. Eine von Lebas/Chiapello entwickelte und als OVAR (Objectifs, Variables d'Action, Responsable) bezeichnete Methode verfolgt die Zielsetzung, unternehmensintern abgestimmte Messgrössen für die Tableaux de Bord auf verschiedenen Hierarchiestufen von der Unternehmensstrategie abzuleiten und dadurch die Entwicklung und Implementierung von Tableaux zu unterstützen. Die Zielsetzung von OVAR umschreiben Lebas/ Chiapello wie folgt: "The OVAR method consists essentially in developing a series of matrices which reflect the [corporate strategic] causal model and its subcomponents, the assigment of subobjectives to every manager in the organisation, the translation of these objectives in key action-variables, the identification and development of key indicators for each of these action variables."[83]

Ausgangspunkt bilden die strategischen Ziele einer Organisation, das angestrebte Endergebnis bilden konkrete Massnahmen auf tieferen Hierarchiestufen mit eindeutigen Verantwortlichkeiten.[84]

Merli beschreibt einen Ansatz mit ähnlicher Zielsetzung, den er als „Management by Policy" bezeichnet. Als wesentliche Charakteristika identifiziert Merli u.a. die Fokussierung auf wenige Ziele, die vom Top Management ausgewählt werden, die Betonung von Ursache-Wirkungs-Zusammenhängen, die Verknüpfung zwischen den Zielen und den dafür notwendigen Projekten und Massnahmen sowie die Synergien eines Top-down-Bottom-up geprägten Gesamtprozesses.[85] Die von Merli beschriebene Methodik ist in den USA und

---

82 „Deployment" wird von Juran wie folgt verstanden: „Deployment [...] means subdividing the goals and allocating the subgoals to lower levels. [...] Such deployment provides for communication both up and down the hierarchy." Juran (1992), S.38

83 Lebas/Chiapello (1996), S.20

84 Ein Beispiel hierzu findet sich bei Lebas/Chiapello (1996), S.19ff.
Detailliertere Beispiele finden sich u.a. auch in Case Studies der HEC. Exemplarisch sei auf die zwei Fallstudien von Chiapello et al. (1996) und Chiapello (1996) hingewiesen.

85 Merli (1995), S.18

Japan unter dem Namen „Hoshin Planning“ bzw. „Hoshin Kanri“ bekannt geworden. In der Praxis wird sie u.a. von SGS-Thomson, einem französischen Hersteller von elektronischen Bauteilen verwendet, der sie als „Policy Deployment“ bezeichnet. „To convert goals and improvement plans into daily actions on the shop floor“[86] wird als die primäre Zielsetzung dieses Prozesses bei SGS-Thompson bezeichnet. Bei Rank Xerox wird sie als Methodik verwendet, um Strategien in konkrete operative Ziele zu übersetzen sowie die Verantwortlichkeiten abzugrenzen und zu kommunizieren: „[...] Rank Xerox uses policy deployment as the annual process for turning strategic direction into operational business plans. [...] This cascade process means that individuals have clear personal direction and targets, can relate their activities to other people, and understand how to contribute to the success of the company.“[87] Die dabei verwendeten Elemente weisen eine grosse Ähnlichkeit mit der OVAR- Methodik auf.[88]

Eine in der Beratungspraxis von Renaissance Solutions entwickelte Methodik zum Ableiten der strategischen Ziele auf untere Hierarchiestufen besitzt ebenfalls sehr stark ausgeprägte projektspezifische Merkmale sowie Vorschläge zur Neuausrichtung der internen Kommunikation, um den Strategy Deployment Prozess zu unterstützen.[89] Butler et al. beschreiben im Rahmen der Balanced Scorecard-Einführung bei einem pharmazeutischen Unternehmen den Prozess des Strategy Deployment als ein interaktives, auf Konsens ausgerichtetes Verfahren: „This dissemination of corporate strategy was similar to the ‚catchball‘ concept [...]. Lower levels of management in effect ‚catch‘ and take ownership

---

86 Ashton (1997), S.233

87 Palermo/Watson (1993), S.150f.

88 Elemente zur Instrumentalisierung dieses Prozesses sind bei SGS Thompson u.a. ein Matrizensystem, um Ziele herunterzubrechen und Verantwortlichkeiten zu klären. Ähnliche Werkzeuge werden bei der OVAR Methodik sowie beim Hoshin Planning Ansatz (siehe Seite 116) verwendet. Gemeinsamkeiten lassen sich auch in dem intensiven Kommunikationsprozess bei der Ableitung der Ziele und Verantwortlichkeiten, in der hohen Bedeutung, die der Erreichung der Ziele beigemessen wird, sowie in dem relativ enger Zeitrahmen zur Erreichung der strategisch abgeleiteten Ziele identifizieren. Weitere Ähnlichkeiten resultierten auch aus der Konzentration auf eine geringe Anzahl von Projekten mit hoher strategischer Bedeutung.
Zu den oben genannten gemeinsamen Charakteristiken des Hoshin Planning- sowie des Tabeleau de Bord-Ansatzes siehe Colletti (1996), S.50ff.; Suzaki (1993), S.288; Malleret (1989), S.4ff.; Lebas/Chiapello (1996), S.17ff.

89 Renaissance Solutions unterscheidet vier Teilschritte bei der Einführung von Balanced Scorecards: 1. Define Scorecard Architecture, 2. Draft the Scorecard, 3. Develop Major Strategic Initiative & Targets, 4. Development Implementation Plan. Der dritte Schritt („Major Strategic Initiative“) leitet konkrete Massnahmen anhand von den strategischen Zielsetzungen ab und bricht diese bis auf tiefere Hierarchiestufen herunter. Zwar wird der dritte Schritt nicht ausdrücklich als Strategy Deployment bezeichnet, doch deuten dessen Elemente auf einige Gemeinsamkeiten mit anderen Deploymentkomponenten hin. Solutions (1997)

of the strategy from the management level above."[90] Damit besitzt die identifizierte Methode gemeinsame Elemente mit dem Hoshin Planning Ansatz. Eine Analyse verschiedener Methoden des Strategy Deployment Prozesses zeigt, dass zahlreiche Merkmale und Hilfsmittel existieren, die sich typischerweise in allen Ansätzen wiederfinden.

Stellvertretend für die verschiedenartigen in der Praxis bestehenden Ansätze soll in diesem Abschnitt anhand des Hoshin Planning eine Methodik zum Strategy Deployment im Detail vorgestellt werden.[91] Sie basiert auf einer Vorgehensweise japanischen Ursprungs, um Strategien in Organisationen zu kommunizieren und operationalisieren.[92] Sie wurde ausgewählt, da sie in der Praxis sowie in der amerikanischen Literatur auf eine grosse Akzeptanz stösst, im deutschsprachigen Raum Veröffentlichungen zu diesem Themengebiet in der controllingbasierten Literatur jedoch kaum anzutreffen sind.[93]

---

90 Butler et al. (1997), S.250

91 Umfassende Beschreibungen des Hoshin Planning Ansatzes finden sich bei King (1988), Merli (1995) und Colletti (1996). In der deutschsprachigen Literatur ist dem Verfasser zu diesem Themengebiet nur eine Publikation von Weber et al. (1997) bekannt. Einige Unternehmen, die diesen Ansatz verwenden, sind Rank Xerox, Hewlett Packard, Ford, EDS, Sony, Motorola, IBM-Semea, Toyota und SGS-Thompson.

92 Hoshin Planning ist ein Konstrukt zweier Worte der japanischen und englischen Sprache. Ursprünglich hiess der Begriff „Hoshin Kanri", jedoch wurde durch die Adaption dieser Methodik von amerikanischen Unternehmen (z.B. Hewlett Packard) das Wort Kanri durch Planning ersetzt. Im Japanischen steht „Hoshin" für „Kompass". Frei übersetzt kann es auch „Plan" oder „Ziel" bedeuten. „Kanri" kann anhand seiner beiden Silben übersetzt werden: die erste Silbe „Kan" heisst „Kontrolle", die zweite Silbe „ri" bedeutet „Logik". Verbindet man beide Silben, so ergibt sich daraus das Wort „Kontrollmethodik". Babich (1996), S.2

Hoshin Planning ist ein Instrument zur Ableitung von operativen Zielen aus Strategien sowie der Entwicklung von Massnahmen zu ihrer Erreichung. Dean betrachtet Hoshin Planning als ein Instrument zur Übersetzung von qualitativen Zielen der Geschäftsleitung in quantifizierbare, operative Massnahmen. Dean (1996), S.1

Colletti verwendet anstelle des Begriffs „Hoshin Planning" die Bezeichnung „Focussed Planning", um auszudrücken, dass es sich um ein Planungsinstrument handelt, das in strukturierter Form auf die strategischen Prioritäten einer Organisation fokussiert ist. Colletti (1996), S.3

Kano übersetzt Koshin Kanri mit „Management by Policy", um den Strategiebezug (Policy) besonders zu betonen Kano (1993), S.22

93 Zwar ist das Problem hoher „Sickerverluste bis zur Strategieumsetzung" von einigen Autoren identifiziert worden, jedoch finden sich in der deutschsprachigen Literatur mit Controllingschwerpunkten kaum Hinweise darauf, wie dieses Defizit behoben werden kann. Fink/Grundler (1998) sprechen in diesem Zusammenhang von einer „klassischen" Lücke zwischen strategischer Unternehmensplanung, Zielsystem und Budgetierung in Unternehmen. Fink/Grundler (1998), S.227 und Horváth/Kaufmann (1998), S.40

Weber et al. (1997) weisen darauf hin, dass insbesondere auf Ebene der strategischen Planung in zahlreichen deutschen Unternehmen inadäquate Methoden eingesetzt werden. Sie stellen dabei u.a. eine fehlende Einbindung von Mitarbeitern dezentraler Unternehmensbereiche sowie Defizite bei der Koordiantion fest. Probleme bei der Umsetzung von Strategien können nicht ausgeschlos-

Ihre Aufgabe besteht als Kommunikationsinstrument in der Verknüpfung zwischen der Vision, Strategie und deren operative Umsetzung: Ausgangspunkt für das Strategy Deployment bilden oft die strategischen Prioritäten einer Unternehmung. Die einzelnen Massnahmen zur Strategieumsetzung werden zu Projekten zusammengefasst, die in die operative Planung einfliessen.[94]

Um den Projekterfolg zu messen, werden Projektmessgrössen identifiziert, die strategischen Key Performance Indicators. Für jeden strategischen Key Performance Indicator wird ein Zielwert (Benchmark) sowie eine Person bestimmt, die für den Projekterfolg verantwortlich ist.

Abbildung 3-6: Schwerpunkt des zweiten Moduls

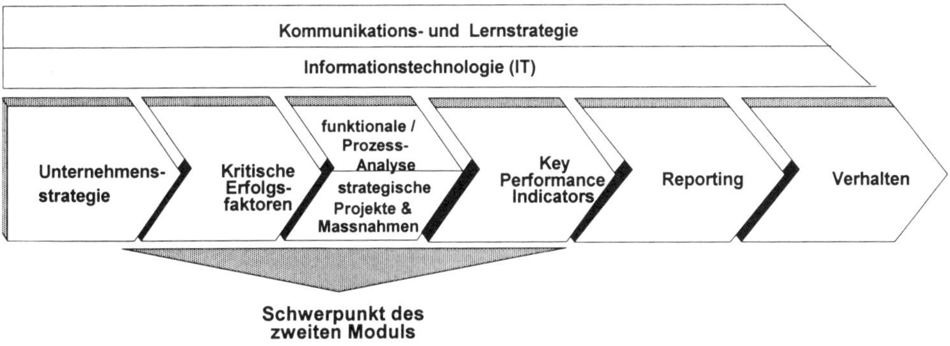

3.2.1 Methodik des Strategy Deployment

Da in der deutschsprachigen Literatur und Praxis der Hoshin Planning Ansatz weitestgehend unbekannt ist, soll an dieser Stelle ein umfassenderes Bild über seine Bestandteile geliefert werden, die für jeden Strategy Deployment Prozess essentiell sind.

Es wird dabei primär auf organisatorische Aspekte des Ablaufs eingegangen.[95] Die vorgestellte Methode stellt eine mögliche Vorgehensweise dar, die lediglich zur Verdeutlichung

---

sen werden, wenn bereits auf der Planungsebene Schwächen identifiziert werden können. Weber et al. (1997), S.280f.

94 Weber et al. (1997), S.287

95 Die Aussagen stützen sich auf die überwiegend positiven Erfahrungen, die in der Praxis in TQM orientierten Unternehmen mit dieser Methode gewonnen wurden. Expertengespräche, Juran (1992), S.38; Colletti (1996), S.12; Mackrodt (1992), S.188ff.

der einzelnen Schritte dienen soll. Nach Unternehmensgrösse, -struktur und -kultur kann es zu einer anderen Ausgestaltung des Strategy Deployment Prozesses kommen.[96]

Abbildung 3-7: Vier Schritte des Strategy Deployment[97]

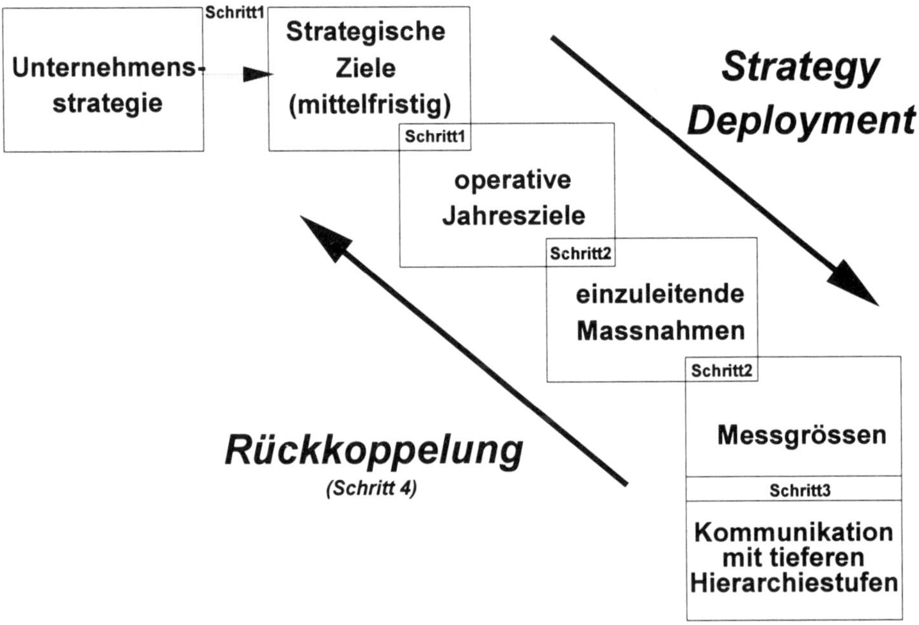

Beim Strategy Deployment-Prozess können vier Schritte unterschieden werden: Die ersten beiden Schritte betreffen primär die Verknüpfung von strategischer und operativer Planung, bei dem die strategischen Ziele[98] in operationalisierbare Teilziele und konkrete Massnahmen übersetzt werden. Die Schritte drei und vier beschreiben kommunikations-

---

96 Die Anwendbarkeit der beschriebenen Methodik des Strategy Deployment ist nicht, wie in dem Beispiel dargestellt, alleine auf unterschiedliche hierarchische Linienfunktionen beschränkt. Obwohl sich in der Literatur kaum Beispiele finden, ist seine Übertragung auf prozessorientierte Organisationen mit Haupt- und Teilprozessen sowie Aktivitäten durchaus möglich.

97 Weitere Beschreibungen des Strategy Deployment Prozesses finden sich u.a. bei Ashton (1997), S.234; Merli (1995), S.75; Suzaki (1993), S.286; Colletti (1996), S.170ff.

98 Kamiske et al. betonen die grosse Bedeutung des Qualitätsmanagements als Abbild der Gesamtführungsaufgabe. „So ist die Qualitätspolitik als Unternehmenspolitik zu verstehen, die Qualitätsziele sind als oberste Ziele des Unternehmens zu verfolgen [...]“ Kamiske et al. (1994), S.361 Nach dieser Interpretation gehört die Qualitätsstrategie zu den bedeutendsten Bestandteilen der Unternehmensstrategie, insbesondere wenn angenommen wird, dass Qualität in Zukunft zum bestimmenden Erfolgsfaktor unternehmerischen Handelns wird.
Kamiske et al. (1994), S.361

technische Aspekte, deren Übersetzung auf tiefere Hierarchiestufen sowie das systemimmanente Gegenstromverfahren (Rückkopplung), bei dem in einem Bottom-up laufenden Prozess eine Konsolidierung der Ziele stattfindet.[99]

3.2.1.1 Festlegen der strategischen und operativen Ziele

Der erste Schritt sollte mit der Reflexion über die Strategie eines Unternehmens beginnen. Dieser Aspekt ist in Modul 1 in Abschnitt 3.1.1 bereits genannt worden. Der erste Schritt dient dieser Intention, indem er die Basis für ein gemeinsames Verständnis der von allen Beteiligten getragenen Strategie legt. Auf dieser Grundlage können Ziele mit höchster Priorität identifiziert werden, die für die erfolgreiche Umsetzung der Strategie notwendig sind.

Die Überwindung starker Wissensbeschränkungen im Rahmen der strategischen Planung setzt eine intensive Kommunikation der Beteiligten voraus. Deswegen sollte die Grösse der Planungsgruppe überschaubar gehalten werden.[100]

An die strategische Planung sollte sich idealerweise nach einer kurzen Übergangsphase die operative Jahresplanung anschliessen. Die Intention dieses Teilschrittes ist es, konkrete Ziele für das nächste Geschäftsjahr aufgrund der von der Unternehmensstrategie abgeleiteten Ziele zu bestimmen. Eine Möglichkeit besteht darin, für jeden der strategischen Schwerpunkte einzelne unternehmensübergreifende Projekte zu definieren.

Bei einem Hersteller von elektronischen Komponenten beginnt dieser Prozess Anfang September unter der Bezeichnung „Top Five-Jahresplanung". Die Namensgebung symbolisiert, dass von der Unternehmensleitung fünf Schwerpunktthemen vorgegeben werden, denen im nächsten Jahr ein besonderes Interesse beigemessen werden sollte.[101] Die fünf Themen für 1997 betrafen das wirtschaftliche Wachstum, die Generierung von Kunden-

---

99 Merli (1995) spricht auch von „upper stream control". Merli (1995), S.78

100 Trotz der Limitierung der Teilnehmerzahl sollte darauf geachtet werden, dass alle relevanten Verantwortungsbereiche der Unternehmung repräsentiert sind, um die Gefahr einer einseitigen Entscheidungsfindung zu reduzieren.
Microswitch, eine Division des Elektronikherstellers Honeywell, beschränkt die Anzahl der Teilnehmer des strategischen Planungsteams auf 20 Mitarbeiter, ein Komponentenhersteller limitiert ihre Anzahl im ersten Planungsschritt auf 15 Mitarbeiter.
Payne (1996), S.1 und eigene Erfahrungen des Verfassers

101 Cohen (1998) betont die Wichtigkeit einer Fokussierung auf eine geringe Anzahl von Verbesserungsfeldern und führt dazu aus: „More can be done to realise gains by targeting a few well-placed change efforts using existing resources."
Cohen (1998), S.31

nutzen, das Innovationsmanagement, die stetige Verbesserung der Qualität[102] sowie das aktive und eigenverantwortliche Handeln der Mitarbeiter.[103] Für jedes dieser fünf Hauptziele werden auf tieferen Hierarchiestufen jeweils drei bis sechs Teilziele abgeleitet.

Am besten lässt sich dieser Prozess anhand eines Beispiels illustrieren. Die angestrebten Ziele des nächsten Jahres, die aus der strategischen Planung hervorgehen, könnten für das Beispielunternehmen wie folgt lauten:

Abbildung 3-8: Beispiel für vier Hauptziele einer Beispielunternehmung

Innovationsziel	Die schnellere Umsetzung von Forschungsergebnissen in der Neuprodukt-Entwicklung
Qualitätsziel	Die Senkung der Total Costs of Ownership für unsere Kunden
Mitarbeiterziel	Durch den Abbau der demotivierenden Ursachen eine signifikante Reduzierung der fehlenden Mitarbeiter
Finanzielles Ziel	Die effizientere Nutzung des investierten Kapitals

Es sollte im Rahmen des Hoshin Planning typisch für die Zielvorgaben der Unternehmensführung sein, dass sie primär aus qualitativen Zielen bestehen, die erst auf tieferen Hierarchiestufen weiter konkretisiert werden.[104] Ein weiteres Merkmal ist, dass oft ein mehrdimensionales Zielraster vorliegt, um zu erreichen, dass finanzielle Zielsetzungen auf Ziele der Qualität, der Innovationsprozesse sowie mitarbeiterbezogene Faktoren abgestimmt werden.[105]

Die einzelnen Zielkomponenten der Unternehmensstrategie sollten im Idealfall durch eine Synchronisierung ineinandergreifen, um Zielkonflikte zu vermeiden. Eine kurzfristige einseitige Konzentration auf finanzielle Ziele kann kontraproduktiv auf Qualitäts-, Innovations- und Mitarbeiterziele wirken.[106]

---

102 In diesem Zusammenhang wird in der japanischen und englischsprachigen Literatur der Begriff „Kaizen" verwendet. Darunter wird von Imai (1986) ein Konzept von Massnahmen zur stetigen Verbesserung verstanden. Imai (1986), S.4

103 Gastvortrag vom Controllingleiter des Komponentenherstellers am 15.1.1997 im Rahmen des Intensivstudium-Programms an der Universität St.Gallen

104 Weber et al. (1997), S.287

105 Mackrodt (1992), S.190

106 Wird z.B. aus Gründen der Kosteneinsparung auf den Einsatz von Fachkräften verzichtet, so kann das auf lange Sicht zu einer Verschlechterung des Qualitätsniveaus in Form von Imageverlusten, erhöhter Nacharbeit und Ausschuss, sowie vermehrten Garantie- und Kulanzleistungen führen.

3.2.1.2 Ableitung von Massnahmen und Messgrössen

Um den Erfolg der eingeleiteten Aktionen messen zu können, kann es empfehlenswert sein, im nächsten Schritt für die vier Jahresziele konkrete Massnahmen sowie Messgrössen zu bestimmen.[107] In dieser Phase findet auch die erste grobe Quantifizierung der Ziele statt.

Aufgrund der vier Hauptziele können in der Beispielunternehmung auf der obersten Hierarchiestufe konkrete Massnahmen für ihre Umsetzung bestimmt werden.

Das Qualitätsziel könnte bspw. durch die Definition von drei Massnahmenpaketen konkretisiert werden:

- Die Einführung einer 3-Jahres-Garantie auf alle Neuprodukte
- Die Reduktion der internen Fehlerkosten, insbesondere während des Auftragsabwicklungsprozesses sowie
- Der Abbau von Fehlzeiten

Bei der Zuordnung von Massnahmen zu den Zielen kann eine Massnahmenmatrix strukturierend unterstützen. Sie kann die Transparenz des Prozesses erhöhen und unterstützt dadurch die Kongruenz der Ziele, Massnahmen, zugeordneter Kapazitäten und Messgrössen.[108] Einen Vorschlag für die Gestaltung einer Matrix enthält Abbildung 3-9.[109]

Jedem Ziel können verantwortliche Personen sowie Kapazitäten (ausgedrückt in Mannjahren, MJ) zugeordnet werden.[110] Von entscheidender Bedeutung kann aber die Auswahl von Messgrössen und Benchmarks sein, die den Erfolg der Massnahmen abbilden. Am Beispiel

---

Andererseits kann aber auch eine zu starke singuläre Qualitätsfokussierung finanziellen Zielsetzungen widersprechen, wie sich anhand der finanziellen Probleme einiger Qualitätsführer nachweisen lässt. Rust et al. (1995), S.58

107 Bei der Strukturierung der einzelnen Massnahmen zur Zielerreichung kann die Entwicklung eines Massnahmenbaumes helfen. Darin können einzelne Massnahmenpakete, die zur Erreichung eines übergeordneten Ziels ergriffen werden, in weitere Massnahmen untergliedert werden. Dadurch kann die Übersichtlichkeit und Vollständigkeit der abgeleiteten Massnahmen verbessert werden. Zur Gestaltung eines Massnahmenbaumes siehe Colletti (1996), S.123

108 Zur Bedeutung der Identifikation von Massnahmen, Ressourcen und klaren Verantwortlichkeiten siehe auch Juran (1992), S.309f. und 312f.

109 Zur Verknüpfung der Schritte 1 und 2 mittels einer Matrix sei auf Suzaki (1993), S.283 verwiesen. Suzaki (1993) stellt dabei die Verknüpfung zwischen Mission, Objectives und Plan of Action dar.

110 Denkbar wäre auch die Bewertung der Ressourcenzuordnung in CHF, um die Projektkosten der strategischen Programme abzubilden. Colletti (1996), S.40

in Abbildung 3-9 sind die Benchmarks bereits konkretisiert worden. Dort, wo keine geeignete stetige Messgrösse gefunden werden kann, werden oft zeitliche Meilensteine festgelegt, bis zu denen Massnahmen umzusetzen sind (z.B. Einführung 3-Jahres-Garantie bis Anfang August).[111]

Mulligan et al. empfehlen, nicht mehr als vier Ziele auf einmal pro Hierarchiestufe zu verfolgen.[112] Dadurch wird sichergestellt, dass das Linienmanagement seine Kräfte und Ressourcen auf wenige Ziele mit hohem Stellenwert konzentriert. Einen weiteren Vorteil der Reduktion der wesentlichen Ziele sehen Weber et al. auch in der „wirksamen Komplexitätsreduktion bei der strategischen Willensdurchsetzung."[113]

---

111 Zur Bedeutung von Meilensteinen siehe Bleicher (1994), S.300f.

112 Mulligan et al. (1996), S.478

113 Weber et al. (1997), S.288

Abbildung 3-9: Massnahmenmatrix der obersten Hierarchiestufe[114]

Massnahmen	Innovationsziel	Qualitätsziel	Mitarbeiterziel	Finanzielles Ziel	Kapazität	Verantwortung	Messgrösse	Benchmark	Timing	Messfrequenz
Einführung 3-Jahres-Garantie		■			2 MJ	Q-MC	Zeitpunkt	Einführung bis Anfang August	2-8 / 99	e
Reduktion interner Fehlerkosten		■		■	3 MJ	L-LG	Nichtkonformitätskosten Auftragsabwicklung	< 5% der Selbstkosten	2-7 / 99	m
Beschleunigung Time to Market Prozess	■			□	2 MJ	F-FE	Zeit (Time to Market)	< 8 Monate	1-12 / 99	h
Abbau Fehlzeiten		□	■	□	1 MJ	O-OG	% Fehlzeit an Gesamtarbeitszeit	< 6%	3-8 / 99	m
Reduktion des gebundenen Kapitals				■	0 MJ	F-RW	RONOA	RONOA > 12%	1-12 / 99	h

■ Massnahme trägt primär zur Zielerreichung bei

□ Massnahme trägt auch zur Zielerreichung bei

e = einmalig
h = halbjährlich
m = monatlich

[114] Quelle: in Anlehnung an die Ford Motor Company, zitiert von Colletti (1996), S.212f.

3.2.1.3 Kommunikation der Ziele, Massnahmen und Messgrössen

„Die Ergebnisse strategischer Überlegungen besitzen nur dann eine Realisierungschance, wenn sie kommunizierbar sind und im Hinblick auf das strategische und operative Verhalten auch kommuniziert werden."[115] Der nächste Schritt versucht dieser Forderung Bleichers nachzukommen, indem er Wege aufzeigt, wie die Ziele und Massnahmen von der Geschäftsleitungsstufe in Ziele und Massnahmen der Unternehmensbereiche übersetzt werden können. Eine Massnahmenmatrix kann wiederum bei der Strukturierung des Vorgehens helfen.

Bei einem solchen Vorgehen wird jede Massnahme auf höherer Hierarchiestufe zu einem Ziel auf nächsttieferer Hierarchiestufe und dadurch zu einer Vorgabe (Abbildung 3-10). Auf diese Weise kann die Kommunikation und Abstimmung der Massnahmen erleichtert werden. Für die Massnahmen auf der nächsttieferen Hierarchiestufe kann es zweckmässig sein, wiederum eine Massnahmenmatrix zu erstellen, die die Ressourcennutzung, Messgrössen und Verantwortlichkeiten identifiziert.[116] Bis auf die Teamebene können mit dieser Methodik Ziele und Massnahmen konkretisiert werden.

Abbildung 3-10: Herleitung von Massnahmen mittels Matrizen[117]

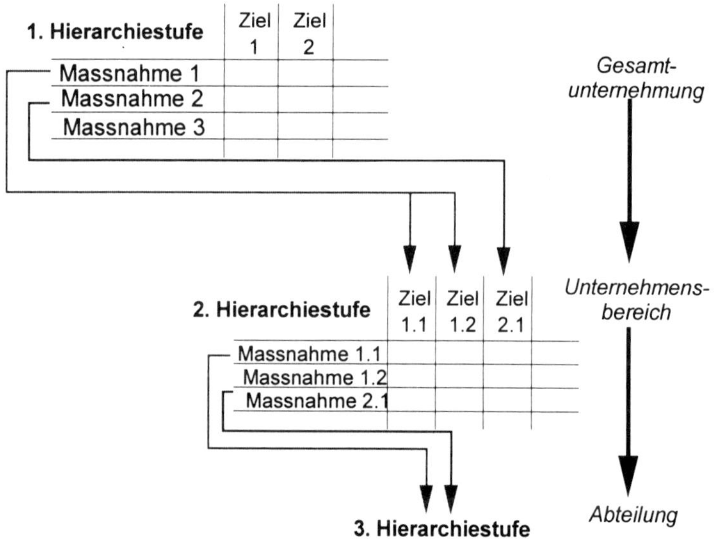

[115] Bleicher (1991a), S.283
[116] Colletti (1996), S.42
[117] Colletti (1996), S.9

Für den Unternehmensbereich Vertrieb lassen sich exemplarisch die in Abbildung 3-11 dargestellten Ziele und Massnahmen aus den Vorgaben der Geschäftsleitung ableiten.[118]

Abbildung 3-11: Massnahmenmatrix Unternehmensbereich Vertrieb

Massnahmen	3-Jahres-Garantie	Reduktion Fehlerkosten	Abbau Fehlzeiten	Reduktion geb. Kap.	Kapazität	Verantwortung	Messgrösse (KPI)	Benchmark	Timing	Messfrequenz
Reklamationsbearbeitung überprüfen/anpassen	■				0,5 MJ	Q-IC	Zeitpunkt	bis Anfang Juni	2-6/99	e
Reduktion Kostensatz für Reklamationsbearbeitung	■	■			0 MJ	Q-IC/M-IC	Kosten/Reklamations-bearbeitung	< 50 Fr./ Bearbeitung	1-12/99	h
Messung und Abbildung der Vollständigkeit/Rechtzeitigkeit des Datentransfers mit Produktion		■			0 MJ	L-LA	rechtzeitige/vollständige Datenlieferung	> 95% der Aufträge	2-7/99	m
Abbau Auslieferungslager um 30%				■	0,2 MJ	L-LA	durchschnittlich gebundenes Kapital	< 200'000 CHF	3-12/99	q
Visualisierung der Fehlzeiten im Vertrieb, Mitarbeitergespräch		□	■		0,1 MJ	F-FT	% Fehlzeit im Vertrieb	< 6%	8-11/99	m

■ Massnahme trägt primär zur Zielerreichung bei
□ Massnahme trägt auch zur Zielerreichung bei

e=einmalig h=halbjährlich
q=quartalsweise m=monatlich

Die in Abbildung 3-11 dargestellten Massnahmen des Vertriebsbereiches können den einzelnen Vertriebsabteilungen wiederum als Vorgaben dienen. Von den Abteilungsleitern können daraus in Zusammenarbeit mit ihren Mitarbeitern konkrete Massnahmen abgeleitet werden.

Daran kann sich die Konsolidierung der Matrizen im Gegenstromverfahren von den unteren Hierarchiestufen aufwärts anschliessen. Dieser Schritt wird daher oft auch als „Reverse Flow“ bezeichnet.[119] Dabei treffen die Mitglieder verschiedener Hierarchiestufen zusammen, um Redundanzen, Konflikte und Synergiepotentiale zu erläutern sowie das Zurverfügungstellen von notwendigen Ressourcen zu diskutieren.

3.2.1.4 Rückkopplung und Partizipation

Die Hauptvorteile der Planungsmethodik des Hoshin Planning liegen in der Förderung und Strukturierung der Kommunikation sowie ihrer Ausrichtung auf eine Konsensbildung. Der Strategieauflösungsprozess erfolgt mit der Vorgabe qualitativer Ziele Top-down, die auf

118 Die Vorgaben der Geschäftsleitung sind in Abbildung 3-8 dargestellt worden.
119 Colletti (1996), S.43

tieferen Hierarchiestufen weiter konkretisiert und quantifiziert werden.[120] Dabei sollten einerseits die notwendigen Fähigkeiten zur Erreichung der gesetzten Ziele überprüft, andererseits die Erwartungen der Mitarbeiter mit den Zielvorgaben in Einklang gebracht werden. Durch den „Reverse Flow" findet im Rahmen der Verdichtung der überarbeiteten und verbesserten Pläne zur Geschäftsleitungsebene eine kritische Auseinandersetzung mit den Zielen und daraus abgeleiteten Massnahmen statt.

Als Ergebnis dieses Prozesses konnte in einer Tochtergesellschaft von Hewlett Packard festgestellt werden, dass sich der Dialog im Rahmen der Planungsprozesse verändert hat: während im ersten Jahr der Durchführung des Hoshin Planning alle Vorgaben des Top Managements von den Mitarbeitern akzeptiert worden sind, lag in den Folgejahren die Akzeptanzquote nur noch bei rund 60 Prozent. Die übrigen 40 Prozent der Zielvorgaben sind im Rahmen des „Reverse Flow" modifiziert oder substituiert worden.[121] D.h. in den Folgejahren flossen verstärkt die Erfahrungen der Mitarbeiter in den Planungsprozess hinein.

Bei einem ausschliesslich Top-down geprägten Ansatz lassen sich die beschriebenen Schritte 1 und 2 rascher realisieren. Durch eine frühzeitige Integration der Mitarbeiter in den Planungsprozess können aber rechtzeitig potentielle nachträgliche Verzögerungen durch Überarbeitung der Pläne sowie auftretende Probleme während der Implementierungsphase vermieden werden (vgl. Abbildung 3-12).

Abbildung 3-12: Zeitbedarf bei Ansätzen des Strategy Deployment[122]

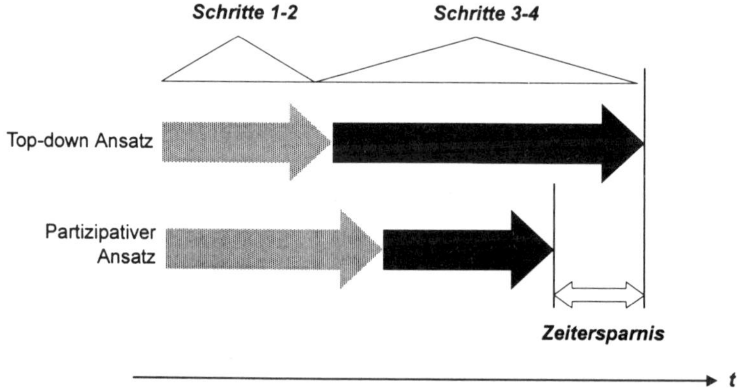

[120] Mulligan et al. (1996), S.478

[121] Conti (1993), S.153

[122] Auskunft von J. Coletti, Leiter der Woodledge Group, Connecticut (USA), einer Beratungsunternehmung, die bereits zahlreiche Unternehmen bei der Einführung von Hoshin Planning begleitet hat.

Neben Zeitaspekten ist auch der Grad der Identifikation der Mitarbeiter zu berücksichtigen: ein partizipatives Vorgehen kann die Identifikation der Mitarbeiter mit den Strategien erhöhen, die dadurch von mehreren Mitarbeitern unterstützt und umgesetzt werden.

Diese Methode des Strategy Deployment setzt wie andere iterative Planungsansätze eine offene, auf den konstruktiven Dialog ausgerichtete Unternehmenskultur voraus, in der Strategien transparent gemacht und zur Diskussion gestellt werden können.[123] Die Kommunikation zwischen unter- und übergeordneter Hierarchiestufe wird zu einem zentralen Element für den Erfolg dieser Methodik.[124]

Als ein Forum für die Rückkoppelung zwischen Bereichs- und Unternehmensleitung beim Reverse-Flow dient bei einem Komponentenhersteller die Institutionalisierung eines „Informationsmarktes", auf dem neben den Teilnehmern der Geschäftsleitung auch die Leiter der wichtigsten Unternehmensbereiche vertreten sind.[125] Auf dem „Informationsmarkt" stellen alle Unternehmensbereiche ihre in Teilplänen erarbeiteten Massnahmen vor. Dadurch wird ein Forum geschaffen, auf dem die Teilpläne für alle Teilnehmer u.a. durch Poster visualisiert werden. Die Teilnehmer des „Informationsmarktes" können sich ein Bild von den Auswirkungen der anderen Teilpläne auf ihre Unternehmensbereiche machen bzw. Redundanzen und Unklarheiten bereits im Vorfeld diskutieren und ggfs. beseitigen.[126]

Nachdem die Teilpläne abgestimmt worden sind, werden sie fixiert: Die Teilnehmer des Workshops erarbeiten zusammen mit ihren Mitarbeitern konkrete Massnahmen für die Umsetzung der fixierten Teilpläne. Dieser Prozess geht erfahrungsgemäss verhältnismässig schnell, sofern bereits beim ersten Deployment die notwendigen Vorarbeiten geleistet wurden.[127]

Dieses Verfahren hat sich in der Praxis sehr bewährt, da durch die Einbindung einer grossen Anzahl von Mitarbeitern eine starke Identifikation mit den gesetzten Zielen er-

---

123 Kaplan/Norton (1996c), S.79f.

124 Barnett (1989), S.421
Ein weiterer kritischer Aspekt ist lt. Suzaki (1993) die Balance zwischen Kontrolle und Delegation von Verantwortlichkeiten auf tiefere Hierarchiestufen, da typischerweise bei einer auf Budgets beruhenden Jahresplanung keine Konkretisierung von nicht-finanziellen Zielvorgaben und deren Messgrössen stattfindet. Suzaki (1993), S.284

125 Gastvortrag vom Controllingleiter eines Komponentenherstellers am 15.1.1997 im Rahmen des Intensivstudium-Programms an der Universität St.Gallen

126 Colletti (1996), S.150

127 Auskunft J.Coletti

reicht werden kann. Insbesondere der Dialog der einzelnen Planungsträger auf dem „Informationsmarkt" kann die konstruktive Auseinandersetzung mit den vier Zielkomponenten der Jahresplanung (Qualitäts-, Innovations-, Mitarbeiter- und finanzielle Dimension) fördern.

3.2.2 Kritische Faktoren des Strategy Deployment Prozesses

Merli nennt drei wichtige Elemente bei der Umsetzung des Strategy Deployment Prozesses, die er unter den Stichworten Effektivität, Kohärenz und Mobilisierung zusammenfasst.[128]

Unter Effektivität versteht Merli u.a. die Konzentration auf wenige Teilziele mit klaren Verantwortlichkeiten. Anstatt möglichst viele Ziele anzustreben, sollte für jede strategische Zielkomponente eine Beschränkung auf eine geringe Anzahl von Zielen und Messgrössen erfolgen (vgl. das Beispiel in der Abbildung 3-8 mit vier Messgrössen pro Ziel auf der Geschäftsleitungsstufe), denen aber höchste Aufmerksamkeit geschenkt wird. Die Beschränkung auf wenige Ziele fördert deren Kommunizierbarkeit und verhindert eine Konfusion bei den Mitarbeitern durch das Auftreten von Zielkonflikten.[129] Zur Effektivität des Strategy Deployment Prozesses gehört auch, dass die Ziele operationalisierbar und dadurch auch transparent sind. Damit wird sichergestellt, dass die Ziele auch in die Controllingprozesse integriert werden können.

Ashton berichtet, dass bei SGS-Thompson der Transparenz der abgeleiteten Strategy Deployment Messgrössen eine sehr hohe Bedeutung beigemessen wird und zitiert Duffin, den Verantwortlichen dieses Prozesses: „Breakthrough measurement differs significantly from Kaizen in one respect – there is far greater urgency because they are focused on rapid improvements. Progress breakthroughs cannot wait for monthly meetings [..] A near real-time review process is required."[130]

Es können drei Arten der Kohärenz des Strategy Deployment Prozesses unterschieden werden: Die horizontale betrifft die Abstimmung konkreter Projekte und Massnahmen zwischen unterschiedlichen Unternehmensbereichen und Abteilungen, um Reibungsverluste zu reduzieren. Ein Instrument zur Sicherstellung ist bspw. der auf Seite 121 beschriebene Informationsmarkt. Ihre Sicherstellung ist auch eine Aufgabe übergeordneter hierar-

128 Merli (1995), S.31
129 Zur Bedeutung der Konzentration der Kräfte siehe Pümpin/Geilinger (1988), S.10
130 Ashton (1997), S.237

chischer Stellen, die die Übersicht über die verschiedenen Massnahmen untergeordneter Abteilungen haben sollten. Unter vertikaler Kohärenz versteht Merli die Koordination der Massnahmen verschiedener hierarchischer Stufen, die u.a. durch die Verwendung von Matrizen unterstützt wird.[131] Die strategische Kohärenz soll die Abstimmung verschiedener Projekte und Massnahmen über eine Zeitspanne gewährleisten. Ein Weg zu ihrer Sicherstellung bildet der auf Seite 113 dargestellte erste Schritt des Strategy Deployment Prozesses, bei dem - ausgehend von den mittelfristigen Zielen - solche kurzfristiger Natur abgeleitet werden.

Der dritte von Merli genannte Faktor betrifft die Mobilisierung der Mitarbeiter beim Strategy Deployment Prozess. Dbzgl. hat Coletti drei notwendige Verhaltensweisen der Mitarbeiter identifiziert, damit der Strategy Deployment Prozess zu zufriedenstellenden Ergebnissen führt:[132] Zum einen sollten die Mitarbeiter innerhalb der Organisation die Notwendigkeit einer kooperativen Arbeitsweise anerkennen, sodass für jeden Beteiligten eine „Win-Win" Situation entsteht. Des weiteren sollte ein offener Dialog ohne die Befürchtung negativer Konsequenzen durchgeführt werden können. Als dritten Aspekt betont er, dass Daten während des Strategy Deployment Prozesses nicht selektiert, bewusst zurückgehalten oder verfälscht werden sollten.

Signifikante Felder einer Mitarbeiterpartizipation sind u.a. das gemeinsame Ableiten/Erarbeiten von Massnahmen in Abstimmung mit übergeordneten und untergeordneten Hierarchiestufen sowie der Reverse Flow, der gewährleisten soll, dass Anregungen und Kommentare tieferer Hierarchiestufen berücksichtigt und nach oben kommuniziert werden. Suzaki beschreibt das Hoshin Planning wegen des beabsichtigten hohen Grades der Mitarbeitereinbindung als einen Ansatz mit demokratischen Merkmalen, der die Kenntnisse und Interessen zahlreicher Personen berücksichtigen kann.[133]

3.2.3 Dynamik des Strategy Deployment Prozesses

Seinem Charakter nach handelt es sich beim beschriebenen Strategy Deployment Ansatz um eine Methodik, die einige Gemeinsamkeiten mit dem Zero-Base-Budgeting besitzt: Ausgehend von den strategischen Zielen werden die Konsequenzen für die sich daraus

---

131 Siehe hierzu das Beispiel auf Seite 118

132 Colletti (1996), S.54

133 Suzaki (1993), S.291

ableitenden Prozesse sowie die dafür notwendigen Ressourcen abgebildet.[134] Die in vielen Unternehmen im Herbst einsetzende Budgetierung sollte auf den Ergebnissen des Strategy Deployment Prozesses basieren (Abbildung 3-13). Dadurch kann die Gefahr einer Fortschreibung historischer Daten reduziert werden.

Abbildung 3-13: Dynamische Betrachtung des Strategy Deployment Prozesses[135]

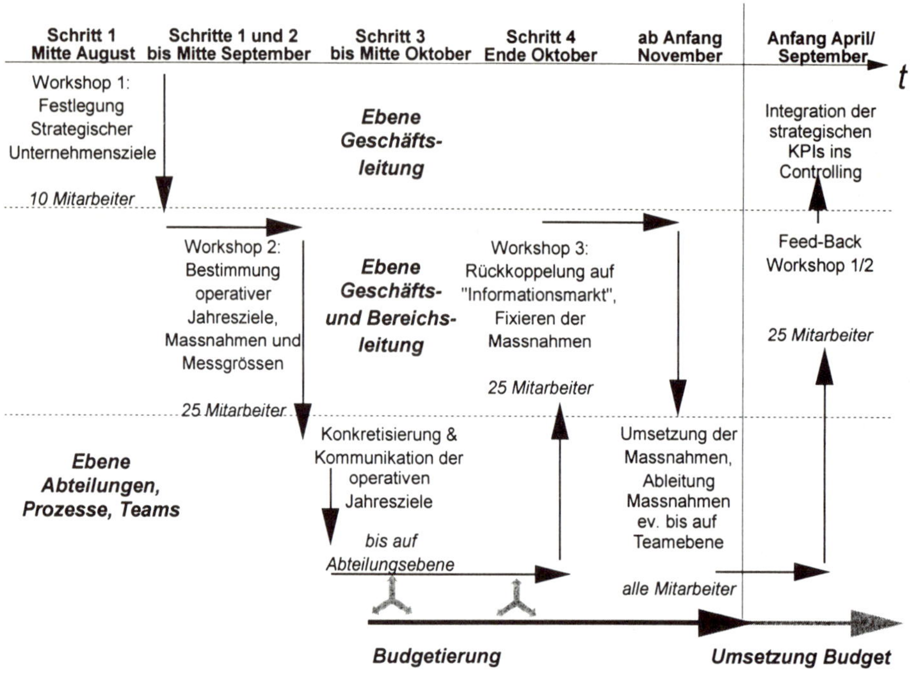

Zusammenfassend wird in Abbildung 3-13 die vorgestellte Methodik des Strategy Deployment in ihrer zeitlichen Dimension für die Beispielunternehmung dargestellt. Es handelt sich dabei um eine Top-down-Bottom-up-Methodik, bei der die im ersten Schritt erar-

[134] Zero-Base-Budgeting geht von der Fiktion aus, die Unternehmung befände sich in einer Gründungsphase: jede geplante Ausgabe muss durch einen Nutzen gerechtfertigt werden. Es werden Entscheidungseinheiten gebildet sowie ein Verantwortlicher bestimmt, der die inhaltlich zusammenhängenden Tätigkeiten bündelt. Im nächsten Schritt werden Entscheidungspakete formuliert, die eine Entscheidung über eine effiziente Mittelzuweisung erlauben. Den Leitern der Entscheidungseinheiten obliegt dabei die Aufgabe, entscheidungsrelevante Informationen über seine Entscheidungseinheit zur Verfügung zu stellen. Der Planungsaufwand des Zero-Base-Budgeting ist sehr hoch, was seine Verbreitung als jährliches Planungsinstrument sehr stark eingeschränkt hat. Horngren et al. (1997), S.281

[135] Weitere Beispiele zur Strukturierung dieses Prozesses finden sich u.a. bei Suzaki (1993), S.289 und Merli (1995), S.71

beiteten Zielvorgaben zusehends überprüft und verfeinert werden.

In der Abbildung 3-13 ist insbesondere die Verknüpfung zur Budgetphase hervorzuheben. Kaplan/Norton heben dbzgl. hervor: „Strategic planning and operational budgeting process are too important to be treated as independant processes.“[136] Die Verzahnung dieser beiden Prozesse soll gewährleisten, dass die in der strategischen Planung abgeleiteten Massnahmen und Projekte tatsächlich auch mit den notwendigen Ressourcen versehen werden.[137]

Bereits auf Seite 122 wurde auf die Bedeutung der Operationalisierbarkeit der wichtigsten Ziele hingewiesen, die eine Integration der strategischen KPIs ins Controlling ermöglicht. Da es wenig Sinn macht, Abweichungen erst am Ende des Geschäftsjahres zu messen, wenn keine Gegensteuerung mehr möglich ist, empfiehlt sich neben der Abbildung strategischer KPIs im Reporting die Durchführung von Feedback-Workshops (z.B. zum 1.4. sowie zum 1.9.).[138]

Dabei sollten die Vertreter sämtlicher Unternehmensbereiche die Ergebnisse ihrer Zielerreichung vorstellen, Schwachpunkte bei der Umsetzung der strategischen Ziele ansprechen und nach integrierten Lösungsansätzen suchen.

Bei einer radikalen Änderung der Prämissen[139], die bei der strategischen Planung zugrunde gelegt wurden, kann es u.U. notwendig werden, die bisherige Strategie zu überdenken bzw. eine Neuausrichtung vorzunehmen. Hierbei kann der Feed-back-Workshop als ein Forum dienen, um eine rechtzeitige Revision der bisherigen strategischen Stossrichtung vorzunehmen. Der zweite Feedback-Workshop Anfang September kann Anregungen für die Mitte September einsetzende Planung fürs nächste Jahr liefern. Empfehlenswert ist zudem, dass auf den regelmässigen Sitzungen der Geschäftsleitung die Entwicklung der bedeutendsten Massnahmen sowie ihrer Messgrössen erwähnt werden, um eine regelmässige Kontrolle der Massnahmenentwicklung zu gewährleisten.

---

136 Kaplan/Norton (1996b), S.247

137 Siehe hierzu auch Fink/Grundler (1998), S.233

138 Zur Bedeutung von Feedback im Rahmen der Kontrolle siehe u.a. Juran (1988), S.6.32ff. und Schwanninger (1994), S.22ff.

139 Steinmann/Schreyögg sprechen von einer Überprüfung der Prämissen im Rahmen der strategischen Prämissenkontrolle. Steinmann/Schreyögg (1991), S.202
Siehe hierzu auch Muralidharan (1997), S.72

3.2.4 Zusammenfassung und Beurteilung

In vielen Unternehmen besteht eine Trennung zwischen der strategischen und operativen Planung sowie der Performance Messung.[140] Der beschriebene Ansatz des Strategy Deployment hebt diese Trennung auf, indem er beide Planungssysteme koordiniert und bereits in der Planungsphase die Messgrössen sowie die Messfrequenz für eine nachträgliche Erfolgskontrolle festlegt. Die Eignung dieses Ansatzes für die Umsetzung von Strategien kann durch die Verknüpfung zwischen den strategischen Zielen und Massnahmen mit dem operativen Planungsprozess gefördert werden. Ein Ergebnis des Strategy Deployment Prozesses kann eine koordinierte Zielbildung sein, die mit konkreten Massnahmen und Messgrössen verknüpft ist. Diese von der Unternehmensstrategie hergeleiteten Messgrössen, die fortan in dieser Arbeit als „strategische Key Performance Indicators" („strategische KPIs") bezeichnet werden, können die Ergebnisorientierung von strategisch orientierten Projekten auf allen Hierarchiestufen fördern.[141] In der Praxis werden diese Projekte aufgrund ihrer strategischen Relevanz oft auch als „Breakthrough-Projekte" bezeichnet. Das Attribut „strategisch" scheint gerechtfertigt, da die KPIs den Erfolg einer Unternehmung auf dem Weg vom aktuellen Zustand bis zur Erreichung der strategischen Ziele messen. Im Zusammenhang mit den strategischen KPIs stellt sich zwangsläufig auch die Frage nach der Vertraulichkeit der Informationen, da es sich dabei um Messgrössen handelt, die im direkten Zusammenhang zur Unternehmensstrategie stehen. Als Nachteil dieser Methode liesse sich aufführen, dass Konkurrenten durch eine zu grosszügige Informationspolitik leichter Hinweise auf die strategischen Ziele erhalten könnten. Dem kann entgegnet werden, dass die wirkungsvolle Umsetzung einer Strategie immer eine Kommunikation und Übersetzung in konkrete Massnahmen voraussetzt. Eine Strategie, die nicht kommuniziert wird, ist nutzlos, da die Chancen ihrer erfolgreichen Implementierung sehr gering sind.[142]

Ein Schwachpunkt in vielen Unternehmen bildet immer noch die Verbindung zwischen den z.T. sehr abstrakten, qualitativen strategischen Zielen und den konkreten operativen Aktionen. Weber et al. kritisieren, dass der Begriff der strategischen Planung, der diese Lücke schliessen sollte, inflationär und zumeist zu Unrecht verwendet wird. Sie haben in sechs von acht Unternehmen festgestellt, „dass in diesen Unternehmen nicht wirklich in-

---

140 Mulligan et al. (1996), S.481; Suzaki (1993), S.282

141 Eine andere denkbare Bezeichnung anstelle von „strategischen KPIs" wäre der Begriff „Breakthrough Indikatoren", um zu signalisieren, dass diese Messgrössen den Durchbruch bei der Umsetzung von strategischen Qualitätszielen messen Merli (1995), S.5
Hewlett Packard verwendet den Begriff „Breakthrough Ziele" für operationale jährliche Ziele, die aus der Unternehmensstrategie hergeleitet sind. Mackrodt (1992), S.189

142 Siehe hierzu auch die Ausführungen in Abschnitt 3.1.1

novativ und strategisch geplant wird, sondern vielmehr langfristig operativ. [...] Bei zunehmender Komplexität und Dynamik stösst die Effizienz eines solchen Vorgehens allerdings an Grenzen, und der Bedarf an strategisch innovativem Denken, das dann nicht mehr strukturiert werden kann, nimmt zu."[143]

Der beschriebene Ansatz zeigt auf, wie diese Lücke geschlossen werden kann. Zusammenfassend kann der in diesem Abschnitt beschriebene Ansatz drei Schwächen aufheben, die Weber et al. im Rahmen von Planungsprozessen in der Praxis identifiziert haben: Er kann die Durchlässigkeit für Ideen von der Basis erhöhen, einen Beitrag zur Behebung der mangelnden Kommunikation der strategischen Ziele gegenüber den operativ Verantwortlichen leisten sowie die Möglichkeit einer eigenständigen Zielbildung im Rahmen der operativen Planung eröffnen. [144] Mulligan et al. betonen, dass strategische Planungsprozesse immer auf die unternehmensindividuellen Besonderheiten abgestimmt werden sollten.[145] Sobald das Wissen der Instanz nicht mehr ausreicht, um mit einem Top-down-Ansatz ausführliche und gut abgestützte Vorgaben über die Formalziele zu kommunizieren, kann der Hoshin Planning Ansatz verwendet werden. Er kann dabei helfen, sicherzustellen, dass unterschiedliche Abstimmungsprozesse auf verschiedenen hierarchischen Ebenen zielfokussiert ablaufen.

Es ging in diesem Abschnitt darum, wichtige Elemente des Strategy Deployment Prozesses in einer systematischen Form vorzustellen. Dabei kann aufgrund der schrittweisen Vorgehensweise bisweilen der Eindruck entstanden sein, dass die beschriebene Methodik starr und formalistisch ist. Dieser Eindruck täuscht, da den untergeordneten Ebenen ein grosser Gestaltungsspielraum eingeräumt wird. Die damit verbundene Anzahl von Selbstabstimmungsprozessen birgt insbesondere in Grossunternehmen die Gefahr einer hohen Komplexität in sich, doch kann diese Gefahr reduziert werden durch eine Bündelung der zentralen strategischen Aussagen zu Projekten mit ihrer Konkretisierung und Zieldefinition in der Linie.[146]

---

143 Weber et al. (1997), S.281
144 Weber et al. (1997), S.274
145 Mulligan et al. (1996), S.484
146 Weber et al. (1997), S,287

Abbildung 3-14: Zusammenfassung des Inhaltes des zweiten Moduls

1. Schritt: Festlegen strategische Ziele

Strategie: Qualitätsführer innerhalb von 4 Jahren (Beispiel)		
	Ziele	Massnahmen
Jahr 1		
Jahr 2		
Jahr 3		
Jahr 4		

2. Schritt: Bestimmung operationalisierbarer Ziele

"Breakthrough" Ziele Jahr 1, abgestimmt auf Qualitätsführerschaft		Konzeptverantwortung
Qualitätsziel		Geschäftsleitung
Innovationsziel		
Mitarbeiterziel :		
Finanzielles Ziel :		

3. Schritt: Ableitung Projekte, Verantwortlichkeiten und Messgrössen

	Ziele									
von Zielen abgeleitete Projekte	Qualität	Innovation	Mitarbeiter	Finanzen	Verant-wortung	Kapazität	Messgrösse (KPI)	Benchmark	Timing	Mess-frequenz

4. Schritt: Ableitung der weiterer Massnahmen

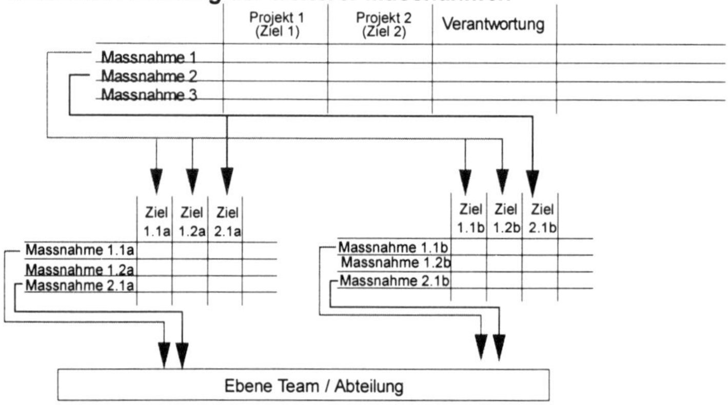

5. Schritt: Feedback

8. Schritt: Integration der Messgrössen ins Reporting sowie Durchführung von Feedback-Workshops (z.B. am 1.4. und 1.9.)

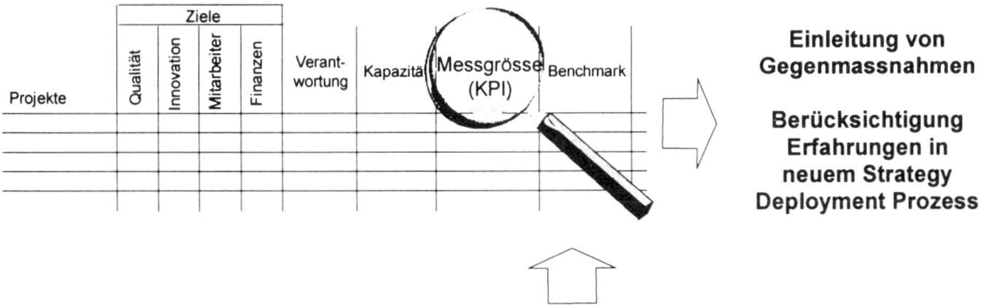

7. Schritt: "Einfrieren" der Projekte, Verantwortlichkeiten, Messgrössen u.a.

	Ziele									
Projekte	Qualität	Innovation	Mitarbeiter	Finanzen	Verant-wortung	Kapazität	Messgrösse (KPI)	Benchmark	Timing	Mess-frequenz

6. Schritt: Informationsmarkt zur Koordination der Massnahmen einzelner Unternehmensbereiche/-funktionen

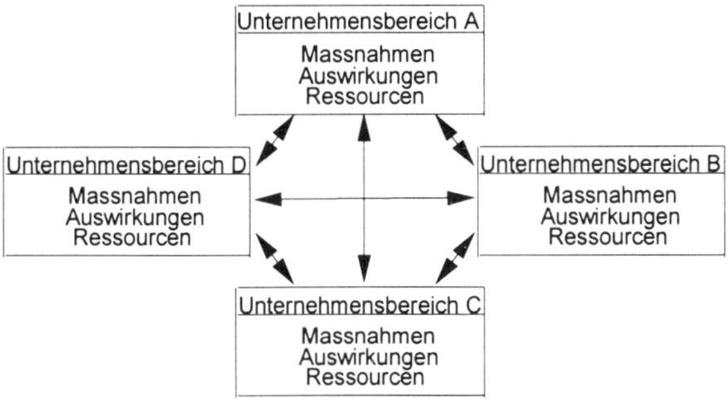

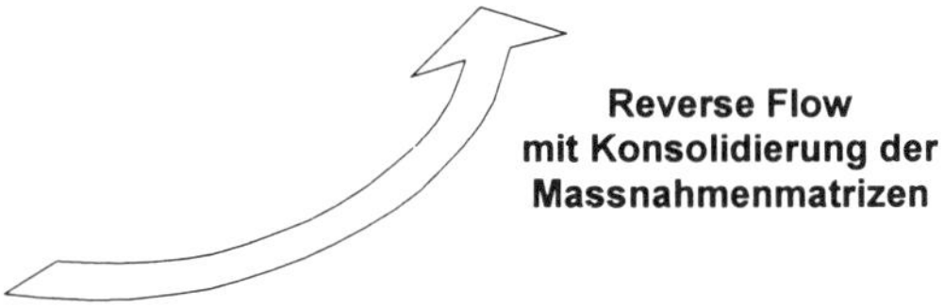

5. Schritt: Feedback

3.3 Modul 3: Operative Key Performance Indicators (KPIs)

Im zweiten Modul ist im Rahmen des Strategy Deployment eine Methode zur Operationalisierung von Strategien entwickelt worden. Aus der Strategie wurden konkrete Projekte zur Strategieumsetzung sowie Messgrössen hergeleitet, die die Fortschritte der Projekte abbilden. Da in den meisten Unternehmen kontinuierliche operative Verbesserungen die primäre Quelle für Leistungssteigerungen bilden, wird eine zweite Gruppe von Key Performance Indicators (KPIs) benötigt, die in dieser Arbeit als operative KPIs bezeichnet werden. Es sollte ihre Aufgabe sein, Verbesserungsmöglichkeiten aufzudecken sowie die realisierten Fortschritte im Rahmen der kontinuierlichen Verbesserung abzubilden.[147] In diesem Modul werden zwei Methoden zur Bestimmung operativer Key Performance Indicators entwickelt.

Wie aus der Abbildung 3-15 hervorgeht, sollte die Strategiekonformität der operativen Key Performance Indicators (KPIs) durch ihre Herleitung von den (strategischen) Unternehmenszielen gewährleistet werden. Sie sollten die kritischen Erfolgsfaktoren zur Umsetzung der Unternehmensstrategie berücksichtigen und diese ggfs. abbilden, sofern sie mit vertretbarem Erfassungsaufwand messbar sind. Im Idealfall können aufgrund der verwendeten operativen Key Performance Indicators Rückschlüsse auf die verfolgte Unternehmensstrategie gezogen werden.

Es sind verschiedene Methoden zur Herleitung strategisch konformer, operativer KPIs denkbar, die von der Organisationsform, der Unternehmenskultur und dem Führungsstil geprägt sein können. Eine Möglichkeit besteht darin, dass von der Unternehmensleitung die strategischen Zielsetzungen kommuniziert werden und lediglich ein Rahmen zur Orientierung vorgegeben wird, welche Arten von Messgrössengruppen verwendet werden sollen. Die Auswahl der Messgrössen, die am geeignetsten erscheinen, erfolgt direkt bei den verantwortlichen Mitarbeitern in den dezentralen Unternehmenseinheiten, die i.d.R. die Verantwortung für diesen funktionalen Unternehmensbereich besitzen.

---

147 Zur Zweiteilung der Aktivitäten zur Performance Verbesserung in Reengineeringtätigkeiten und jene der kontinuierlichen Verbesserung sei u.a. auf Klingebiel (1997), S.642 verwiesen. Diese Dualität spiegelt sich auch in den Performancegrössen des in der Fallstudie A (Abschnitt 4.1) beschriebenen Unternehmens wider.
Schneiderman (1996) betont die Lernkomponente einer guten operativen Kennziffer: „Useful metrics not only tell how well a process is doing, they also point out possible paths for improvement". Schneiderman (1996), S.9

Alternativ hierzu können auch von den Geschäftsprozessen eines Unternehmens operative KPIs bestimmt werden. Dieser Ansatz besitzt eine stark ausgeprägte Top-down-Komponente, da zumeist von der Geschäftsprozessebene ausgehend Messgrössen für Teilprozesse und Aktivitäten von den übergeordneten Geschäftsprozesszielen abgeleitet werden.

Abbildung 3-15: Schwerpunkt des dritten Moduls

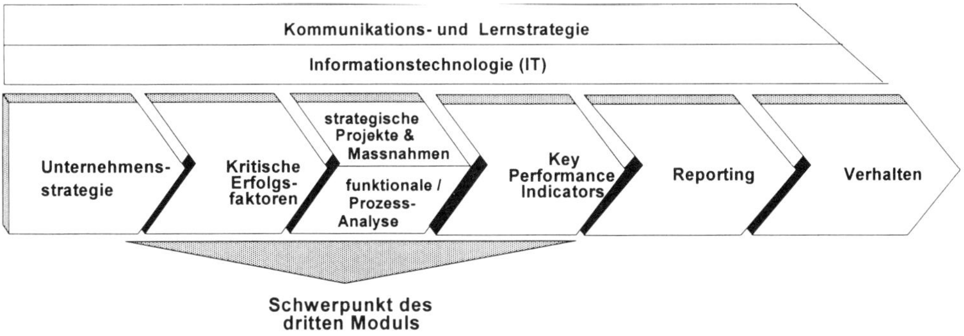

Während das prozessorientierte Vorgehen ein grosses Gewicht auf die Schaffung einer horizontalen Konsistenz der KPIs legt, fokussiert die Methode mittels eines Messgrössenrasters auf eine vertikale Konsistenz, die durch die Verwendung gleichartiger Kennziffern auf vielen Hierarchiestufen geprägt ist.[148]

Beide im Rahmen dieses Moduls vorgestellten Methoden zur Herleitung operativer KPIs orientieren sich an den in Abbildung 3-15 dargestellten Elementen (strategische Unternehmensziele, kritische Erfolgsfaktoren, funktionale / Prozessanalyse). Sie unterscheiden sich aber in dem zugrunde liegenden Geschäftsmodell: während die zweite Methode ein prozessorientiertes Modell voraussetzt, eignet sich die erste für Unternehmen mit funktionaler Organisationsform. Zudem ist der erste Weg zur Herleitung operativer KPIs weniger stark strukturiert als die prozessbasierte Vorgehensweise.

3.3.1 Operative Key Performance Indicators auf funktionaler Basis

Eine alternative Vorgehensweise zur Bestimmung operativer KPIs, bei der keine Prozessanalyse notwendig ist, besteht in der Kommunikation der Unternehmensziele sowie von oftmals sehr groben Ideen über eine mögliche Strukturierung der Ziele. Wie bei finanziel-

[148] de Haas/Kleingeld (1997), S.7f.

len Budgetvorgaben wird so lediglich ein Rahmen gesteckt, wobei die Ausgestaltung im Detail den Personen mit dem grössten Wissen über die spezifischen Geschäftsmerkmale überlassen wird.[149]

Ein Beispiel für ein von der Geschäftsleitung vorgegebenes Strukturierungsraster findet sich bei der Unternehmung Micro Switch, einer Division des Elektronikherstellers Honeywell: Sie benutzt die in Abbildung 3-16 dargestellten sechs Messgrössengruppen, die auf allen hierarchischen Stufen erhoben werden sollten.[150]

Abbildung 3-16: Unternehmensweite Messgrössen bei Micro Switch[151]

Responsiveness	On-Time-Delivery Customer Lead Time
Quality	Errors per Million Parts per Million
Robust Business	Gross Profit Sales Growth

Die sechs Messgrössen sollten Möglichkeiten für Verbesserungen identifizieren, die idealerweise durch die Anstrengungen aller Mitarbeiter kurzfristig realisiert werden können. Der Inhalt jeder Messgrösse kann sich mit dem untersuchten Unternehmensbereich ändern: im Versand kann z.B. unter „On-Time-Delivery“ der rechtzeitige Versand an den externen Kunden gemeint sein, in der Produktionsplanung die rechtzeitige Fertigstellung von Produktionsplänen und ihre Weiterleitung an den internen Kunden, die Produktionsabteilung. Die sechs Messgrössengruppen, die bei Micro Switch als „Key Measures“ bezeichnet werden, leiten sich aus der strategischen Planung ab.[152]

Diese Vorgehensart setzt eine intensive Kommunikation und Schulung innerhalb einer Organisation voraus: die strategischen Ziele sowie die Zielsetzungen der nächsthöheren Hier-

[149] Spangenberg (1994) spezifiziert diese Methode mithilfe des „Ashridge mission model“. Das Modell besitzt vier Dimensionen, mit denen ein Rahmen zur Herleitung von operativen Performancegrössen auf Teamebene gesetzt wird: Purpose (vision & mission des Teams), Strategy (goals & plans des Teams), Values und Behaviour Standards (competencies & behaviours des Teams). Nachdem für alle Dimensionen Klarheit geschaffen worden ist, werden Messgrössen abgeleitet, um die Team- und individuelle Performance zu ermitteln. Spangenberg (1994), S.102ff.

[150] Ashton (1997), S.152

[151] eigene Darstellung, Inhalt entnommen von Ashton (1997), S.152

[152] Die ausgewählten Messgrössen sollten zudem fünf Kriterien erfüllen: “they must measure something measurable, they must be simple, data for them must be readily available, they must be broadly understood and they must continue to be relevant.“ Ashton (1997), S.152

archiestufe sollten der untergeordneten Stufe bekannt sein, damit sie ihre Messgrössen und Zielwerte darauf abstimmen kann. Die Aufgabe für die konkrete Ausgestaltung von Indikatoren der Rasterdimensionen wird aber in die Verantwortungsbereiche delegiert.[153]

Als wichtiger Vorteil dieser Methode ist die starke Einbindung der Mitarbeiter bei der Definition von Leistungsziffern zu erwähnen. Die Intelligenz der Mitarbeiter mit dem grössten Beeinflussungspotential kann dadurch genutzt werden. Das setzt aber eine Unternehmenskultur voraus, die bereit ist, den Mitarbeitern diese Freiräume tatsächlich auch zu eröffnen und sie dazu nachdrücklich anregt. Durch die Vorgabe eines Messgrössenrasters kann zudem eine Fokussierung auf wenige, strategisch relevante Faktoren erfolgen, die allen Mitarbeitern kommuniziert werden.[154]

3.3.2 Operative Key Performance Indicators auf Prozessbasis

3.3.2.1 Vom funktionalen zum prozessorientierten Unternehmensmodell

Bei der kostenbasierten Performancemessung stellen funktionale Abteilungen ein zentrales Element dar: Die Kostenstellenrechnung hilft ihnen, Kostenvorgaben zu planen und ihren Ressourcenverbrauch verursachungsgerecht zu messen. Die Gegenüberstellung von Ist- und Budgetwerten ist dabei eine der gebräuchlichsten Arten, um ihre Performance zu messen.

Die Gemeinkosten in den funktionalen Abteilungen können vielfältige Erfolge bei der Performanceverbesserung abbilden, sei es die Auswirkungen von Effizienz- und Produktivitätssteigerungen oder jene von Kostensenkungsprogrammen. Wie im ersten Teil dieser Arbeit dargestellt, besitzen aber kostenbasierte Performancegrössen im operativen Bereich zahlreiche Unzulänglichkeiten: so können z.B. kritische Erfolgsfaktoren wie die Durchlaufzeit und die Qualität oft nur unzureichend in die Kostenstellenrechnung integriert wer-

---

153 Diese Methode ist in der ersten Fallstudie in Form der dort dargestellten Business Fundamentals erläutert worden. Ein weiteres Beispiel für diese Art der Rastervorgabe befindet sich auf Seite 132.

154 Einige Unternehmen gehen noch einen Schritt weiter, indem sie es den Mitarbeitern im Rahmen des jährlichen Zielvereinbarungsprozesses offenlassen festzulegen, welche Leistungsbandbreiten sie im voraus als sehr gut, akzeptabel und unbefriedigend betrachten. Erfahrungen in diesen Unternehmen haben gezeigt, dass die Mitarbeiter sich selber eher zu anspruchsvolle Ziele setzen anstatt die ihnen gewährten Freiräume zu missbrauchen. Eine dieser Unternehmen wird in der Fallstudie A (Abschnitt 4.1) vorgestellt.

den.[155] Auch können auf ihrer Basis oft nur beschränkt Rückschlüsse auf die Ursachen unzureichender Performance gezogen werden. Ashton spricht in diesem Zusammenhang von einem Limit, das nur mit einer Neuausrichtung auf ein prozessorientiertes Unternehmensverständnis überschritten werden kann: „[...] there is usally a point of arrival beyond which a function and its organisation cannot proceed. [...] process-oriented activities can bring superior results – in addition to parallel gains in customer satisfaction, retention and loyality. But not without pain.“ [156]

Hinterhuber stellt ebenfalls fest, dass viele funktional ausgerichtete Organisationen bzgl. der vom Markt verlangten kürzeren Lebenszyklen, Servicefokussierung, höheren Qualität und konkurrenzfähigen Kostenstrukturen vor Problemen stehen, die auf eine mangelnde Prozessorientierung zurückgeführt werden können.[157] Barker betont dbzgl.: „Very few organisations are capable of analysing their value-adding capability, quality and people development needs and investing time or money in any accuracy.“[158]

Zahlreiche Autoren betrachten eine stärkere Fokussierung auf Prozesse als einen Lösungsansatz, die Transparenz der wertschöpfenden Faktoren zu erhöhen und mit den dadurch gewonnenen Erkenntnissen die Wettbewerbsfähigkeit eines Unternehmens zu verbessern.[159]

Hammer/Champy sehen in der Fähigkeit, die internen Prozesse zu beherrschen, das grösste Potential, um die Unternehmensperformance signifikant zu verbessern. Sie führen dbzgl. aus: „It is not products but the process that creates products that bring companies longterm success.“[160] Dieser Meinung stimmen auch Rummler/Brache zu, indem sie betonen, dass die Performance einer Organisation in den meisten Fällen das Ergebnis von verschiedenen Bereiche übergreifenden Prozessen ist.[161] Zachau definiert einen Prozess als Verknüpfung von „mindestens zwei Aktivitäten und zwar unabhängig von strukturorganisatorischen Grenzen. Ein Prozess produziert aus Input ein materielles oder immaterielles Prozesser-

---

155 Die von Hostettler (1997b) dargestellten Instrumente zur Umsetzung von zeitbasierten Strategien in der Praxis weisen eine Dominanz nicht-finanzieller Messgrössen bei der Kontrolle ihrer Umsetzung aus. Finanzielle Grössen spielen eine eher unbedeutende Rolle. Hostettler (1997b), S.145ff.

156 Ashton (1997), S.134

157 Hinterhuber (1994), S.58

158 Barker (1993), S.44

159 Aus der Vielzahl der Veröffentlichungen sei exemplarisch auf Harrington (1991), Meyer (1991), Hammer/Champy (1993), Jones (1994), Roberts (1994), Kleinsorge (1994), Weber (1995), Cartwright/Hogg (1996) und Heilmann (1996) verwiesen.

160 Hammer/Champy (1993), S.25

161 Rummler/Brache (1990), 121ff.

gebnis für einen oder mehrere unternehmensinterne oder –externe Kunden".[162] Aus dieser Definition geht die Kundenorientierung hervor, die im Prozessgedanken verwurzelt ist.[163] Die Prozessorientierung greift auf Ideen zur Gestaltung der Ablauforganisation zurück, stellt aber im Gegensatz zur Ablauforientierung nicht Stellen und Funktionen, sondern übergreifende Prozesse (Prozessketten) in den Betrachtungsmittelpunkt. Die Identifikation und Analyse von Aktivitäten als Subelemente von Prozessen kann zu einem verbesserten Verständnis der performancetreibenden Faktoren eines Unternehmens beitragen. Ostinelli/Toscano betonen in diesem Zusammenhang: „The way activities are linked along processes is the real root of costs and quality."[164] Daher empfiehlt sich eine Orientierung an den Prozessen eines Unternehmens, um deren Einflussfaktoren auf die Performance zu identifizieren.

Bei der Herleitung operativer Key Performance Indicators kann das Prozessmodell eines Unternehmens einen integrativen Bezugsrahmen bilden. Lynch/Cross fordern daher: „An operational control system must be based on a tightly defined linkage between measurements at the local operational level and the objectives of the core process."[165] Dabei sollte aber auf zwei limitierende Aspekte hingewiesen werden: der Nutzen, der aus der Messung von Indikatoren der Prozessperformance resultiert, kann durch eine Instabilität der Prozesse sowie das Fehlen repetitiver Tätigkeiten signifikant eingeschränkt werden.[166] Heilmann empfiehlt in solchen Fällen eine fallweise Lösung vor dem Hintergrund von Kosten-Nutzen-Überlegungen.[167] Zudem birgt die Ausrichtung an Prozessen die Gefahr eines zu hohen Detaillierungsgrads bei der Performancemessung in sich, was im Sinne eines „overengineering" eine kaum zu bewältigende Komplexität nach sich ziehen kann.[168]

Diesen Schwächen stehen Vorteile der internen und externen Kundenorientierung, der Ausrichtung auf die Aktivitäten der Mitarbeiter als Träger der Prozesse sowie der Förderung eines lateralen Leistungsverständnisses, das Abteilungsgrenzen überwinden kann, gegenüber.[169]

---

162 Zachau (1995), S.52

163 „By definition, a process view of the company is customer driven. This means that the process view of the company aligns with the fundamental driver of value within the company." Geanuracos/Meiklejohn (1993), S.193

164 Ostinelli/Toscano (1997), S.1

165 Lynch/Cross (1991), S.66

166 Raubach (1996), S.240

167 Heilmann (1996), S.331

168 Heilmann (1996), S.321

169 Roberts (1996) betrachtet ein prozessorientiertes Vorgehen als einen Ansatz, der eine stärkere Fokussierung auf Einflussgrössen der Performance initiiert: „When an organization is managed

3.3.2.2 Methodisches Vorgehen zur Herleitung prozessbasierter KPIs

In diesem Abschnitt soll eine Methodik zur Herleitung operativer KPIs erläutert werden. Als Koordinationsinstrument dient hierbei nicht ein unternehmensweites Messgrössenraster, sondern die zu betrachtenden Geschäftsprozesse, die bei Bedarf in Teilprozesse zergliedert werden können.

Bei der Herleitung der operativen KPIs aufgrund von Prozessen kann es empfehlenswert sein, die folgenden Schritte zu beachten[170]:

- Ermittlung der Prozessziele und Erfolgsfaktoren
- Abbildung der zu untersuchenden Prozesse, um Klarheit über die Beteiligten und ihre Aufgaben zu erhalten
- Selektion von KPIs durch die Personen mit dem grössten Einfluss auf die Prozessperformance
- Dokumentation und regelmässige Revision der operativen KPIs

Abbildung 3-17: Schritte bei der Herleitung von operativen KPIs

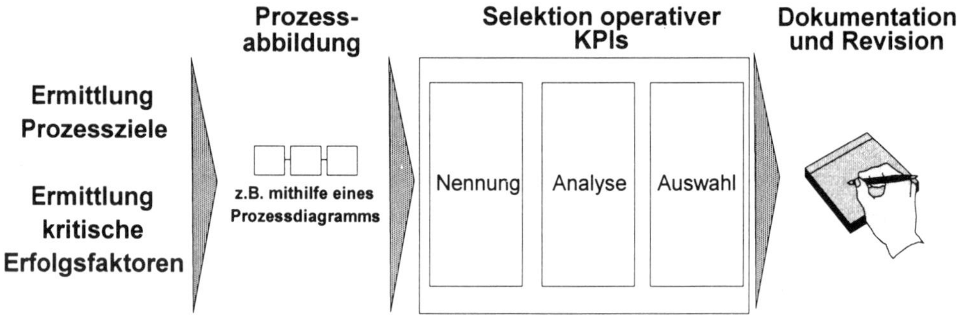

functionally, it tends to measure what the senior managers want – the key performance outcomes. [...] Under a process view we look at the business as a set of processes and we still measure the KPOs [key performance outcomes]. But because we are focused on processes, we also tend to look for the in-process measures which affect the KPOs, namely the key performance drivers.“ Roberts (1996), S.63

170 Eine ähnliche Vorgehensmethode schlagen Ripperger/Zwirner (1995) und Wolter (1997) vor. Ripperger/Zwirner (1995), S.79; Wolter (1997), S.210ff.
Weitere Methoden zur Bestimmung von Messgrössen finden sich bei Mutscheller (1996), Walsh (1996) und Roberts (1996)

In der Literatur wird oft vorgeschlagen, dass an der Analyse der Prozesse und Selektion der KPIs multifunktionale Teams beteiligt sein sollten, da Prozesse oft durch einen abteilungsübergreifenden Charakter geprägt sind. [171] Durch die Bildung dieser Teams können Konflikte abgebaut sowie die Zusammenarbeit und der Zusammenhalt zwischen den Beteiligten gefördert werden: „When a group of people builds a measurement system, it also builds a team."[172]

Eine solche Vorgehensweise zieht aber einen höheren Koordinationsaufwand nach sich, da sich die Mitglieder verschiedener Abteilungen abstimmen müssen. Zusätzliche Probleme können auftreten, wenn unterschiedliche „Fachsprachen" gesprochen werden und unklar ist, wer die Führungs- und Ergebnisverantwortung in diesem Prozess besitzt. Winkler/ Wolf schlagen alternativ vor, dass in der frühen Phase der Prozessabbildung ein Prozessmodellierer mit Methodenkompetenz die Ist-Prozesse erhebt, indem er in Einzelinterviews mit den an den Geschäftsprozessen beteiligten Mitarbeitern die notwendigen Informationen sammelt.[173] Ein solches Vorgehen kann aber nur in beschränktem Masse geeignet sein, das Wissen vieler Prozessmitwirkender zu sammeln und Missverständnisse aufzudecken.

Winkler/Wolf sprechen sich daher für eine Kombination von Top-down und Bottom-up-Elementen aus.[174] Während idealerweise Top-down Geschäftsprozesse identifiziert, deren Ziele kommuniziert und sie evtl. auch in Teilprozesse zergliedert werden, sollte im Gegenzug Bottom-up die Überprüfung und Vornahme notwendiger Anpassungen erfolgen. Die Auswahl der operativen KPIs sollte durch jene Personen erfolgen, die die Verantwortung für die analysierten Prozesse besitzen. Roberts führt hierzu aus: „In previous eras, is was felt that process improvement was best undertaken by specialist management personnel. However, the forces that are driving the empowerment of employees are now placing process improvement squarely in the hands of employees."[175]

---

171 Unter funktionalen Teams soll eine Gruppe von Mitarbeitern verstanden werden, die derselben organisatorischen Einheit zugeordnet sind. Im Gegensatz dazu wird der Begriff der „überfunktionalen Teams" dadurch geprägt, dass eine Gruppe von Mitarbeitern aus verschiedenen organisatorischen Einheiten besteht.

172 Meyer (1994a), S.102

173 Winkler/Wolf (1997), S.156

174 Winkler/Wolf (1997), S.159f.
Schneiderman (1996) betont dbzgl., dass es sich bei der Ermittlung von operativen Kenngrössen um einen Prozess handelt, bei dem Top-down und Bottom-up bezogene Elemente aufeinander abgestimmt werden sollten. „ADI's [Analog Devices Inc.] approach to metric creation attempted to balance Top-down alingment with bottom-up ownership of the process." Schneiderman (1996), S.6

175 Roberts (1996), S.42

Wolter berichtet von den positiven Erfahrungen, die aufgrund einer so charakterisierbaren, partizipativen Einführung von operativen Prozesskennzahlen bei einem Automobilzulieferer gewonnen worden sind.[176] Als Vorteile eines solchen Vorgehens kann sichergestellt werden, dass die Unternehmensziele „in die Sprache der Mitarbeiter übersetzt werden", die Implementierung handhabbarer Kennzahlen erleichtert wird und die Mitarbeiter Wissen aufbauen, das ihnen ermöglicht, das Kennzahlensystem selbständig weiterzuentwickeln.[177]

3.3.2.2.1 Ermittlung Prozessziele und kritische Erfolgsfaktoren

Die Unternehmensziele sollten die Basis für die Geschäftsprozessziele bilden.[178] Im Rahmen eines Top-down-Vorgehens sollten Ziele einzelnen Geschäftsprozessen zugeordnet werden und sukzessive bis auf Teilprozessebene verfeinert werden.[179] Dieses Vorgehen gestaltet sich aber in der Praxis gemäss Lüthi et al. sehr schwierig, da „Ziele in der Vergangenheit für organisatorische Einheiten (z.B. Abteilungen), nicht jedoch für Geschäftsprozesse definiert wurden."[180] Der abteilungsübergreifende Charakter von Prozessen erfordert aber für diese Aufgabenstellung eine andere Fokussierung, die sich von aufbauorganisatorischen Aspekten entfernt.

Auch wenn die Zuordnung von Unternehmenszielen auf einzelne Prozesse schwierig und ggfs. bei internen Serviceprozessen kaum möglich ist, bleibt es eine unerlässliche Voraussetzung, dass die Unternehmensziele den an der Auswahl von operativen KPIs beteiligten Personen bekannt sind. Auch sollten für die betrachteten Prozesse Ziele definiert werden können, die strategiekonform sind.[181] Daher schlagen Geanuracos/Meiklejohn vor, bei jeder Prozessanalyse die Kundenbedürfnisse zu identifizieren: „It is the customer's viewpoint which sets the priorities and defines the boundary of the process, and it is those key satisfaction indicators which define how that process should be measured."[182]

---

176 Wolter (1997), S.218

177 Wolter (1997), S.219

178 Siehe hierzu auch Lüthi et al. (1998), S.42

179 Ein leicht abweichendes Vorgehen schlägt Wolter (1997) vor. Wolter (1997), S.213f.

180 Lüthi et al. (1998), S.42

181 Sofern in einem Unternehmen keine Orientierung an Geschäftsprozessen erfolgt, ist es notwendig, dass die Beteiligten ihre Leistung als Beiträge den spezifischen Unternehmensbereichs- und Abteilungszielen zuordnen können.

182 Geanuracos/Meiklejohn (1993), S.196
Unter Kundenorientierung ist sowohl die interne als auch die externe Kundenorientierung zu verstehen. Zur Bedeutung der internen Kundenorientierung am Beispiel der Accountingfunktion siehe Fickert/Anger (1998), S.54 und 61 sowie Fickert/Schedler (1995), S.383ff.

Nachdem die Ziele eines Prozesses definiert sind, kann es empfehlenswert sein, die kritischen Erfolgsfaktoren bei der Erreichung der Prozessziele zu identifizieren. Unter Prozess-Erfolgsfaktoren verstehen Lüthi et al. „eine limitierte Anzahl von Variablen, die eine erfolgreiche Qualität (Performance) des Geschäftsprozesses sichern."[183] In Anlehnung an das im ersten Modul vorgestellte Konzept der kritischen Erfolgsfaktoren gehören zu den Prozesserfolgsfaktoren jene kritischen prozessrelevanten Elemente, die eine zufriedenstellende Ausprägung besitzen müssen, damit ein Geschäftsprozess funktioniert.

Mende unterscheidet zwei verschiedene Arten der Erfolgsfaktoren von Prozessen: Kritische Erfolgsfaktoren der Prozessleistung sowie des Prozessablaufs.[184] Ihr Zusammenwirken wird anhand der nachfolgenden Abbildung ersichtlich.

Abbildung 3-18: Arten von kritischen Erfolgsfaktoren von Prozessen[185]

Bei den Erfolgsfaktoren der Prozessleistung handelt es sich um Elemente, die einen erwünschten Nutzen für die Prozesskunden bestimmen. Sie können oft in die Gruppen Zeit, Kosten, Qualität und Flexibilität eingeteilt werden.[186] Ein solcher zeitorientierter Erfolgsfaktor könnte bei einer Direktbank z.B. die telefonische Erreichbarkeit innerhalb einer für den Kunden akzeptablen Zeitfrist sein.[187]

Die Ressourcen und Fähigkeiten, die bei der Durchführung eines Prozesses benötigt werden, prägen die Erfolgsfaktoren des Prozessablaufs. Bei einer Direktbank gehören bspw. die Anzahl der Agenten, die Anrufe entgegennehmen zu dieser Gruppe: ist ihre Anzahl im Verhältnis zu den anrufenden Kunden zu gering, leidet die Prozessperformance empfindlich: die Wartezeit anrufender Kunden wird verlängert. Weitere Elemente dieser Gruppe sind z.B. der Informationsfluss, die Motiviation oder die Ablaufsicherheit eines Prozesses.

183 Lüthi et al. (1998), S.43
184 Mende (1995), S.45ff.
185 in Anlehnung an Mende (1995), S.45
186 Mende (1995), S.45ff.
187 Unter Direktbank versteht man ein Kreditinstitut, bei dem die Kunden sämtliche Transaktionen per Telefon vornehmen. Die Einsparungen bei den Infrastrukturkosten werden an die Kunden in Form niedrigerer Gebühren weitergegeben. Für den Kunden nimmt die Flexibilität zu, da er i.d.R. zu jeder Uhrzeit auf seinem Konto Transaktionen durchführen kann.

Im Gegensatz zu den Erfolgsfaktoren der Prozessleistung ist nicht immer jeder Erfolgsfaktor des Prozessablaufs relevant.

3.3.2.2.2 Prozessabbildung

Die Prozessabbildung dient der Erfassung des Ist-Zustandes der zu analysierenden Prozesse. Mit ihrer Hilfe sollen die betrieblichen Teilprozesse, die „zum überwiegenden Teil jedoch nur in den ‚Köpfen der Mitarbeiter' festgeschrieben sind"[188], dargestellt werden.[189] Während im ersten Schritt die Ziele sowie die kritischen Erfolgsfaktoren eines Prozesses erhoben werden, dient der zweite Schritt mit der Abbildung des Ist-Zustandes der Schaffung von Prozesstransparenz, eines gemeinsamen Prozessverständnisses sowie der Aufdeckung von möglichen Schwachpunkten. Das Prozessbild kann die Basis für die Auswahl operativer KPIs bilden: „Once the company has a picture of the process via this mapping technique, it can then measure the elements of the process [...]".[190]

Die Instrumente zur Prozessabbildung haben u.a. im Rahmen der zunehmenden Verbreitung von ISO 9000 in der Praxis eine stärkere Resonanz gefunden.[191] In der Literatur existieren verschiedenartige Methoden zur Modellierung von Prozessen[192], die von einfachen Methoden zur Darstellung der Abläufe bis zu komplexen Instrumenten zur Integration von Daten- und EDV-Strukturen in die Ablaufdiagramme reichen (wie z.B. ARIS).[193]

Im folgenden soll mit dem Prozessdiagramm eine Darstellungsart erläutert werden.[194]

---

188 Marlière (1997), S.11

189 Zum Vorgehen bei der Prozessidentifikation und –zerlegung sei auf Heilmann (1996) verwiesen. Heilmann (1996), S.139ff.

190 Geanuracos/Meiklejohn (1993), S.201

191 1994 hatten in Europa ca. 50'000 Unternehmen ihr Qualitätsmanagementsystem zertifizieren lassen. Seghezzi (1996), S.203
Zur Prozessorientierung der ISO 9000 Normenfamilie siehe Seghezzi (1996), S.212
Es soll darauf hingewiesen werden, dass in vielen Unternehmen immer noch Barrieren gegen die Dokumentation von Prozessen bestehen. Hronec nennt vier Arten von Barrieren: Organisation nach Funktionen anstelle von Prozessen, keine Prozessverantwortlichen, willkürliche Entwicklung von Prozessen sowie der Zeitaufwand bei der Erstellung von Flowcharts. Hronec (1993), S.155f.

192 Unter „Modellierung" sollen alle Methoden und Tätigkeiten zur Erfassung und Spezifikation von Prozessen verstanden werden

193 Zur Prozessdarstellung in ARIS siehe Scheer (1994), S.53
Für weitere Darstellungsformen wird auf Körmeier (1997), S.25ff. verwiesen
Trotz der Leistungsfähigkeit und Komplexität vieler Instrumente zur Prozessabbildung fordert Walsh (1995): „People need simple tools to find drivers and their relationships with outcomes." Walsh (1995), S.63. So kann sichergestellt werden, dass die Instrumente von einer grossen Anzahl Mitarbeiter verstanden und auch tatsächlich eingesetzt werden.

194 Zur Bedeutung der Visualisierung siehe Barrett (1994), S.15ff.

Prozessdiagramm

Ein Prozessdiagramm stellt die einzelnen Teilprozesse in ihrer zeitlichen Reihenfolge dar und ermöglicht so die Darstellung von Interdependenzen im Prozessablauf.[195] Anhand des einfachen Prozessdiagramms in Abbildung 3-19 wird ersichtlich, dass die Messgrössen eines Teilprozesses die Performance des folgenden Teilprozesses massgeblich beeinflussen: So führt z.B. das Fehlen von Mitarbeitern, die Telephonanrufe entgegennehmen (Empfang Anruf), zu einer Verlängerung der Wartezeit für die Kunden (Setzen in Warteschleife).[196]

Abbildung 3-19: Prozessdiagramm zur Bestimmung der KPIs[197]

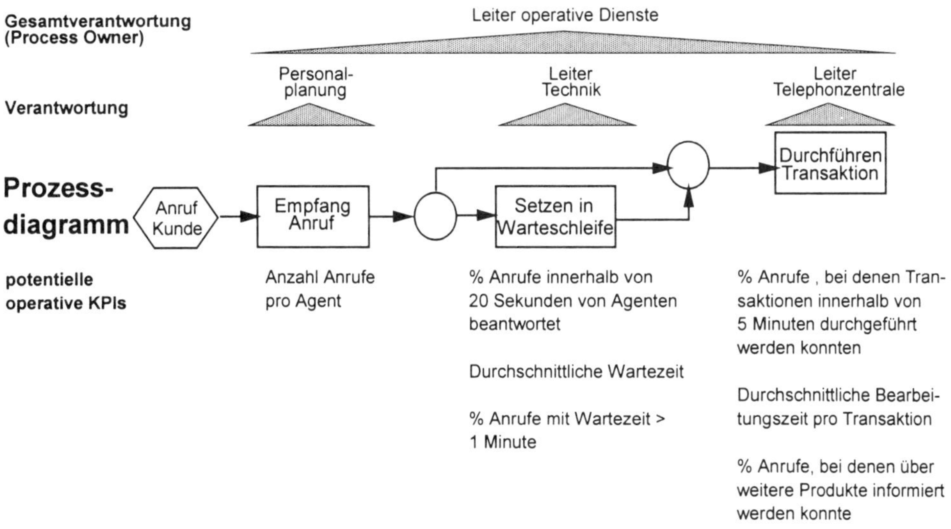

Die Messgrössen der Prozessperformance können verdichtet werden zu weiteren Kennzahlen wie z.B. die Anzahl Anrufe pro Agenten oder der Anteil der Anrufe, die innerhalb von 20 Sekunden beantwortet werden. Die erste Kennziffer spiegelt als zeitbezogene Grösse die Qualität des Services aus Kundensicht wider. Letztere erlaubt Rückschlüsse auf die Ressourcennutzung und somit auch indirekt auf die Kosten pro bearbeiteten Anruf.

195 Booth (1995), S.32

196 Der umgekehrte Sachverhalt ist auch denkbar: So kann z.B. eine Verlängerung der Bearbeitungszeit beim Teilprozess „Transaktion durchführen" zu einer Zunahme der Anzahl Wartender führen. Im Regelfall überwiegen Messgrössen, die sich auf nachgelagerte Teilprozesse auswirken. Walsh (1996), S.513

197 In Anlehnung an Walsh (1996), S.513

Das Prozessdiagramm eignet sich, komplexere Prozesse, an deren Ausführung verschiedene Personen beteiligt sind, abzubilden und somit ein gemeinsames Prozessverständnis zu schaffen. Ostinelli/Toscano betonen die Notwendigkeit, dass jedes Prozessdiagramm mit den im Prozess beteiligten Personen abgestimmt sein sollte: "Process map need to be well prepared at the right level of disaggregation and must be precisely interpreted by the people who perform the investigated activities."[198] Sofern einzelne Teilprozesse vertieft analysiert werden sollen, kann dafür z.B. ein Prozess-Ursache-Wirkungsdiagramm verwendet werden.[199]

Nachdem die Prozesse abgebildet worden sind, folgt der schwierigste Schritt: die Selektion der operativen KPIs. Zahlreiche Unternehmen bleiben mit der Prozessabbildung auf dieser frühen Stufe des Prozessmanagements stehen. Lingscheid sieht in dem Fehlen von Massgrössen und Merkmalsausprägungen zur Bewertung von Prozessen ein „wesentliches Manko eines ausschliesslich auf Prozessdokumentationen fussenden Prozessmanagements".[200]

3.3.2.2.3 Selektionsprozess von prozessbasierten KPIs

Der Selektionsprozess von KPIs kann in drei Schritte unterteilt werden: die Identifikation, Analyse und Auswahl von operativen KPIs.[201] Die Identifikation ist unmittelbar mit der Prozessabbildung verbunden: Bei der Erstellung eines prozessorientierten Ursache-Wirkungs-Diagramms ist bspw. zwangsläufig die Frage nach den Einflussfaktoren auf die Prozesse zu beantworten.

Identifikation

Zur Ermittlung möglicher KPIs eignen sich Kreativitätstechniken wie z.B. Brainstorming, -writing oder auch die Nominal Group Technique, eine Methode zur Generierung von Ideen in einer Gruppe.[202] Das wichtigste Element der Kreativitätstechniken ist die Option, frei und ungezwungen Ideen zu äussern. Dadurch wird es ermöglicht, unterschiedliche Sicht-

198 Ostinelli/Toscano (1997), S.13
199 Walsh (1996), S.517
200 Lingscheid (1997), S.173
201 Fries (1994), S.111
202 Eine sehr gute Übersicht über Methoden zur Ideengenerierung, -analyse und -auswahl liefert Fries (1994), S.112ff.

weisen auf die zu untersuchenden Prozesse einzunehmen.[203] Dieser Schritt dient dem Sammeln von Grössen, die auf die Prozessperformance und auf Verbesserungsziele Einfluss haben.[204]

Als Ansatzpunkte für die Ermittlung von KPIs eignen sich Prozessschnittstellen, da sie lt. Scholz/Vrohlings „von elementarer Bedeutung für die Performance eines Prozesses"[205] sind. Jones unterscheidet dabei drei verschiedene Arten von Schnittstellen: zwischen jedem Subprozess/jeder Aktivität, zwischen jedem externen Kunden/Lieferanten sowie zwischen Hauptprozessen.[206]

Analyse von potentiellen KPIs

Die Analysephase dient dazu, allen Teilnehmern die Wirkungsweise der identifizierten Messgrössen innerhalb des zu untersuchenden Prozesses verständlich zu machen.[207] Das Wissen der Teilnehmer über die Wirkungszusammenhänge kann den nachfolgenden Auswahlprozess beschleunigen. Mit der Abbildung eines Prozesses ist bereits das Fundament für die Analysephase gelegt worden.[208]

Bei der Bewertung des Ist-Zustandes können zwei Zielsetzungen unterschieden werden: die Prozesseffizienz und -effektivität.[209] Während die Prozesseffizienz aufgrund der drei

---

203 Eine freie und ungezwungene Denkweise darf nicht mit einem ziellosen Ansatz verwechselt werden. Wenn sich Teams ziellos zu einem Brainstorming treffen, wird das Ergebnis ernüchternd sein. Barrett (1994), S.21

204 Atkinson et al. (1994), S.259

205 Scholz/Vrohlings (1995), S.64

206 Jones (1994), S.27

207 Ein häufiges Problem von Gruppen, die Messgrössen bestimmen, liegt in dem fehlenden Verständnis für die Ziele und Zusammenhänge von Messgrössen, die die Zielerreichung abbilden. Daher sollte vor der Auswahl von Messgrössen Klarheit über diese beiden Punkte geschaffen werden. Meyer (1994a), S.102

208 Als weitere Analyseinstrumente bieten sich u.a. Affinitätsdiagramme, Relationsmatrizen sowie die Netzwerktechnik an. Ein Affinitätsdiagramm strukturiert die durch das Brainstorming bzw. NGT generierten Messgrössen, indem es sie zu übergeordneten Gruppen zusammenfasst, die untereinander in Beziehung gesetzt werden können. Eine Relationsmatrix ermöglicht die Gegenüberstellung und die Bewertung (z.B. durch den Erfüllungsgrad) von Messgrössen gegen verschiedene entscheidungsrelevante Dimensionen. Mizuno (1988), S.172ff.
Die Netzwerktechnik hilft bei der Analyse durch die Abbildung von Abhängigkeiten und Intensitäten der genannten Messgrössen innerhalb des zu untersuchenden Prozesses. Eine detaillierte Übersicht über die Netzwerktechnik liefern. Probst/Gomez (1995), S.78ff.
Für eine umfassendere Darstellung von Analyseinstrumenten sei auf Atkinson et al. (1994), S.260ff. verwiesen.

209 Jones (1994), S.27

Dimensionen Zeit, Qualität und Kosten bewertet werden kann, gestaltet sich die Ermittlung der Prozesseffektivität schwieriger, da sie zielbezogen ist.

Mitchell erläutert praktische Schwierigkeiten bei der Messung der Effektivität: „We need to understand the key drivers of customer satisfaction in each customer segment. [...] The point is, the customer has to determine what these indicators are, and that requires a lot of research as well as continuous monitoring and adaptation to make sure that what we are measureing is what is important.“[210]

Auswahl von KPIs

Der Auswahlprozess der Messgrössen wird von vielen Autoren als der schwierigste Schritt bei der Erstellung eines Performancemesssystems betrachtet.[211] Ein Problem stellt dabei die schrittweise Reduzierung einer grösseren Anzahl potentieller Key Performance Indicators dar.[212] Von grosser Wichtigkeit ist bei der Auswahl von Messgrössen, dass sowohl interne als auch externe Indikatoren einfliessen. Die im Prozessgedanken verwurzelte Kundenorientierung erfordert es, dass die Auswirkungen von Prozessen auf die externen (und internen) Kunden ermittelt werden.[213]

Da die Messgrössen sowohl aufeinander abgestimmt als auch zur Beurteilung der Leistung der mitwirkenden Personen verwendbar sein sollten[214], gilt es, Interessenskonflikte zu beseitigen. Diese Interessenskonflikte werden umso stärker sein, je grösser der Neuerungsgrad in den entsprechenden Unternehmensbereichen ist. Daher empfiehlt sich ein iteratives Vorgehen bei der Auswahl der Messgrössen.[215] Jones unterscheidet dabei verschiedene

---

210 Mitchell, zitiert von Geanuracos/Meiklejohn (1993), S.218

211 Der Ausdruck „Auswahlprozess“ scheint insbesondere auch deshalb geeignet zu sein, da bei der Auswahl der Messgrössen oft ein iteratives Vorgehen gewählt wird. Scholz/Vrohlings (1995) stellen dbzgl. fest: „Das Resultat dieser Vorgehensweise ist ein Messsystem, das in einem iterativen Prozess die vollständige Abdeckung der relevanten Prozessmerkmale garantiert und durch die adäquate Beteiligung der Prozessverantwortlichen ein hohes Akzeptanzniveau aufweist.“ Scholz/Vrohlings (1995), S.64
Crockett (1992), S.44

212 Ein Beispiel für die Reduktion der potentiellen KPIs auf wenige überschaubare wird von Ashton (1997) illustriert. Er berichtet von einem Teilprozess der Britisch Airways am Flughafen London Heathrow, dem Transfer-Baggage-Prozess: „This [der Prozess] includes 125 separate activities but only six of the measures merit reporting outside the process itself. The importance of more detailed data occures only as processes are getting out of control, when it assist in root cause analysis.“ Ashton (1997), S.141

213 Siehe hierzu auch Seite 135

214 Zur Leistungsbeurteilung siehe auch das vierte Modul in Abschnitt 3.4 sowie Jones (1994), S.27

215 Barrett (1994), S.21

Verwender der Messgrössen: den Process Owner sowie die am Prozess direkt beteiligten Gruppen von Mitarbeitern.[216] Dabei sollte seiner Meinung nach die Auswahl durch die beteiligten Gruppen erfolgen, wobei dem nächsthöheren Manager ein Mitwirkungs- und Vetorecht beigemessen werden sollte.[217]

Beim Auswahlprozess von Messgrössen sollte im Vorfeld ein Konsens über die wichtigsten Merkmale gefunden werden, denen die Kennziffern entsprechen sollten. Es empfiehlt sich beim Auswahlprozess, die Kriterien in Frageform zu formulieren. Als ein Beispiel kann der Fragenkatalog von Crockett dienen.[218] Jede ausgewählte Performancekennziffer sollte zu einer positiven Beantwortung der nachfolgenden Fragen führen.

Abbildung 3-20: Fragenkatalog zur Auswahl von operativen KPIs[219]

- Ist die Messgrösse für ihren Benutzer verständlich, und hilft sie bei der Diagnose?
- Kann die Messgrösse von ihrem Benutzer beeinflusst werden?
- Verursacht die Messgrösse eine rasche Rückkoppelung, damit bis zur Wirkung einer Massnahme wenig Zeit vergeht?
- Kann die Messgrösse mit der Strategie verknüpft werden, um das Verhalten der Mitarbeiter strategiekonform zu beeinflussen?
- Können die Messgrössen aggregiert werden? Korrespondieren sie mit den Grössen über- und untergeordneter Hierarchiestufen?
- Kann die Messgrösse einfach erfasst werden?

---

216 Jones (1994), S.27

217 Jones (1994), S.28

218 Crockett (1992), S.43f.

219 Crockett (1992), S.43
In der Literatur sind zahlreiche Anforderungskriterien an Performancemessgrössen veröffentlicht. Dazu gehören z.B. die Echtzeit-Rückkoppelung sowie die weitestgehende Vermeidung finanzieller, abstrakter Messgrössen auf unteren Hierarchiestufen. Zudem sollten die Indikatoren leicht erfassbar, verdichtbar und strategisch relevant sein. Siehe hierzu Horváth et al. (1993), S.77; Mutscheller (1996), S.30; Morrow (1992), S.117
McMann et. al. haben einen Katalog mit 24 Kriterien entwickelt. Darunter befinden sich sowohl organisatorische als auch normative Faktoren wie z.B. die Abstimmung von Messgrössen auf die Unternehmenskultur oder das Einverständnis der Mitarbeiter bei ihrer Auswahl. Mcmann et al. (1994), S.56
Neely et al. (1996) schlagen einen sehr pragmatischen Weg zur Identifikation und Auswahl von KPIs vor, der viele Bottom-up-Elemente enthält.
Neely et al. (1996), S.67 und S.99ff.

Ein operativer KPI wird kaum allen genannten Kriterien des Anforderungskatalogs in gleicher Weise entsprechen können. Es sollte ein unternehmensspezifischer Kompromiss gefunden werden, der den Informationsbedürfnissen der Entscheidungsträger und den Personen mit dem grössten Beeinflussungspotential am besten entspricht.

Der Satz ausgewählter Messgrössen eines Prozesses sollte nicht starr sein, sondern sich im Zeitablauf verändern, wenn sich der Prozess signifikant verändert.[220] Es wird einer Gruppe beim ersten Auswahlprozess höchstwahrscheinlich nicht gelingen, eine optimale Selektion von Messgrössen vorzunehmen. Nachträgliche Anpassungen von operativen KPIs wären in der Einführungsphase eines Performance Management Systems somit unvermeidbar.[221] Zudem können im Zeitablauf einzelne Messgrössen an Bedeutung verlieren, sofern z.B. Mitarbeiter Prozessprobleme in einem Bereich lösen und ihre Konzentration auf andere Prolemfelder richten.[222]

Der Schwierigkeitsgrad des Auswahlprozesses kann auch durch den Charakter des Unternehmensbereiches bestimmt werden: Während viele Produktionsabteilungen bereits über eine grosse Erfahrung bei der Einführung und Modifikation von Leistungsmessgrössen verfügen, kann sich die Auswahl dieser Grössen für die (internen) Dienstleistungsbereiche ungleich schwieriger gestalten.[223] Während z.B. für einzelne Produktionsschritte die Vorgabezeiten ermittelt und in Produktionsplanungs- und Controllingsystemen hinterlegt sind, ist die Verwendung von Messgrössen der Dienstleistungsfunktionen von Unternehmen noch nicht sehr verbreitet.[224]

---

220 Eccles äussert sich zur Notwendigkeit des Wandels von Messgrössen, die auch eine Anreizfunktion übernehmen sollen, wie folgt: „Moreover, the relative importance of the variables is certain to change more often - and faster - than the whole incentive system.“ Eccles (1991), S.135

221 Juran bezeichnet die Entwicklung von Messgrössen als evolutionären Prozess. Das impliziert die ständige Überprüfung und ggf. Anpassung der Messgrössen an veränderte Umweltfaktoren. Juran (1992), S.157

222 Meyer (1994a), S.103

223 Meyer (1994b) attestiert vielen Unternehmen der Dienstleistungsbranche, dass dort aufgrund hoher Gemeinkosten kaum adäquate Instrumente vorhanden sind, die eine differenziertere Kostenallokation ermöglichen: „Gefragt sind Systeme, welche die echten Kosten (vor allem auch im Administrations- und Verkaufsbereich) erfassen und leistungsgerecht verrechnen.“ Meyer (1994b), S.28

224 Fickert/Schedler (1995) sehen eine wesentliche Ursache dafür „in der Vielfalt und Komplexität der Dienstleistungen“. Fickert/Schedler (1995), S.383
Als einen gangbaren Weg, um diese Komplexität zu bewältigen sowie die Defizite einer oft anzutreffenden rein finanziellen Erfolgsanalyse zu beheben, sehen sie u.a. die Entwicklung nichtfinanzieller Kennzahlensysteme.
Fickert/Schedler (1995), S.411 und 388ff.
Siehe hierzu auch Fitzgerald et al. (1991), S.4f.

Das Controlling der indirekt produktiven Bereiche beschränkte sich in der Vergangenheit auf die Planung und Erfassung der dort anfallenden Kosten.[225] Ihre Leistungen und die dazu gehörenden Messgrössen wurden selten im Controllingsystem abgebildet.[226] Daher gilt es bei der Auswahl der Messgrössen, Vorbehalte gegen die Schaffung einer Kontrollkultur zu entkräften.

3.3.2.2.4 Dokumentation und Revision

Dokumentation von KPIs

Die Dokumentation dient dem Zusammenführen und Fixieren der KPIs verschiedener Prozesse. Auf der Prozessebene sollte der Process Owner, der für den gesamten untersuchten Prozess die Verantwortung trägt, die Messgrössen dokumentieren, die als Performanceindikatoren des Prozesses ausgewählt worden sind.[227]

Die Bestimmung der Prozessmessgrössen durch ein multifunktionales Team mit der Unterstützung des Process Owners kann sicherstellen, dass die Prozessmessgrössen mit den lokal verwendeten KPIs abgestimmt sind. Das kann somit auch zur Konsistenz und Redundanzfreiheit der Prozess KPIs beitragen.[228]

Demzufolge sollte der Ansatz von Roberts vor dem Hintergrund der spezifischen Gegebenheiten im Unternehmen bewertet werden, da er nicht von den Prozessen ausgehend die KPIs ermittelt, sondern empfiehlt, zuerst auf Teamebene mit der Auswahl von KPIs zu beginnen und erst danach eine Verdichtung auf höheren Hierarchiestufen vorzunehmen.[229]

Ein solches Vorgehen kann in der Entwicklungsphase auf Teamebene zu raschen Ergebnissen führen. Durch schnelle erste Erfolge kann diese Methodik die Eigendynamik des KPI-Entwicklungsprozesses fördern.

---

225 Siehe hierzu Abschnitt 2.1.3.2

226 Durch die Einführung der Prozesskostenrechnung ist in jüngster Vergangenheit ein erster Schritt in der Erhebung von Leistungsstandards unternommen worden. Doch zeigen Erhebungen, dass die Prozesskostenrechnung noch nicht weit verbreitet ist. Can (1997), S.253

227 Um Einfluss auf die Performance abteilungsübergreifender Prozesse nehmen zu können, sollte er zudem eine hohe hierarchische Position innehaben. Siehe hierzu auch Schneiderman (1996), S.10f.

228 Zur Rolle eines Process Owners und seiner Koordinationsfunktion siehe auch Geanuracos/ Meiklejohn (1993), S.221

229 Roberts (1996), S.22 und 56

Schwierigkeiten können bei der Verdichtung von Messgrössen entstehen, da die integrative Funktion der auf die Unternehmensstrategie abgestimmten Prozesse fehlt.

Es ist aber zweifelhaft, ob eine Verdichtung tatsächlich immer notwendig ist. Zwar kann ein Controllingsystem entstehen, das grosse Redundanzen der Informationen aufweist, doch können eine schnelle Anpassungsfähigkeit sowie die Kundenorientierung für die lokalen Systeme sprechen.[230] Im Abschnitt 3.4.1.4 wird auf diesen Aspekt näher eingegangen.

Eine Möglichkeit zur Vermeidung dieses „Wildwuchses" kann die Vorgabe eines Messgrössenrasters bilden, wie auf Seite 132 vorgestellt. Es kann eine grobe einheitliche unternehmensweite Messgrössenstruktur gewährleisten. Unabhängig vom Anwendungskontext[231] können dadurch dieselben Gruppen von KPIs innerhalb einer Organisation verwendet werden.

Revision

Die kritischen Erfolgsfaktoren und KPIs einer Unternehmung sollten regelmässig auf Relevanz und Nutzen hin untersucht werden. Da sich die Wettbewerbsfaktoren und folglich auch die kritischen Erfolgsfaktoren, die Prozesse, Unternehmensstruktur und die Verantwortlichkeiten verändern, sollten die Messgrössen der Performance regelmässig überprüft und ggf. angepasst werden.[232]

Strivers et al. haben bei einer Untersuchung von 253 kanadischen und amerikanischen Unternehmen eine signifikante Lücke bzgl. der Messung von nicht-finanziellen Kennzahlen und ihrer Verwendung („measurement-use gap") identifiziert. Daraus leiten sie die Forderung ab: „If firms are collecting data that are not useful, these factors should be deleted from the performance measurement system."[233] Diese Anpassung könnte im Rahmen einer regelmässigen Revision stattfinden.

---

230 „These systems are, however, often complex, burdened down by an overload of quantitative data and therefore sometimes difficult to exploit in an effective manner". Mévellec (1995), S.14.
Diese Aussage von Mévellec bezieht sich auf französiche Tableau de Bord Systeme, die wie der Ansatz von Roberts unkoordiniert sein können.

231 Beispiele der Anwendung von KPIs wären die Kontrolle der Strategieumsetzung, das Benchmarking oder die Messung von Prozess- und Teamperformance.

232 Oettinger spricht von einer „Radikalität der Märkte" in Bezug auf schnellere Veränderungen der Marktsituationen. Oetinger (1993a), S.246f.

233 Strivers et al. (1998), S.49

Sie sollte idealerweise mindestens einmal jährlich erfolgen.[234] Der Anstoss zur Veränderung könnte auf Unternehmensebene aus einer Abklärung der kritischen Erfolgsfaktoren mit Kundenbedürfnissen bzw. durch das Benchmarking mit den wichtigsten Konkurrenten erfolgen. Auf der Prozessebene könnte ebenfalls eine Veränderung der kritischen Erfolgsfaktoren bzw. ein internes/konkurrenzorientiertes Benchmarking als Initiator der KPI-Überprüfung dienen.[235]

Bei Analog Devices erfolgt die Überprüfung der in den Divisionen verwendeten Prozessgrössen auf jährlicher Basis: „As part of ADI's divisional and functional annual plan reviews, subprocess owners presented their process metrics to ADI's senior management team. The spirit of this review was more a demonstration of the existence of underlying process metrics that a critique of the actual metrics used."[236]

Auf Abteilungs-/Teamebene können die Messgrössen im Zeitablauf Änderungsbedarf ausweisen, da die operativen Messgrössen aufgrund von Veränderungen der kritischen Erfolgsfaktoren, der Prozesse und deren Messgrössen sowie Schwerpunktverlagerungen der Verbesserungsbestrebungen einem ständigen Wandlungsprozess ausgesetzt sind.

Bei jeder Revision gilt es, einen Kompromiss zwischen den verändernden und bewahrenden Kräften, die auf die KPIs einwirken, zu finden. Ein zu häufiger Wechsel von KPIs könnte sich auf die Aufmerksamkeit der Mitarbeiter sowie auf die Sicherheit im Umgang mit den KPIs negativ auswirken. Dem steht die Notwendigkeit der Aktualität und Relevanz von KPIs gegenüber.[237]

Ein Manager von Rank Xerox stellt dbzgl. fest: „Too many measures become permanent and that's the last thing we need. What we actually need are the right measures and frequently it is difficult to determine what these are." Fournier, zitiert bei Hope/Hope (1995), S.113

234 Scholz/Vrohlings (1995), S.64

235 Zum Wandel von Prozessen und dem Wartungskonzept zur Sicherstellung der Aktualität siehe auch Marlière (1997), S.12

236 Schneiderman (1996), S.11

237 Zudem ist bei einer Revision der KPIs zu überprüfen, ob die bisher verwendeten KPIs noch relevant sind. Diese sind ggfs. aus den Reports zu löschen, um eine Unübersichtlichkeit der abgebildeten KPIs zu vermeiden. Nur dadurch kann die Aufmerksamkeit auf wenige relevante Messgrössen bewahrt werden und eine Konzentration der Kräfte unterstützt werden.

Abbildung 3-21: Die Revision von operativen KPIs[238]

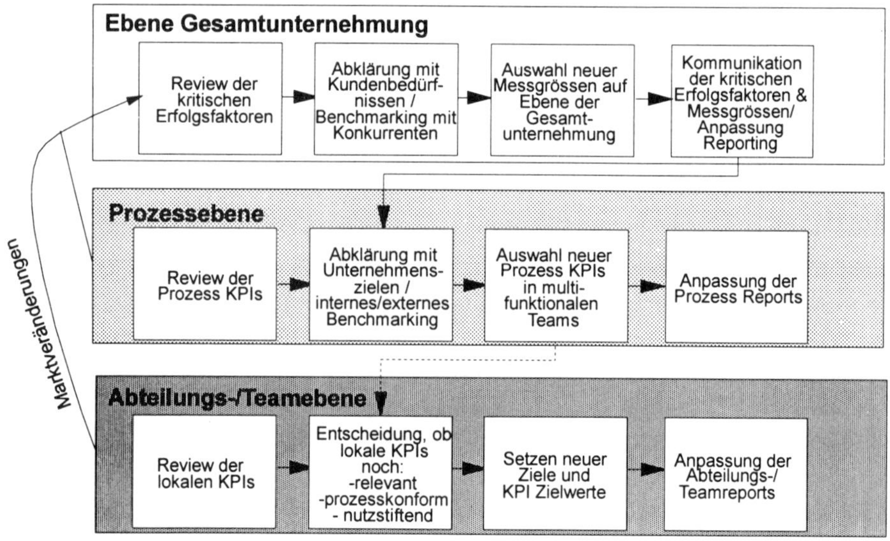

3.3.3 Zusammenfassung und Beurteilung

3.3.3.1 Zusammenfassung und Beurteilung auf Prozessebene

Ein wesentlicher Nutzen der operativen KPIs kann durch ihren Auswahlprozess begründet sein: Sie sollten das Ergebnis eines Vorgehens sein, das auf der Identifikation der kritischen Erfolgsfaktoren beruht.[239] Somit kann die Auswahl der KPIs zur Analyse der bestehenden Prozesse bezüglich ihrer Kundenorientierung zwingen.

Des weiteren führen sie auch zur Auseinandersetzung mit den unternehmensweiten Performancezielen einer Organisation. Der KPI-Auswahlprozess kann die Sensibilisierung für die Prozessperformance sowie die interne Kommunikation der an einem untersuchten Prozess beteiligten Abteilungs-/Teamleiter fördern. „The deep understanding of the way the work is done is essential in choosing improvement actions to be carried out“[240] – die vor-

---

238 in Anlehnung an Roberts (1996), S.58

239 Laut Kaplan können geeignete Performancemessgrössen daran erkannt werden, dass sie die Geschichte der Unternehmensstrategie erzählen. Kaplan (1995), ohne Seitenangabe
Idealerweise fusst die Auswahl der KPIs auch auf den gewonnenen Erfahrungen des Strategy Deployment Prozesses (Modul 2).

240 Ostinelli/Toscano (1997), S.13

angegangene Prozessanalyse legt die Basis für dieses notwendige Verständnis, das Grundvoraussetzung für die Auswahl operativer KPIs ist.

Da der Weg zur Ermittlung von operativen KPIs von einigen Autoren als genauso wichtig betrachtet wird wie das Ziel (die Ermittlung und Messung), wird davon abgeraten, vorgefertigte Messgrössenkataloge (wie sie z.B. in Tochterunternehmen ermittelt worden sind) zu übertragen.[241] Zwar ist ein Wissenstransfer notwendig, jedoch sollte auf ein unreflektiertes Kopieren bestehender Konzepte verzichtet werden.

Die vorgestellte Methodik dient nicht nur zur Bestimmung von Grössen der kurzfristigen operativen Prozessperformance[242], sondern auch wie z.B. das Target Costing als Kommunikationsinstrument, um strategiekonforme Prozessmessgrössen zu ermitteln und diese von Zeit zu Zeit auf ihre Konformität bzgl. der strategischen Zielsetzungen zu überprüfen.[243] Durch die Ableitung der KPIs von der Unternehmensstrategie kann das Performance Management das strategiekonforme Verhalten seiner Informationsempfänger unterstützen. Jones hat in einigen Unternehmen identifiziert, dass zwei verschiedene verändernde Kräfte wirken: „While changes introduced at work group level focus on resolving immediate, local problems, ‚top driven' change usually addresses more strategic issues".[244]

Prozesse können eine integrative Funktion sowohl bei Top-down als auch Bottom-up initiierten Verbesserungsmassnahmen übernehmen und somit die Tätigkeiten beider Gruppen von Mitwirkenden (Process Owner und Mitarbeiter einzelner Teilprozessschritte) koordinieren.

Der Auswahlprozess stützt sich auf ein prozessorientiertes, operatives Modell der untersuchten Unternehmung ab, das an den Erfolgsfaktoren der Unternehmensstrategie ausgerichtet sein sollte.[245] Dieses dem Auswahlprozess der KPIs zugrunde liegende Prozessmodell ist gleichzeitig eine Grundvoraussetzung für die Entwicklung eines prozessorientierten Kostenrechnungssystems.[246]

---

241 Chiapello und Lebas beziehen ihre Aussagen auf die Entwicklung von Tableaux des Bords, wobei sie bei der Auswahl der Messgrössen ein ähnliches Vorgehen vorschlagen wie zur Ermittlung der operativen KPIs vorgeschlagen worden ist. Wegen der ähnlichen Vorgehensweise bei der Auswahl der Messgrössen können Rückschlüsse auf die Messgrössenauswahl beim Cockpit Controlling Ansatz gezogen werden. Chiapello/Lebas (1996), S.29f.

242 Mévellec (1995), S.14

243 Chiapello/Lebas (1996), S.11

244 Jones (1994), S.28

245 Mévellec (1995), S.14

246 Mévellec (1995), S.14

Die Kontrolle und zukünftige Gestaltung der Prozesskosten leitet sich auch aus der Kontrolle der nicht-finanziellen, operativen KPIs ab, die oft Feedforwardgrössen sind.[247] Nicht die Kosten selber, sondern ihre Treiber dienen als Beobachtungsobjekt, wodurch die Reaktionszeit bei ungünstigen Performanceabweichungen reduziert werden kann.[248]

Damit verbunden ist aber auch die Gefahr, dass durch einen hohen Detaillierungsgrad der Teilprozessschritte eine grosse Komplexität geschaffen wird. Rank Xerox hat bspw. in der Einführungsphase ihres Prozessmanagmentsystems 518 separate Prozesse identifiziert, die sukzessive reduziert worden sind.[249] Der damit verbundene Betreuungs- und (Nach-) Pflegeaufwand kann eine zu starke Prozessfokussierung in Frage stellen.

Da viele Unternehmen noch keine umfangreichen Erfahrungen auf dem Gebiet des Prozessmanagements gesammelt haben, wird sich erst in Zukunft zeigen, inwiefern eine stärkere Prozessorientierung tatsächlich auch zur Steigerung der Wettbewerbsfähigkeit von Unternehmen beitragen kann.[250]

3.3.3.2 Zusammenfassung und Beurteilung auf Abteilungs-/Teamebene

Kenett et al. sehen drei wesentliche Vorzüge eines auf Prozessmessgrössen basierenden Leistungsmesssystems: „[...] its attempts to (a) focus on group-level appraisal and minimise individual level appraisal; (b) focus on quality-oriented performance and customer-based measures; and (c) make systemwide improvements."[251]

Erfahrungen, die im Rahmen der Strategieentwicklung und –umsetzung gewonnen worden sind, sollten auch auf den Prozess der Auswahl und Verwendung von Performancemessgrössen übertragen werden. Stern/Burnside betonen die Wichtigkeit der Mitarbeiterintegration im Strategiefindungsprozeses und erläutern ihre Gestaltungsempfehlungen dazu: „Die Unternehmensspitze überlässt dem Team freie Hand. Als Gegenleistung werden Strategien entwickelt, die von denen, die sie letztendlich umsetzen sollen, als ‚ihr Werk'

---

247 Kaplan und Norton sprechen in diesem Zusammenhang von „Lead Indicators". Kaplan/Norton (1996a), S.31f.

248 Chiapello/Lebas (1996), S.5

249 Geanuracos/Meiklejohn (1993), S.193
Zur Komplexität des Prozesscontrollings in der Praxis siehe auch Stamm (1998), S.5

250 Weil empirische Arbeiten zu diesem Themenkomplex noch selten sind, besitzen zahlreiche in diesem Abschnitt zitierte Publikationen einen stark ausgeprägten konzeptionellen Charakter. Erst wenn Langzeiterfahrungen vorliegen, können fundiertere Rückschlüsse für die Auswahl und den Einsatz von performanceorientierten Indikatoren gezogen werden.

251 Kenett et al. (1994), S.272

angesehen und dadurch erst umsetzbar werden. Darüber hinaus arbeiten sie in einer Gemeinschaft und nicht unter dem Stigma der Manipulation. Qualität und Moral profitieren davon am meisten."[252] Der Schlüssel liegt gemäss ihrer Ausführungen in der Teamorientierung, die die Mitarbeiter integriert, welche auch die Umsetzungsverantwortung besitzen werden.

Roberts hat vier Erfolgsfaktoren für die Entwicklung und Verwendung von KPIs identifiziert. Diese umschreibt er mit „Partnership", „Empowerment", „Integrated Performance Improvement" und „Teams".[253] Alle vier Prinzipien betreffen auch den Prozess der Herleitung von KPIs auf Abteilungs- und Teamebene direkt.

Ein Vorteil des beschriebenen Auswahlprozesses von KPIs unter Mitwirkung der betroffenen Mitarbeiter liegt demzufolge im psychologischen Bereich: Die Mitarbeiter können zu „Eigentümern" des Controllingwerkzeugs werden, das ihre Performance abbildet: „[...] every workgroup is empowered and expected to use its measures of process performance to identify, prioritize and implement ‚local' improvements."[254] Sie können ihre Verbesserungsrate selbst messen und somit den Erfolg ihrer Massnahmen überprüfen. Dabei kann die Verwendung von KPIs auch den Blick auf potentielle Verbesserungsbereiche lenken.

Barth führt hierzu aus: „Bei den Diskussionen um die Messkriterien weisen die Mitarbeiter auch sehr oft direkt auf Schwachstellen hin und man erhält darüber hinaus sogar noch Anregungen, wie die Probleme beseitigt werden können."[255] Innerhalb von Arbeitsgruppen können die KPIs die Basis für die Aufteilung von Aufgaben und Verantwortungen legen.[256] Des weiteren können die KPIs den Mitarbeitern vor Augen führen, wie ihre Leistungsfähigkeit durch andere Gruppen beeinflusst wird und durch diese Versachlichung den konstruktiven Dialog fördern.[257] Bereits der Selektionsprozess von KPIs kann zu einer Intensivierung der Diskussion innerhalb von Gruppen führen, wie ihre Tätigkeiten besser ausgeführt werden können.[258] Kenett et al. stellen fest, dass ein solches System zudem ein starkes Gewicht auf Gruppenarbeit legen kann: „Performance appraisal in process

---

252 Stern/Burnside (1993), S.608

253 Roberts (1996), S.18

254 Jones (1994), S.28

255 Barth (1992), S.235

256 Roberts (1996), S.43

257 Barth (1992), S.235

258 Diese Erkenntnis wird von Rank Xerox als wichtigste Quelle von Performance- und Produktivitätsverbesserungen betrachtet: „The almost unlimited source of knowledge and creativity can be tapped through employee improvement." und „People closest to the problems often have the best solutions". Talley (1991), S.52

appraisal systems becomes a teamwork exercise in identifying and resolving chronic performance problems affecting the entire work system. Once the causes of such problems are determined, the mean performance level of all members can be enhanced.“[259]

Trotz der zahlreichen potentiellen Vorteile von Prozessmessgrössen auf Teamebene muss darauf hingewiesen werden, dass Forschungsergebnisse zu diesen Fragestellungen noch sehr selten sind. Zahlreiche relevante Fragestellungen sind daher auf diesem Gebiet noch unbeantwortet: „Optimal procedures for assessing performance in a process performance appraisal system remain unclear“[260] bemerken Kenett et al. bzgl. der Leistungsmessung und -bewertung auf Basis von Prozessen.

Der Vorteil der auf Teams als kleinste organisatorische Einheiten abgestimmten prozessorientierten KPIs birgt zudem auch Gefahren: Ein Risiko der prozessbasierten Methodik kann darin liegen, komplexe Informationssysteme zu schaffen, die eine Datendistribution bis auf Abteilungs- und ev. auch auf Teamebene vorsehen. Einfache Stand-Alone-Lösungen versprechen hierbei einen grösseren Erfolg als komplexe, auf mehrdimensionalen Datenmodellen beruhende Systeme.[261]

Zudem fördert die Methodik ein „ad hoc“ Vorgehen, das wiederum eine sehr grosse Flexibilität erfordert. Auf dieser Ebene sind deshalb häufig dezentral entwickelte und eingesetzte Instrumente zu finden (Tafeln, Excel-Applikation u.a.). Eine Einbindung in unternehmensweit eingesetzte Informationssysteme kann auch deshalb unerwünscht sein, da dadurch eine Transparenz geschaffen wird, die eine Kontrollkultur fördern kann. Selbst wenn sie erwünscht wäre, wäre die Datenintegration aufgrund kundenspezifischer Lösungen oft nur über eine Papierschnittstelle möglich.

Im Gegensatz hierzu befinden sich zahlreiche Daten, die zur Abbildung der Prozessperformance hinzugezogen werden, in unternehmensweit eingesetzten Workflowsystemen

---

259 Kenett et al. (1994), S.273

260 Kenett et al. (1994), S.278
Weiterhin führen sie in diesem Zusammenhang aus: „For example, should appraisal be the sole responsibility of supervisors, or should responsiblity be shared with group members? How should it be determined who is ‚in the system‘ versus ‚outside the system‘, especially when it is difficult to derive objective, customer-oriented measures?“ Kenett et al. (1994), S.278

261 Horváth et al. (1993), S. 76
Barker (1993) verweist darauf, dass in der Vergangenheit zahlreiche Versuche gescheitert sind, die operative Komplexität mittels IT-basierter Systeme zu bewältigen: „Control and scheduling systems with an overreliance on computerised solutions were once thought to be the key and have confused managers and used up huge amounts of organisational energy.“ Barker (1993), S.43

wie z.B. SAP. Solche Systeme werden aber oft von den Controllingabteilungen betrieben, sodass Fragen der Verantwortlichkeit unvermeidbar sind.

Ein weiteres wichtiges Kriterium ist, dass die durch die KPIs geschaffene Transparenz von Mitarbeitern gewollt und von ihnen auch getragen wird. Gibbon et al. haben in einer empirischen Arbeit dargestellt, dass die Einführung von Instrumenten des Prozessmanagements oft mit signifikanten Friktionen verbunden ist, die sich in der konzeptionellen Phase aufgrund der Vielzahl der Einflussfaktoren nur schwer abschätzen lassen.[262]

Die Fallstudie der Unternehmung C verdeutlicht die Probleme, die bei der Verwendung von operativen KPIs auftreten können, sofern ihre Integration nicht genügend mit den davon betroffenen Mitarbeitern abgestimmt ist.[263]

262 Gibbon et al. (1997), S.13

263 Siehe hierzu Abschnitt 4.3

3.4 Modul 4: Reporting im Rahmen eines integrierten Performance Management Ansatzes

Das vierte Modul des Cockpit Controlling Ansatzes beschäftigt sich mit dem Reportingdesign, der Analyse der Ergebnisse und ihre Verknüpfung mit der Gesamtunternehmensperformance. Die Einbindung in die Vorgehensmethodik dieses integrierten Performance Management Ansatzes geht aus der Abbildung 3-22 hervor.

Abbildung 3-22: Schwerpunkt des vierten Moduls

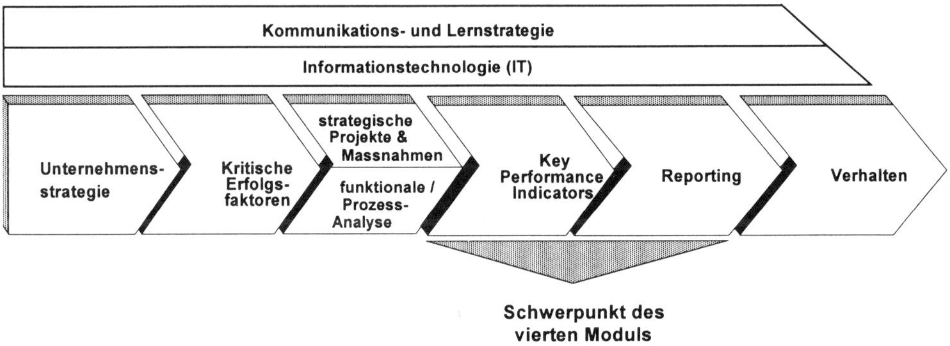

Die Bedeutung des Reporting für die Verhaltensbeeinflussung bedarf keiner besonderen Erläuterung: ohne die Informationsübermittlung an Mitarbeiter zum Zwecke der zielorientierten Kontrolle und Planung ist eine wirkungsvolle Verhaltensbeeinflussung undenkbar.[264] Nachdem im zweiten und dritten Modul strategiekonforme KPIs hergeleitet worden sind, soll in diesem Abschnitt beschrieben werden, wie ein auf die Informationsbedürfnisse der Anwender ausgerichtetes Reporting gestaltet sein könnte, um ihnen ein Feedback für ihre Leistung zu geben. Die Integration der KPIs in die Reportingzyklen soll sicherstellen, dass ihre Überprüfung zu einem festen Bestandteil des Führungssystems wird. Dadurch soll ein regelmässiges Feedback über den Erfolg von Verbesserungsmassnahmen gewährleistet werden und frühzeitig Informationen zur Verfügung stehen, die einen starken Einfluss auf die Performance eines Unternehmens besitzen.[265]

264 Hay/Lesikar (1957), S.3ff.; Willson (1991), S.939ff.; Horváth (1996), S.582ff.

265 Roberts (1996), S.47

Dabei wird eine Dreiteilung der Informationshierarchien in

- Abteilungs-/Teamebene[266]
- Prozessebene und
- Ebene Gesamtunternehmen[267]

vorgenommen. Diese Aufgliederung ist sinnvoll, da sich die Informationsbedürfnisse und Reportingfrequenzen auf allen drei Ebenen unterscheiden können: während auf Unternehmensebene aggregierte Grössen bedeutungsvoll sind, die eine Gesamtübersicht eröffnen, spielen auf Abteilungs- und Teamebene individuelle Kenngrössen mit starkem operativen Bezug eine wichtige Rolle. Die Informationsbedürfnisse auf Prozessebene werden durch jene Faktoren geprägt, die die (interne und externe) Kundenzufriedenheit abbilden sowie die Durchlaufzeit und den Ressourceneinsatz beeinflussen. Damit nehmen Prozesse eine Bindegliedfunktion zwischen der Unternehmens- und der Abteilungs- sowie der Teamebene ein.

Roberts betont die Wichtigkeit der Gestaltung des Reportingprozesses für den Erfolg bei der Implementierung kontinuierlicher Verbesserungsmassnahmen: „[...] it is necessary to structure appropriate display formants, reporting cycles and review processes so that the discipline of continuous improvement becomes habitual.“[268] Das setzt aber eine genaue Analyse der Informationsbedürfnisse voraus, wofür im dritten Modul bereits auf Abteilungs-, Team- und Prozessebene ein Fundament gelegt worden ist.[269]

---

266 Teams können auf verschiedenen hierarchischen Stufen eingesetzt werden. In der Abbildung 3-23 werden sie als die kleinste organisatorische Einheit in einer Abteilung abgebildet. Daher setzten sich die Abteilungs-KPIs hauptsächlich aus den Team-KPIs zusammen. Die aus den strategischen Massnahmenpaketen abgeleiteten KPIs können auch in Teammessgrössen übertragen werden. Es bestehen daneben auch einige die Abteilung als Ganzes betreffende Messgrössen, die nicht auf Teamebene erhoben werden, wie z.B. die Ressourcenauslastung sowie die Kosten in der Abteilung.

267 Lynch/Cross (1991) nehmen eine Verfeinerung zwischen Performancegrössen der Gesamtunternehmens- und Geschäftsbereichsebene vor. Da viele Geschäftsbereiche über eigene Strategien verfügen, die die Wahl der Messgrössen massgeblich bestimmen, wird in dieser Arbeit auf diese Unterscheidung verzichtet. Ferner fügen Lynch/Cross (1991) unter der Teamebene eine individuelle Ebene hinzu. Da die individuelle Leistungsbewertung aber gerade auf höheren Hierarchiestufen (Gesamtunternehmens- und Geschäftsbereichsstufe) mit den entsprechenden Zielgrössen sehr weit verbreitet ist, kann die hierarchische Zuordnung gemäss Lynch/Cross (1991) irreführend sein. Lynch/Cross (1991), S.65

268 Roberts (1996), S.47

269 Horngren et al. (1997), S.3; Fitzgerald et al. (1991), S.2ff.

Zunächst sollen die Kunden der Controllinginformationen kurz vorgestellt werden, um ihre unterschiedlichen Informationsbedürfnisse zu klären. Im zweiten Schritt werden Vorschläge unterbreitet, wie ein auf die Informationsbedürfnisse der Anwender abgestimmtes Reporting gestaltet sein könnte.

Der Zusammenhang der drei Ebenen wird in Abbildung 3-23 dargestellt.

Abbildung 3-23: Informationshierarchien beim Performance Management[270]

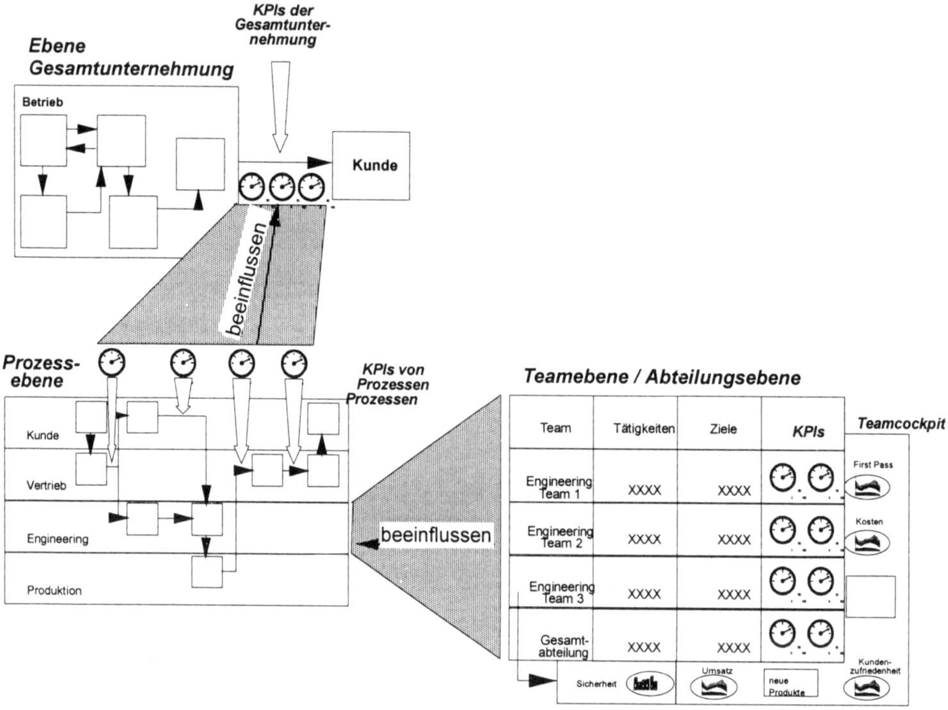

---

270 In Anlehnung an Rummler/Brache (1990), S.161

3.4.1 Reporting auf Teamebene

3.4.1.1 Teams als Empfänger performance-relevanter Informationen

Unter einem Team kann eine Gruppe von Personen verstanden werden, deren Fähigkeiten sich ergänzen.[271] Als primäre Erbringer der betrieblichen Leistungen haben sie einen sehr grossen Einfluss auf die operative Performance.[272]

In jüngerer Vergangenheit kann eine zunehmende Bedeutung stelbstorganisierender und –steuernder Gruppen attestiert werden.[273] Müller sieht eine Hauptursache für diesen Anstieg in der zunehmenden Komplexität und Dynamik des Wettbewerbsumfeldes.[274] Das kann u.a. einen Veränderungsdruck zur Schaffung „schlankerer Strukturen" durch den Abbau hierarchischer Stufen als auch zur zunehmenden Bedeutung der Prozessorientierung führen.[275] Als Folge davon kann der Gestaltungsspielraum der Mitarbeiter zunehmen.[276]

Als Vorteile von Teams werden neben der besseren Nutzung des Wissens in der Literatur die verbesserte Kommunikation, kürzere Reaktionszeiten, die bessere Ressourcennutzung, die grössere Mitarbeiterzufriedenheit und Identifikation genannt.[277] Im Zuge der zunehmenden Diskussion über die Rolle des Wissensmanagements nimmt auch die Bedeutung von Teams als Wissensträger im Unternehmen zu.[278] Diesen wirtschaftlichen, organisatorischen und psychologischen Vorteilen können vor allem Nachteile in Form eines grossen Abstimmungsaufwandes, der Gefahr des Schliessens eines Konsens auf dem kleinsten Nenner und des Konformitätsdruckes auf die Mitglieder entgegen stehen.[279]

Probleme beim Controlling auf Teamebene können lt. Schäffer darauf zurückgeführt werden, „dass sich das Controlling in der Tat auf einen eher technokratischen Kontext be-

---

271 Schneider/Knebel (1995), S.12

272 „Teams do the ‚real' value-creating work". Hope/Hope (1995), S.111

273 Schäffer (1996), S.344

274 Müller (1996), S.143f.

275 Drucker (1995), S.55f.

276 In der Literatur wird unter dem Begriff „Empowerment" dieser Aspekt ausführlich diskutiert. Die Bezeichnung „Empowerment" leitet sich von dem englischen Verb „to empower" ab. Darunter kann man „sowohl das offizielle Erteilen bzw. Zuteilen von Einfluss [...] bzw. Befähigen zur Einflussnahme" verstehen. Eine sehr gute Übersicht über das Konzept des Empowerments liefert Süssmuth-Dykerhoff (1995), S.202ff.

277 Miller (1992), S.30f.; Schneider/Knebel (1995), S.20ff.; Robbins (1995), S.11ff. Eine kurze Darstellung der Entwicklungsgeschichte der Teamorientierung findet sich bei Spangenberg (1994), S.96f.

278 Robbins (1995), S.12f.; Shonk (1992), S.4; Schneider/Knebel (1995), S.20

279 Schneider/Knebel (1995), S.23f.

schränkt, der sich – theoriegeleitet – mit dominanter Primärkoordination durch Pläne charakterisieren lässt."[280]

Teams können aber als Gruppen charakterisiert werden, in denen eine Koordination oft durch Selbstabstimmung erfolgen kann. Selbstabstimmung umfasst „die Abwesenheit einer interpersonellen Trennung von Führungs- und Ausführungshandlungen"[281], da die Koordination durch gegenseitige Abstimmung der Handlungsträger erfolgt.[282]

Primäre Zielsetzung des Reporting auf Teamebene sollte das Zurverfügungstellen von Informationen für die Teammitglieder sein, damit sie Fortschritte bei ihren Performanceverbesserungen messen, Schwachstellen frühzeitig identifizieren sowie rechtzeitig geeignete Massnahmen einleiten können. Roberts betrachtet die Teamebene als die kritische Ebene bei der Einführung von operativen KPIs und führt dbzgl. aus: „the key to performance improvement is the development of KPIs in each team or workgroup."[283]

Ein wichtiges Instrument der Kommunikation stellen dabei formale Feedbacksysteme der Performance wie z.B. Informationstafeln, -masken für Bildschirmarbeitsplätze bzw. Intranets einzelner Abteilungen und Gruppen dar.[284] Informelle Feedbacksysteme wie z.B. direkte Gespräche mit den internen Empfängern einer Leistung können die unmittelbarste Art von Rückkopplung darstellen. Sie werden von der Organisationsstruktur, Unternehmenskultur und dem Führungsstil massgeblich beeinflusst, sodass es sehr schwierig ist, dbzgl. verallgemeinernde Aussagen zu machen.

---

280 Schäffer (1996), S.344

281 Schäffer (1996), S.344

282 Schäffer (1996) hat vier potentielle Konfliktbereiche identifiziert, die auch bei der Abstimmung der Controllingfunktion zwischen Team-, Prozess- und Gesamtunternehmensebene auftreten können: (a) Das in der Gruppe vorhandene Fachwissen fördert die Delegation der Ausführungskontrolle, während die Planung, Koordination und Kontrolle des Gesamtunternehmens durch die Instanz erfolgt; hiermit ist die Frage verbunden, wie weit die Delegation von Kompetenzen gehen soll. (b) Dokumentations- und Informationsanforderungen (insbesondere bzgl. Reportingfunktionen) können zu einem hohen Formalisierungsgrad führen, der der Leistungserstellung der Teams hinderlich sein kann. (c) Beim Design von Anreizsystemen sind die interne und externe Belohnungsgerechtigkeit aufeinander abzustimmen. (d) Während Werte und Normen bei der Koordination von Gruppen förderlich sind, können sie bei der Integration in das Gesamtunternehmen u.U. hinderlich sein. Schäffer (1996), S.345

283 Roberts (1996), S.41

284 Zur Bedeutung von Informationstafeln siehe auch Suzaki (1993), S.271
Zur Rolle von Intranets bei der Wissensverteilung innerhalb eines Unternehmens siehe Fetterman (1997), S.49ff.

3.4.1.2 Inhaltliche Gestaltung von Reportingsystemen auf Teamebene

Während im zweiten und dritten Modul inhaltliche Gesichtspunkte von Performance Indikatoren erläutert worden sind, sollen in diesem Abschnitt Aspekte der Aufbereitung und Darstellung von performance-relevanten Informationen beleuchtet werden. Weitere Erläuterungen zur Rückkopplung erfolgen im fünften Modul im Rahmen der Zielvereinbarungs- und Leistungshonorierungsprozesse.

Vier von Meyer entwickelte Prinzipien können die inhaltliche Gestaltung eines Feedbacksystems auf Teamebene prägen[285]:

- Die primäre Zielsetzung sollte die Unterstützung der Teammitglieder mit Informationen sein, die ihre täglichen Entscheidungen beeinflussen
- Die Führungsaufgabe bei der Entwicklung eines Feedbacksystems sollte vom Team übernommen werden
- Es sollten aufgrund der lateralen Beziehungen im Rahmen der Leistungserstellungsprozesse Messgrössen verwendet werden, die dieselben abbilden
- Die Anzahl der verwendeten Messgrössen sollte beschränkt sein

Diese Grundsätze sind von verschiedenen Autoren aufgegriffen und spezifiziert worden. So schlagen bspw. Hope/Hope vor, dass die Messgrössen auf Teamebene zusätzlich verhaltens- und kundenorientiert sein sollten.[286] Die Kundenorientierung sollte die Auswahl der lateralen Messgrössen beeinflussen, während die Verhaltensorientierung sich im ersten Prinzip von Meyer widerspiegeln kann.

Die folgenden Ausführungen zur Gestaltung von Informationstafeln können als Orientierung für das Design von Informationsoberflächen auf Team- und Abteilungsebene dienen. Dabei wird ein Gestaltungsentwurf in Form einer Informationstafel vorgestellt, der der Veranschaulichung dienen soll.

---

285 Meyer (1994a), S.96
Ähnlich äussert sich auch Roberts (1996): „To unlock the potential for performance improvement represented by KPIs, the indicators must be owned by the teams and the employees in them. Such ownership can only occur where confident employees selected their own KPIs and are adept at their display and analysis.“ Roberts (1996), S.51 und 41

286 Hope/Hope (1995), S.112f.

Eine Informationstafel kann aus zwei Abschnitten bestehen: in dem in Abbildung 3-24 dargestellten Beispiel werden in der linken Hälfte allgemeine teambezogene Daten abgebildet. In der rechten Hälfte befinden sich Leistungsdaten vom Team und der Gesamtunternehmung, wobei es empfehlenswert sein kann, dass die teambezogenen Key Performance Indicators (Team-KPIs) einen grossen Raum einnehmen. Für jede relevante Messgrösse sollten nicht nur die Ist-, sondern auch die Sollwerte abgebildet werden, um auf die Ziele und mögliche Abweichungen hinzuweisen.

Abbildung 3-24: Gestaltung einer Informationstafel für Teams in einem Dienstleistungsbereich[287]

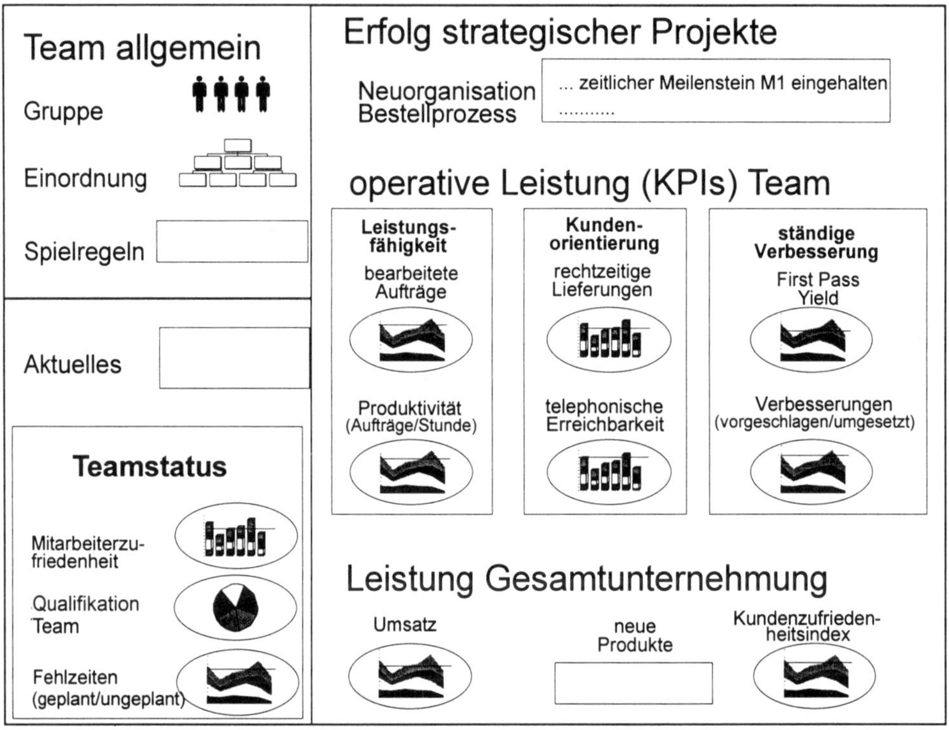

Die allgemeinen Teamdaten können sich aus Informationen zusammensetzen, die im Zeitablauf relativ stabil sind: die Zusammensetzung und organisatorische Einordnung des Teams sowie die wichtigsten Spielregeln, die sich das Team selbst auferlegt haben kann.

287 Beispiele zur Gestaltung und Anwendung von Informationstafeln finden sich bei Suzaki (1993), S.271, 272 und 274; Payne (1996), S.3; Johnson (1992), S.116; Meyer (1994a), S.99; Wildemann (1995), S.129ff.; Schonberger (1996), S.42

Im allgemeinen Abschnitt der Informationstafel können auch Informationen dargestellt werden, die in der Balanced Scorecard der Lern- und Entwicklungsperspektive zugeordnet werden. Zwei von ihnen werden in diesem Beispiel unter der Überschrift „Teamstatus" dargestellt: Die erste Graphik bildet die Mitarbeiterzufriedenheit ab: Ihre Erhebung kann die Aufmerksamkeit auf Faktoren leiten, die die Haltung des Teams frühzeitig beeinflussen können. [288] Die Qualifikation der Mitarbeiter kann die zweite entwicklungs- und lernbezogene Komponente sein. Sie kann einen grossen Einfluss auf die Qualität der Arbeit haben.[289] Die Kenngrösse „Fehlzeiten" lässt sich zwar nicht der Entwicklungsdimension zuordnen, doch wirkt sie sich auf die Prozessstabilität aus.

Die rechte Seite der Informationstafel kann die Leistungen des Teams sowie der Gesamtunternehmung abbilden. Exemplarisch kann sie in drei Teile aufgeteilt werden: in Informationen über den Erfolg von Projekten des Strategy Deployment Prozesses, in operative Leistungsgrössen des Teams und der Leistung der Gesamtunternehmung. Es kann empfehlenswert sein, einen Grossteil der Daten in grafischer Form darzustellen.[290]

Auf der rechten Seite können wegen der hohen Priorität zuerst Informationen über den Fortschritt bei den strategischen Projekten dargestellt werden, in die das Team involviert ist.[291]

Den grössten Raum auf der Informationstafel sollten aber die operativen Leistungsgrössen der Teams, die operativen KPIs, einnehmen. Sie können der Übersichtlichkeit halber in verschiedene Gruppen aufgegliedert werden: denkbar wäre z.B. eine Orientierung an den Dimensionen der Balanced Scorecard (Prozess-, kundenorientierte und finanzielle Indikatoren).

Die Informationstafel kann auch Informationen über die Performance der Gesamtunternehmung enthalten, sodass die Teammitglieder Verbindungen zwischen ihrer Leistung und der der Gesamtunternehmung herstellen können (z.B. bei der Grösse Kundenzufrieden-

---

288 Meyer (1994a), S.98
In Produktionsabteilungen kann diese Messgrösse auch durch andere Indikatoren ersetzt werden, die die Moral beeinflussen, wie z.B. die Sicherheit des Arbeitsplatzes.
Suzaki (1993), S.272

289 In dem Chart „Qualifikation Team" könnte neben dem Fähigkeitsprofil der Mitarbeiter z.B. auch festgehalten werden, wieviel Prozent der Mitarbeiter Schulungen in Qualitätstechniken besucht haben.

290 Bei den Informationen über den Fortschritt der strategischen Projekte gestaltet sich das schwieriger. Siehe zur Darstellungsform auch Hronec (1993), S.203

291 Zur Bedeutung der strategischen Projekte sei auf den Abschnitt 3.2 verwiesen

heitsindex).[292] Roberts betont explizit die Wichtigkeit, dass Transparenz über die Entwicklung der auf höheren Hierarchiestufen verwendeten KPIs hergestellt wird.[293] Dieser Aspekt ist auch im Rahmen des Reporting in der Fallstudie A erläutert worden.[294]

3.4.1.3 Gestaltungsempfehlungen für Reportingsysteme auf Teamebene

Es kann zweckmässig sein, dass die in dem oberen Beispiel erläuterten Informationen in regelmässige formale Diskussionen auf Team-, Abteilungs- und Prozessstufe einfliessen. Andererseits kann die Gefahr bestehen, dass das Interesse an ihnen abnimmt.[295] Auch empfiehlt es sich, Team-KPIs mit Prozessbezug mit den Prozessfeedbacksystemen abzustimmen, um Dysfunktionalitäten zu vermeiden.[296]

Umfang und Natur der Reportinginformation sollten in einem angemessenen Verhältnis zum Erfassungsaufwand stehen, um zu vermeiden, dass die Leistungsmessung von den Mitarbeitern als Belastung betrachtet wird.[297] In dem Fall, in dem kaum performancerelevante Informationen für ein Team oder eine Abteilung vorhanden sind, kann kritisch hinterfragt werden, wie die verantwortliche Person diesen Bereich bisher geführt hat.

Eine weitere Gestaltungsempfehlung kann nach dem Hinweis auf die Selbstverpflichtung von Teams zunächst widersprüchlich erscheinen: das Interesse der Process Owner sowie anderer Führungskräfte für die Verwendung von Teaminformationen. Durch ihr Interesse sollten sie die Bedeutung signalisieren, die sie den Informationen des Teams schenken. Ihr Interesse sollte fachlicher Natur sein und nicht primär aus Kontrollgründen erfolgen. Sie sollten sich idealerweise als Mentoren und Fachpromotoren von Teams verstehen, weswe-

---

292 Diese Informationen können durch weitere zukunftsbezogene Daten wie z.B. Auftragseingangsbestand, Neuprodukteinführungen oder geplante Projekte ergänzt werden, um das antizipative Verhalten des Teams zu fördern. Denkbar wäre auch, die Daten vor- und nachgelagerter Prozesse abzubilden, um die Interdependenzen zwischen der Teamleistung und der Performance anderer Teams darzustellen. Siehe hierzu auch Lynch/Cross (1991), S.197

293 Roberts (1996), S.51

294 Siehe hierzu Abschnitt 4.1

295 Roberts (1996), S.52; Lynch/Cross (1991), S.197

296 Hope/Hope (1995) stellen dbzgl. fest: „The choice of team-based measures should not be made in isolation." Hope/Hope (1995), S.112 Die Isolation kann u.a. dadurch verhindert werden, indem Teammitglieder ihre Messgrössen bspw. mit den Process Ownern abstimmen und dadurch für eine Koordination der operativen KPIs sorgen.

297 Horngren et al. (1997), S.6f.
Andererseits bemerkt Barth (1992), „dass in den meisten Fällen die erforderlichen Daten bereits irgendwo im System vorhanden sind und nur mit geringem Aufwand extrahiert und entsprechend aufbereitet werden können." Barth (1992), S.234

gen ihre Aufmerksamkeit durch das Interesse an der Verbesserung der Teamleistung begründet sein sollte.[298]

Roberts schlägt vor, dass die Einführung von Feedbacksystemen auf Teamebene durch umfangreiche Informationsmassnahmen und Schulungen der Mitarbeiter flankiert werden sollte.[299] Inhalt solcher Massnahmen können sowohl die strategischen Ziele des Unternehmens sein als auch die Vermittlung von Techniken, die bei der Selbstanalyse und Problemlösung helfen.[300] Rucci et al. erläutern in diesem Zusammenhang, dass vor der Neuausrichtung des Performance Management Systems beim Handelsunternehmen Sears viel Zeit in die Schulung der Mitarbeiter investiert worden ist. Anstoss zu umfassenden Schulungsmassnahmen lieferten Ergebnisse von Mitarbeiterbefragungen, die hervorbrachten, dass zahlreiche Beschäftigte sowohl die an sie gestellten Anforderungen als auch die wirtschaftlichen Rahmenbedingungen missverstanden haben.[301] Die Schulungstätigkeiten waren bei Sears lediglich ein Element, um eine stärkere Einbindung der Mitarbeiter zu unter-

---

298 Waldroop/Butler (1997), S.9ff.

299 Roberts (1996), S.51
Ashton (1997) berichtet, dass erst nach der Schulung der operativen Mitarbeiter im Umgang mit Control Charts signifikante Verbesserungen Textilherstellers Miliken erzielt werden konnten: „[...] it was only when Miliken had taught operators how to create and use control charts that they started to make breakthroughs. Before that when the charts were kept by managers, they might have been neater and cleaner, but nothing changed“ Ashton (1997), S.352
Brown (1997) spezifiziert drei Arten der Wissensvermittlung, die bei Royal Mail durchgeführt worden sind, um die Integration der Mitarbeiter bei der Balanced Scorecard Implementierung zu fördern: „Consultation“, „Explanation“ und „Education“. Brown (1997), S.12; siehe hierzu auch Lynch/Cross (1991), S.161
Auf Aspekte des Lernens wird im siebten Modul (Abschnitt 3.7) detaillierter eingegangen.

300 Meyer (1994a), S.101f.
Weber (1996) identifiziert grosse Vorteile, die aus der Kommunikation der Unternehmensstrategie resultieren: „Der Zwang, für jeden Leistungsbereich den Bezug zur Unternehmensstrategie zu finden, baute in hohem Masse zusätzliches Wissen auf, dessen Bedeutung kaum zu überschätzen ist. [...] Wer selektive Strategie-Kennzahlen ermitteln soll, dem muss man zuerst die Unternehmensstrategie klarmachen. Dieser Zwang hilft ungemein, die Unternehmensspitze zur Kommunikation ihres streng gehüteten strategischen Wissens zu veranlassen.“ Weber (1996), S.200
Zur Notwendigkeit einer verbesserten Kommunikation der unternehmerischen Ziele führt Randazzo, Vice President von ABB Inc. aus: „Our workforce is not peforming at its full potential. The reason is that management doesn't have people focussed in the sense that they haven't explained to the individual person what the core processes are. They haven't explained to the employeeswhat it is they should be doing and, more important, how their performance fits in with the total success of the organisation.“
o.V. (1994), S.12

301 Rucci et al. (1998), S.94

stützen. Die übergeordnete Zielsetzung war aber lt. Quinn „to create ownership“[302]. Darauf wird im nachfolgenden Abschnitt ausführlicher eingegangen.

3.4.1.4 Eigen- vs Fremdkontrolle von Teams

Wildemann schlägt vor, dass zu standardisierende Mussdaten bestimmt werden sollten, die eine Vergleichbarkeit zwischen verschiedenen Teams sichern sollen.[303] Eine Standardisierung der Informationstafeln durch die Vorgabe von Mussmessgrössen kann kritisch hinterfragt werden, da sie der Selbstverpflichtung von Teams widersprechen kann.

Meyer spricht sich gegen die Vorgabe von Messgrössen durch übergeordnete Stellen aus: „to ensure that ownership of an accountability for performance remains with the teams, managers must require the teams to decide which measures will best help them to perform their jobs:“[304] Das Vertrauen der Mitarbeiter in Informationstafeln und andere Kommunikationsinstrumente kann eingeschränkt werden, wenn sie den Eindruck erhalten, dass die von ihnen erhobenen Messgrössen gegen sie verwendet werden (z.B. durch ihre Verwendung beim Benchmarking).[305]

Zahlreiche Autoren fordern daher, dass die Informationsinstrumente auf Teamebene (z.B. die Informationsoberfläche bei der EDV-Umsetzung) von ihren „Besitzern“, den Teams sowie ev. den Abteilungsverantwortlichen, unterhalten und weiterentwickelt werden sollten.[306] Jeder Druck von aussen kann den Nutzen dieser Instrumente auf Teamebene beträchtlich einschränken und die Gefahr erhöhen, dass das Reporting auf dieser Ebene zu

---

302 Quinn (1997), S.8

303 Wildemann (1995), S.129;
Roberts (1996) schliesst sich dieser Forderung ebenfalls an: „it is necessary to develop a suitable standard reporting framework“. Roberts (1996), S.48 Er spricht sich aber auch dafür aus, dass die innerhalb dieses Rahmens verwendeten Messgrössen von den Verantwortlichen erhoben werden sollen, da „[…] the overriding purpose of team KPIs is to assist and help the team to improve their performance. It follows that their KPIs represent what they want to collect in order to contribute to improvement in the identified critical success factors.“ Roberts (1996), S.45

304 Meyer (1994a), S.101
Hronec antwortet auf die Frage, an wen die Teilprozessinformationen berichtet werden soll:“Whoever needs to know the information should recieve it [...] From a process performance point measurement standpoint, these are the people within the process, not management.“ Hronec (1993), S.203
Siehe auch Schonberger (1996), S.40

305 Die Folge können Manipulationen und zwansläufig die Nutzlosigkeit der Messgrössenerhebung sein. Einige Messgrössen, wie z.B. die Ziffer First Pass Yield, sind wegen der fehlenden Möglichkeiten ihrer Überprüfung ohne die Offenheit des Erhebers aussagelos.

306 de Sitter et al. (1997), 514f.; Roberts (1997), S.11f.

einer Pflichttätigkeit ohne tatsächlichen Nutzen degeneriert. Die Aufgabe des Managements sollte darin bestehen, die Rahmenbedingungen für das Funktionieren der Selbstanalyse auf Teamebene zu gestalten. Dazu kann das gemeinsame Festlegen von Reviewzyklen mit den Teams gehören sowie die Bestimmung der Indikatoren, auf deren Basis die Teamleistung von übergeordneter Stelle bewertet wird.

Der Zwang zur Erhebung von Musskenngrössen kann somit im Gegensatz zum angestrebten Empowerment der Mitarbeiter stehen.[307] Barth spricht sich deswegen für eine Eigenkontrolle aus: „Grundsätzlich ist eine Bearbeitung durch abteilungsfremde Bereiche abzulehnen, da hierdurch die Mitarbeiter das Gefühl bekommen, von aussen kontrolliert zu werden. [...] Eigenmotivation ist dem Druck von aussen unbedingt vorzuziehen."[308]

Epstein/Manzoni haben im Rahmen der Einführung von Balanced Scorecards sowie Tableaux de Board eine Parallelentwicklung identifiziert: Viele Verantwortliche verfügen gemäss ihren Beobachtungen über eigene lokale Informationssysteme, die sich der Kontrolle übergeordneter Instanzen entziehen.[309] Der Zwang, Musskennziffern zu verwenden und deren Ergebnisse regelmässig zu melden, kann der Entwicklung dieser Schattensysteme förderlich sein. Im ungünstigsten Fall können zwei verschiedene Systeme mit Performanceindikatoren existieren: ein offizielles, das dem Reporting an übergeordnete Instanzen dient sowie ein dezentrales lokales System, das als Entscheidungsgrundlage der Verantwortungsträger verwendet wird. Mit der Entwicklung von Schattensystemen und dem Zurückhalten von relevanten Informationen ist auch die Gefahr verbunden, dass in einem nächsten Schritt die weitergeleiteten Informationen modifiziert und evtl. auch manipuliert werden.[310]

Barth entkräftet aber diese Befürchung, indem er ausführt: „Solche Probleme [der Manipulation von Informationen] werden jedoch immer dann sehr schnell aufgedeckt, wenn man die Daten verschiedener Bereiche analysiert und auf Plausibilität überprüft." Das setzt

---

307 Roberts (1996), S.165;
Die Bezeichnung „Empowerment" leitet sich von dem englichen Verb „to empower" ab. Darunter kann man „sowohl das offizielle Erteilen bzw. Zuteilen von Einfluss [...] bzw. Befähigen zur Einflussnahme" verstehen. Eine sehr gute Übersicht über das Konzept des Empowerment liefert Süssmuth-Dykerhoff (1995), S.202ff.

308 Barth (1992), S.237

309 „Maintaining opaqueness is often a way for managers to centralise authority and/or protect themselves from scrutiny and questioning their boss."
Epstein/Manzoni (1997b), S.14

310 Den Zusammenhang zwischen organisatorischen Kontrollsystemen und ihren Effekten auf die Manipulation von Daten haben Chow et al. (1996), S.175ff. und Merchant (1990) eingehend untersucht.

voraus, dass von übergeordneter Stelle diese Überprüfung regelmässig vorgenommen wird.

Das Zurückhalten von Informationen kann auf negativen Erfahrungen der Vergangenheit bzw. auf erwartete negative Auswirkungen bei ihrer Veröffentlichung beruhen.[311] Erfolgsversprechend erscheint daher das Ergreifen von Massnahmen, die eine Entwicklung der Unternehmenskultur hin zu einer offenen und transparenten Vertrauenskultur fördern. Gelingt es, die Vorbehalte abzubauen sowie durch die Vorbildfunktion des Managements eine Versachlichung der Leistungsbewertung zu erreichen, wird die vorangegangene Diskussion an Bedeutung verlieren. Sie ist vielmehr ein Indiz dafür, dass die von vielen Unternehmen angestrebte offene Unternehenskultur noch nicht erreicht worden ist.[312]

Andererseits kann die Art und Weise, was als Leistung definiert wird, wie ein Konsens darüber generiert wird und wie sie gemessen werden soll, die Unternehmenskultur beträchtlich beeinflussen: Rucci et al. berichten, dass der Wandel der Unternehmenskultur des Handelsunternehmens Sears durch ein neues Performancemesssystem unterstützt worden ist: „Moreover, the work of creating [...] the measures made such demands on the managers involved that it changed the way they think and behave. The cultural change is now spreading through the company.“[313] Obwohl der Messgrössenrahmen auf Managementstufe erarbeitet und dort Einigkeit darüber gewonnen worden ist, liegt aber lt. Rucci et al. die grösste Herausforderung und auch der Erfolg von Sears in ihrer Übersetzung bis auf die Geschäftsebene begründet.[314]

Vor diesem Hintergrund kann die Forderung von Roberts nach einem freien Zugang zu KPIs als eine nur unter bestimmten Rahmenbedingenungen erstrebenswerte Zielsetzung betrachtet werden. Es sollte der spezifischen Unternehmenskultur sowie dem Führungsstil Rechnung getragen werden, bevor Massnahmen ergriffen werden, die nicht auf die unternehmensspezifischen Gegebenheiten abgestimmt worden sind.

---

311 Smith (1997) liefert ein Beispiel hierfür. Smith (1997), S.32

312 Siehe zu kulturellen Aspekten auch Modul sieben.

313 Rucci et al. (1998), S.83

314 „It looks like a simple communication challenge, but it is a good deal more. It is an issue of trust and of business and economic literacy.“ Rucci et al. (1998), S.84

3.4.1.5 Zusammenfassung und Beurteilung

3.4.1.5.1 Zusammenfassung und Beurteilung auf Teamebene

Die 1994 in der amerikanischen Zeitschrift Industrial Engineering veröffentlichen Ergebnisse der Frage nach den „Primary Causes of Deficient Performance" verdeutlichen die grosse Bedeutung, die der Kommunikation von operativen Ergebnissen zuteil werden sollte. 60 Prozent der 170 befragten Unternehmen gaben als wichtigsten Grund „Insufficient performance feedback" an.[315] Ein wesentlicher Verdienst eines Reporting auf Teamebene kann in der Behebung dieser Schwäche gesehen werden.

Als weiteren Vorteil kann eine Steigerung der Mitarbeitermotivation und Identifikation mit den erzeugten Leistungen auf Teamebene hervorgehoben werden.[316] Der Aspekt der erhöhten Mitarbeiteridentifikation wird im englischsprachigen Raum unter dem Begriff „Ownership" [317] von Controllinginformationen diskutiert.[318] Dieser Ownerhip-Gedanke wird auch bei Siemens Nixdorf verfolgt. Beim Turnaround lag ein Schwerpunkt bei Neugestaltung des Performance Managements auf Teamebene: „From this, working from the bottom up, the idea is to make individual workers responsible for designing improvements to their process points [...] "[319]

Als weiterer Vorteil kann sich der Prozess zur Herleitung von Performanceindikatoren und Leistungsstandards erweisen, da er dem Diskurs und damit auch dem Wissensaustausch innerhalb der Gruppe dienlich sein kann.[320] So kann er auch zu einer Auseinandersetzung mit den Zielen eines Teams führen und gleichzeitig auch zu einer Spezifizierung der

---

315 Auf den Plätzen drei und vier wurden von 39 resp. 37 Prozent der Unternehmen „No performance standards" und „Lack of clear individual goals" genannt – Aspekte, die auch im Rahmen der betrieblichen Feedbackfunktionen berücksichtigt werden sollten. o.V. (1994), S.12

316 Wildemann (1995), S.133

317 Den Unterschied zwischen „Ownership" und „Responsibility" erläutert Jeanes, ehemals CEO Miliken Europe, wie folgt: „Responsibility implies that higher authority has given something to you to do. Ownership is what you take upon yourself because you want to do it." Jeanes zitiert von Ashton (1997), S.361
Siehe zum Thema Ownership auch Suzaki (1993), S.20f. und Roehm et al. (1995), S.28ff.

318 Die Mitarbeiter sollen zu den Besitzern ihres Controllingwerkzeugs werden, die Daten pflegen und die Ergebnisse der Teamarbeit selber messen. Jedes Teammitglied sollte sich via Informationstafeln etc. über die Leistung seines Teams informieren können und dadruch in den ständigen Verbesserungsprozess eingebunden werden.

319 Kennedy (1998), S.267

320 Rummler/Brache (1990), S.167

Teamaufgaben. Dieser Prozess kann das Fundament für die Aufgaben- und Verantwortlichkeitsverteilung innerhalb von Gruppen bilden.[321]

3.4.1.5.2 Zusammenfassung und Beurteilung auf Teamebene

Wie im Abschnitt 3.4.1.4 dargelegt, kann aber auch der Druck auf die Teammitglieder durch die messgrössenbedingte Transparenzerhöhung zunehmen, insbesondere wenn die Messgrössen von Führungskräften zum Benchmarking von Team-/Abteilungsleistungen verwendet werden.[322] Dadurch kann es von Seiten der Teammitglieder zu ablehnenden Haltungen gegenüber der Messung ihrer Leistungsfähigkeit kommen. Einige Autoren schlagen vor, einem solchen Verhalten entgegenzuwirken, indem den Teams signalisiert wird, dass die KPIs auf Teamebene nicht dazu dienen, die Mitarbeiter zu disziplinieren und ihre individuelle Leistungsfähigkeit zu messen.[323] Sie betonen, dass das Reporting auf Team- und Abteilungsebene lediglich den Leistungserbringern Verbesserungsmöglichkeiten aufzeigen soll, um ihre Performance zu steigern, und damit primär dem Selbstaudit dient.[324]

Hier liegt eine Quelle potentieller Widersprüche von Performance Management Systemen in Organisationen, die sich dem Gedankengut des Empowerment verbunden fühlen. Ein

---

321 Roberts (1996), S.43
Obwohl das Vorgehen hier stark idealisiert dargestellt worden ist, haben Moon/Fitzgerald (1996) wissensvermittelnde Aspekte bei der Implementierung eines Performance Management Systems bei dem Spediteur TNT beobachtet: „Everyone within the organisation has a clear idea about what TNT is trying to do, and what the key factors are that will enable it to do so […] The specific sets of (functional) performance measures also echoed different aspects of TNT's corporate strategy." Moon/Fitzgerald (1996), S.452

322 Moon/Fitzgerald (1996) haben beim Paketdienst TNT aufgrund von Interviews festgestellt, dass die Arbeitsbelastung parallel zur Einführung des neuen Performance Management Systems mit dem Benchmarking aller Depots gestiegen ist. „The volume of consignments collected and delivered had increased at a faster rate than staffing levels. Long hours seemed to becoming the norm for many, and stress levels were higher. While the performance measurement system was not directly responsible for this, it was seen as implicated to some extent, as it provided the data for head office benchmarking of the kind described above." Moon/Fitzgerald (1996), S.450
Zu den negativen Auswirkungen von Druck auf Mitarbeiter siehe auch Argyris (1992), S.176ff.

323 Hope/Hope (1995) führen hierzu aus: „Team-based measures should not be created for top management to control the team, but to guide the team towards its process-based targets. Top managers have an important role to play in ensuring that team-based targets are synchronised with strategy, but the issue of ‚management authority' needs to be carefully handled." Hope/Hope (1995), S.111f.
Siehe hierzu auch Meyer (1994a), S.96

324 Kaplan (1997a) betont in diesem Zusammenhang ausdrücklich, dass es sich bei dem Balanced Scorecard Ansatz um ein System handelt, dass das organisatorische Lernen unterstützen soll und nicht ein Kontrollsystem der Mitarbeiter darstellt. Kaplan (1997a)

Empowerment der Mitarbeiter sollte von deren Selbstverpflichtung getragen werden.[325] „The more that top management wants internal commitment form its employees, the more it must try to involve employees in defining work objectives, specifying how to achieve them, and setting stretch targets“[326] stellt Argyris dbzgl. fest. Im Widerspruch dazu steht, dass die Einführung von Performance Management Systemen oft ein stark strukturierter Prozess ist, der durch zahlreiche Instruktionen gekennzeichnet sein kann.[327] Diese Art der Implementierung wirkt aber dem Empowermentgedanken entgegen.[328]

Eine Vielzahl von Veröffentlichungen zu Themen der Einführung und Neufokussierung des Performance Managements schlagen aber eine strukturierte Methodik mit stark ausgeprägten Top-down Elementen vor.[329] Dabei besteht die Gefahr, dass die Vorgabe von konkreten, für die Mitarbeiter verbindlichen Messgrössen und Zielen von ihnen interpretiert werden kann mit „do your own thing – the way we tell you“[330].

Beide Arten von Elementen, jene mit Top-down und Bottom-up-Bezug, sind essentielle Bestandteile jedes erfolgreichen Performance Management Systems. Das ideale Vorgehen wird diese beiden Elemente miteinander in Einklang bringen müssen.[331] Es ist daher auch nicht verwunderlich, dass ein populäres Buch zum Thema Performance Management den Namen „The Paradox Principles“ trägt und u.a. einen Abschnitt mit den Titel „Empowering through Leadership“ beinhaltet[332].

Argyris betont, dass sich nicht alle Inkonsistenzen beheben lassen und deshalb für eine Organisation von Bedeutung ist, wie damit umgegangen wird: ob sie offen angesprochen oder gänzlich verschwiegen werden.[333] Auch sollte nicht übersehen werden, dass Empowerment kein Allheilmittel darstellt, sondern auch im Rahmen des unternehmerischen

---

325 Süssmuth-Dykerhoff (1995), S.221

326 Argyris (1998), S.100

327 Die Forderung nach einem strukturierten Vorgehen bei der Einführung bzw. Neuausrichtung eines Performance Management Systems findet sich nicht nur in dieser Arbeit, sondern auch bei den in Fussnote 329 dargestellten Quellen

328 Argyris (1998) führt dbzgl. aus: „when employee's actions are defined almost exclusively from the outside [...] the resulting behavior cannot be empowering and liberating.“ Argyris (1998), S.101

329 Dies geschieht oft mit der Intention, ein unternehmensweit abgestimmtes System strategisch konformer Messgrössen zu ermitteln, für die in einem zweiten Schritt Leistungsstandards definiert werden. Lynch/Cross (1991), S.161ff.; Schneider et al. (1991), S.279ff.; Crockett (1992), S.40ff.; Kaplan/Norton (1996a), S.278ff.

330 Argyris (1998), S.101

331 Mutscheller (1996) erläutert, warum ein Bottom-up Ansatz bei der Implementierung von Kennziffern kaum gelingen kann. Mutscheller (1996), S.82

332 Price Waterhouse Change Integration Team (1996)

333 Argyris (1998), S.105 und Wolter (1997), S.218f.

Wandels vielfältige Kontrollmechanismen dringend notwendig sind, um Veränderungsprozesse zu kanalisieren.[334] Die primäre Zielsetzung bleibt in profitorientierten Unternehmen ihre finanzielle Performance. Ein Empowerment der Mitarbeiter stellt einen gangbaren Weg dar, um die Erreichung dieses Zieles zu unterstützen.[335]

3.4.2 Reporting auf Prozessebene

Boisvert erwartet einen starken Anstieg der Bedeutung von Prozessmessgrössen in Zukunft.[336] Als Folge davon geht er zukünftig von einer Veränderung und Intensivierung der Kommunikation aus; vertikale Informationsflüsse, wie sie durch traditionelle Informationssysteme geprägt sind, werden aufgrund der zunehmenden Prozessorientierung gemäss Boisvert um eine starke laterale Komponente bereichert.[337]

Empfänger der Informationen auf Prozessebene sind primär der Process Owner[338], der die Verantwortung für „seinen" Prozess besitzt, sowie die an dem Prozess beteiligten Mitarbeiter, sekundär sind es die Divisions- und Geschäftsleitung, denen der Process Owner berichtet.

3.4.2.1 Process Owner als Empfänger performance-relevanter Informationen

Der Process Owner trägt die Verantwortung für die Effizienz und Effektivität eines Prozesses, in dem die Mitarbeiter verschiedener Abteilungen involviert sein können. Vergleichbar mit einem Produkt-/Projektmanager in einer Matrixorganisation koodiniert und steuert er den Prozess, für den er verantwortlich ist.

---

334 Süssmuth-Dykerhoff (1995), S.272; Argyris (1998), S.105

335 „The ultimate goal is performance. Individuals can be excellent performers and report low morale, yet it is performance that is paramount" stellt Argyris (1998) hierzu fest. Argyris (1998), S.105
Zur Gefahr, dass Ziele und Mittel miteinander verwechselt werden, sei auch auf Lockamy/Cox (1994), S.83 und Newman (1999), S.3 verwiesen. Lockamy/Cox (1994) kritisieren, dass aufgrund einer starken Qualitätsfokussierung oft übersehen wird, dass nicht die Qualtiät der Produkte das primäre Ziel von Unternehmen darstellt, sondern deren Profitabilität. Siehe hierzu auch den Abschnitt 3.4.2 (Reporting auf Prozessebene)

337 Boisvert (1994), S.20
Zur Notwendigkeit einer Intensivierung der Kommunikation siehe auch Spreitzer (1997), S.225

338 Synonyme deutsche Begriffe für „Process Owner" sind „Prozesseigner", „Prozesseigentümer" oder „Prozess Manager". Brecht et al. (1998), S.292; Kleinsorge (1994), S.54; Seghezzi (1996), S.90

Im Gegensatz zu dem Produkt-/Projektmanager trifft der Process Owner nicht auf das organisatorische Problem von Mitarbeitern, die zwischen der Prozess- und Abteilungstätigkeit stehen, wenn die Abteilungsaktivitäten sich mit den Prozesstätigkeiten weitestgehend decken.[339]

Seine Verantwortung ist oft mit seiner funktionalen Verantwortung verknüpft: so könnte z.B. der Leiter Controlling für den Fakturierungsprozess, der Leiter Produktion für den Auftragsabwicklungsprozess in der Produktion verantwortlich sein.[340]

Zu seinen Aufgaben zählen die Entwicklung eines Prozessplans und ggfs. eines Prozessbudgets, die Evaluation und Zertifizierung des Prozesses, die Unterstützung der an dem Prozess beteiligten Teams bei Verbesserungsanstrengungen sowie die Messung und Berichterstattung der Prozessperformance an die Divisions-/Geschäftsleitung.[341] Ripperger/ Zwirner sehen ihn daher in Zusammenarbeit mit den Prozessteams als „den eigentliche Motor des kontinuierlichen Verbesserungsprozesses."[342]

3.4.2.2 Gliederung des Reporting der Prozessperformance

Es muss vorausgeschickt werden, dass für die Prozesssteuerung sowie das Reporting von Prozessen keine Methodik in der Literatur einen dominierenden Einfluss besitzt. Demeestère et al. verdeutlichen anhand von sieben Unternehmen, dass selbst unternehmensintern sehr unterschiedliche Methoden praktiziert werden können.[343] Das erscheint nicht verwunderlich, stellen doch Brecht et al. fest, dass eine systematische Erhebung und Überwachung von prozessorientierten Führungsgrössen nur selten in der Praxis anzutreffen ist, obwohl „Unternehmen die messbaren Erfolge der Prozessorientierung erkennen [...] und sich zunehmend prozessorientiert ausrichten".[344]

Mende kritisiert, dass zwar zahlreiche Ansätze zur Herleitung von Prozessmessgrössen vorhanden sind, diese Ansätze jedoch selten Vorgaben zur Struktur eines Prozesskenn-

---

339 Es ist aber denkbar, dass die Ressourcen der Mitarbeiter von zwei verschiedenen Prozessen beansprucht werden können. Rummler/Brache (1990), S.135

340 Seghezzi betont die Wichtigkeit der Wirkungsmöglichkeiten des Process Owner, die durch seine hierarchische Stellung gesichert sein sollten. „Ist dagegen der Prozesseigentümer [Process Owner] auf einer zu tiefen Hierarchiestufe eingestuft, wird er sich trotz persönlicher Qualifikation nicht durchsetzen können." Seghezzi (1996), S.90

341 Rummler/Brache (1990), S.134f.

342 Ripperger/Zwirner (1995), S.80

343 Demeestère et al. (1997), S.10

344 Brecht et al. (1998), S.288f.

zahlensystems oder zu allgemein verwendbaren Kennzahlen liefern.[345] Um die spätere Akzeptanz bei der Implementierung sicherzustellen, wird von zahlreichen Autoren sogar explizit darauf hingewiesen, dass die Messgrössen nicht vorhandenen Katalogen entnommen, sondern von den betroffenen Personen selber hergeleitet werden sollten.[346]

Für die inhaltliche Gliederung schlägt Mende eine Ausrichtung auf die kritischen Prozesserfolgsfaktoren vor.[347] Die kritischen Erfolgsfaktoren sollten in Anlehnung an die Struktur der Balanced Scorecard um finanzielle sowie innovations- und entwicklungsbezogene Kriterien erweitert werden.[348] Mende leitet daraus eine Matrix mit neun prozessbezogenen Kenngrössengruppen ab, die die Basis eines Prozesskennzahlensystems und somit auch des Reportings auf Prozessebene bilden kann.

Abbildung 3-25: Inhaltliche Gliederung eines Prozesskennzahlenreportings[349]

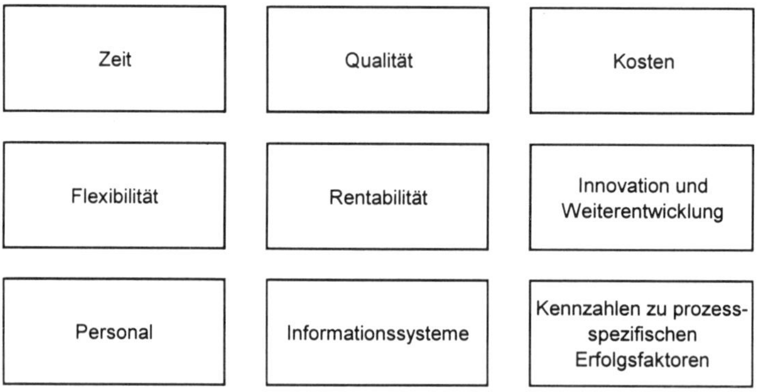

Die Integration dieser neun verschiedenen Dimensionen in eine Checkliste für die Auswahl von operativen KPIs kann die Zielsetzung eines ausgewognen Messgrössensystems auf Prozessebene unterstützen.[350] Es ist aber fragwürdig, ob für alle dargestellten Dimen-

---

345 Mende (1995), S.71
Die wahrscheinlich am häufisten anzutreffende Strukturierung von Prozessmessgrössen erfolgt entlang der effizienzorientierten Dimensionen Zeit, Qualität und Kosten.
Lingscheid (1997), S.181; Raubach (1996), S.194ff.; Hronec (1993), S.38

346 Harrington (1991), S.181f.; Fries (1994), S.110ff.: Lebas/Chiapello (1996), S.29

347 Ein solches Vorgehen ist bereits bei der Herleitung von operativen KPIs im dritten Modul empfohlen worden. Siehe hierzu auch Heilmann (1996), S.110ff.

348 Mende (1995), S.72f.

349 Mende (1995), S.73

350 Es existieren kritische Stimmen bzgl. umfangreicher, mehrdimensionaler Messgrössenraster. Simons/Dávila (1998) kritisieren umfangreiche Modelle wie jenes zur Strukturierung der Prozessführungskennzahlen mittels neun Messgrössendimensionen, da sie nicht fokussiert genug sind. Ihr Vorwurf dbzgl. lautet: „they [the managers] compile long lists of critical performance variables

sionen tatsächlich auch Messgrössen im Reporting auf Prozessebene vorhanden sein sollten.[351]

So sehr sich das obere Schema aus Abbildung 3-25 als Checkliste eignet, bei der Erstellung eines Prozessreporting wird ein pragmatisches Vorgehen, das auf die messtechnischen Besonderheiten und kritschen Engpässe jedes Prozesses eingeht, vom grösseren Erfolg geprägt sein als ein dogmatisches Festhalten an allen neun Dimensionen. Lockamy/ Cox erklären das im Sinne der „Theory of Constraints“[352] damit, dass die Engpässe von Prozessen die gesamte Prozessperformance bestimmen und nicht die Überflussfaktoren.[353]

Im nachfolgenden Beispiel in Abschnitt wird daher eine Gliederung anhand der kritischen Schnittstellen eines Prozesses vorgenommen. Sie stellen die Barrieren bei der Steigerung der Prozessperformance dar.

3.4.2.3 Cockpits als Feedbacksystem der Prozessperformance

Als ein Instrument zur Visualisierung der Prozess-KPIs im Reporting können sich Cockpit-Diagramme eignen. Der Begriff „Cockpit“ wurde wegen der Ähnlichkeit der Darstellung mit dem Leitstand in einem Flugzeug verwendet: Die Daten werden gruppiert, in mehreren Grafiken dargestellt und die Grafiken zu einer Gesamtübersicht eines Prozesses zusammengeführt.

[...] but do not differentiate what is supposedly nice to have from what is truly critical to the company's success.“
Simons/Dávila (1998), S.75
Sie schlagen daher vor, nur eine sehr limitierte Anzahl von Messgrössen zu verwenden. Simons/ Dávila (1998), S.77

351 Aufgrund des unterschiedlichen Charakters zahlreicher Prozesse wäre es denkbar, für jeden Prozess nur einzelne Elemente des Kriterienrasters zu verwenden. Dem Vorschlag von Mende (1995) kann ferner entgegen gehalten werden, dass eine kritische operative Gruppe von Messgrössen, jene der Ressourcenauslastung, nicht explizit aufgeführt worden ist. Zur Bedeutung von ressourcenorientierten Prozessmessgrössen siehe Lockamy/Cox (1994), S.35. Die Verantwortung für diese Kategorie ist aber im deutschsprachigen Raum oft in den funktionalen Abteilungen (Kostenstellenleiter) angesiedelt, sodass der Process Owner zwar ressourcenbezogene Informationen liefert, diese aber von dem Abteilungsleiter (oft auch Kostenstellenleiter) zusammengefasst wird, um eine Übersicht über die Ressourcenverwendung zu erhalten. Siehe hierzu auch Hermann (1996), S.66f.

352 Zur „Theory of Constraints“ siehe Goldratt/Cox (1992)

353 „Additionally, improvement in the measurement system must cause improvement in the organisational goal. This causal linkage requires that we know what business process is constraining the organisation and then focus our improvement efforts on this constraint. Attempting to improve elsewhere has little to no impact on improving on the organisational's goal.“ Lockamy/ Cox (1994), S.26

In der Literatur zum Qualitätsmanagement wird oft die Wichtigkeit der grafischen Darstellung von Qualitätsindikatoren betont.[354] Die Cockpitidee versucht dieser Forderung nachzukommen und weiterzuentwickeln, indem sie zusätzlich eine Gewichtung der Messgrössen nach ihrer Bedeutung vornimmt: Es fliessen wegen der Übersichtlichkeit nur die wesentlichen Messgrössen in das Cockpit ein.[355]

Bei der Entwicklung eines Prozesscockpits für das Reporting können drei Schritte unterschieden werden:

- die Analyse des Prozesses
- die Bestimmung der Prozessmessgrössen
- die Messung der ausgewählten KPIs und das Reporting der Prozessmessgrössen

Abbildung 3-26: Vorgehen bei der Gestaltung von Prozesscockpits

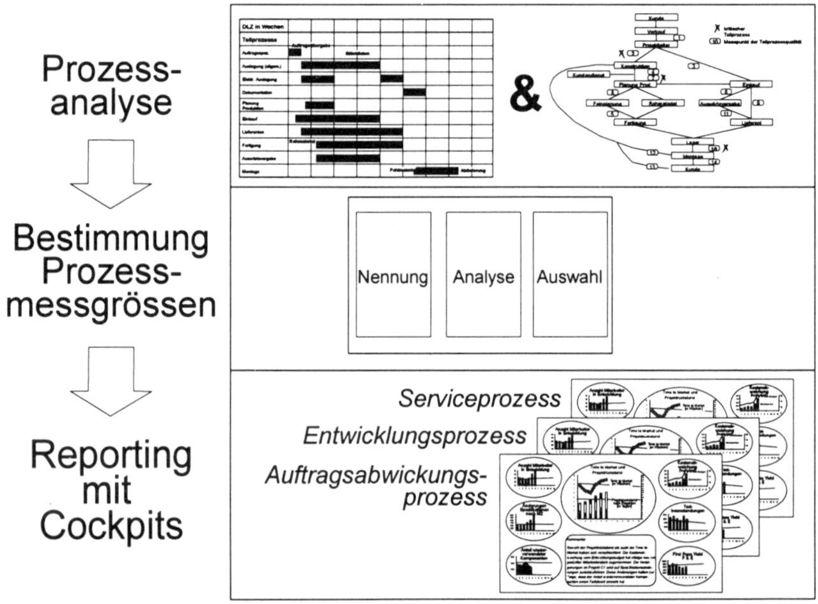

---

354 Weaver (1991), S.115ff.; Feigenbaum (1991), S.394ff.; Juran (1989), S.160ff.; Lynch/ Cross (1991), S.150ff.

355 Das dafür notwendige Auswahlverfahren sollte von einer engen Zusammenarbeit zwischen dem Prozess Owner und den am Prozess Beteiligten geprägt sein. Siehe hierzu auch die Ausführungen in Abschnitt 3.3.2.2.3

Anhand einer Beispielunternehmung, der Foodtech AG, sollen die einzelnen Schritte erläutert werden.[356] Die ersten beiden Schritte, die bereits im dritten Modul eingehend erläutert worden sind, werden in dieser Fallstudie integriert, da das Reportingdesign nicht losgelöst von der Herleitung der KPIs betrachtet werden kann.[357]

3.4.2.3.1 Beispiel zur Gestaltung eines Prozesscockpits

Die Foodtech AG ist eine im Anlagenbau tätige Unternehmung, die Maschinen zur Lebensmittelverarbeitung herstellt.[358] Parallel zum bestehenden kostenbasierten Controllingsystem wird bei ihr ein Prozesscontrolling aufgebaut, um die kritischen Erfolgsfaktoren des Auftragsabwicklungsprozesses transparent zu gestalten. Verantwortlich für die Entwicklung dieses Reportingsystems ist der Process Owner des Auftragsabwicklungsprozesses.

Der Anstoss zur Implementierung eines Prozesscontrollings wurde aufgrund der unzureichenden Performance der Auftragsabwicklung gegeben. In der Maschinenbaubranche werden oft im Kaufvertrag Strafzahlungen vereinbart, die zu zahlen sind, wenn eine Anlage zu spät beim Kunden installiert wird.[359] Diese Zahlungen hatten bei der Foodtech AG ein hohes Niveau erreicht, sodass Wege gesucht worden sind, um die Ursachen der Strafen zu beseitigen.

Das Vorgehen stützt sich auf die im dritten Modul dargestellte Methodik zur Bestimmung von operativen KPIs ab und konkretisiert sie.

1.Schritt: Abbildung der Prozessstruktur

Im ersten Schritt werden die einzelnen Teilprozesse des Auftragsabwicklungsprozesses abgebildet. Die Zeiten der einzelnen Teilprozesse werden in der nachfolgenden Abbildung dargestellt.

---

356 Das Fallbeispiel ist an konkrete Probleme in der Praxis angelehnt. Die Beispielunternehmung ist frei erfunden. Ähnlichkeiten mit bestehenden Unternehmen sind zufälliger Natur.

357 Das Reporting sollte die erfolgskritischen KPIs eines Prozesses abbilden. Die Herleitung der KPIs sollte mit einer eingehenden Prozessanalyse verbunden sein, die zur Identifikation der erfolgskritischen KPIs führen. Das weitere Verständnis des Reportingdesigns ist daher durch den Prozess der Herleitung von KPIs geprägt und kann von diesen nicht getrennt werden. Ein ähnliches Vorgehen stellen Lynch/Cross (1991), S.58f. vor.

358 Aufgrund des hohen Kostenniveaus sowie einer Aufwertung des Schweizer Frankens hat sich die Wettbewerbsituation bei der Foodtech AG in den vergangenen Jahren zunehmend verschlechtert.

359 Das Problem von Strafzahlungen wird von Atkinson et al. (1994) detailliert beschrieben. Atkinson et al. (1994), S.250f.

Bereits im dritten Modul wurden Methoden zur Identifikation der kritischen Teilprozesse vorgestellt, denen bei einer erfolgreichen Durchführung des Auftragsabwicklungsprozesses besondere Bedeutung zukommt. Der Process Owner ermittelt zusammen mit den Teamleitern die „Flaschenhälse" des Auftragsabwicklungsprozesses und identifiziert kritische Faktoren, die die Prozessperformance beeinflussen. Als Massstab dient dabei die Fragestellung, ob und wie die Kundenzufriedenheit durch die Teilprozesse nachhaltig beeinflusst wird. Anschliessend werden daraus KPIs der kritischen Teilprozesse abgeleitet.

Abbildung 3-27: Durchlaufzeitdiagramm des Auftragsabwicklungsprozesses[360]

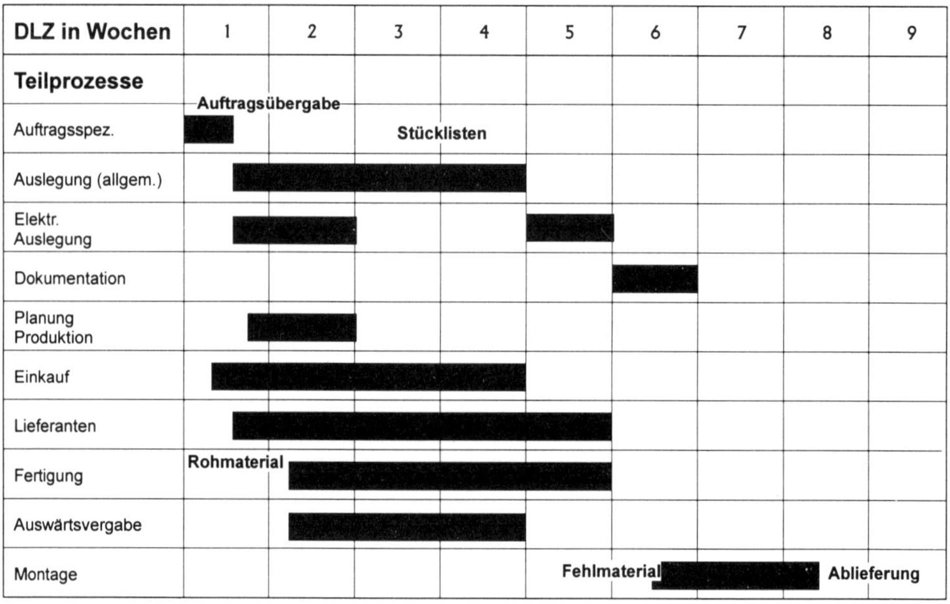

In diesem Beispiel hat die Analyse ergeben, dass die Qualität der Auftragsabwicklung massgeblich unter Fehlmengen vor der Durchführung der Montage leidet.

Fehlmengen vor dem Montageprozess führen sehr häufig zu Strafzahlungen, da die dadurch hervorgerufenen Verzögerungen nur in seltenen Fällen noch über die verbleibende Prozessdauer kompensiert werden können. Die Ursachen für die Fehlmengen sind vielfältig: mittels einer Darstellung der Struktur des Auftragsabwicklungsprozesses in Form eines Prozessplans können die kritischen Prozessstufen identifiziert werden.

360 DLZ steht für Durchlaufzeit

Abbildung 3-28: Struktur des Auftragsabwicklungsprozesses

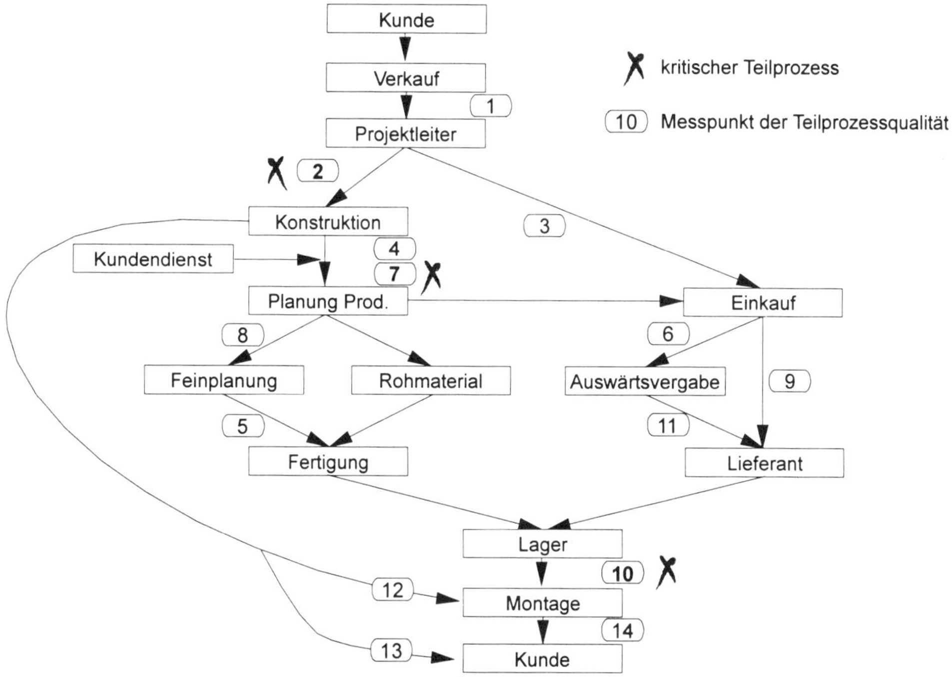

2.Schritt: Messung der ausgewählten KPIs

Die in Abbildung 3-28 dargestellten Messpunkte mit den sich dahinter verbergenden Messgrössen sind das Ergebnis der Zusammenarbeit zwischen den am Prozess Beteiligten und Prozess Owner. Die Messbereiche kritischer Teilprozesse sind zusätzlich mit einem Kreuz versehen. Diese kritischen Teilprozesse sind erfahrungsgemäss von entscheidender Bedeutung für die Performance des gesamten Auftragsabwicklungsprozesses. Treten Probleme während der Auftragsabwicklung auf, so werden sie insbesondere an diesen kritischen Stellen offensichtlich.

Für den gesamten Auftragsabwicklungsprozess wurden drei kritische Teilprozessschnittstellen erhoben: die vollständige und rechtzeitige Übergabe der Informationen vom Projektleiter an die Konstruktionsabteilung (häufig im Rahmen eines Kick-off Meetings, Messpunkt 2), die vollständige und rechtzeitige Übergabe der Stücklisten von der Konstruktionsabteilung an die Produktionsplanung (Messpunkt 7) sowie der vollständige Bezug und die Fertigung aller Komponenten vor der Montage (Messpunkt 10).

Neben diesen drei entscheidenden Messpunkten, die grau hervorgehoben sind, existieren 11 weitere Messpunkte, die die Prozessperformance bestimmen.

Die Reihenfolge der Messpunkte in Abbildung 3-28 erscheint uneinheitlich. Sie beruht auf der zeitlichen Reihenfolge der Messungen, die aus dem Durchlaufzeitdiagramm in Abbildung 3-29 hervorgeht.

Abbildung 3-29: Messpunkte der Prozessqualität im Durchlaufzeitdiagramm

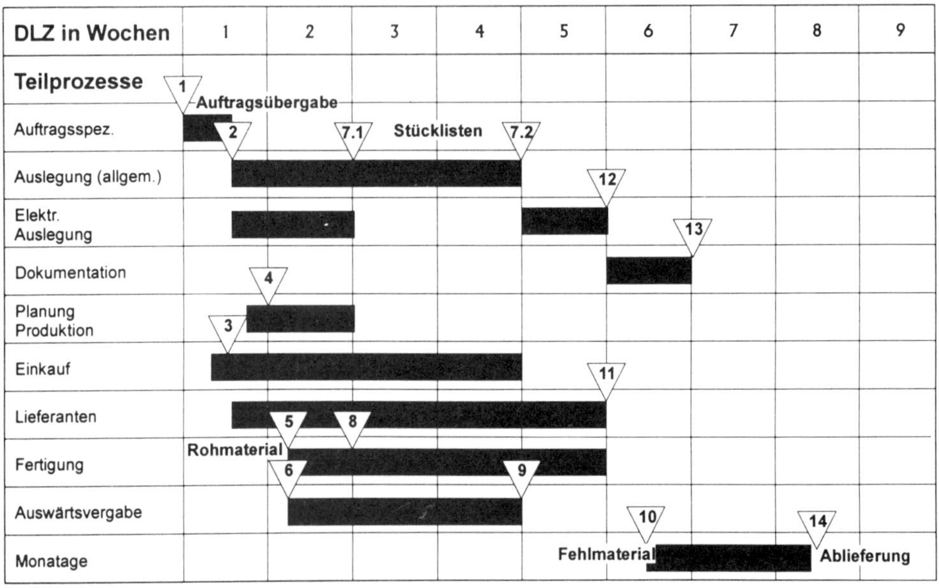

Nachfolgend werden die wichtigsten Messgrössen der Prozessperformance kurz erläutert.

Der Messpunkt 1 misst die Qualität der Auftragsübergabe vom Verkaufsleiter an den Projektleiter. Dabei wurde in der Vergangenheit die Qualität bereits am Anfang der Auftragsbearbeitung durch unvollständige Informationen sowie eine verspätete Übergabe der Verkaufsdaten beeinträchtigt. Um nicht bereits zu Beginn der Auftragsabwicklung wertvolle Zeit zu verlieren, wird am Messpunkt 1 die Vollständigkeit der übergebenen Daten sowie der Zeitpunkt der Übergabe vom Projektleiter gemessen.

Am Messpunkt 2 erfolgt vor dem Kick-off-Meeting ebenfalls die Messung der Vollständigkeit und Pünktlichkeit der übergebenen Daten vom Projektleiter an die Mitarbeiter der Konstruktion. Dabei wird der Zeitpunkt des Meetings gemessen. Als Zielvorgabe gelten sieben Werktage nach Vertragsabschluss mit dem Kunden. Spätere Treffen führen zu einer erklärungsbedürftigen Stellungnahme des Projektleiters und werden im Auftragsabwicklungscockpit besonders hervorgehoben.

Beim Messpunkt 3 erhebt der Leiter des Supply Managements kritische Erfolgsfaktoren für die Prozesperformance des Einkaufs. Wie oben erwähnt, entstehen bei der Foodtech AG Probleme durch die Unvollständigkeit von Material vor der Montage. Mittels einer Failure Mode and Effects Analysis (FMEA)[361] konnte ermittelt werden, dass die zu späte Einbindung des Supply Managements in den Auftragsabwicklungsprozess wesentlich zu Fehlmaterialsituationen beiträgt. Die beiden Messgrössen des Einkaufsleiters bestehen aus dem Zeitpunkt der Bestellung der wesentlichen Komponenten nach Vertragsabschluss sowie aus dem prozentualen Anteil der Bestellungen (gemessen am Auftragswert) innerhalb von 10 Werktagen nach Vertragsabschluss.

Die Messgrösse, die am Punkt 5 erfasst wird, trägt dem Umstand Rechnung, dass in der Vergangenheit nicht nur vor Montagebeginn, sondern auch bereits vor Fertigungsbeginn nicht alle notwendigen Rohmaterialien vorhanden sind. Deswegen wird eine Grösse vom Verantwortlichen der Fertigungsplanung erhoben, bei der die Anzahl vorhandener Rohmaterialien zu der Anzahl Fertigungsaufträge in Beziehung gesetzt wird. Dieser Wert besitzt einen starken Einfluss auf die Vollständigkeit aller Teile vor Montagebeginn (Messpunkt 14).

Die Messgrösse 6 ist sehr eng mit der vorher beschriebenen verbunden: sie ermittelt die Anzahl verspäteter Aufträge und dividiert sie durch die Anzahl der gesamten Beschaffungsaufträge. Dadurch liefert sie auch ein Indiz einer Fehlmengenursache vor Montagebeginn.

Da in der Vergangenheit häufig gegen die Einhaltung der Stücklisten-Ecktermine verstossen wurde, werden die Anzahl Aufträge, die sowohl den ersten als auch den letzten Termin eingehalten haben, von der Produktionsplanung gemessen (Messpunkte 7.1 und 7.2). Dadurch wird der Rechtzeitigkeit der Übergabe von Stücklisten von der Konstruktionsabteilung an die Produktionsplanung besondere Beachtung geschenkt. Abweichungen von dieser Grösse werden besonders beachtet.

Eine Schlüsselstellung nimmt die Messgrösse 10 ein. Die hierbei auftretenden Fehlmengen liefern die Grundlage für die Einführung eines Cockpit-Reporting, da man sich mit den

---

[361] Eine Beschreibung dieses Werkzeugs findet sich u.a. in Rommel et al. (1995), S.248ff.

konventionellen Instrumenten des Controlling ausserstande sieht, die Prozessperformance zu messen und in angemessener Form die Ursachen mangelhafter Leistungen abzubilden.

Der Lagerleiter schenkt drei Grössen Beachtung: der Anzahl der eingegangen Positionen, sowie der Anzahl der fehlenden Zukauf- und selbsterstellten Teile. Mittels dieser drei Ziffern kann der Anteil der Fehlteile bestimmt werden. Es wird auf die Anzahl der Teile und nicht auf ihren Wert abgestellt, da schon das Fehlen einer kleinen Komponente mit einem geringen Wert zu Verzögerungen im Montageprozess führen kann.

In der Vergangenheit waren späte Lieferungen von Fremdbezugsteilen häufig für die Verschärfung von Performanceproblemen verantwortlich: wenn zudem bei den gelieferten Teilen Fehler entdeckt wurden, bestand häufig keine Zeit mehr, diese zurückzusenden. Dadurch wurde ein beachtlicher Teil der internen Ressourcen durch die Fehlerbehebung beansprucht. Am Messpunkt 11 werden deswegen Daten für die Lieferantenevaluation nach Ablieferung der bezogenen Ware durch die Einkaufsabteilung erhoben. Die Erhebungen an dieser Stelle bilden die Grundlage für die Beurteilung eines Lieferanten am Punkt 9. Diese Grössen fliessen in das Reportingsystem des Supply Managers der Foodtech AG.

Am letzten Messpunkt (14) wird die Anzahl der zu spät abgelieferten Maschinen erhoben. Dabei wird eine Ablieferung innerhalb von drei Tagen nach dem vereinbarten Termin als akzeptabel betrachtet. Danach werden häufig Strafzahlungen in empfindlicher Höhe fällig.

3.Schritt: Reporting der KPIs im Prozesscockpit

In Abbildung 3-30 ist ein Cockpit für den Auftragsabwicklungsprozess dargestellt. Die beiden wichtigsten Messgrössen der Prozessperformance werden anhand ihrer zentralen Lage und Grösse sichtbar: die Liefertreue[362] sowie die Durchlaufzeit[363].

[362] Die Liefertreue wird definiert durch den Anteil der Aufträge, die innerhalb von drei Tagen nach dem zugesagten Termin erfüllt worden sind.

[363] Die Durchlaufzeit wird anhand der Zeit bestimmt, die zwischen dem Beginn der Auftragsspezifikation und der Ablieferung der betriebsbereiten Maschine liegt.

Abbildung 3-30: Cockpit des Auftragsabwicklungsprozesses

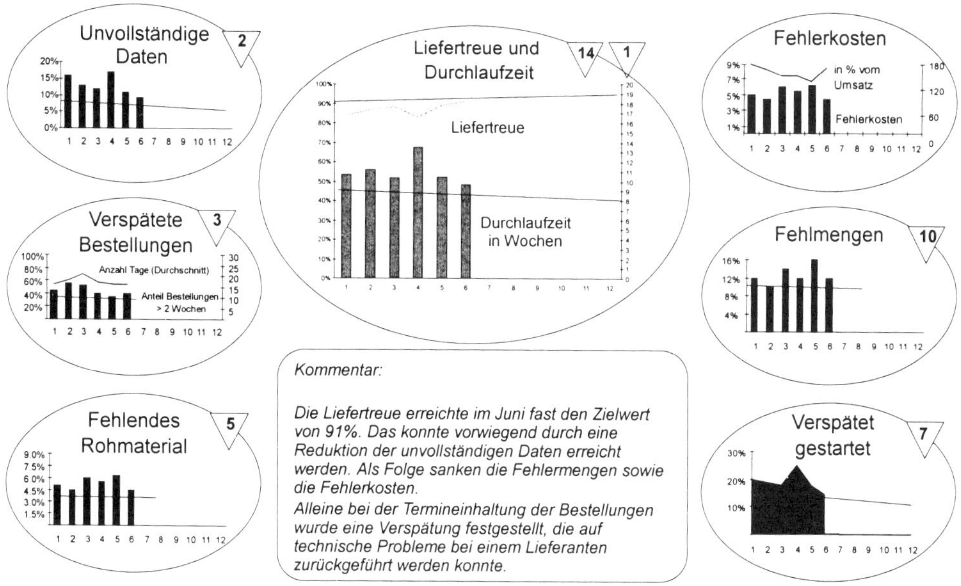

Essentiell für das Prozesscockpit ist der Kommentar des Process Owners zur Entwicklung der Performance seines Prozesses. Mit dieser Erklärung liefert er übergeordneten Stellen eine Hilfe für die Interpretation der KPIs.

Zu erwähnen ist auch der Kausalzusammenhang, der zwischen den einzelnen Messgrössen besteht: sie sind alle sowohl Indikatoren für die Hauptgrössen Liefertreue und Durchlaufzeit als auch Kostentreiber der Fehlerkosten des Auftragsabwicklungsprozesses. Das Cockpit spiegelt die Kausalität wider, die zu einem fundamentalen Element der Gestaltung von Performancemesssystemen wird. In der Praxis hat sich aber gezeigt, dass sich eine lückenlose Kausalität selten umsetzen lässt.[364]

Um die Mitarbeiter zu sensibilisieren, werden die Kosten unbefriedigender Prozessqualität (Fehlmengen bei der Foodtech) in Form der Fehlerkosten abgebildet. Es hat sich gezeigt,

364 Gastvortrag von Herrn Schwander, Controller bei der Schindler AG, gehalten am im Rahmen des Executive MBA-Programms an der Universität St.Gallen im August 1997.

dass die Bewertung von Fehlern in Form von Kosten das Bewusstsein der Mitarbeiter schärfen kann.[365] Dieser Aspekt hat auch zur Initiierung des Prozesscontrollings geführt.

Für das „Finetuning" von Prozessen können sich nicht-finanzielle Messgrössen besser als Kosten eignen, da sie eine gewisse Starre besitzen können[366]. Alle in den kleinen Instrumenten des Cockpits dargestellten nicht-finanziellen Grössen sind Kostentreiber der Fehlerkosten. Eine Veränderung dieser Grössen wird sich - wenn z.T. auch mit einer zeitlichen Verzögerung - in den Fehlerkosten niederschlagen.

Im Gegensatz zum Vorschlag von Mende, die KPIs in neun Gruppen zu klassifizieren, findet in dem Cockpit eine Konzentration auf die kritischen Prozessschnittstellen vor dem Hintergrund der signifikanten Probleme mit der Liefertreue statt.[367]

Marlière weist darauf hin, dass sich „Prozesse im Laufe der Zeit durch Veränderungen des Umfeldes, durch gezielte Steuerungsmassnahmen der Verantwortlichen oder auch durch ‚schleichenden' Wandel ändern."[368] Folglich wird sich auch das Reporting der Prozessperformance anpassen müssen. Es ist daher denkbar, dass das in Abbildung 3-30 abgebildete Cockpit. nach der Behebung der Probleme mit der Liefertreue modifiziert wird und bspw. effizienzorientierte Messgrössen ab Bedeutung gewinnen.[369]

3.4.2.3.2 Exkurs: Reporting kritischer Erfolgsfaktoren auf funktionaler Ebene in Cockpits

Bei der Herleitung operativer KPIs ist eine Unterscheidung zwischen einem prozessorientierten sowie einem funktional ausgerichteten Ansatz vorgenommen worden. Damit ist schon berücksichtigt worden, dass zahlreiche Unternehmen Probleme bei der Umsetzung prozessorienterter Organisationsformen besitzen.[370]

365 Ein Unternehmen hat beispielsweise einen gläsernen, mit kopierten 100 CHF Scheinen gefüllten Behälter vor der Kantine aufgestellt, um die Höhe der Ausschusskosten zu verdeutlichen. Die Wirkung auf die Mitarbeiter war überwältigend.

366 Siehe hierzu auch Biel (1996), S.55f.

367 Siehe hierzu die Ausführungen auf Seite 177

368 Marlière (1997), S.12

369 Biel (1996) führt zum Prozesscontrolling. aus: „Nicht zuletzt ist aber zu bedenken, dass diese Steuerungsgrössen bzw. Indikatoren [der Prozessperformance] einen Bezug haben müssen zur Unternehmensstrategie. Ein Unternehmen, das sich als Kostenführer versteht, braucht andere Grössen als ein Unternehmen, das sich z.B. als techologisch führend ausweist." Biel (1996), S.56

370 Demeestère et al. (1997) nennen drei verschiedene Aspekte, die ihnen dabei hinderlich sein können: kulturelle, politische und technische Barrieren.
Demeestère et al. (1997), S.14f.

Anhand von zwei Beispielen soll gezeigt werden, wie Cockpits auch in funktionalen Unternehmensbereichen eingesetzt werden können. Die primäre Zielsetzung bleibt dieselbe wie bei dem prozessbasierten Reporting: die Abbildung weniger kritischer Grössen, die die Performance eines Verantwortungsbereiches nachhaltig beeinflussen.[371]

Abbildung 3-31: Einsatz von Cockpits in funktionalen Unternehmensbereichen

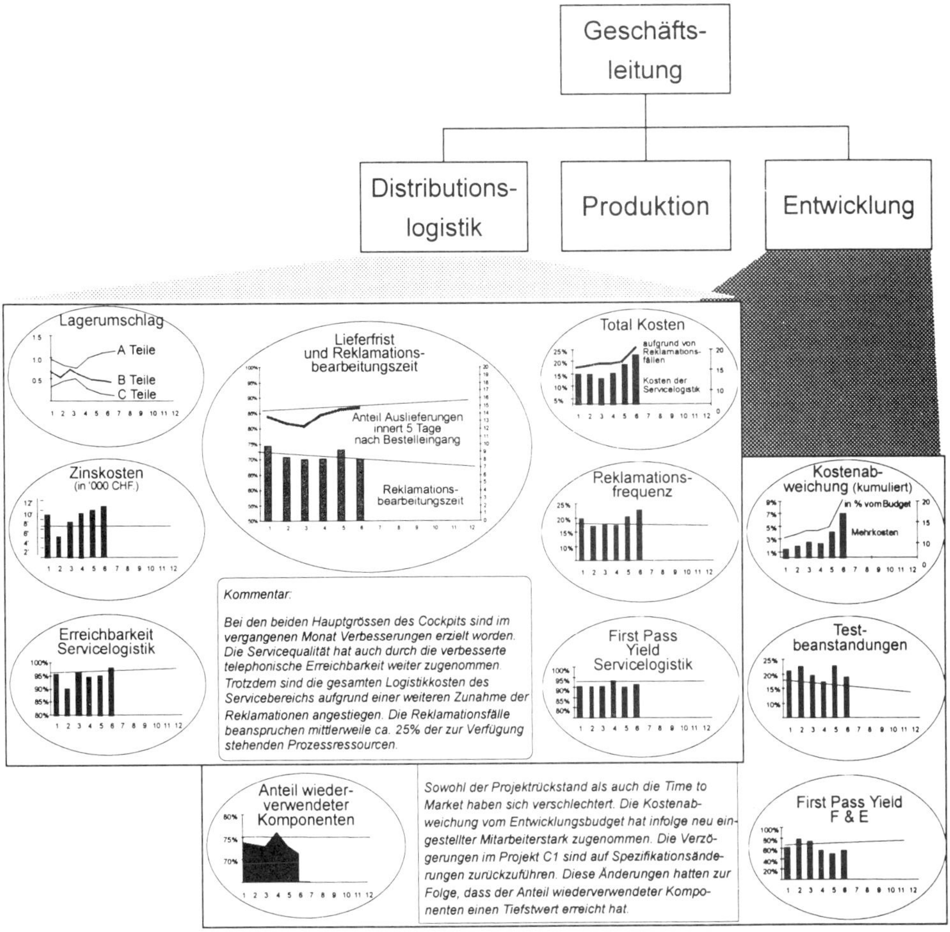

[371] Die gewonnene Transparenz soll fünf Funktionen unterstützen: Operationalisierungsfunktion, Anregungsfunktion, Vorgabefunktion, Steuerungsfunktion und Kontrollfunktion des Process Owners/Bereichsverantwortlichen.
Coenenberg et al. (1996), S.362

Die in Abbildung 3-31 dargestellten Cockpits dienen dazu, ein eindimensionales Controlling auf Kostenbasis im Logistik- und Entwicklungsbereich zu vermeiden und statt dessen durch die Abbildung der Leistungs- und Kostentreiber ein ausgewogeneres Bild über die Performance in diesen beiden Funktionseinheiten zu liefern.[372]

Während beim Beispiel des Auftragsabwicklungsprozesses die zeitliche Abstimmung möglichst fehlerfreier Teilprozesse im Vordergrund steht, besitzt die Distributionslogistik einen zweifachen Fokus, der einen Zielkonflikt in sich birgt: einerseits sollte eine rasche Belieferung der Kunden mit den gewünschten Produkten erfolgen, was ein grosses Lager bedingt. Andererseits führt ein zu grosses Lager zu hoher Kapitalbindung und erhöhten Abschreibungen auf dem Material bei Modellwechseln.[373] In der Kostenstellenrechnung kann aber nur die Kapitalbindung in Form der kalkulatorischen Zinsen abgebildet werden. Eine Integration der Lieferfristen in die Kostenstellenrechung ist kaum vorstellbar, wohl aber im Rahmen einer cockpitorientierten Darstellungsform des Reporting. Zudem ist eine unterschiedliche Prioritätenbildung in der Kostenstellenrechnung undenkbar, während sie im Cockpit anhand der Organisation der einzelnen Grafiken ersichtlich wird: die Lieferzeit (Hauptchart) wird in diesem Beispiel als bedeutender betrachtet als die Kapitalbindungskosten (Nebenchart, links Mitte).

Dieser Exkurs soll die Universalität von Cockpits als Darstellungs- und Gliederungsform im Reporting demonstrieren, die unabhängig von der Wahl der organisatorische Ausrichtung ist. Die Methodik zur Bestimmung der operativen KPIs kann an die im dritten Modul vorgestellte Vorgehensweise angelehnt sein. Entscheidend ist eine klare Vorstellung über die Zielsetzungen eines funktionalen Bereiches sowie der Faktoren, die die Zielerreichung empfindlich stören können.[374]

---

372 Zur Bedeutung einer ausgewogenen Performancedarstellung bei kreativen Prozessen siehe auch Martinkovic (1995), S.51ff.

373 Zu den Bestimmungsfaktoren des Lagerbestandes siehe Reichwald/Dietel (1991), S.516ff.

374 Simons/Dávila (1998) schlagen vor, die wirklich kritischen Erfolgsfaktoren als jene Grössen zu identifizieren, die eine Strategie zum Scheitern bringen werden, sofern sie nicht eintreffen. Sie empfehlen bei der Auswahl von KPIs das folgende Vorgehen: „To do so, they [the managers] need to visualise their worst fears. They should close their eyes and imagine the unimaginable: five years hence, their strategy has failed. They should ask theirselves what went wrong. What didn't they do right? What competitor or market trend did they miss? How did they fail to execute their strategy?"
Simons/Dávila (1998), S.76

3.4.2.4 Zusammenfassung und Beurteilung

Um den spezifischen Rahmenbedingungen Rechnung zu tragen, die die Wahl des Reportingdesigns prägen, ist ein Prozesscockpit anhand eines konkreten Fallbeispiels hergeleitet worden.

Das Reporting im Cockpitformat zwingt durch die Darstellungsform zu einer Gewichtung der Informationen: Nicht alle „grundsätzlich interessanten" Informationen sollen abgebildet werden, sondern nur solche, die auf den zu untersuchenden Prozess den grössten Einfluss haben. Der Selektionsprozess erfordert zumeist eine intensive Kommunikation, damit das Ergebnis von allen Beteiligten getragen wird.[375] Ansonsten läuft die Unternehmung Gefahr, dass die Erstellung von Cockpits von den Process Ownern als Pflichtprogramm aufgefasst wird und sie dadurch ihre Wirkung als Kommunikations- und Analyseinstrument nicht voll entfalten können.

Weitere Unterschiede zu herkömmlichen Ansätzen resultieren aus dem Zeitbezug der Informationen: Im „traditionellen"[376] Controlling wird der Ressourcenverzehr einer Unternehmung als Feedback-Messgrösse, d.h. als das Ergebnis von in der Vergangenheit abgelaufenen Prozessen abgebildet.

Durch die Verwendung von Feed-Forward Messgrössen, die nicht-finanzieller Natur sind, kann eine raschere Gegensteuerung realisiert werden.[377] Die Reaktionszeit kann auch dadurch reduziert werden, wenn die Prozesskennzahlen automatisch aus den Produktivsystemen extrahiert und in ein Reportingtool zur Prozesssteuerung gelesen werden. Brecht et al. prognostizieren, dass auf diesem Gebeit noch sehr grosse Potentiale zur Unterstützung des Prozessmanagements vorhanden sind.[378]

---

375 Der Prozess zur Ermittlung von Messgrössen wird auch von Epstein/Manzoni (1997b) als einer der Hauptnutzen bei der Einführung eines neuen Performance Messsystems betrachtet. Epstein/Manzoni (1997b), S.5

376 Das traditonelle Controlling ist auf dieser Hierarchiestufe primär kostenstellenorientiert.

377 Notwendig sind dafür aber kurze Feedback-Schleifen. Wruck/Jensen (1994) haben bei TQM-orientierten Unternehmen eine Tendenz zu kurzen Feedbackschliefen von operativen, nicht-finanziellen Messgrössen identifiziert: „TQM firms generally make major changes in performance measurement systems, moving away from traditional accounting-based measures towards measures that emphasise the close monitoring of operational efficiency, particularly for tracking progress day-to-day."
Wruck/Jensen (1994), S.270
Siehe hierzu auch Lynch/Cross (1991), S.176

378 Brecht et al. (1998), S.289ff.

Als ein potentieller Vorteil des Prozesscockpits ist die Verbindung zwischen der Leistungs- und der Kostendimension zu erwähnen. Eine einseitige Bewertung von Mitarbeitern anhand ihrer verursachten Kosten bzw. die Einhaltung von Kostenbudgets kann die Kreativität und die Motivation lähmen.[379] Entscheidend sind für die Bewertung eines Prozesses nicht nur die Kosten, die verursacht werden, sondern vor allem der Wert, der für die internen und externen Kunden geschaffen wird. Indem kritische Messgrössen der internen und externen Kundenzufriedenheit ins Cockpit integriert werden, können Cockpits die Kundenorientierung der Prozessausführenden fördern.[380]

Ferner kann das Prozesscockpit Hinweise für die Bewertung der Prozesseffizienz und -effektivität liefern und damit die Basis für Prozessverbesserungen liefern.[381]

Die Schnittstelle zwischen dem Controlling mit Cockpits und dem „traditionellen" kostenstellenorientierten Controlling kann die finanzielle Bewertung der Prozesse bilden, wobei dazu je nach den Informationsbedürfnissen des Process Owners spezifische Kostenelemente des Prozesses oder auch die gesamten Prozesskosten berechnet werden können. Für die Auswahl der dem Prozess zuordnenbaren Kosten sollte gelten: es muss nicht sinnvoll sein, alle dem Prozess zuordnenbaren Kosten im Cockpit abzubilden, sondern primär jene, die das Verhalten der Mitarbeiter in der Form beeinflussen, dass es der Zielerreichung förderlich ist sowie jene Messgrössen, die eine vertiefte Analyse der Prozessperformance ermöglichen.[382] So sind bspw. in dem Cockpit in Abbildung 3-30 nur die Fehlerkosten integriert worden.

---

379 Zu diesem Themengebiet sei auf Kübel (1997), S.335ff. verwiesen
Eine detaillierte Kritik von Budgets und ihren Auswirkungen auf das Verhalten von Mitarbeitern findet sich in Argyris (1992), S.173ff.
Obwohl dieser Artikel zum ersten Mal 1953 im Havard Business Review veröffentlicht worden ist, hat er in vielen Punkten nichts von seiner Aktualität verloren.

380 Aussage von Walt (1996) im Rahmen des Seminars „Hidden Costs entdecken und vermeiden"
Zahlreiche Autoren empfehlen eine Verknüpfung mit Best Practice Werten als Zielgrössen, die aus dem internen/externen Benchmarking generiert werden können.
Brecht et al. (1998), S.293 und Hope/Hope (1995), S.105f.
Diese Aussage wird auch von Develin geteilt. Dieser spricht sich für eine stärkere Prozessorientierung aus, und rät: „Focus on outputs rather than inputs and examine how areas like customer retention, loyality and customer profitability are measured. These are key process issues." Develin, zitiert bei Ashton (1997), S.137

381 Brecht et al. (1998), S.291

382 Das setzt natürlich voraus, dass die Kosten von den entscheidenden Mitarbeitern auch beeinflusst werden können.

Eine finanzielle Bewertung der Prozesse kann sicherstellen, dass die kostenmässigen Auswirkungen von Prozessverbesserungen quantifiziert werden.[383] Dadurch kann eine weitere Sensibilisierung für Prozessverbesserungen (insbesondere auf Managementstufe) erreicht werden.[384]

Es sollte abschliessend betont werden, dass der beschriebene Reportingansatz auf Prozessebene das traditionell kostenstellenlastige Reporting nicht ersetzen, sondern Anregungen für eine Neuausrichtung des Reporting auf dieser Hierarchiestufe durch die Integration von Leistungskomponenten und kostentreibenden Faktoren liefern soll.[385] Lynch/Cross und Kaplan/Norton weisen explizit darauf hin, dass nicht-finanzielle mit finanziellen Kennzahlen verknüpft werden sollten; es geht nicht um ein entweder-oder, auch nicht um eine Erweiterung des Reporting vom Umfang her, sondern um eine Ergänzung des finanziellen Reportings mit weiteren Dimensionen, um eine einseitige finanzielle Fokussierung zu vermeiden.[386]

Das grösste Hindernis bei der Einführung von Prozesscockpits bildet in vielen Unternehmen eine noch nicht stark genug ausgeprägte Prozessorientierung. Ashton führt das u.a. auch auf Honorierungssysteme zurück, die auf finanzielle Grössen ausgerichtet sind: „[...] the dominant measure in most manager's mindsets is to meet budgets on a monthly, quarterly or annual basis, with no focus on process or process accountability and measurement.“[387]

---

383 Siehe hierzu auch Marlière (1997), S.33
Zum Konzept und Vorgehensweise von auf Prozesskostenanalysen basierenden Prozessoptimierungsprojekten siehe Meyer (1996b), S.44ff.

384 Siehe hierzu auch Juran (1989), S.105.

385 Aus Gründen der Kostenplanung, -allokation und –kontrolle wird ein Unternehmen nicht auf eine bestehende laufende Kostenrechnung auf Kostenstellenniveau verzichten können. Zudem bildet sie im deutschsprachigen Raum die Basis für die Ermittlung von (Teil-)Prozesskostensätze, die i.d.R auf Kostenstellenebene erfasst werden. Für die Entscheidungsunterstützung stellt sich aber die Frage, ob diese nicht oftmals besser auf Basis der vorgestellten KPIs sowie detaillierterer nicht-finanzieller Grössen erfolgen sollte, die fallweise erhoben werden. Zudem kann der Detaillierungsgrad der bestehenden Kostenstellenrechnung kritisch beleuchtet werden.

386 Lynch/Cross (1991), S.175 und Kaplan/Norton (1996a), S.32f.

387 Ashton (1997), S.136
Chance und Gefahr liegen hierbei für das prozessorientierte Reporting sehr eng bei einander. Demeestère et al. (1997) stellen das Potential heraus, wie eine prozessorientierte Ausrichtung zum Wandel der Unternehmenskultur beitragen kann: „process steering could be seen as a powerful way of changing company culture, particulary to promote cooperation between the various skills and functions […], and to disseminate the client- and market-oriented culture throughout the company.“
Demeestère et al. (1997), S.7

Auch wenn momentan noch Probleme bei der Umsetzung des Prozesgedankens bestehen, scheint die Entwicklung für eine weitere Verbreitung von nicht-finanziellen Indikatoren zu sprechen: Weber/Aust stellen fest, dass in Zeiten zunehmender Unsicherheit aufgrund gestiegener Marktdynamik und Komplexität die Tendenz zur Verwendung nicht-finanzieller Kenngrössen weiter zunehmen wird.[388]

3.4.3 Reporting auf Gesamtunternehmensebene

3.4.3.1 Geschäftsleitung als Empfänger performance-relevanter Informationen

Die Informationsversorgung von Entscheidungsträgern auf oberen Hierarchiestufen ist seit längerer Zeit ein weites Diskussionsfeld, auf dem Vertreter verschiedener betriebswirtschaftlicher Disziplinen agieren. Bereits 1961 identifiziert Daniel eine Informationskrise bei Managern („Management Information Crisis") und stellt fest, dass nicht die Menge, sondern die Qualität der verwendeten Informationen oft zu wünschen übrig lässt.[389] Als Lösung schlägt er vor, verstärkt nicht-finanzielle sowie unternehmensexterne Daten in das Informationssystem einzubinden.[390] 31 Jahre später beschreiben Kaplan/Norton in derselben Zeitschrift wiederum ähnlich gelagerte Probleme und schlagen zur Lösung vor, ver-

---

Mutscheller (1996) nennt in einer Fallstudie vier Gründe, warum einem Beispielunternehmen keine prozessorientierten Messgrössen im administrativen Bereich gemessen werden, obwohl das bereits seit geraumer Zeit in der Produktion erfolgt: „[...] die Kultur und Tradition im Unternehmen, d.h. ein gewisses Widerstreben gegen Messungen in diesen Bereichen, da dies bislang nicht gemacht wurde; die Ungewissheit über den Messgegenstand; die Unsicherheit über die Höhe des notwendigen Messaufwandes; die Disziplin im Sinne korrekter Messung und Verwendung der Ergebnisse."
Mutscheller (1996), S.137.
Alle vier Aspekte werden massgeblich durch die Einstellung der Mitarbeiter in der Administration beeinflusst und können unter dem übergeordneten Thema der Unternehmenskultur subsummiert werden.

388 Weber/Aust (1998) weisen auf den Sachverhalt hin, „dass Manager mehr nicht-finanzielle und externe Informationen nachfragen, wenn die Umbebungskomplexität und –dynamik und damit die wahrgenommene Unsicherheit zunimmt. [...] Nicht-finanziellen Kennzahlen wird im allgemeinen zugeschrieben, dass sie aktueller, spezi- fischer und wertvoller sind als Kostendaten". Weber/Aust (1998), S.134

389 „The data were inadequate, not in the sense of there not being enough, but in terms of relevancy for setting objectives, for shaping alternative strategies, for making decisions, and for measuring results against planned goals." Daniel (1961), S.111

390 „The key to the development of a dynamic and usable system of management information is to move beyond the limits of classical accounting information [...]". Daniel (1961), S.113

stärkt nicht-finanzielle Indikatoren in ein mehrdimensionales Messgrössenraster zu integrieren.[391]

Guthunz sieht eine wesentliche Ursache für das Scheitern vieler formaler Informationssysteme auf Managementstufe darin, dass versäumt wurde, den Bedarf an Managementinformationen systematisch zu erfassen.[392] Er kritisiert zudem, dass bei der Entwicklung solcher Systeme oft fälschlicherweise angenommen wird, aus der Verdichtung operativer Detailinformationen könnten Führungsinformationen gewonnen werden.[393] Crockett sieht eine Ursache darin begründet, dass die Entwicklung vieler Informationssysteme für Führungskräfte primär technologiegetrieben ist. Daraus resultiert die Gefahr, dass bei den Informationen keine ausreichende Gewichtung nach Prioritäten vorgenommen wird und auch die Flexibilität der Systeme aufgrund der Vielzahl der Informationen eingeschränkt werden kann.[394] Nicht eine unzureichende Computertechnologie stellt demzufolge den Engpass dar, sondern konzeptionelle Mängel in der Entwicklungsphase von Management Informationssystemen.[395]

Es ist daher angebracht, näher auf die potentiellen Informationsbedürfnisse von Führungskräften einzugehen.[396] Drucker klassifiziert vier verschiedene Arten diagnostischer Informationen, die Führungskräften Aufschluss über ihre bestehenden Geschäfte liefern: „Foundation Information“, „Productivity Information“, „Competence Information“ und „Resource-Allocation Information“.[397] Zur ersten Gruppe zählt er primär finanzielle Indikatoren wie z.B. den operativen Cash Flow oder das Betriebsergebnis. Diese Art von Informationen kann erste Hinweise dafür liefern, dass ein Problem vorliegt. Für eine vertiefte Analyse bedarf es aber zusätzlicher Informationen. Die zweite Gruppe von Informa-

---

391 Kaplan/Norton (1992), S.71ff.
Daniel (1961) verwendet als Beispielgrössen Indikatoren, die auch in eine Balanced Scorecard einfliessen könnten: „adequancy of customer service“, „delivery performance“, „quality levels“, „share of market“, „productivity“, „community standing“ und „labor relations“. Daniel (1961), S.113 und S.116

392 Guthunz (1994), S.41

393 Guthunz (1994), S.37

394 „Often system architects are technically competent but not sufficiently knowledgable about the business. They emphasise the technology over the information going into it, as if all information were equally important. The company’s changing strategic goals seem to have no impact on the system.“ Crockett (1992), S.40

395 Zu den Gefahren, die sich hinter einer „scheinbar rationalen Fassade“ solcher Informationssysteme verbergen können, sei u.a. auf McGill/Slocum (1996), S.120 verwiesen.

396 Im Sinne einer controllingorientierten Kontingenztheorie lassen sich verallgemeinernde Aussagen hierzu aber nur im begrenzten Umfang aufstellen. Zur Anwendung der Kontingenztheorie im Controlling siehe Otley (1980), S. 413ff.

397 Drucker (1995), S.58ff.

tionen sollte daher Aufschluss über die Produktivität der Schlüsselressourcen liefern. In diesem Zusammenhang fordert Drucker: "We need data on total-factor producitivity"[398] und überträgt diese Forderung auch auf das eingesetzte Kapital.

Die „Competence Information" sollte jene Faktoren abbilden, die wettbewerbsrelevanten Fähigkeiten eines Unternehmens beeinflussen, insbesondere seine Innovationsfähigkeit. Zur letzten Gruppe von Informationen zählt Drucker Indikatoren, die Aufschluss über die Mittelallokation liefern.

Die vier Arten diagnostischer Informationen sollten um strategierelevante Komponenten erweitert werden, welche primär unternehmensextern orientiert und zukunftsfokussiert sein sollten (z.B. erwartetes Verhalten von Kunden, Konkurrenten, Märkten).[399] Die Daten sollten nicht nur auf die Unternehmensstrategie abgestimmt werden, sondern sich auch dazu eignen, die Annahmen bei Entscheidungen zu überprüfen sowie die aktuelle Positionierung und die Ziele eines Unternehmens zu überdenken.[400]

Während für zahlreiche operative Kenngrössen in vielen Unternehmen eine ausreichende Datenbasis[401] vorhanden ist, stellen sich zwei Fragen bzgl. des Reporting auf Gesamtunternehmensebene, um eine Informationsqualität im Sinne Druckers sicherzustellen:

- Wie können strategisch relevante Grössen bzgl. der Strategieumsetzung und –überprüfung ins Reporting auf Gesamtunternehmensebene integriert werden?
- Wie kann eine Übersicht über die kritischen strategischen und operativen Grössen gewahrt werden?

In den nachfolgenden Abschnitten wird dargestellt, wie bei integrierten Performance Management Ansätzen eine Antwort auf diese beiden Fragestellungen gegeben werden kann. Die Operationalisierung von Strategien kann dabei helfen, eine Brücke zwischen der strategischen und der operativen Managementebene zu schlagen.

---

398 Drucker (1995), S.58

399 Siehe zur zunehmenden Bedeutung strategischer Informationen auch Price Waterhouse (1997), S.166ff. und Drucker (1995), S.61

400 Drucker (1995), S.62

401 Ein Beispiel zur Informationsmenge von Berichtwesen liefern Mountfield/Schalch (1998), 316f.

3.4.3.2 Integration strategisch relevanter Grössen ins Reporting

3.4.3.2.1 Die Operationalisierung von Strategien

In jüngerer Vergangenheit sind vermehrt Publikationen anzutreffen, die auf die Bedeutung von Performance Messgrössen bei die Umsetzung von Strategien hinweisen.[402] Ihre Popularität kann u.a. auch darauf zurückgeführt werden, dass eine wirkungsvolle Strategieimplementierung dank der unmittelbaren Rückkopplung strategierelevanter Indikatoren erhofft wird.[403]

Mit dem Begriff „myopia" wird in der angelsächsischen Literatur der Sachverhalt umschrieben, dass viele Manager sich eher durch kurzfristige als durch langfristige Ziele motivieren lassen.[404] Messgrössen von Zielen, die ein Jahr entfernt sind, wird selten die Aufmerksamkeit geschenkt wie Messgrössen von Zielen, die in einem Monat erreicht werden sollten, auch wenn diese eine grössere Wichtigkeit besitzten. Bei langen Entwicklungsprojekten versucht man daher mittels Meilensteine mehrere kurzfristige Ziele abzuleiten.[405]

Sowohl der Tableau de Bord-, Balanced Scorecard- als auch der im zweiten Modul beschriebene Hoshin Planning Ansatz[406] berücksichtigen diesen Aspekt bei der Auswahl strategisch relevanter Messgrössen. Alle drei Ansätze versuchen, Fortschritte bei der Erreichung langfristiger strategischer Ziele mittels kurzfristiger Indikatoren zu messen.[407] Das setzt voraus, dass diese Ansätze sehr eng mit der strategischen Planung verknüpft sind.[408] Die strategische Planung sollte zu einer Klarheit über die Ziele einer Organisation führen und Wege aufzeigen, wie diese erreicht werden können.[409]

402 Hope/Hope (1995), S.97ff.; Price Waterhouse (1997), S.51ff.; Kaplan/Norton (1996a), S.147ff.

403 Siehe hierzu die Ergebnisse einer in Grossbritannien durchgeführten Studie über die erhoften Wirkungen von Balanced Scorecards. Creelman (1998), S.3

404 Hrebiniak/Joyce (1986), S.5ff.

405 Ein weiterer Ansatz, längerfristigen (strategischen) Zielen mehr Bedeutung zu schenken, liegt darin, sie verstärkt an die Höhe eines Bonus zu koppeln. Goold/Quinn (1990), S.46

406 Siehe hierzu Abschnitt 3.2

407 Siehe hierzu die Abschnitte 1.2.1.3.1, 1.2.2.5 und 2.2

408 Kaplan/Norton (1996a), S.13f.; Lebas/Chiapello (1996), S.11f.; Conti (1993), S.150ff.

409 „The primary purpose of the strategic planning process is to clearly state the organisation's objectives and its path to achieving them. The chosen strategy provides the focus and scope of the performance measurement system and defines the roles and focus of performance measures for the members." Atkinson et al. (1997b), S.36

Dieser Weg der Kontrolle langfristiger Ziele kann als eine Art der „Feedforward"-Kontrolle bezeichnet werden.[410] Um kurzfristig relevante Messgrössen ableiten zu können, ist es notwendig, dass vertiefte Kenntnisse über die mutmasslichen Ursache-Wirkungs-Zusammenhänge der wichtigsten Strategiekomponenten vorhanden sind.

Der Vorteil der Feedforwardgrössen liegt darin, dass sie zukunftsgerichtet sind: Sie messen nicht das Ergebnis einer langen Kausalkette, sondern die Voraussetzungen, damit einzelne, strategisch relevante Prozesse in der gewünschten Form ablaufen können.[411] Feedforwardgrössen eignen sich daher als Frühwarnindikatoren, wenn die Hypothesen über die Kausalzusammenhänge zutreffen. Wirkungsvolle Massnahmen zur Verbesserung der Ergebnisse sollten folglich nicht beim Output in Form von nachträglichen Korrekturen, sondern auf Inputebene ansetzen.[412] Finanzielle Grössen eignen sich als Feedbackindikatoren kaum zur Steuerung strategisch relevanter Massnahmen, da sie oftmals das Ergebnis von bereits ergriffenen Massnahmen messen.

Grebenc et al. sehen zwei generelle Problemfelder bei einem solchen Vorgehen: zum einen lassen sich viele relevante Aspekte bei der Strategieumsetzung nicht quantifizieren, des weiteren warnen sie vor einer kurzfristigen ‚Suboptimierung' des Ressourceneinsatzes, wenn die Kontrollgrössen relativ kurzfristig ausgelegt sind.[413] Als eine weitere Schwachstelle können Probleme bei der Festlegung von Toleranzgrenzen und Zielwerten genannt werden. Das trifft insbesondere auf Grössen zu, die sich mittelfristig auf die Ertragsseite niederschlagen sollten: weder die Erfassung von Chancen, noch die Bewertung zukünftiger Potentiale oder selbst der Nutzen von Mitarbeiterschulungen lassen sich bestimmen.

Eine besondere Aufmerksamkeit wird der Operationalisierung von Strategien vor dem Hintergrund einer zunehmenden Wertorientierung zuteil.[414] Seit längerer Zeit findet eine

---

410 In der Physik sowie in der chemischen Verfahrenstechnik ist der Einsatz von Feedforward-Kontrolltechniken sehr weit verbreitet. Koontz/Brandspies (1972), S.29

411 Müller (1996), S.74f.

412 Allerdings muss berücksichtigt werden, dass hierbei oft nur eine begrenzte Anzahl von Variablen betrachtet sowie eine lineare Kausalität angenommen wird, was der komplexen Realität oft widerspricht. Der Einfluss von Störgrössen wird dabei oft der Einfachheit halber vernachlässigt.

413 Grebenc et al. (1989), S.353
Das Problem bei der Quantifizierung strategisch wichtiger Ziele wird in der Praxis auch anhand des Auswahlprozesses für Indikatoren der Entwicklungs- und Innovationsperspektive ersichtlich. Exemplarisch sei auf Vorträge von Giese (1998), Paul (1998) und März (1997) über ihre Implementierungserfahrungen bei der Einführung von Scorecards hingewiesen.

414 Es existieren zahlreiche Namen, um die sich hinter der Wertorientierung verbergenden Konzepte zu umschreiben. Siehe hierzu Bierach (1997) und Hostettler (1997a), S.22ff. Black et al. (1998) nennt Ursachen, die zu dieser starken Fokussierung geführt haben. Black et al. (1998), S.9ff.

intensive Diskussion über Methoden zur Messung des Unternehmenswertes statt. Die Verknüpfung dieser wertorientierten Ansätze mit den bestehenden Planungs- und Kontrollmechanismen ist bislang eher peripher behandelt worden. Im folgenden wird der Versuch unternommen, darzustellen, wie eine Integration von Value-Management-Ansätzen ins Reporting auf Basis von „Value Drivern"[415] gestaltet sein könnte.

3.4.3.2.2.1 Verknüpfung mit Indikatoren eines wertorientierten Managements

In jüngerer Vergangenheit wird der Steigerung des Unternehmenswertes eine zunehmend grössere Bedeutung beigemessen.[416] Zur Beantwortung der Frage, welche „Stellhebel" benützt werden können, um den Unternehmenswert zu steigern, verwendet Rappaport den Begriff des „Value Driver". Er unterscheidet sieben Value Driver, die die Entwicklung des Unternehmenswertes beeinflussen: die Wachstumsrate des Umsatzes, die Umsatzrentabilität, der Ertragssteuersatz, die Nettoinvestitionsraten vom Working Capital und vom Anlagevermögen, die gewichteten Kapitalkosten sowie die Dauer des Wettbewerbsvorteils.[417] Alle Wertgeneratoren lassen sich aus den zugrunde liegenden Annahmen zur Berechnung des Unternehmenswertes ableiten.

Mandl kritisiert die Value Driver bzgl. ihres mangelnden Detaillierungsgrades, da „die ihnen zugrundeliegenden pauschalen Annahmen in der Regel nicht realitätsgerecht sind."[418] Daher kann es bei der Umsetzung von Value-Based Management Konzepten zu Fragen der Abstimmung und Verknüpfung mit dem bestehenden Performance Management System kommen. Horváth/Kaufmann identifizieren zurecht bei Wertsteigerungskonzepten eine „fehlende Methodensicherheit", da die Zusammenhänge zwischen den einzel-

---

415 Zum Begriff „Value Driver" siehe Price Waterhouse (1997), S.35ff.

416 Unter den Ansätzen zur Messung der Wertsteigerung haben vier Methoden eine weite Verbreitung gefunden: die drei Cash-Flow-orientierten Ansätze von Rappaport (1986), Copeland et al. (1994) und Lewis (1994) (CF-ROI) sowie die auf dem Übergewinn beruhende Methode von Stewart (1991) (EVA).

417 Rappaport (1986), S.76

Stewart (1991) schlägt das operative Ergebnis vor Zinsen aber nach Steuern, die Steuerersparnis durch Verschuldung, die Nettoinvestitionen in das Anlagevermögen und Working Capital sowie die Rendite der Nettoinvestitionen nach Steuern als Value Driver vor, die vom Management beeinflusst werden können. Stewart (1991), S.299f

Copeland et al. (1994) verwenden primär zwei Grössen mit werttreibender Wirkung: die Rendite des investierten Kapitals sowie die Nettoinvestitionsrate. Copeland et al. (1994), S. 137ff.

Lewis (1994) nennt drei „Werthebel" zur Steigerung der Aktienrendite für die Eigentümer: die „Steigerung der Rentabilität; Wachstum in Bereichen, die Kapitalkosten verdienen; konsequente Ausschüttung von Erträgen, wenn Anlagen mit Renditen oberhalb der Kapitalkosten nicht mehr möglich sind." Lewis (1994), S.35

418 Mandl (1997), S.344

nen Elementen oft nicht hinreichend bekannt sind.[419] Das betrifft insbesondere ihre Einbindung in die existierenden Führungssysteme (inkl. des Performance Managements), da die alleinige Messung des Shareholder Value ihn nicht erhöhen kann, sondern nur ein verbessertes Management der werttreibenden Einflussgrössen.[420]

Ein Performance Management System mit Messgrössen verschiedener Perspektiven kann eine integrative Funktion bei der Berücksichtigung von neuen wertorientierten Bewertungsmethoden wahrnehmen. Das kann bei der Entwicklung des Reporting u.a. dadurch erfolgen, indem eine Auswahl derselben finanziellen Messgrössen integriert wird, die in die Unternehmenswertberechnung einfliessen.[421] Schwieriger gestaltet sich die Verknüpfung zwischen dem Kausalmodell, das dem Performance Management System zugrunde liegt, und den Value Drivern der gewählten Bewertungsmethodik. Ein Problem kann dabei das Fehlen einer klaren Vorstellung über die Ursache-Wirkungszusammenhänge zwischen den Wertgeneratoren und den sie beeinflussenden Kräften bilden.

Mandl hält für die Prognose des Unternehmenswertes eine umfassende Unternehmensplanung mit einem fundierten Geschäftsmodell für essentiell.[422] Ein solches Geschäftsmodell ist aber umso notwendiger, wenn es darum geht, eine Brücke zwischen den mathematisch herleitbaren Wertgeneratoren und den sie beeinflussenden nicht-finanziellen Grössen zu schlagen.[423]

In der nachfolgenden Abbildung wurde der Versuch unternommen, zwischen den Zielsetzungen der Unternehmensstrategie eines Detailhandelunternehmens und Rappaports Wert-

---

419 Horváth/Kaufmann (1998), S.39

420 Horváth/Kaufmann (1998), S.43
Das verlangt aber nach einer Integration der Wertorientierung in die strategischen und operativen Planungs- und Kontrollprozesse. Siehe hierzu Michel (1997b), S.310f.

421 Dabei besitzt die gewählte Methode zur Berechnung des Unternehmenswertes eine entscheidende Bedeutung. Wird er nach einer Accrualmethode berechnet (wie z.B. beim Economic Value Added), ist es sinnvoll, den NOPAT (oder damit verwandte Grössen) sowie einen Indikator der Kapitalbindung ins Reporting zu integrieren. Wird er hingegen mittels eines cash-basierten Ansatzes berechnet, so ist die Integration von Cash Flow Grössen (Free Cash Flow oder operativer Cash Flow) äusserst empfehlenswert. Auch empfiehlt sich, die Kapitalbindung im Umlaufvermögen und Anlagevermögen als Value Driver separat zu verfolgen. NOPAT steht für „Net Operating Profit After Taxes“. Zu seiner Berechnung siehe Hostettler (1997a), S.150

422 Mandl (1997), S.344

423 Michel (1997a) schlägt hierfür eine Top-down-Analyse vor, die das Betriebsergebnis in die einzelnen Komponenten zerlegt, die ihn beeinflussen (Umsatz, Absatzmenge, Anzahl Kunden, u.a.). In einem zweiten Schritt wird in einer Sensitivitätsanalyse der Einfluss der einzelnen Werttreiber auf den Unternehmenswert identifiziert. In schematischer Form wird dieses Vorgehen bei Michel (1997a), S.281 vorgestellt.

generatoren eine kausale Verknüpfung herzustellen. In der finanziellen Perspektive sind die sieben Wertgeneratoren abgebildet worden. Darunter sind für die drei generischen Perspektiven der Balanced Scorecard Ziele aus der Unternehmensstrategie dargestellt.[424]

Abbildung 3-32: Verknüpfung des Value Driver Konzepts mit dem Balanced Sorecard-Ansatz[425]

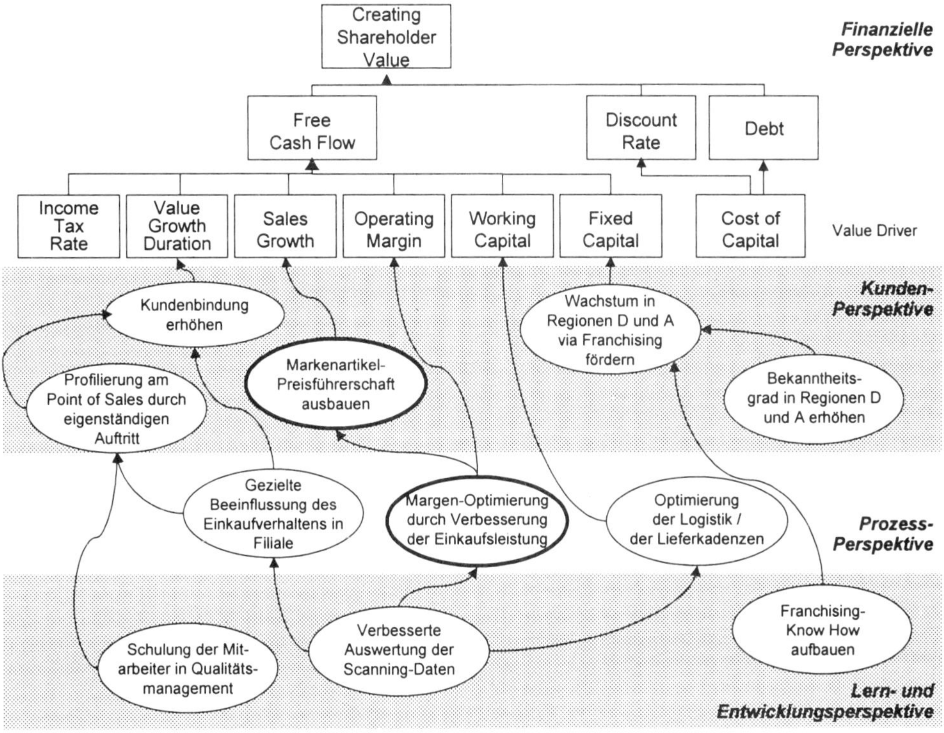

Für zahlreiche Value Driver können Einflussfaktoren identifiziert werden: So wird z.B. die „Margenoptimierung durch Verbesserung der Einkaufsleistung“ eine positive Wirkung auf die operative Marge (Operating Margin) besitzen; auch scheint das Ziel „Markenartikel-

424 Obwohl der Aspekt der Unterstützung des wertorientierten Managements in jüngeren Publikationen von Kaplan/Norton (1997) nicht explizit erwähnt wird, ist die Shareholderorientierung bereits in der „Ur-Scorecard“ des Nolan Norton Institutes fest verankert. Geanuracos/Meiklejohn (1993), S.52

425 In Anlehnung an Rappaport (1986), S.76
Die Kausalkette wurde aufgrund von Fallstudienunterlagen der Unternehmensberatung Price-WaterhouseCoopers entwickelt.

Preisführerschaft ausbauen“ ein probantes Mittel zu sein, um das Umsatzwachstum zu fördern.

Die drei nicht-finanziellen Perspektiven der generischen Balanced Scorecard können, wie oben dargestellt, direkt mit den Value Drivern verknüpft werden: Massnahmen, die die Kundenperspektive betreffen, können über die Schaffung einer stärkeren Kundenbindung und Kundenzufriedenheit die „Value Growth Duration“ positiv beeinflussen. Ausserdem können sie dazu beitragen, das Umsatzwachstum („Sales Growth“) zu unterstützen, wenn z.B. Marktanteile aufgrund einer hohen Akzeptanz von Kunden hinzugewonnen werden können. Als weiterer Vorteil hoher Marktanteile können Skaleneffekte realisiert werden, die sich auf die „Operating Margin“ auswirken können.

Massnahmen, die die Lern- und Entwicklungsperspektive betreffen, wirken sich zumeist nicht direkt auf die Value Driver aus, sondern oft indirekt über Kausalketten, die die Prozess- und Kundenperspektive betreffen. Zahlreiche Aktionen dieser Ebene zielen darauf ab, die Innovationskraft eines Unternehmens zu stärken. Es bedarf keiner besonderen Erwähnung, dass die Innovationskraft eine wichtige Voraussetzung für die Schaffung von Wettbewerbsvorteilen und damit auch für die „Value Growth Duration“ bildet.

In der Diskussion über den Shareholder Value als Handlungsmaxime kann bisweilen der Eindruck entstehen, dass es sich dabei um eine Frage der Ausschliesslichkeit von Unternehmenszielen handelt.[426] Wird aber die Ebene der Value Driver verlassen und der Versuch unternommen, ihnen vorgelagerte Einflussgrössen zu identifizieren, so kann sich rasch herausstellen, dass die Kunden- und Mitarbeiterorientierung die Basis für ein wertorientiertes Management legen.[427]

Im Rahmen der Diskussion über das Value-Based Management sollte auch nicht übersehen werden, dass das Fundament jedes Ansatzes zur Wertsteigerung ein vertieftes Verständnis über die tatsächlichen Werttreiber eines Unternehmens ist.[428] Mehrdimensionale Performance Management Systeme können hierbei helfen: zum einen, indem sie der Geschäftsleitung Informationen über die Faktoren liefern, die die Value Driver beeinflussen, zum

426 Hostettler (1997a), S.22ff.; Michel (1997b), S.319; Bierach (1997), S.112

427 Diese Erkenntnis ist auch in einer Untersuchung von 100 deutschen Unternehmen in der Financial Times belegt worden, die eine enge Verknüpfung zwischen der Mitarbeiterorientierung und dem Unternehmenswert nachweisen konnte. Bierach (1997), S.114

428 Scott (1997) führt dbzgl. aus: „To create value they [the CEOs] have to understand precisely how the firm drives value and how that process can be accelerated. […] Of course, whilst all attention is focused on the CEO, it is the line managers who have to make it happen.“ Scott (1997), S.2

anderen, wenn sie die Kommunikation der Geschäftsleitung mit den Linienmanagern fördern.[429]

Aufgrund der Komplexität der Ursache-Wirkungszusammenhänge und der Vielzahl der Einflussfaktoren, besteht eine grosse Versuchung, zahlreiche Indikatoren in das Reporting zu integrieren. Berücksichtigt man ferner, dass neben den vielen potentiellen Messgrössen von strategischer Relevanz noch eine grosse Anzahl von „Hygienefaktoren" aus den operativen Systemen vorhanden sind, so sind Massnahmen zur Komplexitätsreduktion im Reporting notwendig.

3.4.3.3 Komplexitätsreduktion im Reporting

Beim Reporting können in Unternehmen, die einen mehrdimensionalen Performancebegriff verwenden, Zielkonflikte entstehen: Dem Bedürfnis nach einer umfassenden Versorgung der Unternehmensleitung mit entscheidungsrelevanten Informationen steht die Forderung nach der Übersichtlichkeit der Informationen gegenüber. Eine latente Gefahr von Informationssystemen besteht darin, zu viele Daten zu liefern und dadurch die Empfänger zu überfordern („Information Overload").[430] Dem steht zur Förderung der Fokussierung und Kommunikation eine Reduktion der Informationen auf eine überschaubare Anzahl gegenüber.[431]

Der Gefahr des „Overloads" der Geschäftsleitung durch zu viele Reportinginformationen kann mit verschiedenen Möglichkeiten zur Komplexitätsreduktion begegnet werden.

Aus der Vielzahl der komplexitätsreduzierenden Massnahmen sollen drei näher betrachtet werden:

- Intuitive und sachlogische Strukturierung der Leistungsperspektiven
- Indexbildung und zeitliche Differenzierung von Informationen innerhalb der Ergebnistafeln
- Bildung von Informationshierarchien

---

429 Diese Kommunikationsprozesse können sowohl bei der Erstellung/Überprüfung eines Kausalmodells zur Performancemessung stattfinden als auch bei der Ableitung von konsistenten Scorecards und verwandten Reportingsinstrumenten für tiefere Hierarchiestufen.

430 Eine detaillierte Definition des Begriffs „Information Overload" findet sich bei Schick et al. (1990), S.199f.

431 Cole (1985), S.107

3.4.3.3.1.1 Komplexitätsreduktion durch Strukturierung der Leistungsperspektiven

Aufgrund der Vielzahl von Kontingenzfaktoren existiert keine allgemeingültige Antwort auf die Frage, wie Performancesinformationen in sinnvoller Weise zusammengefasst und strukturiert werden können, um ein übersichtliches und verständliches Reportingsystem auf Gesamtunternehmensebene zu garantieren.[432]

Das in der Praxis wahrscheinlich am häufigsten anzutreffende Strukturierungsprinzip von performancerelevanten Informationen dürfte die Gliederung nach Verantwortungsbereichen sein. So ist bswp. beim Tableau de Bord Ansatz die Organisation der Informationen sehr stark auf die Entscheidungsträger zugeschnitten, die i.d.R. auch die Führung von Verantwortungsbereichen wahrnehmen.[433] Strukturierungsmodelle, die (verantwortungs-) bereichsübergreifend Aspekte der Unternehmensperformance abbilden, bilden bisher noch die Ausnahme. So hat bspw. auch das EFQM-Modell keine signifikanten Impulse für eine Neuausrichtung der laufenden Performancemessung und des Reportings auf Gesamtunternehmensebene geben können.[434]

Auf zunehmende Akzeptanz stösst in der Unternehmenspraxis die Strukturierung von performancerelevanten Informationen anhand der vier generischen Dimensionen der Balanced Scorecard. [435] Es sind verschiedene Varianten anzutreffen, in denen die spezifischen strategischen Schwerpunkte von Unternehmen zum Ausdruck kommen. Besitzen bspw. die Mitarbeiter in Know-How-intensiven Unternehmen eine bedeutende Rolle, empfiehlt es sich, eine separate Mitarbeiter-Perspektive zu integrieren.[436]

Eine weitere Variante der Informationsstrukturierung wird von der amerikanischen Forum Corporation angewendet.[437] In ihrer „Dynamic Business Scorecard“ bilden sie ein sehr stark reduziertes Kausalitätsmodell der Leistungserbringung ab.[438]

---

432 Zur Anwendung der Kontingenztheorie im Controlling siehe Otley (1980), S.413ff.

433 Lebas/Chiapello (1996), S.6; Epstein/Manzoni (1997b), S.4

434 Einige Unternehmen verwenden das EFQM-Modell (EFQM steht für „European Foundation for Qualtiy Management“) auf jährlicher Basis im Rahmen eines „Gesundheits-Check-ups“. Es liegen dem Verfasser leider keine Quellen darüber vor, dass dieses Prozedere in zahlreichen Unternehmen in Form einer laufenden Überprüfung der einzelnen Testkriterien institutionalisiert worden ist.

435 Im deutschsprachigen Raum sei u.a. auf Continental AG, Festo AG, Knoll AG, Flughafen Hamburg, Degussa Hüls, Siemens AG, ABB, UBS und Siemens Nixdorf AG verwiesen.

436 Ewing/Lundahl (1996), S.14

437 Die Ausführungen zur Forum Corporation sind Ashton (1997), S.24ff. entnommen.

Abbildung 3-33: *Dynamic Business Scorecard*[439]

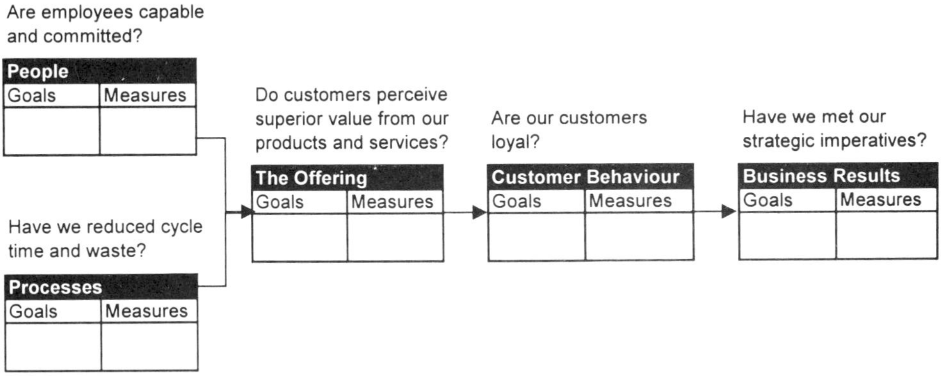

Der Vorteil dieser Darstellungsart liegt darin, dass die Interaktion zwischen den verschiedenen Ergebniskarten sofort ersichtlich wird. Das Modell besitzt eine sehr starke operative Ausrichtung, ohne aber wichtige operative Schnittstellen wie z.B. die Lieferanten zu integrieren.[440]

Neben unternehmensspezifischen Messgrössenrahmen haben einige Beratungsunternehmen ihre eigenen Gestaltungsentwürfe entwickelt, die aber zumeist inhaltlich sehr eng an den Scorecardentwurf von Kaplan/Norton angelehnt sind. ATKearney[441] hält an einer Vierteilung fest, nennt die Dimensionen aber „Market", „Operations", „Resources" und „Value", während A.D.Little den Begriff „High Performance Business Scorecards" verwendet und die Strukturierung der Dimensionen von den Bedürfnissen der Kunden abhängig macht.[442]

Die britische Unternehmensberatung Paragon Consulting empfiehlt in Anlehnung an das EFQM-Modell eine Viergliederung mit den Ergebniskarten „Impact on Society", „People

---

438 Kaplan/Norton (1996a) arbeiten auch intensiv mit Kausalkettenmodellen, die sie aber für einzelne Teilstrategien/strategische Projekte entwickeln. Der generische Rahmen zur Messgrössenstrukturierung wird aber dadurch nicht beeinflusst. Kaplan/Norton (1996a), S.152

439 Ashton (1997), S.24

440 Dieses ist ein Vorwurf, der auch gegenüber der generischen Balanced Scorecard erhoben worden ist. Kritiker könnten ferner bemerken, dass die Wachtums- und Entwicklungsperspektive bei der „Dynamic Business Scorecard" fehlt. Dem kann aber entgegen gehalten werden, dass Massnahmen zur Sicherung der Innovationskraft und der zukünftigen Wettbewerbsfähigkeit in die vier übrigen nicht-finanziellen Karten integriert werden können. Atkinson et al. (1997b), S.26

441 Bühler (1998), S.11

442 So könnte gemäss der Gliederung von A.D.Little ein Unternehmen mit Kernkompetenzen in der Akquisition neuer Firmen neben den vier konventionellen auch über eine spezifische M&A Dimension verfügen. Jeannet (1998b), S.14

Satisfaction", „Customer Satisfaction" und „Business Results".[443] Diese vier Dimensionen spiegeln alle Ergebniskriterien des EFQM-Modells wider, die im Rahmen des European Quality Awards zu 50 Prozent in die Bewertung hineinfliessen.[444]

Im Gegensatz zur Gliederung nach den Perspektiven der Balanced Scorecard wäre auch eine Strukturierung der Ergebniskarten aufgrund der einzelnen Komponenten der Strategie denkbar. Für die einzelnen strategischen Komponenten könnten separate Perspektiven entwickelt werden.

Mit der Frage nach der Strukturierung der Ergebniskarten ist auch jene nach der Abstimmung mit vorgelagerten Reportingsystemen zu beantworten, die die Informationen liefern. Die Continental AG hat mithilfe des Balanced Scorecard-Ansatzes eine Reportingstruktur entwickeln können, die die verschiedenen Informationsquellen nicht beseitigt, sondern integriert und damit eine bessere Gesamtübersicht über die Leistungsentwicklung ermöglicht.[445] Dadurch können verschiedene, bisher isolierte Zielsetzungs- und Reportingprozesse mithilfe des Scorecard-Ansatzes besser aufeinander abgestimmt werden. Die Vorteile dieser Harmonisierung stehen darin, Doppelspurigkeiten und Inkonsistenzen im Reporting abzubauen, indem ein einheitlicher Bezugsrahmen verwendet wird.

Stark vereinfacht wird in Abbildung 3-34 dargestellt, wie ein integriertes Performance Management System zur Koordination der verschiedenen Zielsetzungsprozesse sowie der Reduktion des Reportingumfangs beitragen kann. Die Abbildung verdeutlicht aber auch die Komplexität, die in der Bewältigung der zahlreichen Schnittstellen liegen kann.

Die Abstimmung mit den verschiedenen, schon bestehenden Reportingsystemen, bildet eine grosse Herausforderung in der Implementierungsphase.[446] Jeannet sieht daher eine potentielle Hürde bei der Einführung von Scorecards darin, falls es nicht gelingt, sie als das Haupt-Reportingsystem zu etablieren und rät: „Identify and cancel redundant reports in a very early stage of the scorecard developing process."[447]

---

443 Ashton (1997), S.26

444 Malorny (1997), S.96

445 Giese (1998)

446 Die Ergebnisse einer britischen Studie über die Einführung von Balanced Scorecards belegen diesen Aspekt. Darin wurde als bedeutendste Barriere einer erfolgreichen Einführung die existierenden Management Systeme von 55 Prozent der Unternehmen genannt. Creelman (1998), S.338

447 Jeannet (1998b), S.29

Dieser Ansicht muss nicht uneingeschränkt zugestimmt werden; sie kann in den meisten Umfeldern sogar als sehr gefährlich bewertet werden. Es ist durchaus vorstellbar, Daten der anderen Reportingsysteme in ein mehrdimensionales Performance Management Modell zu integrieren, ohne

Abbildung 3-34: Komplexitätsreduktion durch Harmonisierung des Reportings[448]

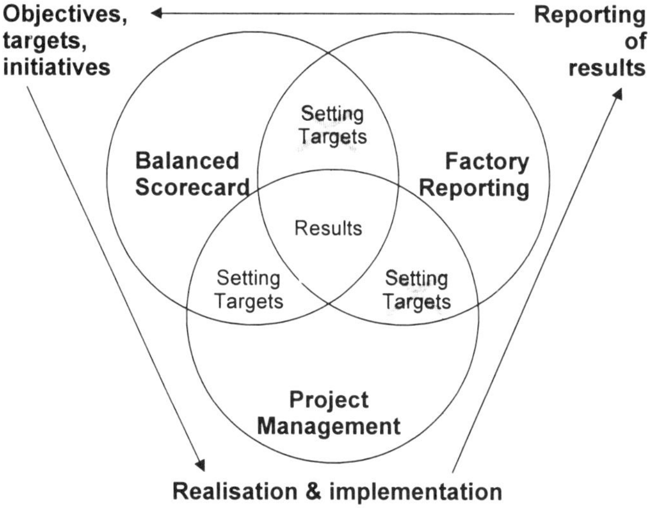

Die Reviewfrequenzen von Balanced Scorecards in fünf amerikanischen Unternehmen erlauben aber den Rückschluss, dass Scorecards die bisherigen Reportinginstrumente nicht ersetzen, sondern sie um ein weiteres Instrument ergänzen.[449]

die vorgeschalteten Reportingsysteme zu beseitigen. Eine der Zielsetzungen der Balanced Scorecard ist es, eine konzentrierte Übersicht zu liefern. Für vertiefte Analysen kann es aber durchaus sinnvoll sein, auf die detaillierteren Daten der übrigen Reportingsysteme zurückzugreifen. Vielmehr sollte berücksichtigt werden, wer der interne Kunde der detaillierteren Daten ist und ob seine Informationsbedürfnisse mithilfe einer Scorecard tatsächlich vollumfassend befriedigt werden können.

448 Giese (1998), S.29

449 Drei Unternehmen gaben an, dass sie einen Review auf Quartalsbasis, jeweils ein Unternehmen gab an, dass sie ihren Review auf Halbjahres bzw. jährlicher Basis durchführen. o.V. (1997), S.11

3.4.3.3.2 Komplexitätsreduktion durch Indexbildung und zeitliche Differenzierung

Die Einführung von verschiedenen Leistungskarten ist der erste Schritt zu einem Komplexitätsabbau. Innerhalb der Leistungskarten wird von zahlreichen Autoren empfohlen, nur eine überschaubare Anzahl Messgrössen zu verwenden.[450]

Komplexitätsreduktion durch Indexbildung

Auf Gesamtunternehmensebene sind die in den Leistungsperspektiven dargestellten Kennzahlen oft aus einer Verdichtung von Kennzahlen unterer Ebenen hervorgegangen, um die Anzahl der Informationen überschaubar zu halten. Die Verdichtung von Informationen kann durch die Bildung von Indizes vorgenommen werden.[451] Indizes bieten sich an, da bei mehrdimensionalen Performancemesssystemen die Verknüpfung einzelner Grössen oft aufgrund eines nichtnummerischen Kausalmodells erfolgt, bei dem eine mathematische Aggregation der einzelnen Teilelemente der Performance (wie z.B. beim ROI) häufig nicht möglich ist.

Die Gefahr der Verwendung von Indizes besteht neben dem Informationsverlust u.a. auch in Kompensationswirkungen aufgrund entgegengesetzter Entwicklungen einzelner Komponenten eines Indizes.[452] Trotz dieser Gefahren scheinen Indizes in der Praxis auf Gesamtunternehmensebene auf eine starke Akzeptanz zu treffen. Die nachfolgende Abbildung weist exemplarisch auf die starke Verbreitung von Indizes innerhalb einer Balanced Scorecard bei einem Lebensmittelhersteller auf Gesamtunternehmensebene hin.[453]

---

450 Creelman (1998), S.135; Malleret (1989), S.4f.

451 Eine Darstellung der Voraussetzungen und Methodik zur Bildung von Indizes liefert Kromrey (1991), S.120ff.

452 Das kann zu einem Trend „zur Mitte" führen, da Ausreisser gewogen werden.

453 Die Vielschichtigkeit einer Indexgrösse wird am Beispiel des „Customer Partnership Index" der Kundenperspektive ersichtlich, die die Qualität der Beziehungen zu den Kunden abbilden soll. In diesen Index fliessen Messgrössen, die die Kommunikation mit den Kunden, den Service sowie die Effizienz von Transaktionen mit Kunden bewerten. Zu den gemessenen Faktoren gehören neben der Anbindung an Logistiksysteme der Kunden u.a. auch Kosteneinsparungen, die in Zusammenarbeit mit den Kunden realisiert werden konnten. Diese unterschiedlichen Kennziffern können nur mittels eines Index zu einer Metagrösse verdichtet werden, die die verschiedenen Aspekte der partnerschaftlichen Zusammenarbeit mit den Kunden abbildet. Troillet (1996), S.61

Abbildung 3-35: Verbreitung von Indizes in Balanced Scorecards[454]

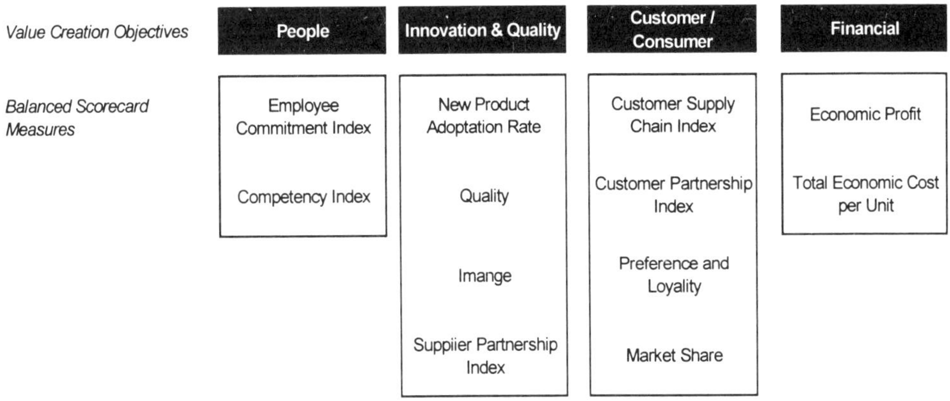

Komplexitätsreduktion durch zeitliche Differenzierung

Des weiteren besteht durch unterschiedliche Reportingfrequenzen eine Möglichkeit zur Informationsselektion und -reduzierung.[455] So kann es u.U. genügen, wenn Daten über die Mitarbeiterqualifikation oder die Kundenzufriedenheit nicht monatlich, sondern auf Quartalsbasis berichtet werden. Andere Informationen über Neukunden, Kündigungsquote oder Liefertreue könnten hingegen auf wöchentlicher Basis der Geschäftsleitung berichtet werden.

Als ein Beispiel für die zeitliche Strukturierung kann die nachfolgend abgebildete Scorecard eines Raffinerie- und Tankstellenbetreibers dienen. Von den 31 Messgrössen werden lediglich 19 auf monatlicher Basis (M) abgebildet, neun auf Quartals- (Q) sowie ein Indikator auf Halbjahresbasis (S).

---

454 Troillet (1996), S.59

455 Weber (1996), S.200

Abbildung 3-36: KPIs eines Raffinerie- und Tankstellenbetreibers

Dimension	KPI	Net Weight	Frequency
Financial	Regional Return On Capital Employed	7%	S
	Operating Income	7%	M
	Cash Flow	7%	M
	Operating Expenses	7%	M
	Total G&D Sales	4%	M
	Autogas Volumne	2%	M
	Premium Products Sales	2%	M
	Total Financial	36%	
Customer/Reseller	"Team Pride" Scores	7%	Q
	Friendly Service Participation	2%	Q
	Customer Compliments	0%	Q
	Customer Complaints	0%	Q
	Fully Costed Gas Net Margin	5%	Q
	Total Customer/Reseller	14%	
Learning/Growth	Climate Improvement Index	5%	M
	% of Employees Who Completed a Multi-Rater Asssesment	5%	A
	Business Education (% trained)	5%	A
	Total Learning / Growth	15%	
Internal	# of Reportable Environmental Incidents	3%	Q
	Days Away From Work	3%	Q
	Recordable Incidents Rate	3%	Q
	Manufacturing Cash Expenses	2%	M
	Marketing/Supply Direct Expenses	3%	M
	Delivery Expenses	2%	M
	Storage & Handling Net Expenses	2%	M
	Inbound Transportation	2%	M
	Refinery Utilisation	2%	M
	Energy Intensity Index	2%	M
	On-Stream Factor Running %	2%	M
	Yield Index	1%	M
	Gas Inventories As Avg. Days Supply	1%	M
	Gas Terminal Product Availability	2%	M
	Mart Sales Per Store	2%	Q
	Net Profit Before Real Estate	3%	M
	Total Internal	35%	

Wie aus der Beispielscorecard hervorgeht, wird zudem ein gewichteter Scorecard-Index berechnet, um eine verdichtete Performancekennzahl ausweisen zu können. Diese fliesst in die leistungsorientierte Entlöhnung der Führungskräfte.

Trotz der zeitlichen Segmentierung erscheint die Dichte der gelieferten Informationen im oberen Beispiel sehr hoch zu sein. Es kann kritisiert werden, dass Messgrössen, die z.B. nur mit einer Gewichtung von einem Prozent in die Performancebewertung einfliessen, praktisch keine Bedeutung besitzen.

Simons/Dávila sehen eine Gefahr darin, dass durch eine mehrdimensionale Abbildung der Performance im Reporting eine Fokussierung auf das, was wirklich für den Unternehmenserfolg kritisch ist, erschwert werden kann. Messgrössen wie z.B. das Umsatzwachstum oder die Mitarbeiterzufriedenheit, die in zahlreichen Scorecards vorkommen, werden von ihnen als weniger wichtig betrachtet: „In other words, companies use too many figures to hold their managers and employees accountable for performance [...] Similarly, people shoud be held accountable only for as many diagonostic measures as they can memorize. We would suggest that the limit be seven.“[456]

3.4.3.3.3 Komplexitätsreduktion durch Bildung von Hierarchien

Ein dritter Weg zum Abbau von Komplexität im Reporting besteht in der Bildung von Informationshierarchien. Dieser Weg bietet sich insbesondere in Unternehmen an, die mittels eines „Management by Exceptions“ geführt werden.

Der Gefahr, dass auf oberer Hierarchiestufe stark abweichende Daten im Rahmen der Indexbildung durch positive Abweichungen kompensiert werden und so übersehen werden, kann durch die Integration einer sog. „Ampelfunktionalität“ bei einer Softwareumsetzung begegnet werden. Das Beispiel aus Abbildung 3-37 soll das verdeutlichen: Dort ist bei der internen Prozessperspektive eine zu grosse Abweichung aufgetreten, was zum einen an dem negativen Trendpfeil, zum anderen an der „roten Ampel“ links oben auf der Karte „interne Prozessperspektive“ ersichtlich wird.

Wenn die Geschäftsleitung in eine tiefere Ebene mit niedrigerem Aggregationsgrad der Informationen eindringt, wird ersichtlich, dass bei den Fehlmengen eine zu grosse Abweichung aufgetreten ist: der realisierte Wert beträgt nur 50 Prozent des angestrebten Zielwertes, wie aus der folgenden Abbildung hervorgeht.

---

456 Simons/Dávila (1998), S.76
Einen sehr wirksamen Weg, um einen „Information Overflow“ im Berichtswesen auf Top-Management-Stufe zu vermeiden, ist General Electric gegangen. Nur drei Indikatoren spielen im regelmässigen Reporting auf diesem Niveau eine wichtige Rolle: „Customer Satisfaction“, „Employee Satisfaction“ sowie der generierte Cash Flow. Quelle: Informationen aus dem Bericht eines Beratungsprojekts zur Neuausrichtung der Finanzfunktion in einem Konzern. Diese Informationen waren im Abschnitt „Best Practices“ enthalten. Aus Gründen der Vertraulichkeit dürfen keine weiteren Angaben gemacht werden.

Abbildung 3-37: Analyse der negativen Trendentwicklung bei der internen Prozessperspektive

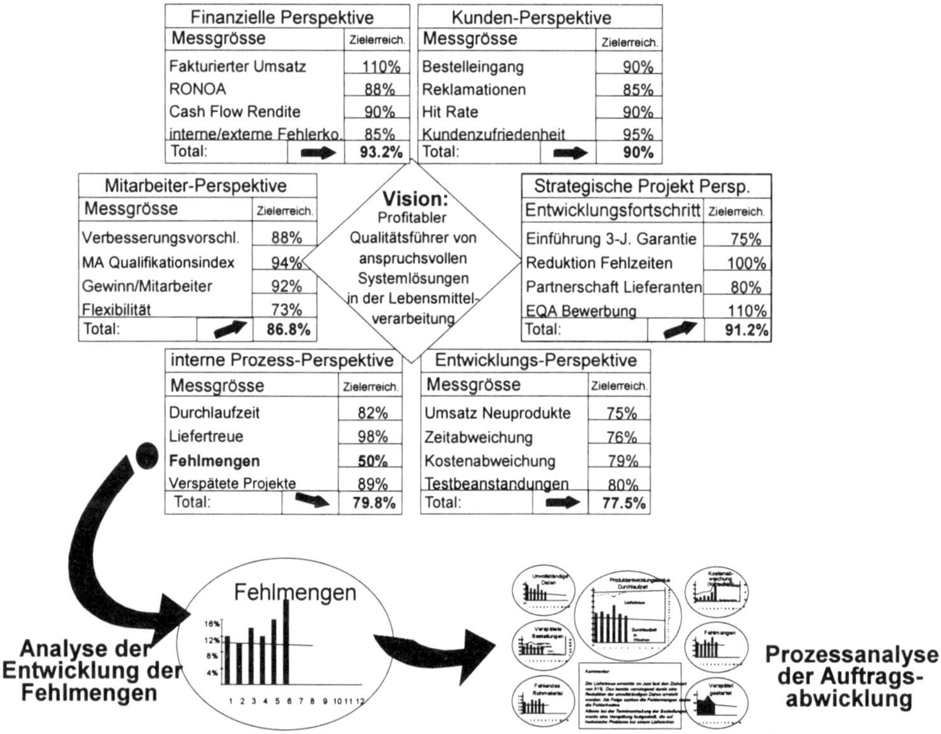

Bei Bedarf kann die Geschäftsleitung die Fehlmengenentwicklung aufrufen, um die Zielabweichung näher zu untersuchen. So kann die Abweichung z.B. darauf zurückzuführen sein, dass der Zielwert zu ambitiös gewählt worden ist bzw. ein Ausreisser vorliegt.[457]

Der Flughafen Hamburg geht einen anderen Weg bei der Hierarchisierung von Messgrössen: Dort wird ebenfalls ein auf dem Balanced Scorecard Ansatz beruhendes Reporting verwendet, das der Geschäftsleitung einen Gesamtüberblick über die finanzielle Per-

457 Zur detaillierteren Analyse kann die nächsttiefere Aggregationsstufe aufgerufen werden: das Prozesscockpit, dem die Messgrösse „Fehlmengen" zugeordnet wird. Anhand der Abhängigkeiten, die zwischen den Fehlmengen und den anderen Messgrössen des Auftragsabwicklungsprozesses bestehen, kann eingehend untersucht werden, warum es zu dieser grossen Abweichung gekommen ist und welche Auswirkungen sie auf die übrigen Teilprozesse hat. Durch ein Schichtenmodell besteht die Möglichkeit, Informationen nach Bedarf auf unterschiedlichem Niveau zu selektieren und dadurch einen Komplexitätsabbau durchzuführen.

formance und die wesentlichen Performancetreiber liefert.[458] Die Besonderheit ihrer Lösung besteht darin, dass das mittels Interviews entwickelte und von der Geschäftsleitung akzeptierte Kausalmodell als Basis für die Strukturierung der Reportingdaten dient. Für jede der vier Perspektiven existiert eine separate Reportingseite mit den wichtigsten KPIs. So können die Reportingdaten nicht nur in ihrer perspektivischen Darstellung, sondern auch entlang des Kausalkettenmodells analysiert werden.

Abbildung 3-38: Strukturierung der Reportingdaten entlang eines Kausalmodells[459]

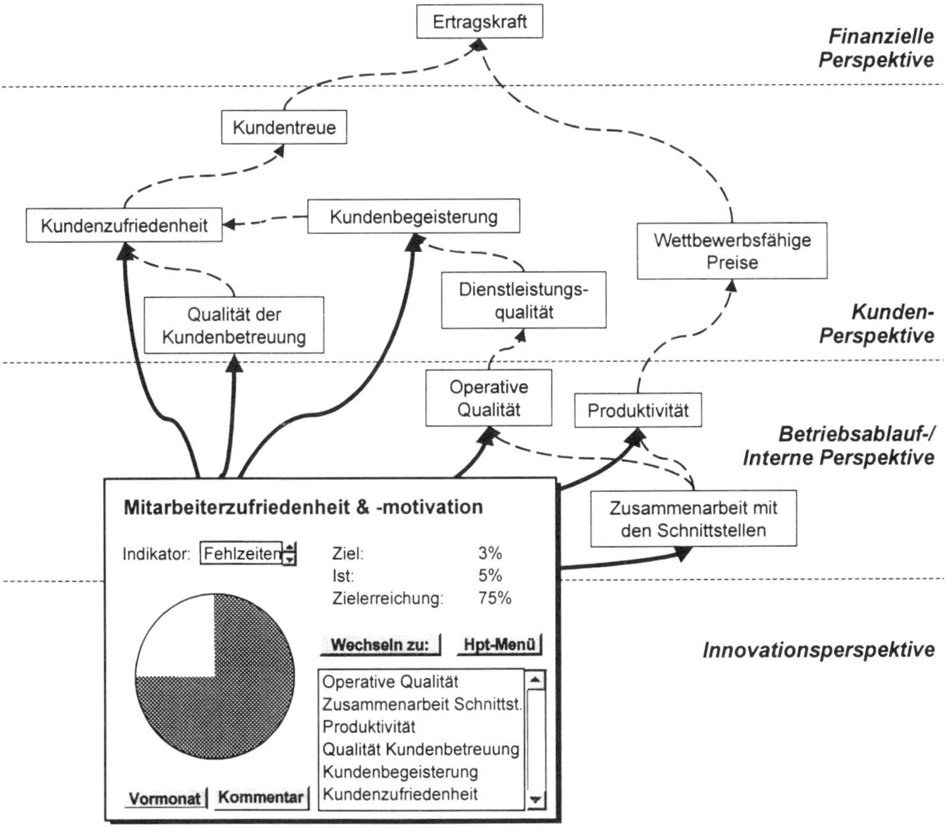

[458] Die nachfolgenden Ausführungen stützen sich auf einen Vortrag von Hoffmann (1998), gehalten auf dem Seminar „Balanced Scorecards“ am 29.10.1998 in Frankfurt a.M.

[459] In Anlehnung an ein Referat von Hoffmann (1998), gehalten auf dem Seminar „Balanced Scorecards“ am 29.10.1998 in Frankfurt a.M.

In der unteren Hälfte der Abbildung ist eine Bildschirmmaske für das Reporting von KPIs der „Mitarbeiterzufriedenheit und –motivation" (MZM) abgebildet.[460] Sie ist ein wichtiger Faktor auf der Innovationsebene neben anderen wie bspw. die Mitarbeiterqualifikation. Um zu sehen, wie sich die MZM z.B. auf den Faktor „Zusammenarbeit mit den Schnittstellen" ausgewirkt hat, braucht nur das entsprechende Element aus einem Drill-down-Menü (rechte Seite der Maske) aufgerufen zu werden. Es können aber nur jene Faktoren ausgewählt werden, die in der Kausalkette direkt mit der MZM verbunden sind (mit dunklen Pfeilen hervorgehoben).

Durch die Bildung von Informationshierarchien anhand des Kausalmodells kann die Komplexität spürbar reduziert werden. Des weiteren kann dadurch auch das Denken in Ursache-Wirkungs-Zusammenhängen unterstützt, die bei der Erstellung des Modells getroffenen Hypothesen überprüft und ggfs. unzutreffende Wirkungsketten korrigiert werden.

3.4.3.4 Zusammenfassung und Beurteilung

In der Literatur sind zahlreiche Vorteile der Integration ausgewogener Performanceindikatoren ins Reporting beschrieben: ihre Eignung als Mittel zur Fokussierung von Informationen, als Brücke zum strategischen Management, als Kommunikationsinstrument oder „Radarschirm" mit Frühwarnindikatoren[461] ist bereits umfassend erläutert worden.[462]

Ein Problem bei der Integration nicht-finanzieller Messgrössen auf Gesamtunternehmensebene kann in der Schaffung einer konsistenten Reportingstruktur bestehen. Dabei bezieht sich der Begriff „Konsistenz" nicht nur darauf, die nicht-finanziellen Grössen in die bestehenden Berichte zu integrieren, sondern ihnen tatsächlich auch einen angemessenen Stellenwert neben finanziellen Zielsetzungen beizumessen.[463]

---

460 In diesem Beispiel ist der KPI „Fehlzeiten" dargestellt. Es wäre denkbar, dass bei Bedarf ein weiterer KPI dieses „Strategic Issue" aufgerufen werden kann.

461 Die Fähigkeit von nicht-finanziellen KPIs als Frühwarnindikatoren sollte aber nicht überschätzt werden. Es ist fragwürdig, ob ein verhältnismässig starres Modell mit einer überschaubaren Anzahl von Kennzahlen, das zudem vielfältigsten Zielsetzungen dienen soll, in der Lage ist, negative Veränderungen in der Umwelt frühzeitig im ausreichenden Masse aufzuzeigen. Ein integriertes Performance Management Modell beruht auf offensichtilchen Kausalzusammenhängen. Es ist zweifelhaft, ob Diskontinuitäten, die Bedrohungen oft vorausgehen können, mittels eines solchen Modells frühzeitig identifiziert werden können.

462 Price Waterhouse (1997), S.57f.; Kaplan/Norton (1996a), S.199ff.; Hoffecker/Goldenberg (1994), S.6ff.

463 Eine Gefahr bei der Verwendung eines mehrdimensionalen Performancebegriffes im Reporting kann darin bestehen, dass Ziele und Mittel miteinander verwechselt werden können. Es sollte nicht ausser Acht gelassen werden, dass in vielen Unternehmen die Wertsteigerung ein übergeordnetes,

Dieses Problem besteht aber nicht nur für integrierte Performance Management Ansätze wie z.B. den Tableau de Bord- oder den Intellectual Capital Ansatz, sondern betrifft alle strategisch initiierten Massnahmen, die eine längerfristige Ausrichtung fördern.

Gemäss Epstein/Manzoni wird die Erreichung einer Konsistenz im Reporting in jenen Unternehmenskulturen schwieriger sein, in denen finanzielle Grössen in der Vergangenheit ein starkes Gewicht besessen haben und Manager aufgrund des Erreichens der ihnen vorgegebenen finanziellen Ziele befördert worden sind.[464] Aufgrund der Vorbildfunktion von Führungskräften kann sich im Laufe dieser Beförderungspraktiken eine verstärkende Wirkung entwickelt haben, die die Erweiterung der Performancebewertung um nicht-finanzielle Messgrössen erschwert.

Daher verwundert es auch nicht, dass zahlreiche Fallstudien zur Einführung von neuen Performancemesssystemen oft im Umfeld krisengeschüttelter Unternehmen mit schlechter finanzieller Performance handeln.[465] Als Beispiel hierfür kann die Neuausrichtung des Reporting bei der Hüls-Gruppe dienen, einer Tochter der VEBA AG. Nachdem die Hüls-Gruppe von 1992 bis 1994 Unternehmenswert in signifikanter Höhe vernichtet hat, wurde im Rahmen eines umfassenden Change-Management-Projektes auch das Reporting in vielen Gesellschaften nach dem Scorecard-Approach neu gestaltet.[466] Das neu ausgerichtete Reporting bildete durch die Integration mehrerer nicht-finanzieller Dimensionen Erfolge im Wandelprozess ab. Gleichzeitig bot der Scorecard-Ansatz einen integrativen Bezugsrahmen, um Auswirkungen und Fortschritte verschiedener, parallel laufender Projekte abzubilden.

Die Vorteile einer Neuausrichtung des Reporting können nicht nur in der Verbesserung der Informationsqualität liegen, sondern auch in einer Signalfunktion für tiefere Hierarchiestufen. Die verwendeten Messgrössen können dabei helfen, den strategischen Fokus zu kommunizieren sowie Schwerpunkte auf dem Weg zur Erreichung der strategischen Ziele zu setzen. Dabei ist aber zu berücksichtigen, dass die Messgrössen tieferer Hierarchiestufen

---

langfristiges Ziel ist. Die Schaffung von Kundenzufriedenheit ist lediglich ein Mittel, um dieses Ziel zu erreichen. Paul (1998) warnt explizit davor, dass bei der Verwendung von Balanced Scorecards die positive Entwicklung der KPIs in den nicht-finanziellen Perspektiven dazu verwendet werden kann, um von einer schlechten finanziellen Performance „abzulenken“. Paul (1998), S.24

464 Epstein/Manzoni (1997b), S.15

465 Aus der Vielzahl von Quellen mit Hinweisen zu den Implementierungsgründen sei auf Kennedy (1998), S.266 und Kaplan/Klein (1995), S.1f. verwiesen

466 Ellermann (1998), S.2 und 13

auf die Indikatoren des Top-Managements abgestimmt werden, um Dysfunktionalitäten zu vermeiden.[467]

In einem weiteren Schritt sollte neben dem Reporting auch das Honorierungsystem überprüft und ggfs. auf die neuen Leistungsmessgrössen ausgerichtet werden. Dieser Aspekt ist Inhalt des nächsten Moduls.

467 Siehe hierzu auch die Ausführungen in Fussnote 446

3.5 Modul 5: Zielvereinbarung und Leistungshonorierung

Ein wesentlicher und zugleich sehr kritischer Faktor bei der Neuausrichtung des Performance Managements besteht in der Bestimmung und Kopplung der strategischen/operativen Ziele an den unternehmerischen Planungs- und Kontrollprozess.

Im zweiten und dritten Modul wurde mithilfe der KPI-Auswahlmethodik bestimmt, wie Messgrössen hergeleitet werden können. Ein Ansatz eines empfängerorientierten Reportings wurde im vierten Modul vorgestellt. Im fünften Modul rückt die Frage nach der Bestimmung von Zielwerten für die KPIs und der Honorierung der Mitarbeiter in den Vordergrund.

Der Zielvereinbarungsprozess sowie die Auswahl von Anreizen für die Erreichung der Zielgrössen sollen in diesem Kapitel näher betrachtet werden. Die Eingliederung in den Implementierungsprozess wird anhand der Abbildung 3-39 ersichtlich.

Abbildung 3-39: Schwerpunkt des fünften Moduls

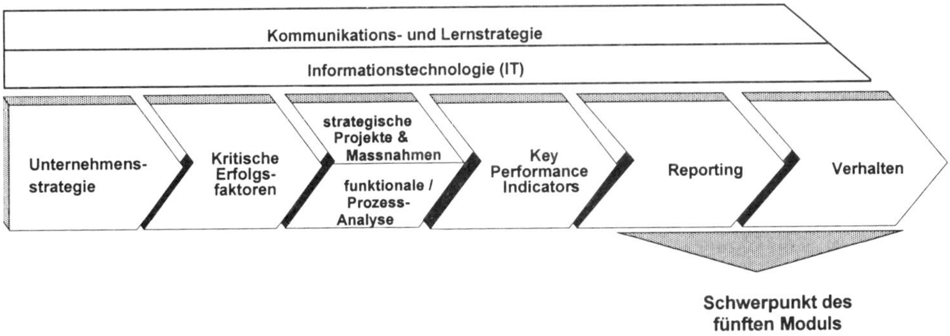

Einerseits soll der Zielvereinbarungsprozess Vorgaben fürs Reporting liefern, andererseits kann die Gehaltskomponente im Rahmen der Leistungshonorierung verwendet werden, um die Motivation der Mitarbeiter zu beeinflussen. Eine fehlende Abstimmung der Messgrössen des Reporting mit den Messgrössen der Leistungshonorierung kann sich lt. Hope/ Hope in einem dysfuntionalen Verhalten der Mitarbeiter niederschlagen und stellt eine potentielle Falle bei der Gestaltung von Performance Management Systemen dar.[468] Von

[468] Hope/Hope (1995), S.99; siehe dazu auch Smith (1997), S.35

zahlreichen Autoren wird deshalb darauf hingewiesen, dass die operative Leistungsmessung auf das Bonussystem abgestimmt sein sollte.[469]

3.5.1 Zielvereinbarung

Der Hauptzweck einer Zielvereinbarung besteht in der Motivation der Mitarbeiter, Ziele anzustreben, die im Interesse der Gesamtunternehmung sind.[470] Der Zielvereinbarungsprozess dient somit der Erreichung einer annähernden Zielkongruenz zwischen Mitarbeiter- und Unternehmenszielen.

Damit ein Ziel klar beschrieben werden kann, müssen sein Inhalt (Sach-, Sozial-, Wertziele), sein Ausmass (Extremal-, Satisfizierungsziele) sowie seine Terminierung (Zeitpunkt-, Zeitraumziele) bekannt sein.[471] Berücksichtigt man zudem die operativen/strategischen sowie die finanziellen/nicht-finanziellen Dimensionen, so erwächst eine Vielzahl von potentiellen Zielen.

Zur Strukturierung der jährlichen Ziele ihrer Mitarbeiter verwendet bspw. das Telekommunikationsunternehmen Unisource eine Unterteilung in Geschäftsziele, Verbesserungs- und Optimierungsziele, Teambildungs- und Führungsziele sowie in Personalentwicklungsziele. Darüber hinaus wird der Begriff der „Key Results Areas“ verwendet. Darunter werden kritische Bereiche verstanden, die einen signifikanten Einfluss auf den Unternehmenserfolg ausüben können, wie z.B. die „Resource Effectiveness“, „Customer Service“ oder „Profitatiblity“. Es sollten pro Mitarbeiter aber nicht mehr als acht verschiedene Key Result Areas mit je einer spezifischen Messgrösse verwendet werden.[472]

In einigen Unternehmen, die eine Balanced Scorecard implementiert haben, werden die Zielgrössen des Zielvereinbarungsprozesses anhand der Leistungsdimensionen der Scorecards strukturiert.[473]

Als ein Ergebnis des Zielvereinbarungsprozesses sollten von beiden Verhandlungspartnern Leistungsstandards für die Messgrössen definiert werden.[474] Durch die Integration der

---

469 Creelman (1998), S.173; Spangenberg (1994), S.201; Lynch/Cross (1991), S.197f.

470 Anthony (1988), S.70

471 Hahn (1994), S.17ff.

472 Der Begriff „Key Result Area“ wird umschrieben als „[...] critical areas in which you are expected to deliver results and it is essential that you get things right. Good results in these areas ensure that you are making a significant contribution to the business.“ Unisource/Uniworld (1997), S.4

473 Creelman (1998), S.175ff.

KPIs in den Zielvereinbarungsprozess können die Führungskräfte die Bedeutung der KPIs betonen und dadurch die Aufmerksamkeit der Mitarbeiter auf diese Grössen lenken.

3.5.1.1 Zielvereinbarung und Motivation

Ein wesentlicher Vorteil der Zielverhandlungen und -kontrolle kann in der Motivationsfunktion der Mitarbeiter liegen.[475] Wunderer nennt fünf Faktoren, die einen sehr grossen Einfluss auf die Motivation der Mitarbeiter besitzen.[476] Drei dieser Motivatoren können beim Zielvereinbarungsprozess explizit beeinflusst werden: Informationen und Kommunikation stehen im Zentrum einer interessanten, sinnvollen und spassmachenden Arbeit.[477] Das Wissen über die Bedeutung und die Auswirkungen der Arbeit sowie Kenntnisse über Verknüpfungen mit anderen Teilprozessen bilden die Grundlage für eine kooperative Zielvereinbarung. Der zweite Motivator ist Übertragung von Mitverantwortung durch die Schaffung von Kooperationsbeziehungen. Die Mitarbeiter sollten u.a. in den Zielfindungsprozess integriert werden und mit den Führungskräften über die gemeinsam vereinbarten Ziele entscheiden. Bei der Umsetzung der Ziele sollten sie hingegen über einen weitreichenden Gestaltungsspielraum verfügen.[478]

Das Einkommen sollte als dritter Motivator u.a. durch den Grad der Zielerreichung bestimmt werden und sowohl eine verhaltens- sowie eine leistungsbezogene Komponente besitzen. Dadurch kann eine Individualisierung des Lohns geschaffen werden.

Die Motivierung über Ziele kann die direkte, weisungsbezogene Mitarbeiterführung in den Hintergrund verdrängen und somit auch zu einer Entlastung der Führungskräfte beitragen.[479] Um diese Zielsetzungen realisieren zu können, sollten die folgenden Aspekte berücksichtigt werden.[480]

---

474 Festzuhalten ist, dass nicht eine einseitige Vorgabe von Zielen angestrebt wird, sondern die Einbindung der Mitarbeiter in den Zielvereinbarungsprozess.

475 Anthony (1988), S.14; Wunderer (1997), S.206
Eine sehr ausführliche Übersicht über die verschiedenartigsten Auswirkungen von Faktoren auf die Mitarbeiterzufriedenheit liefert Coff (1997), S.374ff.

476 Die fünf Motivatoren sind: (a) interessante, sinnvolle und spassmachende Arbeit, (b) Entwicklungsmöglichkeiten, (c) Übertragung von Mitverantwortung, (d) Einkommen und (e) Arbeitsgestaltung. Wunderer (1997), S.152

477 Wunderer (1997), S.152

478 Maciariello/Kirby (1994), S.186f.
Dabei sollten aber Interdependenzen durch das Leistungsniveau anderer Mitarbeiter sowie Ungewissheiten im Rahmen der Planung von Zielen berücksichtigt werden.

479 Wunderer (1997), S.143

480 Goold/Quinn (1990), S.48f.

Die Ziele sollten spezifisch und detailliert sein. „Versuch Dein Bestes"-Ziele haben eine geringere Motivation auf die Mitarbeiter als eindeutig ausgehandelte Zielvorgaben. Bei der Festlegung von detaillierten Zielen ist jedoch zu berücksichtigen, dass eine Unter- bzw. zu starke Überforderung die Motivation der Mitarbeiter zur Zielerreichung senkt.[481]

Die Einbindung der Mitarbeiter in den Zielfindungsprozess kann ihre Motivation durch die Förderung eines „Ownership of goals"-Verständnisses[482] erhöhen. Hilb spricht im Rahmen dieses geänderten Rollenverständnisses der Mitarbeiter davon, dass sie zu „Mit-Unternehmern" werden.[483] Als solche sollten sie ihre Ziele festlegen und ihre eigenen Werkzeuge zur Analyse von Zielabweichungen einsetzten. Ihre Integration bei der Zieldefinition, die Autonomie bei der Zielumsetzung sowie das Ersetzen von externer- durch Selbstkontrolle bilden weitere Anreize für die Mitarbeiter, die motivationssteigernd wirken können.[484] Pfohl/ Stötzle betonen, dass unter solchen Begebenheiten der Zielvereinbarung die intrinsische Motivation der Mitarbeiter gefördert werden kann.[485]

Zu beachten ist, dass eine dauerhafte Aufrechterhaltung des Anreizes zur Zielerreichung nur dann möglich ist, wenn die angestrebten Ziele fair sind und tatsächlich auch erreicht werden können.[486] Eine grosse Schwierigkeit bei der Zielsetzung liegt in der Ermittlung realistischer, anspruchsvoller Ziele, die die Mitarbeiter anspornen, ungenutzte Potentiale zu nutzen.[487]

Unisource/Uniworld (1997) empfiehlt, dass Messgrössen dem SMART-Prinzip folgen sollten: sie sollten „specific", „measurable", „agreed", „realistic, relevant and results oriented" sowie „time-related" sein. Unisource/Uniworld (1997), S.5

481 Simons (1995b), S.73

Es sollte auch die Langzeitwirkung bei der Verwendung von „Strech Targets" berücksichtigt werden: was passiert, wenn die ersten Verbesserungen umgesetzt worden sind? Wird der Standard an die verbesserte Leistung angepasst, so kann das demotivierend auf die Anstrengungen der Beschäftigten wirken. Mills (1991), S.163

Wird die Basis der Standardberechnung hingegen konstant gehalten – was eher unwahrscheinlich ist, so kann der Bonus zu einem festen Bestandteil des Einkommens werden, was wiederum der Motivation abträglich ist. Zur „Entwöhnungsgefahr" siehe Spenger (1995), S.113f. und McDermott et al. (1993), S.76f.

482 Goold/Quinn (1990), S.49

483 Hilb (1994), S.55

484 „Autonomie is an incentive itself." Maciariello/Kirby (1994), S.241

485 Pfohl/Stötzle (1997), S.249

Ähnlich äussern sich auch Kaplan/Norton (1996c) im Zusammenhang mit einer verstärkten Integration der Mitarbeiter. Kaplan/Norton (1996c), S.221

486 Cooper (1996a), S.29

487 Goold/Quinn (1990), S.48.

Wenn die Ziele wie im Rahmen der beschriebenen Zielvereinbarungen als vertragliche (schriftliche) „Commitments" betrachtet werden, kann die motivierende Wirkung auf die Mitarbeiter signifikant grösser sein als bei pauschalen Zielvorgaben nächsthöherer Stufe.[488]

Die Anzahl der Zielwerte sollte überschaubar sein. Durch die Konzentration auf eine geringe Anzahl von Zielen wird die Prioritätensetzung gefördert. Die Beschränkung auf die Zielwerte lässt den Mitarbeitern die Entscheidung offen, wie sie die Ziele erreichen. Zu viele Ziele können die Optionen zur Zielerreichung einschränken.[489]

3.5.1.2 Ebenen der Zielvereinbarung

Auf vier Ebenen können Zielwerte ermittelt werden: auf der Ebene der Gesamtunternehmung (Geschäftsführung), der Abteilungs- und Prozessebene (mittleres Management), sowie auf Teamebene. Für jede der Ebenen können individuelle Ziele der verantwortlichen Personen abgeleitet werden, die zudem die Basis für die persönliche Leistungshonorierung bilden können. Dabei können in Anlehnung an das zweite und dritte Modul jeweils strategische und operative Ziele unterschieden werden.

---

488 Goold/Quinn (1990), S.49; Cooper (1995), S.244; Schneider/Knebel (1995), S.114

489 Goold, 1990 #382] führen diesen Aspekt als Argument für die Präferenz vieler Führungskräfte an, fianziellen Budgetziele zu verwenden. Goold/Quinn (1990), S.50.
Eine zu starke Einschränkung durch zu viele Zielvorgaben kann demotivierend wirken. „Alles, was Menschen wollen, ist wählen können" Spenger (1995), S.203; ähnlich äussern sich auch Schneider/Knebel (1995), S.114

Abbildung 3-40: Ebenen der Zielvereinbarung

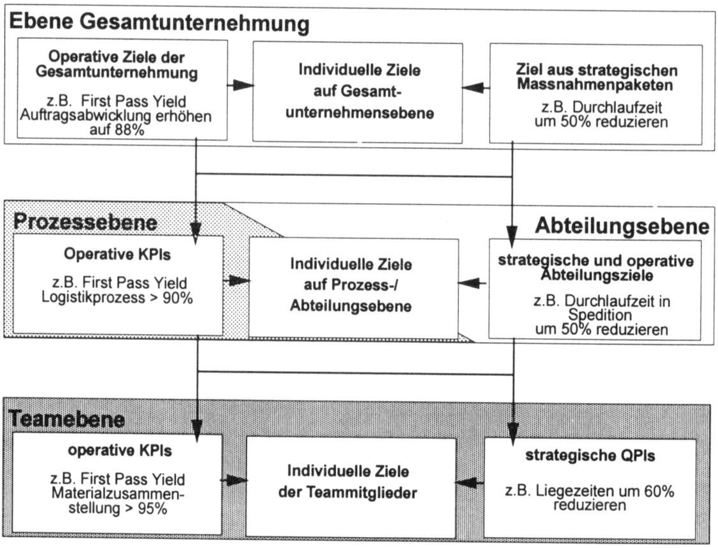

Gesamtunternehmung

Die Geschäftsleitung kann jährlich neben den im zweiten Modul dargestellten strategischen Projekten auch konkrete (quantitative und qualitative) operative Ziele erarbeiten. Dazu können neben den finanziellen Zielen wie z.B. der ROI eines Unternehmensbereichs auch nicht-finanzielle Messgrössen wie z.B. die Time to Market gehören. Für jede Führungskraft der Geschäftsleitung sollten individuelle Ziele für seinen Verantwortungsbereich abgeleitet sowie Zielwerte bestimmt werden, die als Referenzkriterien der Leistungsbeurteilung verwendet werden können.[490] Diese Zielvorgaben können in individuelle Leistungskarten/Scorecards übertragen werden, wie bspw. von Kaplan/Norton vorgestellt.[491]

---

[490] Dabei stellt sich die Frage, inwiefern eine Führungskraft für ausserhalb seines Entscheidungsspielraums liegende Aspekte die Verantwortung tragen soll. Dieser Aspekt kann bei der Umsetzung eines Honorierungssystems auf der Basis von mehrdimensionalen Performancegrössen eine bedeutende Rolle spielen.

[491] Kaplan/Norton (1996a), S. 216
Einige Fallstudien zu diesem Themengebiet finden sich bei Creelman (1998), S.175ff.

Prozessebene

Auf der Prozessebene kann es empfehlenswert sein, dass die Process Owner in Zusammenarbeit mit der Geschäftsleitung Zielvorgaben für die Hauptprozesse der Unternehmung aus den Gesamtunternehmenszielen ableiten.[492] Spreitzer schlägt vor, dass die Prozessmanager primär für das Erreichen von Zielgrössen im Prozess verantwortlich sein sollten und nicht durch Vorgabe durchzuführender Massnahmen geführt werden sollten.[493]

Bei einem dialogbasierten Zielbestimmungsverfahren könnten in einem weiteren Schritt in Diskussion des Process Owners mit den Teamleitern der betroffenen Prozesse die definitiven Werte ermittelt sowie deren Commitment eingeholt werden. Bei noch nicht stark ausgeprägter Prozessorientierung kann die Frage, welche Ziele Vorrang haben sollten, ein Problem darstellen: die Abteilungs- oder die Prozessziele?[494] Zudem können Probleme im Rahmen von finanziellen Prozesszielen auftreten, sofern im Rechnungswesen keine verursachungsgerechte Kostenallokation auf die Prozesse vorgenommen werden kann.

Abteilungsebene[495]

Auf der Abteilungsebene können primär die Infrastruktur betreffende Ziele aus den Vorgaben der Unternehmensleitung sowie unter Berücksichtigung der Prozessziele hergeleitet werden. Die Abteilungleiter nehmen im Rahmen der Kostenbudgetplanung und -überwachung eine bedeutende Aufgabe wahr. Sie können dabei ein Gegengewicht zu den Process Ownern und Teamleitern bilden, indem sie für das Ressourcenmanagement in den Abteilungen verantwortlich sind. Des weiteren können die Abteilungsleiter für die Umsetzung der nichtprozessualen strategischen Massnahmen in ihrem Bereich die Verantwortung tragen.

---

492 Ziele könnten z.B. die Erhöhung des First Pass Yield des Logistikhauptprozesses auf > 90 Prozent oder eine Zeitreduktion des Time to Market (Entwicklungs-)Prozesses um 15 Prozent sein.

493 Spreitzer (1997), S.82

494 Bei Schwierigkeiten zwischen Process Owner und Abteilungsleiter kann ein Mitglied der Geschäftsleitung als Schlichtungsperson eingeschaltet werden. Durch die hierarchische Autorität des Schlichters wird einerseits das Bemühen um eine vorzeitige Schlichtung gefördert, andererseits besitzen die Schlichtungsentscheidungen den Charakter von Präzedenzentscheidungen.

495 Der Übersicht halber werden unter den Abteilungszielen auch die Ziele von Unternehmensbereichen und Subabteilungen subsummiert. Die Abteilungsziele betreffen primär Infrastrukturfragen und werden u.a. im Rahmen der Budgetierung berücksichtigt. Ablaufbezogene Fragestellungen werden durch die Prozessperspektive abgedeckt.

Teamebene

Hinter der Teamorientierung verbirgt sich die Hoffnung auf Leistungssteigerungen, die aus den Vorteilen der Überwindung individueller, funktionaler und hierarchischer Grenzen innerhalb von Gruppen resultieren.[496]

Katzenbach und Smith gehen in ihrer Beurteilung über die Leistungsfähigkeitspotentiale von Teams noch einen Schritt weiter: „Wir sind überzeugt, dass das wirklich engagierte Team die produktivste Leistungseinheit darstellt, die dem Management zur Verfügung steht - vorausgesetzt, das Team ist für ganz spezifische Resultate kollektiv verantwortlich, und das Leistungsethos des Unternehmens verlangt diese Resultate auch".[497]

Ausgehend von den Prozesszielen können Process Owner und Teammitglieder versuchen, Zielwerte für die einzelnen Teilprozesse bzw. Aktivitäten zu ermitteln, die ein Team direkt betreffen.[498]

Der Abteilungsleiter sollte auch in den Zielsetzungsprozess eingebunden werden. Insbesondere bei strukturellen Fragen, Projekten sowie Kosten- und Investitionsbudgets besitzt er oft die Gesamtverantwortung für seinen Bereich. Zudem kann er zusammen mit dem Process Owner die Funktion eines „Coach" und „Teammentors"[499] wahrnehmen, um die Entwicklungsfähigkeit der Teams zu unterstützen.[500]

In der Praxis stehen die Ansätze zur Zielvereinbarung und Leistungsbeurteilung auf Teamebene noch in einem frühen Stadium ihrer Entwicklung.[501] Der Erfolg bei der Umsetzung einer zunehmenden Teamorientierung hängt massgeblich von der Unternehmenskul-

---

496 Knebel (1995), S.594

497 Katzenbach/Smith (1993), S.158

498 Mehrere Aktivitäten lassen sich zu einem Teilprozess zusammenfassen. Durch die Verdichtung von Teilprozessen erhält man Hauptprozesse, die wiederum zu Geschäftsprozessen zusammengefasst werden können. Heilmann (1996), S.87ff.
Ein Beispiel für eine Prozesszielvorgabe auf Teamebene könnte z.B. ein Zielwert von > 95 Prozent für den First Pass Yield des Teilprozesses „Materialzusammenstellung" sein.

499 Zum Begriff des Mentors siehe u.a.Wunderer (1997), S.133

500 Beim japanischen Kaizen-Ansatz sind beim Zielvereinbarungsprozess sog. „Standard Setters" beteiligt. Es handelt sich bei den „Standard Setters" um sehr gut ausgebildete Mitarbeiter mit technischem Hintergrund und hoher sozialer Kompetenz, die durch ihre Tätigkeit einen vertieften Einblick in den Leistungserstellungsprozess erhalten.
Cooper (1996a), S.29

501 Doerken (1996), S.208ff.

tur, dem Managementstil in einem Unternehmen sowie aufgabenspezifischen Aspekten ab, sodass bei pauschalisierenden Aussagen dbzgl. Vorsicht geboten werden sollte.[502] Praktische Erfahrungen in deutschen Unternehmen zeigen, dass eine stärkere Teamorientierung nicht nur die Arbeitsplatzzufriedenheit erhöhen kann, sondern auch die Förderung eines ergebnisorientierten Mit-Unternehmertums.[503] Vor dem Hintergrund dieser Erfahrungen kann eine Förderung des Teamgedankens begrüsst werden.

3.5.1.3 Zielcockpits als Ergebnis der Zielvereinbarungen

Als Ergebnis der Zielvereinbarungen sollten neben nicht quantifizierbaren Zielsetzungen auf jeder Ebene konkrete quantifizierbare Messgrössen und Zielwerte bestimmt werden. Sie können in einer Tabelle bzw. einem Zielcockpit zusammenfassend dargestellt werden.[504] In der Abbildung 3-41 ist ein Beispiel für die tabellarische Darstellungsform gegeben.

Abbildung 3-41: Target Sheet[505]

Result Area	Objectives Improvements	Target Measures	Planned Hours	% of Time Spent on Project	Completion Date of Target	Individual Bonus Rate	Assessment Date	Achievment Rate
		Total						

Signature Unit Manager

Signature Employee

Date of Signature

Eine alternative Darstellungsform quantifizierbarer Grössen zur Tabelle, die auf das im vierten Modul vorgestellte Reportingdesign ausgerichtet ist, stellt das Zielcockpit dar. Die Cockpitdarstellung kann dabei helfen, verschiedenartige Ziele übersichtlich darzustellen.

---

502 Horngren et al. (1997), S.950

503 Gieseking et al. (1998), S.32; Dejung/Moog (1998), S.53

504 Die Anzahl der Messwerte ist im Cockpit beschränkt. Oft liegt deren Anzahl zwischen acht und 16.

505 Unisource/Uniworld (1997), S.6

Die Verwendung mehrerer Ziele kann die Aussagekraft von Leistungsberichten erhöhen, aber auch den Mess- und Berichtsaufwand.[506]

Neben der Zielwertbestimmung sollte auch von den Verhandlungspartnern die Bedeutung der einzelnen Messgrössen festgelegt werden. In dem Beispiel aus Abbildung 3-42 werden zwei Messgrössen zu den Hauptmessgrössen der Leistung erhoben, die auch bei der Leistungshonorierung das grösste Gewicht besitzen sollten. Um eine einseitige Zielausrichtung des bzw. der Mitarbeiter auf diese drei Grössen zu vermeiden, werden zudem fünf andere Zielgrössen in das Cockpit integriert, die relativierend wirken können. Als Beispiel wird in Abbildung 3-42 ein Zielcockpit auf Teamebene dargestellt.

Abbildung 3-42: Gestaltung eines Zielcockpits auf Teamebene

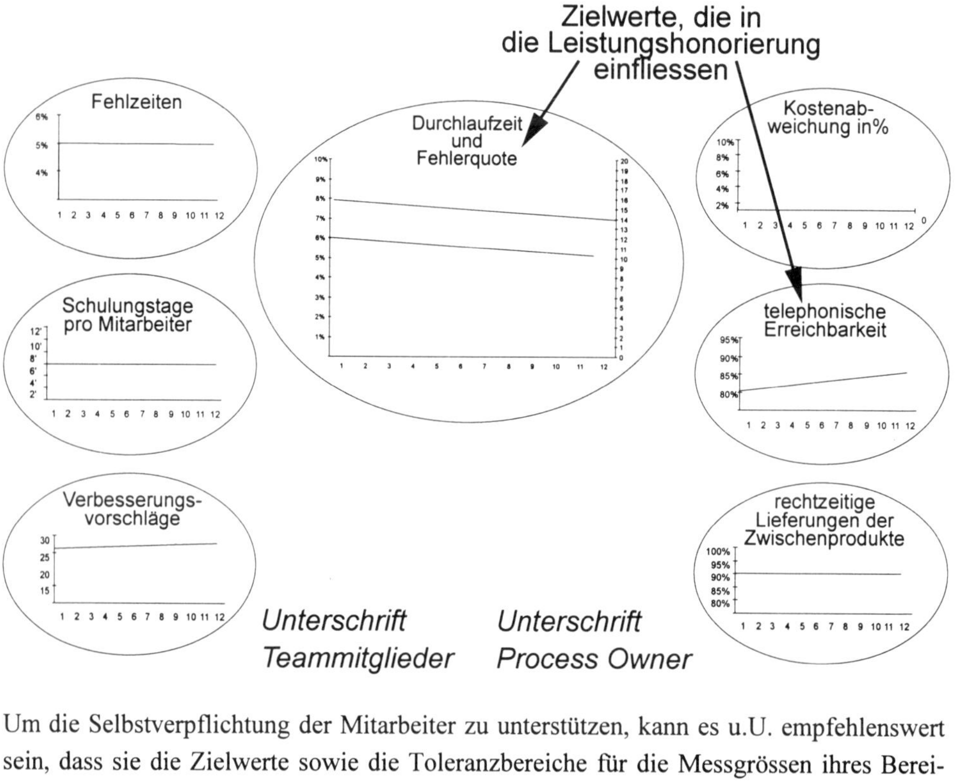

Um die Selbstverpflichtung der Mitarbeiter zu unterstützen, kann es u.U. empfehlenswert sein, dass sie die Zielwerte sowie die Toleranzbereiche für die Messgrössen ihres Bereiches bestimmen. Wenn Mitarbeiter z.B. selber festlegen, dass eine telefonische Erreich-

506 Barth (1992), S.233

barkeit von 80 Prozent ein guter Wert ist sowie Ergebnisse unter 65 Prozent unbefriedigend sind, kann dadurch ihre Selbstverpflichtung und Identifikation gefördert werden. In der Fallstudienunternehmung A sind mit dieser Art der Zielfestlegung sehr positive Erfahrungen gewonnen worden.[507]

Ein weiterer gangbarer Weg, um „realistische" Zielwerte zu ermitteln kann im Benchmarking liegen. Der Leistungsvergleich mit anderen organisatorischen Einheiten kann einen „Verbesserungsbedarf aufzeigen und Massnahmen zum Schliessen der Leistungslükken offenlegen"[508] sowie die ursprünglichen Ziele relativieren.

Die über das Zielcockpit auf Teamebene getroffenen Aussagen können auch auf die drei übrigen Ebenen übertragen werden: Um einen konsistenten und geschlossenen Zielvereinbarungsprozess zu gewährleisten, erscheint es sinnvoll, diesen auf allen relevanten Ebenen zu institutionalisieren. Zusammenfassend können in Anlehnung an die Ausführungen von Abschnitt 3.5.1.2 vier verschiedene Arten von Zielcockpits unterschieden werden, die aus Abbildung 3-43 hervorgehen.[509]

Im Idealfall fliessen zahlreiche der Zielwerte in das laufende Reporting der spezifischen Ebene ein, um eine kontinuierliche Überprüfung des Zielerreichungsgrades zu ermöglichen.

---

507 Siehe hierzu auch die Ausführungen in Abschnitt 4.1
Dieser Aspekt wird auch von Kaplan/Norton (1996a) erwähnt. Dabei wird aber eine Person auf höherer Hierarchiestufe benötigt, die die Zielwerte kritisch hinterfragt.
Kaplan/Norton (1996a), S.220

508 Can (1997), S.160

509 Aufgrund der zunehmenden Bedeutung des Prozessmanagements verlieren Abteilungscockpits gegenüber Team- und Prozesscockpits an Gewicht. Sie werden im Rahmen dieser Arbeit nicht näher erläutert.

Abbildung 3-43: Einteilung der Zielcockpits

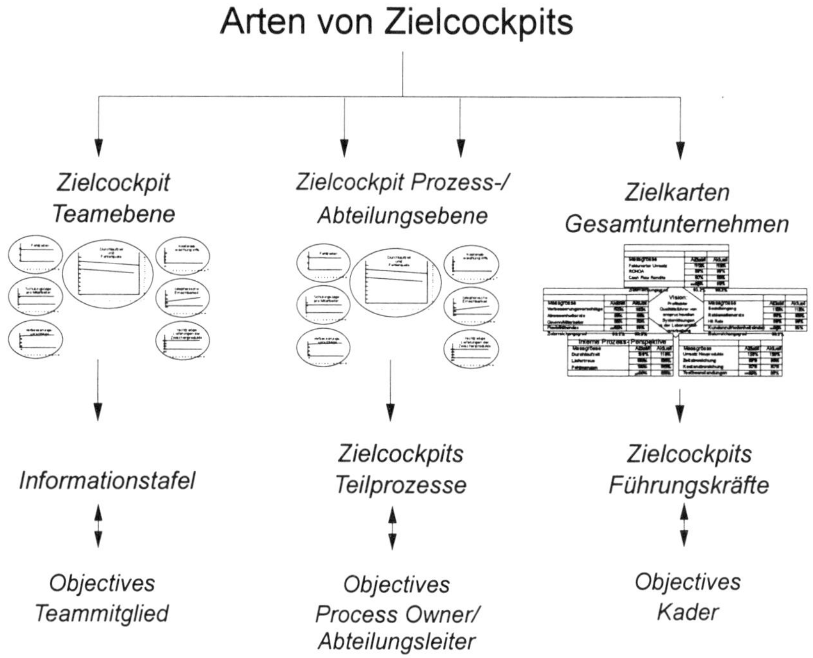

3.5.1.4 Beurteilung von Zielvereinbarungsprozessen

Von zahlreichen Autoren werden als potentielle Folge eines Zielvereinbarungsprozesses oft Auswirkungen in den folgenden Bereichen genannt:[510]

- Objektivität und Realitätsnähe der Ziele
- Koordination und Steuerung
- Kontrolle und Feedback

3.5.1.4.1 Objektivität und Realitätsnähe der Ziele

Die Partizipation der Mitarbeiter bei der Zielbildung kann die Realitätsnähe und Objektivität der Ziele erhöhen, da vor einer Zielvereinbarung geklärt werden muss, was gemessen werden soll und welche Werte realisierbar sind. Im Praxiseinsatz hat sich gezeigt, dass ein

510 Steinmann/Schreyögg (1991), S.626ff.; Bleicher (1991b), S.53f.

multifunktionales Messsystem Probleme objektiviert und dadurch die Mitarbeiter „in die Lage versetzt werden, nachzuweisen, dass Probleme, für die sie in der Vergangenheit verantwortlich gemacht wurden, tatsächlich in anderen Bereichen verursacht wurden."[511] Zudem kann der Zielsetzungsprozess zu einem besseren Verständnis über die Aufgaben eines Mitarbeiters bzw. eines Teams führen.

3.5.1.4.2 Koordination und Steuerung

Ein wesentlicher Vorteil des Zielvereinbarungsprozesses kann in der Entlastung von Führungskräften zugunsten einer höheren Selbständigkeit ihrer Mitarbeiter bei der Umsetzung der Ziele liegen.

Wenn präzise Zielwerte für KPIs vereinbart werden, sollte Klarheit über die Leistungserwartungen und Verantwortungsbereiche bestehen. Dort, wo noch Unklarheiten und Missverständnisse bestehen, kann der Zielvereinbarungsprozess eine klärende Diskussion initiieren.

Da die Bewertungsgrössen der Leistung (die KPIs) oft auch der Entscheidungsunterstützung (z.B. bei auftretenden Problemen) dienen, kann eine weitestgehende Zielkongruenz gewährleistet sein. Durch den beschriebenen Zielfestlegungsprozess kann die Koordination von Plänen und Budgets in der gesamten Organisation gefördert werden.[512]

Der konventionelle Budgetierungsprozess sollte an die Planung von Prozesszielen und Ziel-KPIs gekoppelt werden. Im Idealfall wird eine kausale Verknüpfung zwischen dem Budget und den KPIs hergestellt: Erhöhungen der Budgetsumme einer Kostenstelle sollten durch eine signifikante Erhöhung des Prozessvolumens und/oder wesentliche Verbesserungen der KPIs gerechtfertigt werden.

3.5.1.4.3 Kontrolle und Feedback

Eine regelmässige Überprüfung der Ist-Werte für KPIs ist erforderlich, um rechtzeitig Korrekturmassnahmen zur Zielerreichung einzuleiten. Das Analysieren der Abweichungen von den Zielwerten kann Lernprozesse fördern.[513] Diese Kontrolle sollte idealerweise von den Ausführenden selber wahrgenommen werden.[514] Der Zielorientierung liegt die Prä-

511 Barth (1992), S.235
512 Simons (1995b), S.72
513 [Hirschhorn, 1991 #3773], S.30
514 Drucker nennt eine Vielzahl von Vorteilen der Selbstkontrolle gegenüber der Kontrolle durch Dritte. Drucker (1968), S.161ff.

misse zugrunde, dass die Selbstkontrolle über die Zielerreichung die Leistung fördert.[515] Das setzt ein Controllingsystem voraus, das in der Lage ist, die KPIs rechtzeitig und regelmässig abzubilden, was konsequenterweise dazu führt, dass Teams/Individuen ihre KPIs selber messen und ins Controlling integrieren.

Durch die Bestimmung von eindeutigen Soll-Vorgaben im Leistungsbereich kann bei dem jährlichen Feedback zwischen den Zielverhandlungspartnern eine grössere Transparenz und Objektivität geschaffen werden als bei reinen Budgetvergleichen.[516]

Die objektivere Entlöhnung auf Basis von eindeutigen Zielwerten kann das Gerechtigkeitsempfinden der Mitarbeiter fördern. Bei unzureichender Leistung sollte zwar eine Sanktionierung (über die Leistungskomponente des Lohns) erfolgen, doch sollte sie von einer verstärkten Förderung durch den Vorgesetzten flankiert werden. Bei der Vereinbarung von Zielen sind die Kompetenzen der Mitarbeiter sowie Massnahmen zum Ausbau ihrer Fähigkeiten zu berücksichtigen. Bei Unisource werden bspw. sieben verschiedene Kompetenzen unterschieden, die sowohl beim Zielvereinbarungsprozess berücksichtigt werden als auch in die Leistungsbewertung einfliessen. Dazu gehören u.a. die Integrität, Kommunikationsfähigkeiten und Kompetenzen einer Person beim Teamwork.[517] Die Gewichtung dieser Kompetenzen, die oft auf Verhaltensweisen abstellen, ist gleichrangig mit den quantifizierbaren Performancemessgrössen.[518]

Zahlreiche oben genannte Aspekte zur Zielbestimmung sind beim Management by Objectives (MbO) berücksichtigt: die jährliche Zielverhandlung und -vereinbarung, der Anreiz zur Selbstkontrolle sowie der gemeinsame Leistungsreview der Verhandlungspartner entstammen diesem Ansatz.[519]

Ein Problem des MbO kann die Begrenzung der Anwendung auf Bereiche mit klaren Arbeitszielen und grossem Handlungsspielraum darstellen.[520] Durch die im zweiten und dritten Modul beschriebene Konzeption der KPIs kann dieses Problem an Bedeutung verlieren: Für jeden Bereich wird probiert, Zielwerte der operationalisierbaren KPIs zu bestim-

---

515 Wunderer (1997), S.206

516 Goold/Quinn (1990), S.53

517 Unisource/Uniworld (1997), S.11

518 Im Fallstudienunternehmen D wird ebenfalls dargestellt, wie sowohl eindeutig quantifizierbare KPIs als auch verhaltensorientierte Ziele in die Zielvereinbarung und Leistungsbewertung integriert werden können.Siehe hierzu den Abschnitt 4.4

519 Zum Konzept des Management by Objectives siehe Drucker (1968), S.150ff.

520 Steinmann/Schreyögg (1991), S.627

men. Somit wird versucht, eine Schwierigkeit vieler MbO-Umsetzungen zu vermeiden: der hohe Abstraktions- und Komplexitätsgrad von Zielen.[521]

Ein Nachteil der beschriebenen Zielfindung und -formulierung liegt in der Gefahr, dass quantifizierbaren Sachzielen ein zu grosses Gewicht auf Kosten von nicht operationalisierbaren (qualitativen) Sozial- und Wertzielen beigemessen wird. Ausserdem besteht die latente Gefahr, zu viele Zielwerte vereinbaren zu wollen. Dem kann durch die Gestaltung von Cockpits, die die Anzahl der Zielwerte limitieren, entgegengewirkt werden.

Auf dem ersten Blick kann der hohe Zeitaufwand für die Zielbestimmung durch Verhandlungen als weiterer Nachteil wahrgenommen werden. Zu bedenken ist jedoch, dass ein höherer Abstimmungsaufwand in der Zielfindungsphase den nachträglichen Klärungsaufwand in der Analysephase signifikant reduzieren kann. All diese Gefahren werden aber i.d.R. durch die positiven Aspekte deutlich überkompensiert.

3.5.2 Leistungshonorierung

Die Leistungshonorierung als Element der Gehaltspolitik sollte die folgenden Aspekte im Unternehmen unterstützen[522]:

- Motivation, Identifikation und Beteiligung der Mitarbeiter
- Führungs- und Zielvereinbarungsprozess
- Dialog zwischen Vorgesetzen und Mitarbeiter
- Fairness
- Unterstützung von strategiekonformen Verhalten
- Kompetitive Entlöhnung

Damit die Leistungshonorierung diese Aufgaben erfolgreich wahrnehmen kann, werden Prämissen zugrunde gelegt, die sowohl das Verhalten der Mitarbeiter als auch die Gestaltung von Honorierungssystemen betreffen. Spangenberg unterscheidet vier verschiedene

---

521 Wunderer (1997), S.207

522 Hauenstein (1998), S.1; Creelman (1998), S.175

Annahmen[523]: Eine Grundvoraussetzung besteht darin, dass die persönliche Performance bzw. die Leistung eines Teams eindeutig messbar und kommunizierbar sein sollte.

Damit das Bewertungssystem als „gerecht" empfunden wird, muss die individuelle Zurechenbarkeit des Erfolgs möglich sein. Es sollten daher Grössen gefunden werden, die von den zu Bewertenden beeinflusst werden können, ohne dass der Anteil von externen Störfaktoren zu stark an Bedeutung gewinnt und u.U. die individuellen Bemühungen kompensiert.[524] Dieser für die Fairness der Honorierung wichtige Aspekt spielt weniger auf oberen als auf tieferen Hierarchiestufen eine Rolle, wo der Einfluss und Gestaltungsspielraum auf die Messgrössen stark eingeschränkt sein kann.[525]

Die dritte Prämisse besteht darin, dass Unterschiede in der Leistungshonorierung auf eine unterschiedliche individuelle Performance zurückgeführt werden sollten. Die letzte Annahme geht davon aus, dass finanzielle Anreize tatsächlich auch auf die zu Bewertenden eine motivierende Wirkung (extrinsische Motivation) besitzen und die zu Bewertenden daher versuchen werden, durch Steigerung individueller Leistung ihr Einkommen zu erhöhen.[526]

Die Verknüpfung zwischen der Performancemessung und der leistungsorientierten Entlöhnung stellt gemäss zahlreicher Autoren einen der kritischsten Elemente des Performance Managements dar.[527] Zwar kann die Verknüpfung der Leistungshonorierung mit den Performancezielwerten in der Phase des Wandels zu einer leistungstransparenteren Unternehmung einen Kulturwandel beschleunigen, da finanzielle Anreize eine starke verhaltensbeeinflussende Wirkung besitzen können, jedoch weisen Kreitner/Kinicki auf das hohe Risiko des Scheiterns von Leistungshonorierungsprogrammen hin. [528] Empirische Ergebnisse weisen darauf hin, dass ca. die Hälfte solcher Programme aufgrund von Design- und Implementierungsfehlern nicht erfolgreich sind.[529]

Spangenberg betont das Risiko einer zu frühen Verknüpfung zwischen Performancemessung und Leistungshonorierung: „It [performance related compensation] can either re-

523 Spangenberg (1994), S.209
524 Horngren et al. (1994), S.901f.
525 Creelman (1998), S.174
526 Neben der materiellen Entschädigung sollte die Leistungshonorierung auch immaterielle Bestandteile wie z.B. Status und Anerkennung umfassen. Im Rahmen dieser Arbeit werden nur die geltwerten Vorteile der Honorierung betrachtet.
527 Spangenberg (1994), S.201; Creelman (1998), S.173
528 Kaplan/Norton (1996a), S.217; Hauenstein (1998), S.3
529 Kreitner/Kinicki (1992), S.34f.

inforce the positive elements of the performance measurement process or, as often happens, break down the fragile system, unless the system has been given time to mature into a regular and effective management proess."[530]

3.5.2.1 Basis der Leistungshonorierung

Eine zentrale Frage bei der Bonusberechnung betrifft die Art der Umsetzung und Kopplung der Leistungshonorierung an Performancegrössen. Dabei besitzen sowohl die Anzahl, Auswahl und Beeinflussbarkeit der Grössen eine wichtige Rolle für den Erfolg des Anreizsystems.

Werden zu wenige Grössen ausgewählt, so sind die durch die Auswahl gesetzten Signale eindeutig und einfach zu verstehen. Es besteht aber die Gefahr von diskonformen Verhalten aufgrund der falschen Auswahl von Messgrössen.[531]

Werden hingegen zu viele Messgrössen ausgewählt, kann das zu einer Konfusion bei den Mitarbeitern führen.[532] Das Leistungshonorierungssystem wird unübersichtlich und erweckt bei den Mitarbeitern den Eindruck, dass der Spielraum der Einflussnahme begrenzt ist. Bei der Gestaltung eines Bonussystems sollte daher eine Lösung gefunden werden, die zwar auf mehrere Messgrössen abstellt, diese jedoch in einfacher Art verknüpft.[533] Zudem sollten auch nichtquantifizierbare Faktoren bei der Leistungshonorierung berücksichtigt werden, da sie auf die zukünftige Performance einen grossen Einfluss ausüben können.

Oft basiert die Bonusberechnung auf einer Verknüpfung zwischen unternehmensweiten Messgrössen wie z.B. dem Unternehmensgewinn und solchen, die von Individuen eines Teilbereichs des Unternehmens beeinflusst werden könnnen. Bei der Hilti AG berechnet

---

530 Spangenberg (1994), S.201
Siehe hierzu auch Kaplan/Norton, die dbzgl. ausführen: „The issue is not whether, but when and how the connection [between the compensation system and measures] should be made." Kaplan/ Norton (1996a), S.217

531 Simons (1995a), S.82

532 Oft werden mehrere Messgrössen mit einer Formel zur Berechnung des Bonus verknüpft. Die Verwendung einer Formel mit mehreren Messgrössen kann bei den bewerteten Mitarbeitern das Gefühl der Objektivität der Leistungsmessung fördern.
Eccles (1991), S.135

533 Die britische Flughafengesellschaft BAA plc verwendet ein Bonussystem auf Basis von fünf Messgrössen der Kundenzufriedenheit. Für jedes nicht erreichte Ziel wird der Bonus um 20 Prozent gekürzt. Fitzgerald et al. (1991), S.50

sich bspw. der individuelle Bonus zu 50 Prozent aus dem Unternehmensergebnis und zu 50 Prozent aus der individuellen Performance.[534]

Das Versicherungsunternehmen Cigna P&C verwendet virtuelle Aktien, um die individuelle Bonusausschüttung eines Mitarbeiters zu ermitteln. Die Anzahl der Aktien, die ein Mitarbeiter erhält, berechnet sich anhand seiner Aufgabe im Unternehmen. Der Wert der Aktien wird durch den Erfolg des Unternehmens beeinflusst, während einer Person aufgrund guter individueller Performance zusätzliche Aktien zugeteilt werden können. Die Grundlage für die Aktienzuordnung und -bewertung bilden die Ergebnisse der Balanced Scorecard.[535]

Trotz dieser verschiedenen Möglichkeiten zur Leistungshonorierung existieren noch zahlreiche Problemfelder, die dem Bestreben nach einer objektiven Bewertung der Leistung entgegenwirken.

3.5.2.2 Problemfelder der Leistungshonorierung

3.5.2.2.1 Leistungsmessung von Teams vs. Leistungsmessung von Individuen

Spangenberg prognostiziert für die Zeit nach der Jahrtausendwende, dass die Rolle von Gruppenarbeit in Organisationen zunehmen wird: „Most employees will be working in multiple teams with less emphasis being placed on individual work."[536]

Zahlreiche Aspekte sprechen daher für die Förderung einer Leistungshonorierung, die auf der Performance einer Gruppe basiert:[537] Der Geschäftserfolg wird kaum durch das Verhalten einzelner Mitarbeiter, sondern durch das Leistungsergebnis zusammenarbeitender Personen beeinflusst. Die Güte ihrer Zusammenarbeit kann sehr starke Auswirkungen auf die operative Performance besitzen, sodass u.U. eine Bewertung der Gruppenleistung der individuellen Leistungsbewertung vorzuziehen ist. Die Identifikation der Teammitglieder kann durch die Orientierung der gemeinsamen Vergütung an einem gemeinsam erzielten Ergebnis gefördert werden.[538]

---

534 Walt (1996), S.24

535 Creelman (1998), S.177

536 Spangenberg (1994), S.240

537 Überlegungen der Firma Freudenberg (Weinheim), zitiert von Schneider/Knebel (1995), S.115f.

538 „The surest way to destroy cooperation and, therefore, organizational excellence, is to force people to compete for rewards against each other". Kohn (1993), S.58
Ähnlich äussert sich auch Hronec: „Selecting individuals for monetary rewards does not help the team concept." Hronec (1993), S.87

Jedoch betonen Dejung/Moog: „mit neuen Vergütungsformeln allein kann keine erfolgreiche Teamarbeit sichergestellt werden.“[539] Ihren Erfahrungen nach sind immaterielle Leistungsanreize wie z.B. ein hoher Grad der Selbststeuerung oder die Verantwortung für die eigene Entwicklung viel wichtiger als finanzielle Anreize.[540] Zudem können individuelle Beurteilungen und Belohnungen eine Rivalität entstehen lassen, die der Idee der fehlenden Hierarchien innerhalb eines Teams abträglich ist. Es kann auch dem Gedanken weitestgehend selbstständig arbeitender Teams widersprechen, wenn die Bewertung der Leistung und des Verhaltens einzelner Mitarbeiter durch einen Vorgesetzten erfolgt.

Gegen eine zu starke Teamorientierung bei der Leistungshonorierung spricht u.a., dass die individuelle Leistungsfähigkeit und -bereitschaft nicht gebührend berücksichtigt wird und dadurch u.U. die Gefahr des „Trittbrettfahrertums“ gefördert wird. Zudem kann ein starker Konformitätsdruck innerhalb von Teams aufgebaut werden, der die individuelle Leistungsfähigkeit einschränken ein. Ein weiteres Problem der Teambewertung kann daraus resultieren, wenn mehrere Mitarbeiter parallel in verschiedenen Teams an verschiedenen (Projekt-)Phasen mit unterschiedlichem Partizipationsgrad integriert sind und die Teamzusammensetzung sich oft verändert. Es stellt sich die Frage, ob sie zum gleichen Anteil am Teamerfolg partizipieren sollten.[541]

Daher ist es empfehlenswert, sowohl eine individuelle als auch eine Teamkomponente in den Bonus zu integrieren.[542] Die alleinige Berücksichtigung einer Teamkomponente birgt die Gefahr, dass sich die leistungsstarken Mitarbeiter benachteiligt fühlen. Blake et al. führen dbzgl. aus: „[...] if you just motivate teams and forget about the individual you might actually be reinforcing mediocrity.“[543]

Wie bereits oben erwähnt, spielen organisationskulturelle sowie aufgabenspezifische Aspekte eine bedeutende Rolle bei der Beantwortung der Frage, zu welchem Grad Elemente einer teambasierten Leistungshonorierung umgesetzt werden sollten.[544] Im Rahmen dieses Moduls kann lediglich eine Übersicht über wichtige Einflussfaktoren bei der Ausgestaltung von Leistungshonorierungskonzepten geliefert werden.

---

539 Dejung/Moog (1998), S.52

540 Dejung/Moog (1998), S.52f.

541 Gemäss Spangenberg (1994) werden zukünftig flexible Arbeitsmodelle auf Teambasis stark an Bedeutung gewinnen. Spangenberg (1994), S.240

542 Gieseking et al. (1998) veranschaulichen anhand der Erfahrungen der Carl Zeiss Gruppe, wie sowohl individuelle als auch teamorientierte Leistungskomponenten in das Vergütungsmodell bei Zeiss eingeflossen sind. Gieseking et al. (1998), S.24

543 Blake et al. (1998), S.6

544 Siehe hierzu auch Spangenberg (1994), S.212ff.

3.5.2.2.2 Berücksichtigung nichtquantifizierbarer Faktoren

Kaplan/Norton weisen darauf hin, dass zahlreiche Aktionen von Managern den Unternehmenswert positiv beeinflussen, ohne dass sie gemessen werden können.[545]

Ihrer Meinung nach sollten Mitarbeiter aufgrund ihrer spezifischen Fähigkeiten, Bemühungen, der Qualität ihrer Entscheidungen sowie den Auswirkungen ihrer konkreten Handlungen honoriert werden.[546] Die ersten drei Einflussfaktoren der Leistungshonorierung werden aber selten in formalisierten Honorierungsprogrammen berücksichtigt, da sie sehr schwierig zu messen sind. Gemäss Kaplan/ Norton kann ein mehrdimensionales Performancemesssystem wie die Balanced Scorecard die Transparenz über die Managementfähigkeiten, die Bemühungen sowie die Entscheidungsqualität erhöhen.[547]

Ob das aber als Fundament einer objektiven Leistungsbewertung ausreicht, ist äusserst fragwürdig: zum einen soll die Anzahl der Indikatoren in der Scorecard beschränkt sein, was der Transparenz individueller Performance entgegenwirkt, zum anderen gilt auch für einige nicht-finanzielle Messgrössen der Scorecard das oben genannte Argument der hohen Erfassungskosten. Unter Kosten-Nutzen-Erwägungen kann der Einsatz von Scorecardmessgrössen für eine umfassende Leistungsbewertung limitiert sein, sodass sie um nichtquantifizierbare Faktoren im Rahmen des Zielvereinbarungsprozesses ergänzt werden sollten.

Empirische Ergebnisse aus der Unternehmenspraxis in Deutschland zeigen zudem, dass die Integration von nicht-finanziellen Grössen in die Bonusberechnung sehr unterentwikkelt ist. In einer 1998 durchgeführten Befragung von 100 Konzernen im Produktions- und Dienstleistungsbereich gaben nur 3 Prozent der Produktions- und 7,9 Prozent der Dienstleistungsunternehmen an, dass Daten der Kundenzufriedenheit in verbindlicher Form in die Berechung der variablen Vergütung miteinbezogen werden.[548] Obwohl über 90 Prozent der befragten Unternehmen über einen Zielvereinbarungsprozess und variable Lohnbestandteile verfügen, rechnete die Mehrzahl der Befragten nicht damit, dass der Kundenzufriedenheit in Zukunft ein signifikant grösseres Gewicht im Rahmen der Bonusberechnung beigemessen wird.[549] Ursachen für die geringe Berücksichtigung der Kundenzufriedenheit bei der Leistungsbeurteilung liegen in der Datenbasis begründet: nur 32,4 Prozent der Pro-

---

545 Kaplan/Norton (1996a), S.220
546 Kaplan/Norton (1996a), S.220
547 Kaplan/Norton (1996a), S.220
548 Schäfer (1998), S.86
549 Schäfer (1998), S.87

duktions- und 50 Prozent der Dienstleistungsunternehmen messen die Kundenzufriedenheit regelmässig, was von den Befragten auf die Erfassungskosten sowie den „weichen" Charakter dieser Informationen zurückgeführt wird.[550]

Abbildung 3-44: Einbindung der Kundenzufriedenheit in die Leistungshonorierung[551]

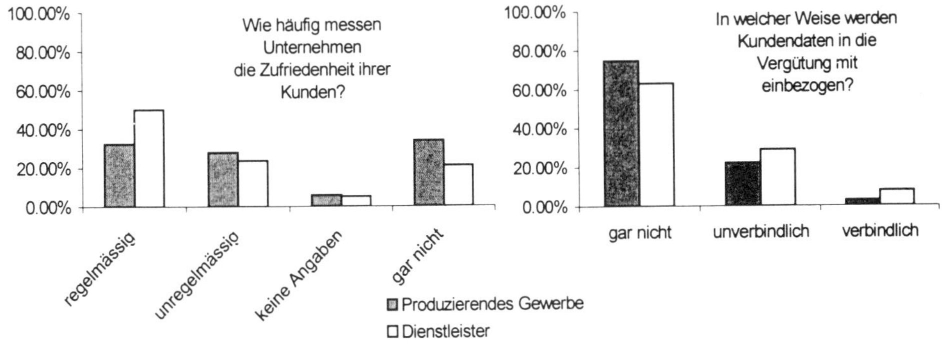

3.5.2.2.3 Höhe des Bonus

Ein weiteres Problemfeld kann die Höhe von Gratifikationen betreffen. Theuvsen fordert in diesem Zusammenhang: „Die leistungsorientierten Entgeltbestandteile sollen dabei zwecks Erhaltung der Leistungsbereitschaft der Mitarbeiter einen relativ grossen Anteil am Gesamtentgelt ausmachen."[552] Grenzen setzen zum einen tarifvertragliche Regelungen, zum anderen wird von einigen Autoren dem entgegengehalten, dass ein zu hoher variabler Anteil zu einem „egoistischen" Verhalten verleiten kann, das unternehmensweit zu suboptimalen Ergebnissen führt. Es besteht die Gefahr, dass die Leistungen eines Individuums/Teams auf Kosten der Leistungen anderer verbessert werden. Das kann zum einen kompensiert werden, indem Messgrössen in die Bonusberechnung integriert werden, die die interne Kundenorientierung messen. Zum anderen kann auch eine auf dem Gesamtunternehmensgewinn beruhende Gratifikation berechnet werden. Eine zu niedrige Gratifikation senkt die stimulierende Wirkung von Boni. In vielen Betrieben liegt daher der variable Leistungsanteil zwischen 10 und 30 Prozent des Grundentgelts.[553]

---

550 Schäfer (1998), S.86f.

551 Schäfer (1998), S.86

552 Theuvsen (1996), S.71

553 Bei der Robert Bosch GmbH in Eisenach ist die Teamprämie auf 25 Prozent des Grundentgelts beschränkt. Doerken (1996), S.208

3.5.2.3 *Beispiel zur Bonusberechnung*

Anhand eines kurzen Beispiels soll aufgezeigt werden, wie ein Bonus in Anlehnung an die starke KPI-Orientierung im Rahmen des Zielvereinbarungsprozesses berechnet werden könnte. Es handelt sich dabei um einen Gestaltungsentwurf auf Teamebene, der auf das Zielcockpit aus Abschnitt 3.5.1.3 zurückgreift.

Der Bonus eines Teams kann durch zwei Hauptkomponenten bestimmt werden: durch den Erreichungsgrad von Unternehmenszielen (Umsatz- und Gewinnziel) und der Teamziele. Die letztgenannten beziehen sich auf die Durchlaufzeit, Fehlerquote und die telephonische Erreichbarkeit. Während des Zielvereinbarungsprozesses sollten Zielwerte für diese Grössen beschlossen werden. Im Bonuscockpit (Abbildung 3-45) werden die Zielwerte beider Dimensionen dargestellt. Daraus wird ein integrierter Zielerreichungsgrad berechnet, der die unterschiedliche Gewichtung der einzelnen Messgrössen berücksichtigt.

Die Unternehmens- und Teamziele werden in diesem Beispiel jeweils zu 50 Prozent bei der Berechnung des gesamten Zielerreichungsgrades gewichtet.[554]

Die drei Teammessgrössen unterteilen sich in zwei Hauptmessgrössen (Durchlaufzeit und Fehlerquote), die mit einem relativen Anteil von je 20 Prozent in die Gesamtbewertung einfliessen. Die telefonische Erreichbarkeit wird wegen ihrer geringeren Bedeutung nur mit 10 Prozent bewertet. Auf der Gesamtunternehmensseite fliessen die Erreichungsgrade der Umsatzentwicklung und des operativen Gewinns je zu 25 Prozent in den gesamten Erreichungsgrad ein. Anhand dieser Gewichtungen lässt sich der Gesamtzielerreichungsgrad berechnen, wie in Abbildung 3-45 dargestellt.

[554] Eine vergleichbare Methode zur Bonusberechnung findet sich bei Pederson/Lidgerding (1995), S.42f.

Abbildung 3-45: Bonuscockpit[555]

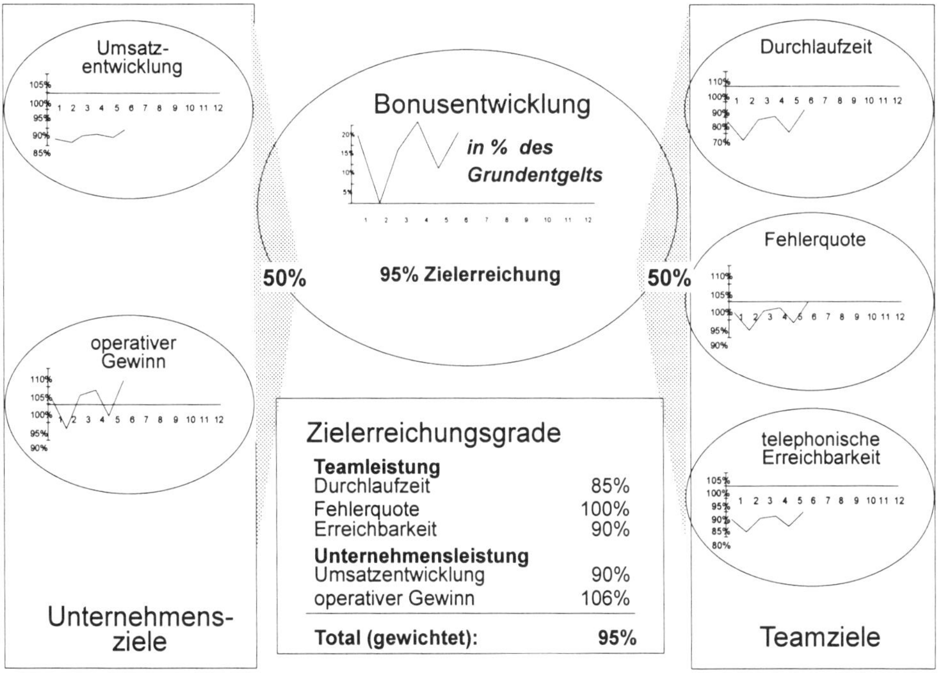

Die Einführung eines Teambonus bedeutet nicht, dass alle Mitarbeiter im Team einen Bonus in derselben Höhe erhalten. Mit einer Bonusberechnung als Prozentsatz des Grundentgelts erhält ein Mitarbeiter mit höherem Grundentgelt auch einen höheren Bonus als ein Mitarbeiter mit niedrigerem Grundentgelt.[556]

Dadurch wird eine unreflektierte Gleichbehandlung verhindert und berücksichtigt, dass es Mitarbeiter im Team mit höherer Qualifikation gibt, die auch stärker an der Teamleistung partizipieren. Nichtquantifizierbare Faktoren (wie z.B. Verhaltensaspekte oder erworbene Kompetenzen) sind aus Gründen der Übersichtlichkeit in diesem Beispiel nicht berücksichtigt worden. Sie könnten aber, wie im Fallstudienunternehmen D dargestellt, ebenfalls in die Bonusberechnung einfliessen.[557]

555 In Anlehnung an Walt (1996)

556 Das Grundentgelt sollte eine individuelle Gehaltskomponente sein, das aufgabenspezifisch definiert wird. Zur Bestimmung des Grundentgelts sollten lt. Hilb (1998b) die folgenden Faktoren berücksichtigt werden: Fach-, Persönlichkeits-, Führungs- und Aktionskompetenz. Hilb (1998b), S.7

557 Siehe hierzu die Ausführungen im Abschnitt 4.4

3.5.2.4 Beurteilung der Leistungshonorierung

3.5.2.4.1 Grundsätzliche Beurteilung von Bonussystemen

Die Verwendung von Bonussystemen besitzt einen gravierenden Nachteil: der Verdacht von Seiten der Unternehmung, dass die Mitarbeiter einen Teil ihrer tatsächlichen Arbeitsleistung aufgrund fehlender Motivation vorenthalten.[558]

Sprenger bezeichnet den Bonus als einen „Misstrauensabschlag“: es wird vom Arbeitgeber eine Mangelsituation geschaffen, die die Mitarbeiter dazu anspornen soll, sich noch stärker zu bemühen.[559]

Neben dieser fundamentalen Kritik verbirgt sich ein weiteres Problem von Bonussystemen im Umgang mit den Zielwerten, sobald sie erreicht worden sind.[560] Oft werden bei Zielerreichung im Laufe der Zeit die Ziele stetig erhöht, was bei den Mitarbeitern zu drei unterschiedlichen Reaktionen führen kann:[561]

- Zu einem „burn out“, was eine Entidentifikation der Mitarbeiter zur Folge haben kann. Anstatt die hohe Arbeitsbelastung als eine Herausforderung zu betrachten, wird sie als „eine Verrichtung zum Zweck der Belohnung“[562] angesehen.
- Zu einer Entwöhnung und dadurch zur Wirkungslosigkeit der motivierenden Ziele. Da als Antwort auf die Zielerreichung die Messlatte der Leistungsfähigkeit erhöht wird, kann bei den Mitarbeitern der Reiz des Bonussystems verlorengehen.
- Zu einer Leistungssteigerung, wenn die Mitarbeiter in Form einer Selbstverpflichtung die Ziele vereinbaren. Entscheidend ist, dass die Mitarbeiter eine Mitwirkungsmöglichkeit besitzen, und dass sie selber bezüglich den Zielen und Zielwerten wählen können. Dabei kann bisweilen eine „Provokation“ durch Personen ausserhalb eines Arbeitsbe-

---

558 Eine sehr detaillierte Kritik an finanziellen Anreizsystemen liefert Kohn. Als Argumente gegen die Zahlung von finanziellen Anreizen wie z.B. Boni führt er u.a. die folgenden Aspekte auf: Boni können das Unternehmensklima verschlechtern, Boni verleiten zu risikoaversem Verhalten, Boni können zu einer Abnahme des Interesses der Mitarbeiter an ihrer Tätigkeit führen, Boni haben einen bestrafenden bzw. drohenden Charakter. Kohn (1993), S.58ff.

559 Spenger (1995), S.92

560 Zu den Auswirkungen von sog. „Stretch Targets“ siehe Thompson et al. (1997), S.51ff.

561 Spenger (1995), S.110

562 Spenger (1995), S.110. Diese Aussage stimmt auch mit den Ergebnissen einer von Kohn zitierten empirischen Studie überein: „The larger the incentive we are offered, the more negatively we will view the activity for which the bonus was recieved.“
Kohn (1993), S.62

reichs stimulierend wirken, sofern dadurch keine Abwehrhaltung erzeugt wird, sondern ein Anstoss zur Weiterentwicklung der individuellen und Gruppenfähigkeiten geliefert wird.[563]

3.5.2.4.2.1 Detailkritik im Rahmen eines integrierten Performance Management Ansatzes

Keine Bewertung von Leistungshonorierungskonzepten kann losgelöst von der Entlöhnungs- und Beförderungspolitik, der Personalplanung sowie der Lernstrategie eines Unternehmens stattfinden, sondern muss auf alle genannten Bereiche der Human Resource-Funktion abgestimmt werden.

Hilb kritisiert, dass in der Praxis Honorierungskonzepte sehr häufig auf eine fixe und materielle Entlohnung sowie auf einen kurzfristigen Erfolgsanteil fokussieren. Zudem könnten ihnen oft auch Defizite bzgl. der Berücksichtung der strategischen Dimension sowie der notwendigen Transparenz attestiert werden.[564] Der beschriebene Ansatz der Leistungshonorierung kann lt. Bleicher als ein Entgeltsystem der dritten Generation bezeichnet werden, da es nicht nur auf finanziellen Zielgrössen basiert, sondern auch strategisch relevante nicht-finanzielle Grössen integriert.[565]

Insbesondere der Umgang mit diesen nicht-finanziellen Grössen, die oft KPIs sein können, birgt aber einige Risiken in sich: Die verwendeten Messgrössen könnten unerwartete Konsequenzen auf die Art und Weise, wie die Mitarbeiter die Zielerreichung anstreben, haben.[566] Dieser Aspekt kann abgeschwächt werden, indem verschiedene Messgrössen zur Bewertung verwendet werden. Im Zielcockpit in Abbildung 3-42 wurde deswegen zur

---

563 Agyris betont die Schwierigkeiten bei der Gestaltung eines Controllingsystems, das nicht auf äusseren Druck, sondern auf die Selbstverpflichtung („internal commitment“) der Teilnehmer der Organisation basiert. Argyris (1992), S.169f.

564 Hilb (1998a), S.1

565 Bleicher (1994), S.300

566 Newman (1999) führt dbzgl. aus: „A more significant problem is that emphasising non-performance measure distorts incentives and changes behaviour, often in undesirable ways.“ Er nennt einige Beispiele, in denen die Verwendung von nicht-finanziellen Messgrössen zu einem dysfunktionalen Verhalten geführt hat. Newman (1999), S.2f.
Der Fall der Firma Sears, die u.a. eine Kette von Automobilwerkstätten betrieben hat, verdeutlicht Probleme, die durch die falsche Auswahl von Performancemessgrössen auftreten können. Durch die Einführung von Lohnkomponenten, die auf die erbrachten Leistungen abgestützt waren, wurde ein Verhalten der Werkstattmitarbeiter gefördert, das die Qualität der Dienstleistungen stark beeinträchtigt hat. Horngren et al. (1994), S.905

Vermeidung von dysfunktionalem Verhalten neben der Durchlaufzeit auch die Fehlerquote als Hauptmessgrösse gewählt.

Ein weiterer Aspekt bei der Auswahl der Messgrössen betrifft die Kongruenz von kurz- und langfristigen Zielen: Besteht eine Übereinstimmung zwischen dem Verhalten, das durch die kurzfristig erhobenen Messgrössen gefördert wird, mit den langfristigen Unternehmenszielen?[567]

Wie bereits betont, ist die Auswahl geeigneter Messgrössen von entscheidender Bedeutung für die Anwendbarkeit jedes Bonussystems.[568] Die Unsicherheit über die Wirkungen nichtfinanzieller Messgrössen resultiert z.T. aus den Hypothesen über Kausalzusammenhänge, die bei der Auswahl von Cockpitmessgrössen aufgestellt worden sind.[569] Da vielen Führungskräften Erfahrungen über die Ursache-Wirkungszusammenhänge von nichtfinanziellen Grössen fehlen, sollte erst eine Verknüpfung zur Leistungshonorierung durchgeführt werden, wenn fundiertere Kenntnisse über die Wirkung von Cockpitmessgrössen vorliegen.[570] Creelman schlägt daher vor: „Consequently, companies should feel comfortable with their scorecard before alinging this with compensation. Most advisors and practioners agree that this should not happen until at least year two of scorecard implementation."[571] Spangenberg warnt explizit davor, eine Verknüpfung zwischen neuen Performancemessgrössen und dem Bonussystem herzustellen, falls nicht dafür eine unterstützende Unternehmenskultur vorhanden ist, die Tätigkeitsbereiche klar definiert, sowie adäquate Vorgesetzten-Mitarbeiter-Beziehungen bestehen.[572]

Falls diese Voraussetzungen gegeben sind, kann die verhaltenssteuernde Wirkung von Boni dazu verwendet werden, den Wandel eines Unternehmens zu fördern.[573] Hronec betont ihre Bedeutung neben der Kommunikation und der Ausbildung der Mitarbeiter als Kataly-

567 Zur Bedeutung der Integration von langfristigen Zielen in das Honorierungssystem siehe Stonich (1984), S.52

568 Die Auswahl von falschen Messgrössen auf oberen Hierarchiestufen kann lt. Bleicher im schlimmsten Falle überlebenskritische Konsequenzen für eine Unternehmung besitzen. Bleicher (1994), S.305

569 Kaplan/Norton (1996a), S.219

570 Das wiederum setzt eine Anpassung des Controllingsystems voraus. Siehe zur Notwendigkeit der Anpassung des Controllingsystems Fisher (1992), S.37f.

571 Creelman (1998), S.174

572 Spangenberg (1994), S.233

573 Im Rahmen der von Lewin definierten „Moving"-Phase kann die Honorierung neuer Handlungsweisen, die die Qualität fördern, durch Bonuszahlungen zu einer Beschleunigung der Handlungen der Mitarbeiter führen. Thom (1992), S.1481

sator der Unternehmensentwicklung.[574] Eine Änderung des Honorierungssystems sollte jedoch wegen der Gefahr noch unbekannter Verhaltensverzerrungen nur mit sehr grosser Vorsicht vorgenommen werden, zumal die Art und Ausgestaltung der Leistungshonorierung die Unternehmenskultur stark beeinflussen kann.[575]

Zur Förderung der Unternehmenstransformation ist das Zielsetzungs- und Honorierungssystem aber lediglich ein Instrument neben anderen (u.a. Schulungen, Neuausrichtung der Organisationsstruktur, empfängerorientiertes Reporting mit Cockpits) und sollte auf diese abgestimmt sein.

---

574 Hronec verwendet statt dem Begriff „Katalysator" die Bezeichnung „Enabler" für die den Wandel fördernden Instrumente der Leistungshonorierung, der Kommunikation, des Trainings sowie des Benchmarking. Er vertritt die Auffassung, dass „the enablers will get organizations 80 percent (or more) of the way through the successful development, implementation, and use of new performance measures." Hronec (1993), S.75

575 „A new system, therefore, should be adopted only if the organization is determinded to be committed to the revised system over the long run. A change never should be implemented as an experiment." Heerema/Rogers (1991), S.40
Zum Einfluss des Honorierungssystems auf die Unternehmenskultur siehe Hauenstein (1998), S.3

Abbildung 3-46: Zusammenfassung des Inhaltes des fünften Moduls

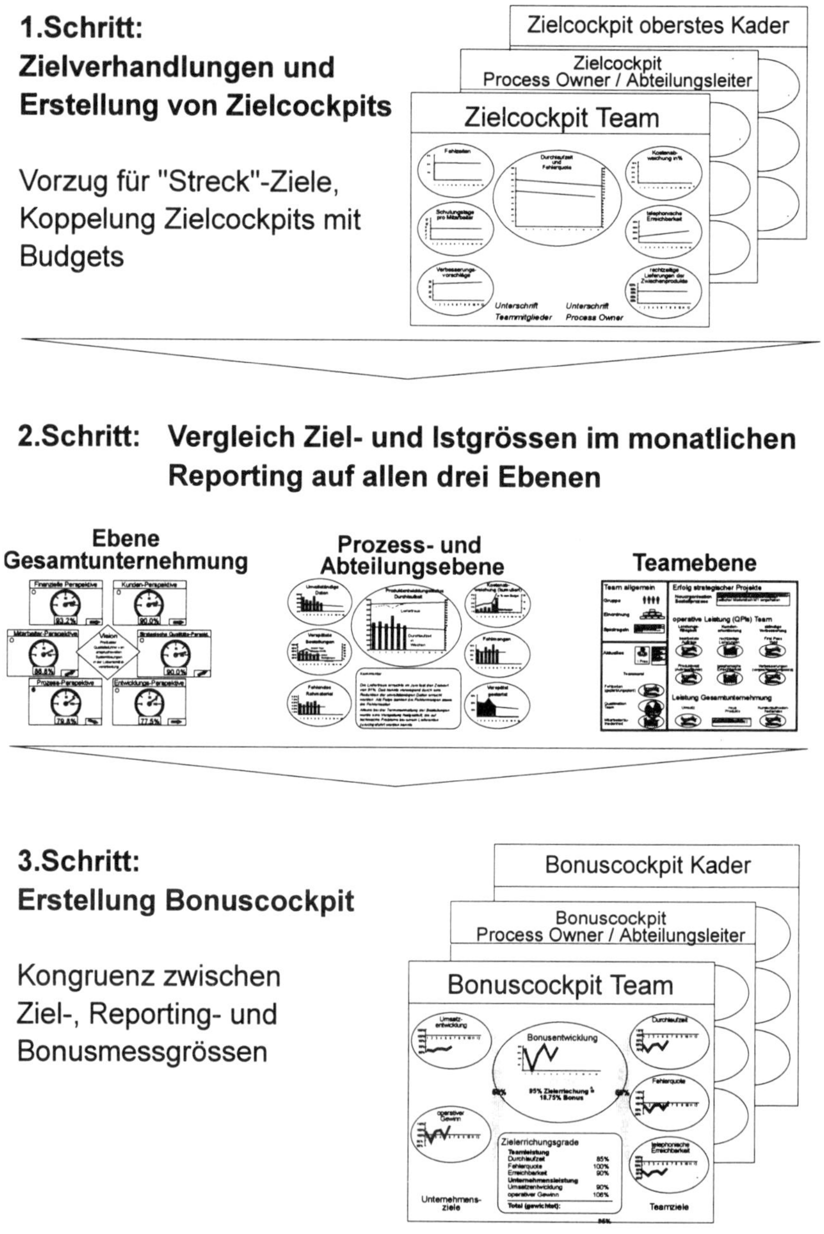

3.6 Modul 6: Informationstechnologie (IT) als Enabler des Performance Managements

Die Bedeutung der Informationstechnologie (IT) bei der Realisierung von Performance Management Systemen ist zentral: Norton glaubt, dass der Erfolg neuer Performance Management Systeme hauptsächlich davon abhängig sein wird, falls es gelingt, diese Systeme in die Informationstechnologie des Unternehmens einzubetten.[576] Eccles stimmt mit Norton bzgl. der Schlüsselrolle der Informationstechnologie im Performance Management überein und behauptet, dass Fortschritte im IT-Bereich eine Neuausrichtung des Performance Managements erst ermöglicht haben.[577]

Wegen ihrer wichtigen Rolle als Enabler eines integrierten Performance Management Systems werden in diesem Modul relevante Aspekte der Informationstechnologie bzgl. ihrer Auswirkungen auf Performance Management Systeme betrachtet.

Abbildung 3-47: Schwerpunkt des sechsten Moduls

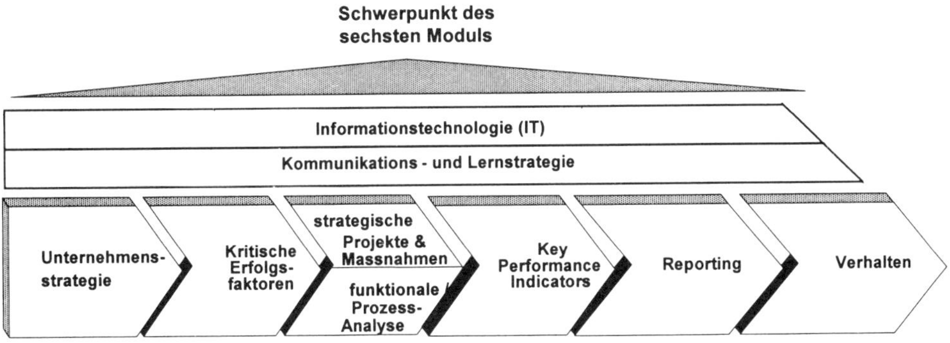

Geanuracos und Mieklejohn stellen fest, dass Informationstechnologie und Informationsmanagement kritische Faktoren bei der Einführung neuer Performance Management Prozesse sind und leiten daraus die Forderung ab, dass die Entwicklung der IT-Strategie nicht

576 Institute (1991), S.21
Ein Indiz für die grosse Bedeutung von IT zeichnet sich auch bei Beratungsgesellschaften mit dem Schwerpunkt Performance Management Systeme ab: eine Vielzahl dieser Gesellschaften bietet neben der betriebswirtschaftlichen auch die IT-Beratung aus einer Hand an.

577 Eccles (1991), S.133
Siehe hierzu auch Creelman (1998), S.255ff.
Zur Rolle von IT bei der Neugestaltung betrieblicher Prozesse siehe auch Hammer/ Champy (1993), S.83ff.

auf technische Mitarbeiter delegiert werden sollte.[578] Die Verantwortlichen des Performance Managements sind somit gefordert, sich mit den technischen Optionen und der Implementierung neuer Systeme und Prozesse zu beschäftigen, wenn sie den Gesamterfolg von Performance Management Projekten gewährleisten möchten.[579]

In diesem Modul soll dargestellt werden, welche Technologien im IT-Bereich insbesondere die Performancemessung im Rahmen eines integrierten Performance Management Ansatzes ermöglichen. Aus Sicht der Informationstechnologie soll das Augenmerk auf die Softwareseite gelegt werden.[580]

3.6.1 Ursachen für eine gestiegene Bedeutung der IT-Funktion

Die Frage, warum der IT-Bereich für die Umsetzung eines Performance Management Ansatzes eine dominierende Bedeutung besitzt, kann u.a. auf die zahlreiche Faktoren zurückgeführt werden, von denen einige wichtige hier kurz vorgestellt werden sollen.

Die Daten, die die Basis für Performance-Messgrössen bilden, entstammen unterschiedlichen Produktivsystemen. Nur genaue Kenntnisse über die Produktivsysteme erlauben es, diese Daten einfach zu erheben und durch Kombination neue, aussagekräftigere Grössen zu generieren. Dadurch wird u.a. auch die Konsistenz der Daten des Performance Management Systems gesichert.

Ein Grossteil der für das Performance Management notwendigen Daten müssen aggregiert werden, um die Gefahr eines "information overflows" zu vermeiden.[581]

IT-Lösungen können dabei helfen, die komplexe Datenbasis zu strukturieren und sie handelbar zu machen. Durch eine sinnvolle Verknüpfung können die Kennzifferkomponenten und die den Messgrössen zugrunde liegenden Einflussfaktoren analysiert werden.

Ein Erfolgsfaktor für die Verwendung von Messgrössensystemen ist die Zugriffsgeschwindigkeit auf Informationen sowie deren Aktualität.[582] Da ein Grossteil der Daten bereits in den Produktivsystemen vorliegt, kann durch IT-Unterstützung ein schneller Zugriff gewährleistet werden. Dadurch entfallen auch Doppelerfassungen und Übertragungsfehler.

---

578 Geanuracos/Meiklejohn (1993), S.271f.

579 Price Waterhouse (1997), S.214ff.

580 Über den Einsatz von Kommunikationstechnologien (wie z.B. Intranets) wird in den Abschnitten 3.7.1.2 und 3.7.1.3 eingegangen.

581 Keegean et al. (1989), S.49

582 Kaiser (1997), S.538

Der IT-Bereich liefert die Infrastruktur für die meisten Informationssysteme eines Unternehmens. Die erfolgreiche Distribution von Performance-Messgrössen hängt davon ab, ob sie in die Informationssysteme eingebunden werden können. Der Informationsaustausch hat somit auch einen grossen Einfluss auf den Erfolg des Organisatorischen Lernens.[583]

3.6.2 Data Warehousing als Informationsbasis

In den vorangegangenen Kapiteln wurde anhand von Beispielen dargestellt, welche finanziellen und nicht-finanziellen Kennziffern in das Reporting einfliessen können. In diesem Abschnitt soll gezeigt werden, wie diese oftmals heterogenen Daten verwaltet und analysiert werden können, um die Kundenorientierung des Performance Managements bzgl. der Funktionalität, Stabilität, Geschwindigkeit und Aktualität des Systems zu gewährleisten.

Als eine der bedeutsamsten Entwicklungen im Bereich der Integrationsstrategien von Managementinformationen kann das Data-Warehouse-Konzept betrachtet werden. Poe definiert es als "read-only analytical database that is used as the foundation of a decision support system"[584]. Mucksch und Brehme betonen die Bedeutung der Managementunterstützung, indem sie unter ein Data Warehouse eine von operativen DV-Systemen isolierte Datenbank verstehen, "die als unternehmensweite Datenbasis für alle Ausprägungen managementunterstützender Systeme dient".[585]

Es handelt sich beim Data Warehouse weder um eine Technologie, eine Datenbank oder ein Set von Tools, sondern vielmehr um ein Konzept, um die Daten eines Unternehmens zu ordnen. Im Vergleich zu den operativen Systemen werden die Daten im Data Warehouse nicht nach technischen oder transaktionsorientierten Gesichtspunkten organisiert, sondern ihre Verwaltung orientiert sich nach der Sicht auf das Geschäft durch die Entscheidungsträger eines Unternehmens.

Im Gegensatz zum Reporting, das auf den direkten Zugriff auf Transaktionssysteme beruht (linke Seite, Abbildung 3-48), werden bei einem Warehouse-basierten Konzept die Daten aus den Transaktionssystemen redundant gehalten.

---

583 Hope/Hope (1995), S.209f.
584 Poe (1996), S.6
585 Mucksch/Behme (1997), S.34

Abbildung 3-48: Generische IT spezifische Reportingumsetzungen

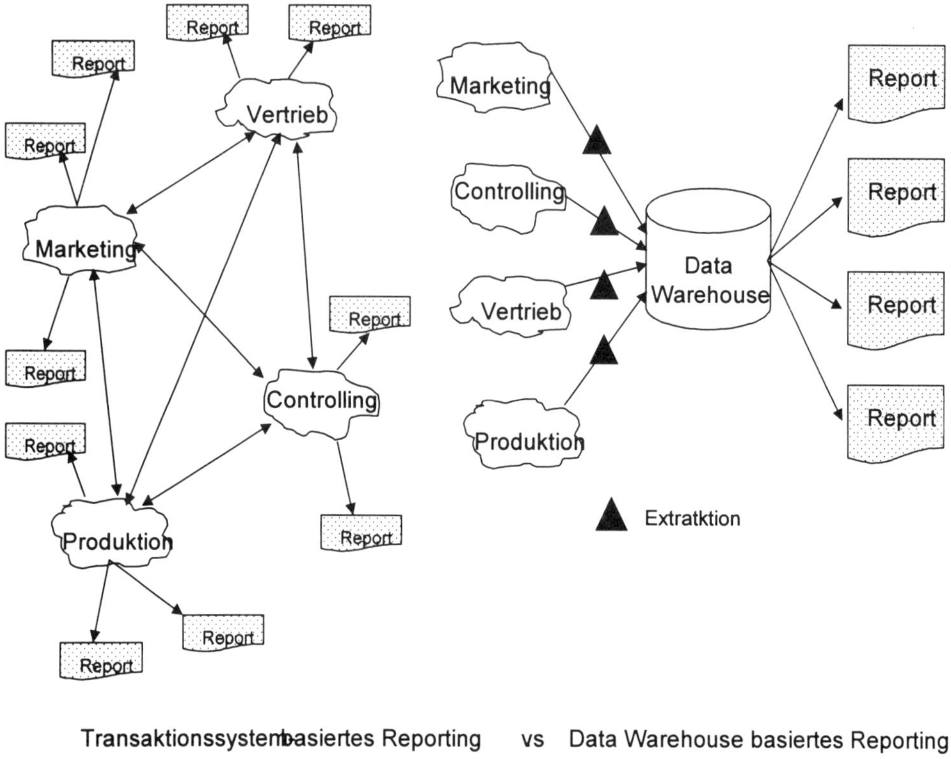

Data Warehousing kann als ein Prozess der Extraktion von Informationen aus verschiedenen operativen Datenquellen, der Säuberung dieser Informationen (sog. „Data Cleansing") sowie deren Integration in eine konsolidierte Datenbank verstanden werden.[586] Die Organisation der Daten ist für den Zugriff zur analytischen Verarbeitung optimiert.

Daraus leiten sich drei Schritte im Zusammenhang mit dem Data Warehousing ab, die integriert betrachtet werden sollten:

- Datenextraktion, -transformation und -transport
- Data Warehousing i.e.S.
- Gestaltung der Front-End-Applikation

586 Bühler (1997), S.8

Sie gehen aus der nachfolgenden Abbildung hervor.[587]

Abbildung 3-49: Data Warehouse Ansatz[588]

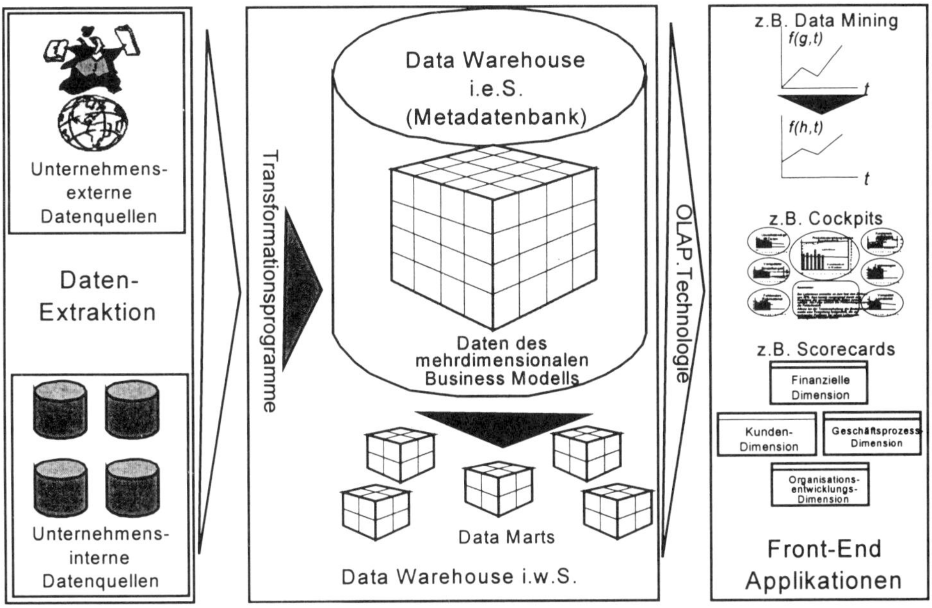

3.6.2.1 Datenextraktion, -transformation und -transport

Aus den unternehmensinternen (Produktivsysteme wie z.B. SAP, EDI, Datenbank-Applikationen) sowie aus unternehmensexternen Quellen (z.B. Online-Datenbanken) werden Daten extrahiert.

Mittels Transformationsprogrammen werden die Inhalte heterogener Datenquellen in das Data Warehouse integriert. Die externen Daten, wie z.B. Informationen über die Markt- und Konkurrentenentwicklung, liegen oft nicht in strukturierter numerischer Form vor und müssen bei der Integration in das Data Warehouse strukturiert werden.

Die Daten aus den operativen Systemen zeichnen sich durch eine flache, nicht-hierarchische Datenstruktur sowie ihren hohen Detaillierungsgrad aus. Sie können aufgrund ihrer Transaktionsorientierung oft ihren Status ändern, was bei der Integration in ein

587 Quittenbaum (1997), S.v

588 In Anlehnung an Lehmann/Ellerau (1997), S.79

Warehouse zu Problemen führen kann.

Innerhalb des internen Datenbestandes treten zudem oft Inkonsistenzen (z.B. bei Produktnummern) und Fehler (z.B. einzelne ungepflegte Attribute) auf, die beim Laden in das Warehouse sichtbar werden. Diese Daten müssen einheitlich konvertiert bzw. nachträglich korrigiert werden. Zudem wird von den Benutzern des Warehouses häufig nicht der Detailierungsgrad von operativen Transaktionssystemen verlangt, sodass beim Laden ein Teilbestand der operativen Daten aggregiert oder eliminiert wird.

Diese letztgenannten Tätigkeiten bei der Integration externer und interner Daten in das Data Warehouse werden unter der Bezeichnung "Data Cleansing" subsummiert. Da die Qualität der Vorsysteme die spätere Applikationsakzeptanz massgeblich beeinflusst, sollte die Bedeutung des Data Cleansing nicht unterschätzt werden.[589]

Neben dem Data Cleansing fallen auch noch Tätigkeiten des Scheduling sowie der Automatisierung der Datenmigration an, die auch von den Transformations- und Ladeprogrammen wahrgenommen werden.

3.6.2.2 Data Warehouse i.e.S.

Die Fähigkeit, nicht nur Daten aus den Finanzsystemen, sondern verschiedenartige markt-, kunden-, qualitäts- und prozessbezogene Daten zu integrieren und in einem einheitlichen Datenformat zu verwalten, schafft die Datenbasis für spätere Scorecard- und Cockpit-Applikationen. Diese Integration erfolgt in einer unabhängigen Datenbank, die von operativen Systemen losgelöst ist, dem Data Warehouse i.e.S.

Scheer bezeichnet diese als Datenbank, "in der unternehmensspezifische, historische und damit unveränderliche Daten unterschiedlichster Quellen gesammelt werden."[590]

Zwar existieren auch Front-End-Applikationen, die auf die operativen Systeme direkt zugreifen, doch besitzt eine redundante Datenhaltung in einem separaten Warehouse zahlreiche Vorteile bzgl. ihrer Performance. Einerseits wird dadurch die Gefahr reduziert, dass

---

589 Siehe hierzu auch den Erfahrungsbericht bei der Implementierung eines Data Warehouse bei einer Bank von Gürsching et al. (1997), S.573

590 Scheer (1996), S.74
Zwar werden z.Zt. die meisten Data Warehouse Applikationen in der Telekommunikationsindustrie für Marketing und Sales Aufgaben eingesetzt, doch dürfte der Anteil der controllingbasierten Anwendungen steigend sein, sobald das Potential dieser Informationsquellen erkannt wird. Siehe hierzu auch Studie G2R (1997) und Epstein/Manzoni (1997a), S.34

bei Analysen die operativen Systeme beeinträchtigt werden. Andererseits wird die Geschwindigkeit bei den Analysen signifikant erhöht, wenn die Daten in einer Form verwaltet werden, die sich an den späteren Analysebedürfnissen orientiert.

Da die Zugriffszeit auf die Daten die Akzeptanz der Entscheidungsträger für die darauf basierenden Cockpit- und Scorecard-Applikationen (Front-End-Applikation) beeinflusst, ist die Architektur des Warehouse von entscheidender Bedeutung für seine Leistungsfähigkeit. In der Entwicklungsphase ist es daher äusserst wichtig, die späteren Analysedimensionen der Daten zu kennen. Das setzt beim Entwickler des Warehouse genaue Kenntnisse über die Scorecard- sowie die Cockpitgestaltung voraus. Bei der Entwicklung sollte deswegen - wie bei der Cockpitentwicklung – ein Orientierungsrahmen zu Grunde gelegt werden, das sich an dem Geschäftsmodell und den ihm zugrunde liegenden Kausalketten orientiert.[591]

In der Vergangenheit dienten oft relationale Datenbanken wegen ihrer Fähigkeiten, grosse Datenmengen zu verwalten, als Basis für ein Data Warehousing. Dabei entstand eine Arbeitsteilung: die grossen Datenvolumia wurden im Warehouse verwaltet und mittels Abfragen (sog. „Queries“) Daten selektioniert, während anwenderorientierte Analysen mit den ausgewählten Daten in separaten Spreadsheet-Programmen durchgeführt wurden. Das erlaubte den Anwendern flexible, auf ihre Bedürfnisse zugeschnittene Analysen, beanspruchte jedoch Zeit für das individuelle Querydesign auf das Warehouse sowie die Applikationsentwicklung im Spreadsheet. Die OLAP-Technologie, die auf eine relationale Datenbank zurückgreifen kann, hat in der jüngeren Vergangenheit hierbei zu einer signifikanten Verbesserung geführt.[592] Unter Geschwindigkeitsaspekten kann es empfehlenswert sein, eine multidimensionale Datenbank einzusetzen, die hinsichtlich der Speichertechnik auf die OLAP-Denkweise ausgerichtet ist.[593]

Hinter dem Begriff OLAP verbirgt sich eine Technologie, die den Anwender-Applikationen einen schnellen und interaktiven Zugriff auf die Daten erlaubt.[594] Das we-

591 Siehe hierzu die Ausführungen zum Geschäftsmodell im Abschnitt 3.1.2

592 OLAP ist die Abkürzung für Online Analytical Processing.

593 Ein wesentlicher Faktor stellt hierbei das Datenvolumen dar: Ab grösseren Datenvolumina beanspruchen die Ladevorgänge sowie die Reorganisationen bei multidimensionalen Datenbanken sehr lange Zeitspannen. Aufgrund des noch geringen Alters dieser Technologie ist damit zu rechnen, dass in Zukunft auf diesem Gebiet noch signifikante Verbesserungen realisiert werden können. Chamoni/Gluchowski (1997), S. 414ff. und 421ff.

594 Die OLAP-Technologie ist unabhängig von der Datenbanktechnologie: Sie kann sowohl auf eine relationale als auch auf eine multidimensionale Datenbank zugreifen, wobei sich mithilfe multidi-

sentlichste Merkmal von OLAP bildet die Multidimensionalität bei der Anordnung der betriebswirtschaftlichen Variablen entlang unterschiedlicher Dimensionen.[595]

Die Dimensionen sollten sich an dem Geschäftsmodell des Unternehmens orientieren und können neben regionalen, produkt- oder kundenbezogenen Aspekten auch verschiedenartigste Faktoren wie jene der Qualität, Prozesse, des Marktes oder des Kundenverhaltens umfassen. Die Multidimensionalität der Datenabbildung kommt der Integration des Balanced Scorecard Konzept zugute, in welchem die Reportinggrössen in zahlreichen verschiedenen Dimensionen abgebildet werden. Ein weiteres wichtiges Merkmal der OLAP-Technologie ist, dass sie dem Anwender vertiefte Funktionen bietet, die es ihm erlauben, sehr schnell Ad-hoc Analysen durchzuführen, ohne lange Queryzeiten in Kauf nehmen zu müssen.[596] Das ermöglicht dem Benutzer, losgelöst von den starren KPIs in den Cockpits und Scorecards die Ursachen für Abweichungen individuell zu untersuchen.

Um die Zugriffsgeschwindigkeit der Front-End-Applikation zu verbessern, werden oft aufgrund der zukünftig erwarteten Analysebedürfnisse separate mehrdimensionale Datenwürfel geschaffen, den sog. „Data Marts".[597] Ein Data Mart stellt eine Sichtweise auf die Daten des Data Warehouse dar. Das semantische Datenmodell stimmt i.d.R. mit jenem des Data Warehouse überein.[598] Durch diese Aufteilung kann die zur Verfügung stehende Datenmenge auf das für jeden einzelnen Anwender notwendige Minimum reduziert werden. Aufgrund dieser Partitionierung grösserer Datenmengen des Warehouse kann der Informationszugriff signifikant beschleunigt werden.

Für eine Scorecard-Applikation kann die Entwicklung von Data-Marts für jede Scorecard-Dimension sinnvoll sein, wenn die Scorecards sehr viele verschiedenartige Datenquellen besitzen.[599]

---

mensionaler Datenbanken Geschwindigkeitsvorteile realisieren lassen gegenüber relationalen Datenbanken.

595 Codd, einer der führenden Entwickler relationaler Datenbanken, nennt zwölf Evaluationsregeln, die bei Erfüllung die OLAP-Fähigkeit gewährleisten sollen. Die Multidimensionalität wird dabei als erste Regel genannt. Die 12 Regeln sind mittlerweile von der Gartner Group um neun sowie von IRI Software um drei weitere Regeln erweitert worden. Diese 24 Regeln bilden heute eine anerkannte Basis für die Bewertung vo OLAP-Lösungen. Chamoni/Gluchowski (1997), S.396 und Bauer (1995), S.309

596 Nölken/Form (1999), S.89

597 Insbesondere empfiehlt sich der Aufbau von Data Marts.

598 Mucksch/Behme (1997), S.41

599 Das könnte z.B.der Fall sein, wenn SAP als primäres finanzielles, eine Oracledatenbank als primäres kundenbasiertes Informationssystem und ein PPS-System als Quelle für prozessorientierte Informationen dient.

Abbildung 3-50: Data Marts und Front-End-Gestaltung

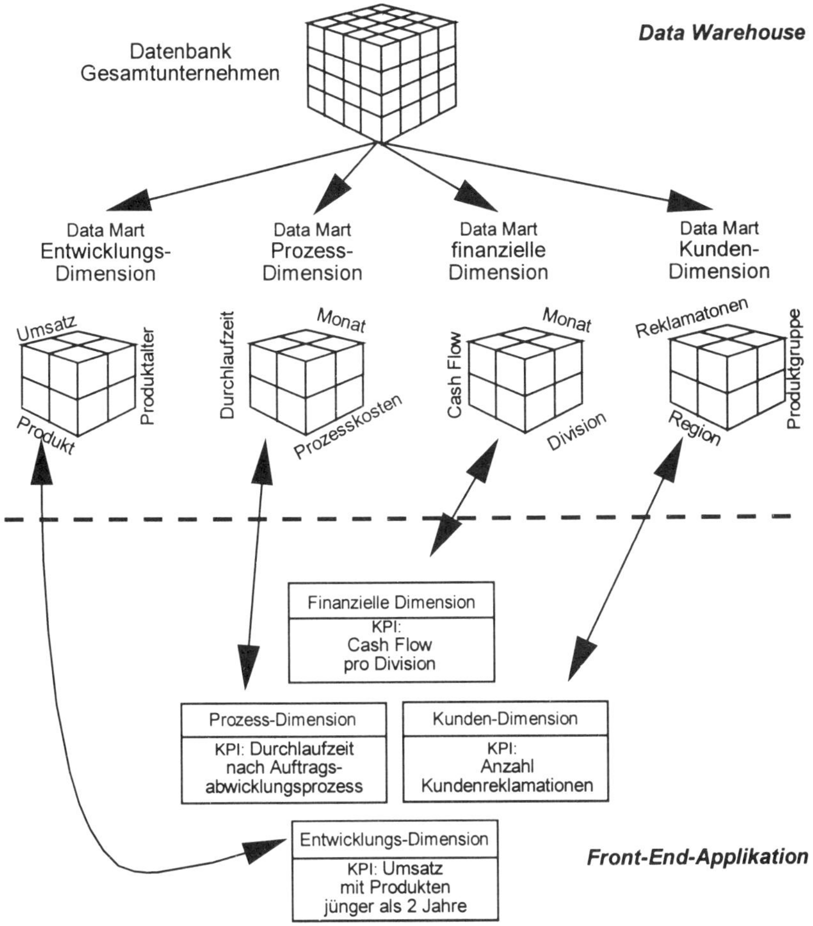

Hinter dem in Abbildung 3-50 in der Front-End-Applikation sichtbaren Key Performance Indicator (KPI) "Umsatz mit Produkten jünger als 2 Jahre" (Entwicklungs-Dimension) verbirgt sich ein Data Mart u.a. mit den Dimensionen Umsatz, Produkten, Produktalter sowie weiteren entwicklungsrelevanten Grössen. Die Front-End-Applikation greift auf den Data Mart mit einer Query nach dem Umsatz aller Produkte, die innerhalb der vergangenen zwei Jahre am Markt eingeführt worden sind.

Wie bereits in Abschnitt 3.6 betont, sollte im Idealfall die Gesamtleitung für das Projekt zur Erstellung der Data-Warehouse und Data-Mart-Applikation massgeblich von den zukünftigen Endbenutzern getragen werden. Dadurch kann vermeiden werden, dass bei dem Projekt ein zu starker Fokus auf technische Aspkete gelegt wird.[600]

3.6.3 Front-End-Applikationen

Die Front-End-Applikationen[601] stellen die Schnittstelle zwischen dem Data Warenhouse und dem Endbenutzer dar. Die Informationsansprüche der Benutzergruppen sollten die Ausgestaltung und die Funktionalität der Front-End-Applikationen bestimmen. Dabei können zwei verschiedene Applikationsarten verwendet werden, die sich ergänzen: Cockpit- und Scorecard- sowie Data Mining Applikationen.

3.6.3.1 Cockpit- und Scorecard-Applikationen

Diese Applikationen dienen zunächst der Darstellung der KPIs im standardisierten Format. Die generierten Informationen werden primär in Form von Grafiken visualisiert, um Trends und Interdependenzen zwischen verschieden Grössen aufzuzeigen. Daraus leiten sich hohe Anforderungen an die Graphikfähigkeiten ab. Es bietet sich an, hinter den Grafiken Tabellen zu hinterlegen, um die abgebildeten Zahlen vertieft analysieren zu können.

Eine weitere wichtige Voraussetzung ist die einfache Bedienbarkeit der Applikation: Sie sollte selbsterklärend und auf die Standardanalysen ihrer Anwender ausgerichtet sein. Durch eine einfache und logische Führung der Anwender kann die strukturelle Komplexität reduziert werden. Mittels Ampelfunktionen bei Über- oder Unterschreitung von Grenzwerten kann der Anwender bei der Analyse entlastet werden (Exception Reporting).

Andererseits sollte die Applikation es dem Anwender ermöglichen, die Ursachen für die KPI-Veränderungen individuell zu untersuchen Die Applikation sollte dem Anwender die Flexibilität bieten, seine Kreativität bei der Analyse zu nutzen, indem sie rasche Ad-hoc Analysen auf verschiedenen Hierarchiestufen ermöglicht.

---

[600] Eccles (1993) führt dbzgl. aus: „I think this is an important opportunity for IT to make a key contribution, which is to address this issue form a measurement and from an information perspective first, rather than from a technology perspective which, from my experience is often the case.“ Eccles (1993), S.14
Siehe hierzu auch Groffmann (1997), S.16

[601] Im englischsprachigen Raum hat sich hierfür die Bezeichnung “Business Intelligence Tool” eingebürgert. Siehe hierzu auch Dresner/Lett (1996), S.9ff.

Da nicht sämtliche Reporting-Bedürfnisse mit Scorecards und Cockpits abgedeckt werden können, sollte die Applikation eine Schnittstelle für den Datenexport besitzen. Damit können die Daten in andere Reports (z.B. innerhalb von Web Publishing Programmen) und Analyseinstrumente (z.B. Spreadsheets) übernommen werden. Die Verbreitung der relevanten Informationen erfordert eine offene Netzwerkarchitektur. Durch eine flexible Client-Server-Architektur und Intranet-Unterstützung[602] der Software-Applikation kann die Distribution der Scorecard-Daten innerhalb der gesamten Organisation gefördert werden.

Scorecard Applikationen unterscheiden sich von herkömmlichen Executive Information Systemen (EIS) dadurch, dass sie sich konstant mit den der Zielerreichung der Mitarbeiter verändern.[603] Da sich im Laufe von Lernprozessen zudem bestimmte KPIs als ungeeignet herausstellen, andere hingegen mit dem Ende von Inititativen an Bedeutung verlieren und neue Prioritäten neue KPIs nach sich ziehen, sollte die Softwarelösung flexibel sein, um diese veränderten Informationsbedürfnisse rasch befriedigen zu können.

Hinzu kommen organisatorische Veränderungen innerhalb des Unternehmens, die zu Modifikationen und Erweiterungen der Scorecard-Applikation führen. Das hat Einfluss auf die Skalierbarkeit der Lösung, sowie auf ihre Konsistenz und Einfachheit. Um dieser Dynamik zu entsprechen, bieten einige Software-Applikationen grafische Entwicklungsumgebungen an, die die Zeit für Anpassungen sowie Neuentwicklungen sehr stark reduzieren. Aufgrund der grafischen Ausrichtung sind Programmierkenntnisse für die Entwicklungsarbeiten nicht notwendig. Das erlaubt eine Dezentralisierung der Anpassungsarbeiten direkt zu versierten Anwendern (sog. „Superusern") der Applikation.

3.6.3.2 Data Mining Applikationen

Zahlreiche Datenbestände des Data Warehouse verbergen Informationen, die in den Standardreports der Scorecards und Cockpits nicht zu entdecken sind. Auf Basis der Zeitdimension wird es möglich, Korrelationen zwischen verschiedenartigen Datenreihen im Data Warehouse aufzudecken und zu analysieren.[604] Unter dem Begriff "Data Mining" sind diese Applikationen populär geworden.[605]

---

602 JAVA und HTML-Unterstützung der Software sind hierfür Voraussetzungen

603 Silk (1998), S.39

604 Dazu werden neben statistischen Visualisierungswerkzeugen auch Werkzeuge aus dem Bereich der Neuronalen Netze verwendet.

605 Scheer (1996), S.75

Da Kausalketten für jeden Feed-Forward-orientierten Performance Management-Ansatz eine grosse Bedeutung besitzen, wird mit dem Data Mining ein wertvolles Instrument zur Verfüngung gestellt, um Annahmen über Kausalzusammenhänge zu verifizieren. Neben der Identifikation von Frühwarnindikatoren können die Informationen auch zur Überprüfung und Modifikation des Geschäftsmodells verwendet werden.

Instrumente des Data Mining besitzen einen anderen Aufgabenfokus als Scorecard-Applikationen. Sie können eine ideale Ergänzung zur periodischen Überprüfung der getroffenen Annahmen darstellen, auf denen die Scorecardimplementierung beruht.

3.6.4 Zusammenfassung und Beurteilung

Mithilfe des Data Warehouse Konzeptes wird eine einheitliche Datenbasis für Cockpit- und Scorecard-Applikationen geschaffen. Es kann das Fundament für leistungsfähige Applikationen bilden.

Das setzt aber idealerweise voraus, dass bei der Gestaltung des Data Warehouse die späteren Analysedimensionen bekannt sind. Dadurch kann die Performance der späteren Applikationen signifikant verbessert sowie die technische Implementierungszeit werden.

Wesentliche Merkmale des Data Warehouse Konzeptes in Verbindung mit der OLAP-Technologie sind seine vorstrukturierte und interaktive Datenstruktur, die Integration Daten verschiedener Quellen sowie die Distribution der Daten an eine Vielzahl unterschiedlicher Benützer.[606] Dabei verhalten sich das Data Warehouse i.e.S. sowie das OLAP-Konzept komplementär zueinander.

Diese Vorteile erlauben eine anwenderorientierte Zugriffsgestaltung, was eine grössere Flexibilität und Kreativität bei der Datenanalyse ermöglicht. Neben der starren Darstellung von Cockpitinformationen wird eine vertiefte Analyse der zugrunde liegenden Daten ermöglicht. Dadurch kann eine effizientere Nutzung vorhandener Informationen realisiert werden.

Als problematisch kann sich der Aufwand bei der Datenintegration herausstellen, wenn Daten sehr heterogener Quellen in das Warehouse integriert werden. Die Sicherstellung der Validität der Daten stellt eine grosse Herausforderung bei der Entwicklung dar.[607]

---

606 Bullinger et al. (1995), S.19

607 Hoffmann/Kusterer (1997), S.50

Qualitätsdefizite auf dieser Stufe können dazu führen, dass das Vertrauen in die Applikation auf Seiten der Benützer erschüttert wird.

Ein weiterer kritischer Punkt betrifft die frühzeitige Zusammenarbeit und der intensive Dialog zwischen den Mitarbeitern der Informatikabteilung, die die Entwicklung des Data Warehouse sowie die Front-End Applikation betreuen, und den späteren Anwendern. Kommunikationsbarrieren können dabei zu signifikanten zeitlichen Verzögerungen aufgrund von Doppel- und Nachentwicklungen führen. Problematisch ist dabei, dass sich bei vielen Endbenutzern die Anforderungen erst im Laufe des Prototyping herauskristallisieren. Das notwendige Abstraktionsniveau in der Entwicklungsphase kann sie überfordern, insbesondere wenn es sich um eine relativ neue Applikation wie im Falle der Balanced Scorecard-Umsetzung handelt.

3.7 Modul 7: Interne Kommunikations- und Lernstrategie

Creelman bemerkt im Zusammenhang mit der Einführung von Performance Managementsystemen (PMS): „IT [Information Technology] can, without a doubt, prove a powerful tool for deploying a balanced scorecard, but companies should be careful to note that success or failure will depend largely on people related and not technology related issues."[608] An verschiedenen Stellen dieser Arbeit ist darauf hingewiesen worden, welche grosse Bedeutung der Einbindung der Mitarbeiter im Rahmen der Implementierung[609] und Überarbeitung von PMS zuteil wird.[610]

In diesem Modul werden zwei wichtige Aspekte der Implementierung von PMS erläutert, die die Einbindung der Mitarbeiter fördern können: die internen Kommunikationsprozesse sowie die Erweiterung des Know Hows aller direkt betroffenen Mitarbeiter. Wie aus der Abbildung 3-51 hervorgeht, besitzen diese beiden Gesichtspunkte über den gesamten Implementierungsprozess eine wichtige Bedeutung und können sich auf die Informationstechnologie (z.B. Wissensdatenbanken oder intranetbasierte Diskussionsforen) abstützen.

Abbildung 3-51: Inhalt des siebten Moduls

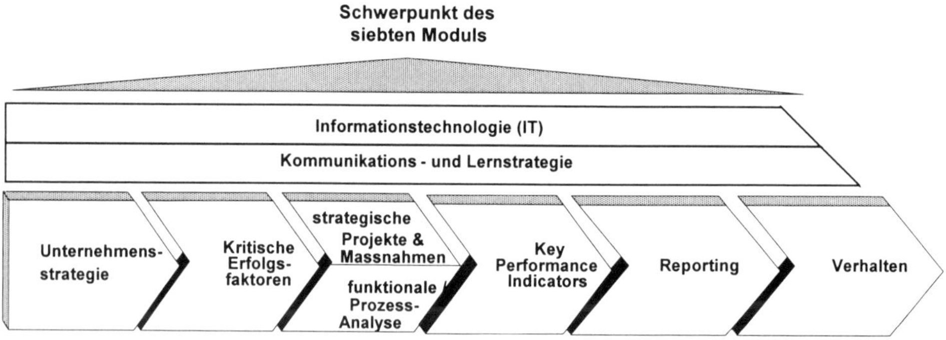

Sowohl die Einführung als auch Änderungen an einem integrierten Performance Manage-

---

608 Creelman (1998), S.277

609 Es wird in dieser Arbeit keine Unterscheidung zwischen der Design- und Implementierungsphase vorgenommen. Siehe hierzu auch Roberts (1997), S.4

610 Dieser Aspekt wird in zahlreichen Erfahrungsberichten aus der Unternehmenspraxis als einer der kritischen Erfolgsfaktoren des Implementierungsprozesses betrachtet. Siehe hierzu u.a. die Erfahrungsberichte von Smith (1998), S.3f. und 15ff.; Bosworth (1996), S.7; Chatwin (1995), S.16; Fisher (1995), S.6; Davis (1997), S.16

Im Rahmen dieser Arbeit ist darauf u.a. in den Abschnitten 3.1, 3.2.1.4, 3.4.1.4 und 3.5.1.1 eingegangen

ment Ansatz können nicht losgelöst von den übrigen Aktivitäten zur Unterstützung des unternehmerischen Wandels betrachtet werden, da sie oft unmittelbar interagieren.[611] Von den Aktivitäten im Rahmen des „Change Managements"[612] ist insbesondere auch die interne Kommunikations- und Lernstrategie eines Unternehmens betroffen.[613] Es wird in daher in diesem Modul der Versuch unternommen, eine Übersicht über die Aspekte der Kommunikations- und Lernstrategie zu geben, die Implementierung eines PMS unmittelbar beeinflussen.[614]

Dieses Modul gliedert sich in zwei Teile. Im ersten Teil wird auf die Bedeutung der internen Kommunikation eingegangen, während der zweite Teil Aspekte des Lernens als Basis für eine erfolgreiche Implementierung aufgreift.

3.7.1 Interne Kommunikation in der Implementierungsphase

Die Bedeutung von Kommunikationsprozessen ist von Kolks im Rahmen der Strategieimplementierung untersucht worden.[615] 80 Prozent der von ihm interviewten Experten betrachteten die Förderung der Kommunikation als sehr wichtigen bzw. den wichtigsten Erfolgsfaktor bei der Implementierung.[616] Die Befragten betonten, dass die Kommunikation nicht nur eine gemeinsame Informationsbasis schafft, sondern primär auch die frühzeitige Identifikation von potentiellen Problemen und strategieaversivem Verhalten fördert.[617] Ein

611 Exemplarisch sei auf den Turnaround von Siemens Nixdorf verwiesen. Die Einführung von Scorecards war nur ein Element neben anderen zur Unterstützung der strategischen Neuausrichtung. Kennedy (1998), S.266ff.

612 Unter dem Begriff „Change Management" sollen jene Aktivitäten zusammengefasst werden, die zur Planung und Implementierung komplexer strategischer, organisatorischer und operationeller Wandelprozesse ergriffen werden.

613 Hammer/Champy (1993), S.71 und Süssmuth-Dykerhoff (1995), S.109ff.
Krüger (1997) fasst sie in seinem Vorgehensmodell des Implementierungsmanagements unter dem Oberbegriff „Management von Sachfragen" zusammen.
Krüger (1997), S.840ff.

614 Zur Bedeutung der Schulung und Kommunikation der Mitarbeiter bei der Implementierung von Systemen zur Leistungsmessung siehe auch Baeuerle et al. (1998), S.119

615 Leider existieren kaum Quellen, die die Bedeutung der Kommunikation bei der Implementierung von PMS untersuchen und es ermöglichen, generelle Schlussfolgerungen zu ziehen. Daher wird hier auf Erfahrungen aus dem Bereich der Strategieimplementierung zurückgegriffen. Siehe hierzu auch Roberts (1997), S.2

616 Kolks (1990), S.194

617 In diesem Zusammenhang weist Kolks (1990) auf den grossen Stellenwert informeller Kommunikation hin: ständige informelle Kontakte können die Voraussetzungen für eine signifikant erhöhte Akzeptanz bei allen Projektbeteiligten schaffen. Diese kann durch die Kommunikationsstrategie nicht unmittelbar beeinflusst werden, sondern primär durch organisatorische und kulturelle Aktivitäten. Kolks (1990), S.203

kontinuierlicher Informationsfluss über den Stand der Implementierung sowie die Einrichtung von heterogenen Projektteams kann zudem die Akzeptanz signifikant fördern, während ein autoritärer Führungsstil und die weitreichende Zentralisation von Entscheidungsgewalt sich sehr negativ auswirken können.[618]

Eine ausführliche Kommunikation mit den Mitarbeitern ist vor allen Dingen deshalb bei der Entwicklung und Revision von PMS notwendig, da diese Art von Projekten eine deutliche Mehrbelastung für die Mitarbeiter nach sich ziehen kann.[619] Roberts führt das u.a. darauf zurück, dass solche Projekte einen unmittelbaren Einfluss auf die täglichen Arbeitsabläufe von zahlreichen Mitarbeitern haben und demzufolge sich auch unmittelbar auf das Verhalten auf individueller-, Gruppen- und organisatorischer Ebene auswirken.[620]

Für jede Art der Kommunikation bilden die drei Elemente Information, Mitteilung und Verstehen die integralen Bestandteile.[621] Im Rahmen einer Kommunikationsstrategie sind alle drei Elemente der Kommunikation von Bedeutung: die Auswahl von empfängerorientierten Informationen, um das Verstehen sicherzustellen sowie die Wahl des Mitteilungswegs und -zeitpunkts.[622] Die Kommunikation bildet die Basis für die späteren Lernprozesse, sie ist ihnen vorgelagert.[623]

Um die Kommunikation eindeutiger Informationen sicherzustellen, sollte Klarheit darüber bestehen, welche Zielsetzungen mit der Kommunikation angestrebt werden. Dadurch können die Kernthemen und entsprechenden Informationen abgegrenzt werden. Ein Ziel könnte z.B. die Schaffung eines weiten Verständnisses über die Absichten des Performance Managements innerhalb grosser Teile der Belegschaft sein. Ein weiteres könnte z.B. in dem Unterrichten der Mitarbeiter über die Fortschritte und nächsten Schritte im Rahmen des Implementierungsprozesses bestehen.

Sobald die Ziele festgelegt worden sind, kann es empfehlenswert sein, die unterschiedlichen Zielgruppen im Adressatenkreis auszuwählen, da dadurch die spezifischen Inhalte, Mitteilungswege und Kommunikatoren beeinflusst werden. Die Zielgruppen zeichnen sich dabei zumeist durch gemeinsame Interessen an sowie Ansprüche gegenüber dem PMS aus. Jeannet schlägt vor, in Anlehnung an Lewins Phasenschema des Wandels für jedes Zielpu-

---

618 Kolks (1990), S.187f.
619 Epstein/Manzoni (1997b), S.14
620 Roberts (1997), S.2
621 Stricker (1997), S.52
622 Die nachfolgenden Aussagen stützen sich u.a. auch auf Unterlagen der Unternehmensberatungen PriceWaterhouseCoopers, Renaissance Solutions und A.D.Little ab.
623 Süssmuth-Dykerhoff (1995), S.110

blikum die treibenden und bremsenden Kräfte zu identifizieren, um die Informationsauswahl darauf abzustimmen.[624]

Eng an die Zielgruppen ist die Entscheidung gekoppelt, welche Medien zur Kommunikation eingesetzt werden sollten.[625] Dabei spielt die Ergiebigkeit eines Mediums eine bedeutende Rolle, d.h. die Frage, ob „es dem Empfänger in kurzer Zeit viele Erkenntnisse bereitstellen und den Prozess des Verstehens unterstützen kann."[626]

Workshops, Diskussionsforen oder Review Meetings besitzen aufgrund ihrer grossen Ergiebigkeit ein hohes Potential beim Informationstransfer und können aufgrund der Möglichkeit zum unmittelbaren Feedback und Diskurs Double-Loop-Lernprozesse induzieren.[627]

Schriftliche Reports, starre Intranetseiten oder Unternehmenszeitungen eignen sich für die Übermittlung von Informationen, die leicht nachvollziehbar sind und keinen Interpretationsspielraum besitzen. Sie können zum Singe-loop-Lernen anregen, das primär der Zielerreichung und Effizienzverbesserung in einem festen Ziel- und Normenkontext dient.[628]

Einige Beispiele sollen die Einsatzgebiete von Kommunikationsmedien verdeutlichen: In der Anfangsphase eines neuen Performance Management Projektes kann es u.U. sinnvoll sein, sich mit Roadshows oder sog. „Townmeetings" an grössere Teile der Belegschaft zu wenden, um sie über die zu erwartenden Neuerungen zu informieren.[629] Kennedy betont

---

624 Jeannet (1998a), S.18 und Lewin (1947), S.34f.

625 Jeannet (1998a), S.20

626 Süssmuth-Dykerhoff (1995), S.110f.
Während das Medium der ‚Face to face-Kommunikation' eine sehr grosse Ergiebigkeit aufgrund des Transports vieler verschiedener Informationen (verbale Informationen, Körpersprache u.a.) sowie der Möglichkeit zur Nachfrage auf Empfängerseite besitzt, weist die schriftliche Kommunikation bspw. eine geringe Ergiebigkeit auf. Süssmuth-Dykerhoff (1995), S.110f.

627 „Double-loop learning" kann als Veränderungslernen bezeichnet werden. Es ist durch das Hinterfragen und die Veränderung der Kontexte geprägt und kann dadurch zu einer neuen Qualität der Problemlösung führen. Langfristig ist die Überlebensfähigkeit von Unternehmen in dynamischen Märkten, in denen sich die Rahmenbedingungen rasch verändern können, von der Beherrschung von Double-Loop-Lernprozessen abhängig. Das Überprüfen der Standards bzgl. ihrer Angemessenheit sowie die Kontrolle ihrer Prämissen wird notwendig, um die Anpassungsfähigkeit eines Unternehmens zu bewahren. Siehe hierzu auch Argyris/Schön (1978), S.20ff.

628 Das Single-Loop-Lernen funktioniert nach den Prinzipien eines einfachen kybernetischen Regelkreises: Es wird eine Abweichung von dem Zielwert festgestellt und Gegenmassnahmen eingeleitet. Wird z.B. ein Anstieg der Ausschusskosten ermittelt, so wird der fehlerhafte Fertigungsschritt analysiert und Korrekturmassnahmen durchgeführt (z.B. Neueinstellen der Maschine). Siehe hierzu auch Argyris/Schön (1978), S.18ff.

629 Eine detaillierte Beschreibung liefern Rucci et al. (1998), S.94

die Wichtigkeit, dass die Mitarbeiter in Phasen des Wandels über den Prozess informiert sein sollten, wie Entscheidungen gefällt werden.[630] „Townmeetings" können dazu beitragen, diese Prozesstransparenz herzustellen.

Die Fallstudienunternehmung C setzt eine quartalsweise erscheinende Publikation, die sog. „Dashboard News" ein, um alle Mitarbeiter der Unternehmung über die Projektfortschritte bei der Implementierung des neues PMS zu informieren.[631] Die Fallstudienunternehmungen A und E verwenden spezifische Intranet-basierte Applikationen, um die Planung von Performance-Standards auf verschiedenen hierarchischen Stufen zu koordinieren. Diese Seiten besitzen zudem Diskussionsforen, an denen die Mitarbeiter via E-Mail partizipieren können.[632]

Abbildung 3-52: Zuordnung der Kommunikationsmedien zu den Zielgruppen[633]

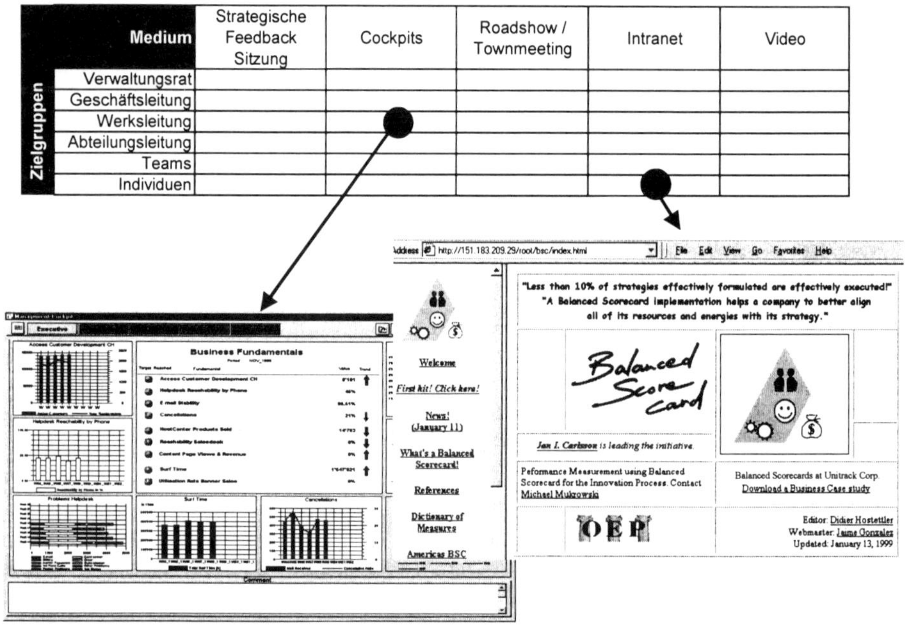

630 Kennedy (1998), S.263

631 Siehe hierzu im Abschnitt 4.3 die Fallstudie C

632 Siehe hierzu die Abschnitte 4.1 für Fallstudie A und 4.5 für Fallstudie E

633 In Anlehnung an Solutions (1997), S.6
Jeannet (1998a) schlägt die Verwendung von „Communication Activity" Matrizen vor, aus denen die Zielgruppen, Kernaussagen, Kommunikationsaktivitäten, Kommunikatoren sowie das Timing hervorgehen sollten. Jeannet (1998a), S.21

Im Reportingmodul ist u.a. anhand von Cockpits dargestellt worden, wie die Ergebnisse von Performancemessgrössen transparent und eingänglich kommuniziert werden können: Fallstudienunternehmung E hat mittels solcher Cockpits eine Beschränkung auf wenige kritische Key Performance Indicators im Reporting vorgenommen.[634]

Die meisten der oben genannten Medien zeichnen sich durch fehlende unmittelbare Feedbackmöglichkeiten aus. Wöchentliche Meetings oder die im zweiten Modul vorgestellten "Strategischen Feedback Sitzungen" haben sich in zahlreichen Unternehmen als sehr zweckmässig erwiesen, um über Fortschritte bei den strategischen Projekten und Massnahmen zu konsultieren.[635]

Diese kurze Darstellung potentieller Kommunikationsmedien soll verdeutlichen, welche vielfältigen Möglichkeiten existieren, um den kritischen Erfolgsfaktor der Kommunikation im Rahmen von Performance Management Projekten zu berücksichtigen. Wird als zusätzliche Dimension auch die Kommunikationsfrequenz berücksichtigt, so lässt sich erahnen, wie vielschichtig die Kommunikation im Rahmen von Performance Management Projekten sein kann. Daher kann es von grossem Nutzen sein, in einer Kommunikationsstrategie grundlegende Richtlinien und klare Verantwortlichkeiten für einzelne hier besprochene Elemente festzuhalten, um das Risiko des Scheiterns von Projekten zu reduzieren.

Epstein/Manzoni warnen explizit davor, dass sich aufgrund der Vielzahl von „Change Programmen" in grösseren Unternehmen bei einigen Mitarbeitern Zynismus und Widerstand gegenüber neuen Performance Management Ansätzen bemerkbar machen können.[636] Ursachen für ein solches Verhalten dürften u.a. darin begründet sein, dass vorherige Projekte nicht zufriedenstellend beendet worden sind sowie die Notwendigkeit solcher Projekte nicht ausreichend kommuniziert worden ist.[637]

---

634 Siehe hierzu im Abschnitt 4.5 die Fallstudie E

635 Siehe hierzu die Ausführungen im Abschnitt 3.2.3

636 „As a result some employees may have grown weary of such change efforts and may have developed an attitude along the lines of if I wait long enough, this will go away!" Epstein/Manzoni (1997b), S.14

637 Bei einem Verpackungshersteller sind z.B. in jüngerer Vergangenheit acht verschiedene Projekte gestartet worden, von denen ein positiver Einfluss auf das Performance Management erhofft wird. Aus Sicht der betroffenen Mitarbeiter ist es nicht verwunderlich, wenn die Übersicht über die verschiedenen Programme mit den Namen „Customer Satisfaction Initiative", „Operational Excellence Program" oder „Performance Improvement Program" verloren gehen kann. In einem solchen Umfeld kann die integrative Funktion eines PMS dazu beitragen, darzustellen, wie die einzelnen Projekte und Massnahmen auf die Unternehmensstrategie abgestimmt sind. Damit kann das PMS selber als Vehikel dienen, um die strategischen Ziele und davon abgeleiteten Massnah-

3.7.2 Lernen als Enabler einer erfolgreichen Implementierung

Während die richtige Ausgestaltung der Informationspolitik in der ersten Phase der Implementierung eines PMS ein Haupterfolgsfaktor darstellt, gewinnt mit zunehmendem Projektverlauf das Schulen und Coaching der Mitarbeiter an Bedeutung.[638]

Dabei können sowohl Schulungs- als auch Coachingaktivitäten als Grundlage für eine verstärkte Einbindung der Mitarbeiter in den Implementierungsprozess betrachtet werden. Auf die überaus wichtige Bedeutung der Partizipation von Mitarbeitern ist bereits an verschiedenen Stellen dieser Arbeit hingewiesen worden.[639] Praktische Erfahrungen im soziotechnischen Systemdesign zeigen: „participation is not a mere condition for lasting change but, instead, the main substance of the change."[640] Konkrete Erfahrungen bei der Einführung eines neuen PMS (EVITA-Projekt) bei ABB-Firmen in Schweden bekräftigen den positiven Zusammenhang zwischen der Akzeptanz des Systems und einem partizipativen Implementierungsvorgehen.[641]

Eine stärkere Partizipation der Mitarbeiter bei Fragestellungen des Performance Managements setzt bei ihnen Grundkenntnisse über die Zielsetzungen, Methoden und Instrumente des Performance Managements voraus.[642] Roberts fordert, dass die Wissensvermittlung dabei parallel zur Entwicklung vom PMS stattfinden sollte.[643] Des weiteren führt er dazu aus: „Again, a key element [...] is the self-design aspect, having users develop their own

men zu kommunizieren. Hostettler (1999), Vortrag im Rahmen eines Seminars zum Thema Balanced Scorecards, gehalten in Zürich am 28.1.1999

638 Diese Aussagen stützen sich auf Erfahrungen von Mitarbeitern der Beratungsunternehmen A.D.Little und McKinsey, die im Rahmen von komplexen Performance Management Projekten gewonnen worden sind. Siehe dazu Jeannet (1998a), S.19 und Lederle (1997), S.187f.

639 Siehe hierzu u.a. die Ausführungen in den Abschnitten 3.1, 3.2.2.4, 3.4.1.4 und 3.5.1.5

640 Roberts (1997), S.9
Der Vollständigkeit halber soll aber auch darauf hingewiesen werden, dass Partizipation per se kein Erfolgsfaktor ist, sondern im Wechselspiel mit den organisatorischen und kulturellen Rahmenbedingungen eines Projektes betrachtet werden sollte.

641 Ewing/Lundahl (1996) führt hierzu aus:"In several interviews and from other conservations it becomes very clear, that if a more hierarchical strategy had been chosen for the EVITA project it had never received the acceptance it has now and it would also had been strongly against its own basic values [...]." Ewing/Lundahl (1996), S.36

642 Daraus leitet sich die Forderung nach einem Arbeitsumfeld ab, in dem diese Kenntnisse an alle direkt betroffenen Mitarbeiter vermittelt werden und ein Austausch über die Erfahrungen stattfinden kann. Siehe zur weitreichenden Dezentralisierung von Controllerfunktionen Cooper (1996b), S.38 und Weiss (1998), S.22

643 „[...] the one-to-one link between training programme and design process is essential" Roberts (1997), S.12 , siehe dazu auch de Sitter et al. (1997), S.518f.

system as they are being educated: acumulating skills and acquiring a common denominator in knowledge, understanding and language."[644]

Die Vermittlung von Methodenwissen sowie der Austausch von Erfahrungen (u.a. in Erfahrungsgruppen oder auf Basis von Best Practice-Datenbanken[645]) gewinnen an Bedeutung, je stärker eine dezentrale Entwicklung und Verwendung von Elementen des Performance Managements durch die entsprechenden Verantwortungsbereiche angestrebt wird.[646] Daher ist die Kopplung einer Lernstrategie mit dem Konzept des Performance Managements insbesondere für solche Unternehmen empfehlenswert, die eine weitreichende Delegation von Aufgaben des Performance Managements anstreben.[647]

Roberts hat beobachtet, dass sich in Unternehmen, in denen ein intensiver Wissensaustausch während der Systemgestaltung stattfindet, eine besondere Dynamik entwickeln kann: Funktionale Barrieren können durchbrochen werden, sobald die Mitarbeiter lernen, eine gemeinsame Sprache zu sprechen und über einen längeren Zeitraum in Projektgruppen zusammenarbeiten.[648]

Im nächsten Abschnitt soll auf einen neueren Ansatz zur Unterstützung des Lernens in Organisationen eingegangen werden, der auf den Wissensaustausch fokussiert: der Knowledge Management Ansatz.

3.7.2.1 Knowledge Management und Performance Management

Fenn definiert Knowledge Management als einen formalen und integrierten Ansatz zum Management aller in einem Unternehmen vorhandenen Informationen.[649] Die Aufgabe des

---

644 Roberts (1997), S.17

645 Unter dem Begriff „Best Practice" kann der folgende Ansatz verstanden werden: „Best Practice is the co-operative way in which firms and their employees undertake business activities in all key processes: leadership, planning, customers, suppliers, community relations, production and supply of services and the use of benchmarking. These practices, when effectively linked together can be expected to lead to sustainable world class outcomes [...]". Roberts (1996), S.4

646 In der Literatur werden damit zusammenhängende Fragestellungen im Rahmen einer zunehmenden Bedeutung des „Lean Controlling" sowie der Selbststeuerung diskutiert. Biel (1996), S.53f. und Cooper (1996b), S.40

647 Es soll darauf hingewiesen werden, dass es nicht um die Fragestellung „entweder Zentralisierung oder Dezentralisierung von Controllingaufgaben" geht, sondern darum, wie eine auf die unternehmensspezifischen Gegebenheiten abgestimmte Arbeitsteilung von zentralen und dezentralen Controllingaufgaben vergenommen werde sollte.

648 Roberts (1997), S.12

649 Fenn (1996), S.1

Knowledge Managements sollte es sein, eine angemessene technische und organisatorische Infrastruktur zu kreieren, die die Informationsakquisition, den -austausch und die -sicherung unterstützt.[650] Dabei kann zwischen zwei verschiedenen Arten von Informationen unterschieden werden: dem „Tactic Knowledge" und dem „Explicit Knowledge". Unter „Tactic Knowledge" versteht man Informationen in undokumentierter Form, wie z.B. persönliche Erfahrungen von Mitarbeitern. Sie können gemäss Bair et al. als das wertvollste Kapital eines Unternehmens betrachtet werden.[651] Dokumentierte Informationen, wie sie u.a. in Datenbanken vorhanden sind, werden unter dem Begriff „Explicit Knowledge" zusammengefasst.[652]

Im Rahmen von PMS besitzen beide Informationsarten eine grosse Relevanz, wobei Fragestellungen des „Explicit Knowledge" hier im Vordergrund stehen sollen.[653] Weil die Informationsstrukturierung und -generierung in den vorangegangenen Modulen besprochen worden sind, werden in diesem Abschnitt Aspekte des Transfers von performancerelevanten Informationen an die Mitarbeiter behandelt.

Wenn organisationales Lernen lt. Pautzke als die „Art und Weise, wie die Wissensbasis einer Organisation genutzt, verändert und fortentwickelt wird"[654] betrachtet werden kann, dann bildet der Informationstransfer einen wichtigen Grundpfeiler des organisationalen Lernens.[655]

Hunter (1998) weist darauf hin, dass aufgrund des Neuigkeitsgrads des Knowledge Management Ansatzes keine Definition existiert, die branchenweit Allgemeingültigkeit besitzt. Hunter (1998), S.1

650 Diese Interpretation von Knowledge Management deckt wichtige der von Kloot (1997) unterscheiden Elemente ab, die das organistorische Lernen prägen: die Akquisition von Wissen, die Informationsdistribution, die Informationsinterpretation sowie das organisatorische Gedächnis. Kloot (1997), S.56f.

651 „The most valuable knowledge circulating within an organization is not captured or documented" Bair et al. (1997), S.11

652 Bair et al. (1997), S.6

653 Ein Themenkreis im Zusammenhang mit der Sicherung des „Tactic Knowledge" könnte sich z.B. mit der Sicherung und dem Zugänglichmachen von Best-Practice-Methoden beschäftigen. Eine weitere Fragestellung könnte die Offenlegung des zugrunde liegenden Value-Driver-Modells im Rahmen der Performanceplanung zum Inhalt haben. Da solche Fragestellungen den Rahmen dieser Arbeit sprengen würden, soll auf eine nähere Betrachtung von Aspekten des „Tactic Knowledge" verzichtet werden.

654 Pautzke (1989), S.97

655 Fetterman (1997) unterscheidet fünf Stufen zur Realisierung organisationalen Lernens. Der Strukturierung und dem Transfer von Wissen wird dabei eine bedeutende Rolle zuteil. Fetterman (1997), S.54

3.7.2.2 Informationstransfer

Von einigen Autoren wird die erfolgreiche Umsetzung von Elementen des Knowledge Managements als der Schlüssel zum wirkungsvollen Performance Management betrachtet.[656] Als zentrale Fragestellungen kristallisieren sich dabei Grundsätze des Transfers der im PMS enthaltenen Informationen an weite Kreise von Mitarbeitern zum Zwecke der Entscheidungsfindung und als Initiatoren für Performanceverbesserungen heraus.[657] Cole kritisiert in diesem Zusammenhang, dass Informationen oft nicht an die Personen weitergeleitet werden, die sie tatsächlich nutzen können. Nicht die Quantitiät der Informationen stellt lt. Cole ein Problem dar, sondern der Zugang zu ihnen, der oft durch das Management beeinträchtigt sein kann.[658]

„Appropriate accounting information must be freely and frequently available" nennt Kloot als eine Voraussetzung des Double-loop-Lernens auf Basis von Controllinginformationen.[659] Sie erkennt, das die Forderung nach einem freieren Zugang zu Informationen dieser Art unmittelbare Auswirkungen auf die bisherige Struktur des Controlling haben kann und fordert, dass die Gestaltung des Responsiblity Accounting vor diesem Hintergrund kritisch überprüft werden sollte.[660]

Anhand dieser Aussagen wird ersichtlich, dass eine freiere Informationsverteilung weitreichende Konsequenzen nach sich ziehen kann. Ihre Umsetzung kann durch politische, kulturelle und personelle Barrieren beeinträchtigt werden.[661] Diese Barrieren sind aber nicht auf das Performance Management beschränkt, sondern immanent für jeden Wandelprozess.[662]

---

656 Harris (1998a), S.1,

657 Blodgett führt dbzgl. aus: „If you don't share the results of the measures widely and use the information contained in them to make decisions and improve performance, then the whole system is of limited value." Blodgett, N., zitiert bei Creelman (1998), S.269

658 „American corporations collect a lot of information, but management doesn't always put it in the hands of those who need it." Cole (1985), S.107
Hunter (1998) stimmt dem zu, indem er ausführt: „Moreover, while decentralized enterprises may know where the bulk of their information resides, the problem becomes disseminating that knowledge to the people who need it." Hunter (1998), S.2

659 Kloot (1997), S.69

660 Kloot (1997), S.70

661 Werden diese Kräfte nicht gebührend berücksichtigt, so können sie den Erfolg eines Performance Management Projektes ernsthaft gefährden, wie z.B. anhand der Fallstudienunternehmung B ersichtlich wird.

662 Krüger (1997), S.830
Oetinger (1993b) stellt fest, dass das Erheben von Vorbehalten gegenüber Veränderungen eine typische menschliche Verhaltensweise ist. Oetinger (1993b), S.101

Bair et al. betonen die grosse Bedeutung, die der Unternehmenspolitik und -kultur im Zusammenhang mit dem Transfer von Informationen zukommt: „Politics is about power, and information is power."[663] Das Konfliktpotential kann bei performancerelevanten Informationen sogar potenziert werden, da diese Art von Informationen bei Beförderungs-, Gehalts- und Autonomiefragen eine signifikante Rolle spielen kann.

Um das Potential zur Unterstützung der Informationsgenerierung und –distribution in verschiedenen Umfeldern zu charakterisieren, unterscheiden Bair et al. drei verschiedene Kulturen, die sie stark vereinfacht mit „Balkanized"[664], „Monarchy" und „Federation" betiteln. Diese sind in Abbildung 3-53 dargestellt.

Abbildung 3-53: Informationsspezifische Unternehmenskulturen[665]

Syle	Characteristics	Knowledge Capital Potential
Balkanized	Multiple "Warlords" Mutual Suspicion Information Hoarding	Low
Monarchy	Top Down, Authoritarian Officially (Dis)Approved Subjects Sudden Death for Transgressors	Limited
Federation	Local Autonomy, Global Framework Civilized Dispute Resolution Cooperation Based on Enlightened Self-Interest	High

Das Knowledge Capital Potential aus der Abbildung 3-53 kann u.a. auch darauf Rückschlüsse erlauben, wie gross die organisatorischen Widerstände gegenüber einer freieren Distribution von performancerelevanten Daten sein werden. In einer als „Balkanized" bezeichneten Unternehmenskultur wird wahrscheinlich mit dem grössten Widerstand zu rechnen sein.

Die Widerstände sollten als Ausdruck von Vorbehalten[666] und Ängsten vor Einschränkungen der Autonomie[667] und Sanktionierungen sehr ernst genommen werden. Umso wichti-

663 Bair et al. (1997), S.10

664 In der englischen Umgangssprache wird der Begriff „Balkanized" verwendet, um die Aufteilung einer Organisation in viele kleine, sich streitende Teilbereiche zu umschreiben. Das englische Wörterbuch von Collins (1994) definiert diesen Begriff wie folgt: „to devide (a territory) into small warring states." Collins (1994), S.117

665 Bair et al. (1997), S.10

ger ist es, dass die Umsetzung von Ideen des Knowledge Managements von Massnahmen zur Schaffung einer offenen Unternehmenskultur flankiert wird.[668] Harris schätzt, dass die Unterstützung eines Kulturwandels ca. 50 bis 70 Prozent der Ressourcen bei Knowledge Management Projekten beanspruchen kann und einen massgeblichen Einfluss auf das Scheitern von diesen Projekten besitzt.[669]

Sobald sich ein Unternehmen entschlossen hat, performancerelevante Daten weiten Mitarbeiterkreisen zugänglich zu machen, stellen sich auch Fragen nach technischen und organisatorischen Aspekten der Umsetzung. Instrumente zur Distribution des generierten Wissens können Intranets, Kollaborationstechniken, Best Practice Datenbanken, Workshops oder aber auch Inhouse-Unternehmensberatungen sein.[670]

Intranets bieten als Kommunikationsplattform die Möglichkeit, einen strukturierten Informationstransfer innerhalb von Organisationen zu fördern.[671] Sie zeichnen sich zudem dadurch aus, dass sie auf den einzelnen Mitarbeiter fokussiert sind. Schulmeyer verdeutlicht das für Siemens Nixdorf sehr bildlich: „Our whole communications strategy is based on giving the individual much more chance to express himself and distribute his knowledge – with the intranet he can put an idea into the system and blast the whole company with it. The intranet is not Top-down, it is Bottom-up."[672]

---

666 Ein Vorbehalt gegenüber einer freieren Informationsdistribution kann auch in der Art der Entscheidungsunterstützung begründet sein: „basing decisions on someone else's opinion requires a level of trust that is not automatic." Bair et al. (1997), S.12

667 Roberts (1997), S.4

668 Oetinger (1993b) betont, dass die Lösung gegen eine Neuerungsfeindilichkeit in der Unternehmenskultur gesucht werden sollte: „Kultur sollte nicht heissen ‚so haben wir es immer gemacht', sondern ‚so könnte es sein'. Dies geht nur mit kreativen Managern als Vorständen, nicht aber mit Administratoren. [...] Ein motivierender, personalorientierter Führungsstil ist nie kostenorientiert, ein kontrollierender hingegen ist nur selten erfolgreich, wenn es um das Entwickeln neuer Chancen geht."
Oetinger (1993b), S.101f.

669 Harris (1998b), S.1 und Creelman (1998), S.269

670 Fenn (1997) unterscheidet zur Klassifizierung von technischen Lösungen sechs Funktionen des Knowledge Managements, die er mit den Begriffen „Store and Retrieve", „Send", Structure and Navigate", „Share (live)", „Synthesize" und „Solve" umschreibt. Intranets können gemäss ihrer Funktion der Gruppe „Structure and Navigate", Data Mining Tools der Gruppe „Synthesize" zugeordnet werden. Fenn (1997), S.2
Eine sehr ausführliche Darstellung über Instrumente des Knowledge Managements liefern Bair et al. (1997), S.19ff.

671 Bair et al. (1997), S.37

672 Schulmeyer, zitiert bei Kennedy (1998), S.268

Im nachfolgenden Beispiel soll eine solche Applikation als Instrument zur Unterstützung des Performance Managements vorgestellt werden.

3.7.2.3 Beispiel eines Informationstransfers via Intranets

In der Abbildung 3-54 ist die Intranet-Applikation eines Internetproviders abgebildet, die zur Distribution von Performancemessgrössen an alle Mitarbeiter dient. Von der Homepage des Supportbereichs „Strategy & Controlling" gelangt man menügesteuert auf die entsprechenden Seiten, auf denen die wichtigsten Key Performance Indicators für jeden Unternehmensbereich abgebildet sind.

So besitzt jeder Mitarbeiter der Unternehmung die Möglichkeit, sich über die wichtigsten nicht-finanziellen Performancemessgrössen[673] des Unternehmens zu informieren, unabhängig davon, ob er in dem entsprechenden Unternehmensbereich arbeitet.

Hinter der freien Zugänglichkeit dieser Messgrössen verbirgt sich einerseits die Intention, den Mitarbeitern Zugang zu allen Informationen zu gewähren, die ihnen in der Ausübung ihrer Aufgaben helfen, andererseits eine Diskussion über die Performanceentwicklung und ihre Ursachen bei allen Mitarbeitern zu initiieren.[674] Eine Feedbackfunktion via E-Mail und ein Diskussionsforum ist ebenfalls berücksichtigt, jedoch noch nicht vollständig umgesetzt worden.

Im Reportingmodul ist u.a. anhand von Cockpits dargestellt worden, wie die Ergebnisse von Performancemessgrössen transparent und eingänglich kommuniziert werden können: Fallstudienunternehmung E hat mittels solcher Cockpits eine Beschränkung auf wenige kritische Key Performance Indicators im Reporting vorgenommen.[675]

Die meisten der oben genannten Medien zeichnen sich durch fehlende unmittelbare Feedbackmöglichkeiten aus. Wöchentliche Meetings oder die im zweiten Modul vorgestellten "Strategischen Feedback Sitzungen" haben sich in zahlreichen Unternehmen als sehr

---

673 Dazu gehören z.B. Informationen über die Kunden- und Kündigungsentwicklung, die telefonische Erreichbarkeit des Helpdesks oder die Pageviewentwicklung der Contentabteilung.

674 Lt. Epstein/Manzoni (1997b) können Performance Management Instrumente nur dann ihre volle Wirkung erzielen, wenn sie und ihre gelieferten Ergebnisse Diskussionen initieren. Epstein/ Manzoni (1997b), S.10

675 Siehe hierzu im Abschnitt 4.5 die Fallstudie E

zweckmässig erwiesen, um über Fortschritte bei den strategischen Projekten und Massnahmen zu konsultieren.[676]

Abbildung 3-54: Beispiel einer Intranet-Applikation

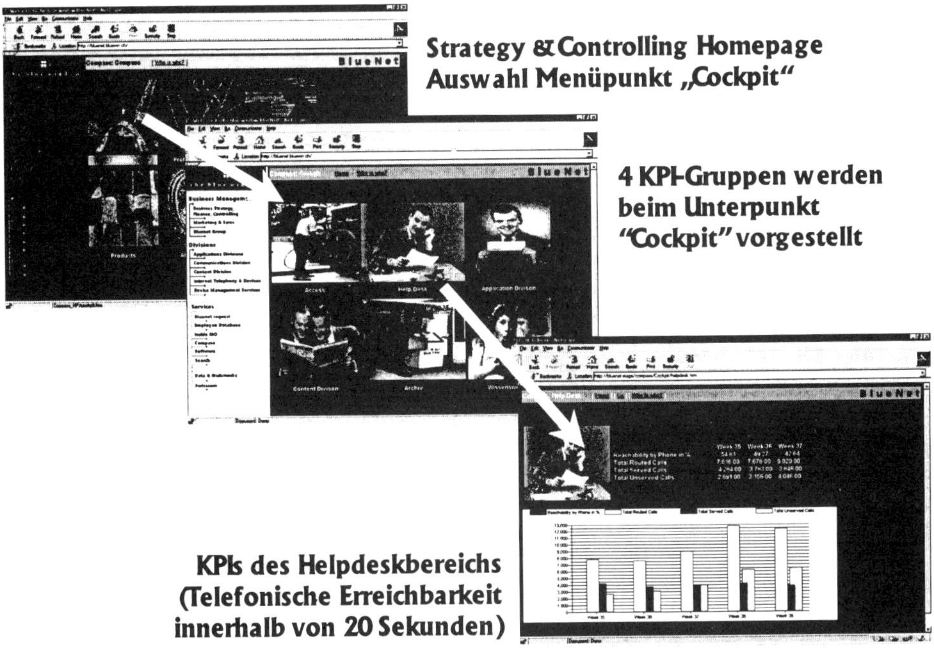

Durch die geschaffene Transparenz kann aber auch ein Druck auf die Mitarbeiter aufgebaut werden, wie Erfahrungen bei einem englischen Speditionsunternehmen demonstrieren: „The flip side for the depots is that poor performance is also transparent. Every other depot will know when you have failed to meet standards, and when your own league table position is deteriorating. As one Depot General Manager put it: [...] Every Tom, Dick and Harry looks at the league tables. There is a tremendous pressure to make profits."[677]

---

676 Siehe hierzu die Ausführungen im Abschnitt 3.2.3

677 Moon/Fitzgerald (1996), S.450
Moon/Fitzgerald (1996) erläutern weiter, dass auch die von den Mitarbeitern wahrgenommene Arbeitsbelastung in dem beobachteten Unternehmen signifikant zugenommen hat. Mittelbar wird eine Verbindung zwischen der Arbeitsbelastung und dem PMS vermutet. Moon/Fitzgerald (1996), S.450

Bei dem Internetprovider ist auf die Abbildung von Zielgrössen sowie ein Rating vergleichbarer Unternehmensbereiche verzichtet worden, sodass die oben beschriebenen Friktionen weitestgehend vermieden werden.

Da alle im Internet abgebildeten Key Performance Indicators auf wöchentlicher Basis aktualisiert werden, können sich die Mitarbeiter ein sehr aktuelles Bild über die Gesamtperformance des Unternehmens machen sowie frühzeitig gegensteuernde Massnahmen im Falle von Zielabweichungen entwickeln.

Aufgrund der Distribution von Performancemessgrössen an Mitarbeiter mit z.T. fehlendem bereichsspezifischen Wissen, hat es sich als sehr zweckmässig erwiesen, sowohl die genaue Definition der Messgrössen als auch ihre Zielsetzungen (inkl. ihrer strategischen Bedeutung) im Intranet abzubilden. In der Abbildung 3-55 ist ein Beispiel für einen webbasierten Messgrössenkatalog aus einer anderen Unternehmung dargestellt.

Abbildung 3-55: Beispiel für einen Messgrössenkatalog im Intranet

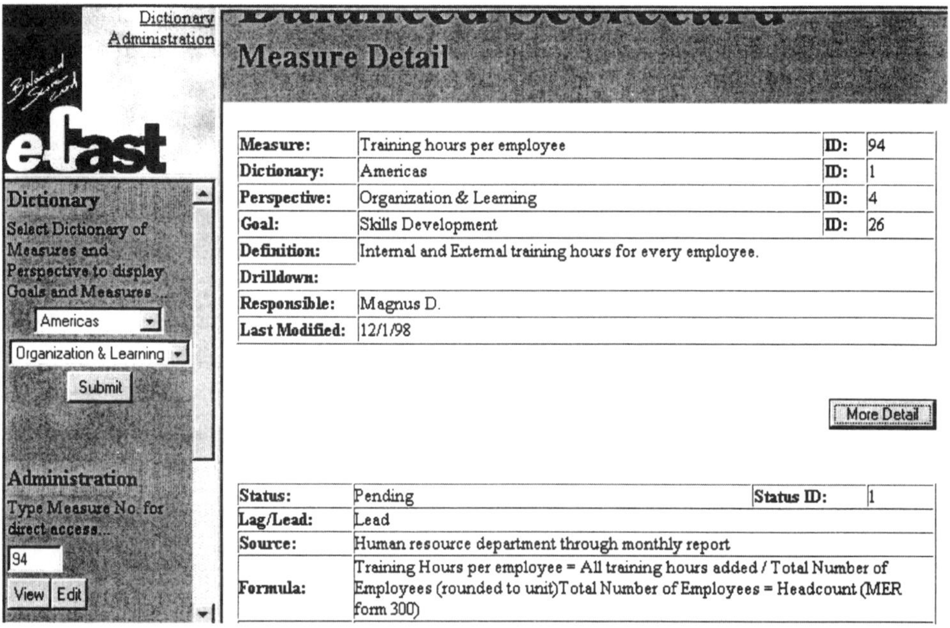

Eine solche Applikation fördert nicht nur das Verständnis über die Zielsetzungen des Performance Managements, sondern kann auch zu einer spürbaren Entlastung der Mitarbeiter führen, die das Performance Management betreuen. Durch die Darstellung vielfältiger Informationen wie z.B. des aktuellen Projektstatus oder Schulungsunterlagen sowie der Schaffung von Diskussionsforen zum Austausch von Erfahrungen kann die Wissensbasis der Mitarbeiter vergrössert werden.[678]

Die Intranetapplikation des Performance Managements ist in eine sehr offene Unternehmenskultur eingebettet, die gemäss den auf Seite 264 dargestellten Kritierien mit „Federation" betitelt werden kann: so findet bspw. jährlich für alle Mitarbeiter ein Kick-off-Meeting statt, auf dem die Strategie sowie die wichtigsten unternehmensweiten Ziele kommuniziert werden. Daneben werden die Mitarbeiter u.a. in kurzen regelmässigen Abständen via E-Mail von dem Business Unit Leiter über aktuelle Entwicklungen informiert und wird der informelle Informationsaustausch durch offene Arbeitsplätze und viele soziale Bereiche gefördert.

Drei Schlussfolgerungen können anhand der Erfahrungen mit dem Informationstransfer via Intranet gezogen werden:

- In einer offenen Unternehmenskultur mit geringen hierarchischen Differenzen kann ein wirkungsvoller Informationstransfer realisiert werden, wenn das entsprechende technische und organisationale Fundament vorhanden ist.
- Laterale Beziehungen können gefördert werden, wenn ein besseres Verständnis für die Aufgaben und Ergebnisse anderer Bereiche vorhanden ist. Frei zugängliche Informationen im Intranet können zur Schaffung dieses Verständnisses beitragen, wobei durch die erhöhte Transparenz auch der Leistungsdruck zunehmen kann.
- Eine Intranetapplikation sollte nicht isoliert, sondern als ein Element bei der Umsetzung einer konsistenten unternehmensweiten Kommunikations- und Lernstrategie betrachtet werden, die auf die unternehmenskulturellen Besonderheiten abgestimmt sein sollte.

3.7.3 Zusammenfassung und Beurteilung

Zwei Zielkonflikte können im Rahmen der Kommunikations- und Lernstrategie auftreten: Der erste lässt sich auf den Zeitrahmen bei der Implementierung von PMS zurückführen, der zweite auf die spezifische Unternehmenskultur.

---

678 Auch wenn nicht alle Fragen direkt im Intranet beantwortet werden können, wird doch zumeist auf die entsprechene Ansprechperson hingewiesen.

Häufig werden Performance Management Projekte durch veränderte interne oder externe Rahmenbedingungen initiiert, die sich in einer schlechten finanziellen Performance oder gar in Unternehmenskrisen manifestieren können.[679] Diese Rahmenbedingungen erfordern zumeist ein schnelles Vorgehen, bei dem sehr rasch erste Erfolge vorgewiesen werden sollten.[680] So bestand z.B. in einem Informatikkonzern die Vorgabe des Vorstandsvorsitzenden, dass nach drei Monaten das erste Scorecardsystem "laufen" sollte.[681]

Praktische Erfahrungen bei der Neuausrichtung von PMS zeigen aber, dass solche Projekte sehr lange dauern können. Bis der Balanced Scorecard-Ansatz in einer Organisation umgesetzt worden ist, können oft anderthalb bis zwei Jahre vergehen.[682]

Ashton warnt daher vor einem zu anspruchsvollen Zeitplan bei der Einführung eines neuen PMS. Die Gefahr, dass der Zeitbedarf bei der Projektplanung unterschätzt wird, ist sehr gross, da die Schaffung eines weiten Verständnisses bei den Mitarbeitern sehr viel Zeit konsumieren kann und schwer zu planen ist.[683] Die Ergebnisse einer amerikanischen Studie belegen, dass aber gerade dieser Aspekt eine Schlüsselrolle spielt. In der Studie, in der fünf Unternehmen untersucht worden sind, die Balanced Scorecards eingeführt haben, heisst es: „Companies note that giving individual employees authority for developing specific measures and including a large cross-section of employees in the development process greatly improves scorecard implementation.“ [684]

Zudem wurde in allen fünf untersuchten Unternehmen die effiziente und regelmässige Kommunikation als der Faktor für die erfolgreiche Implementierung betrachtet.[685] Ein weiteres Ergebnis dieser Studie belegt die Bedeutung des internen Know Hows für den Projekterfolg: die Tatsache nämlich, dass alle fünf Unternehmen auf den Einsatz von Be-

---

679 Siehe hierzu Abschnitt 2.2.2.4

680 Es sei auf die Bedeutung von raschen Erfolgen im Rahmen der „Moving“-Phase des Wandels hingewiesen, um Änderungen der Verhaltensweisen zu initieren sowie den Einfluss von Opponenten zu mindern. Krüger (1997), S.839 sowie Lederle (1997), S.187

681 Vortrag von März (1997) beim Seminars „Performance Management“, gehalten am 11.11.1997 in St.Gallen

682 Dieser Durchschnittswert stützt sich auf den Ergebnissen einer 1997 veröffentlichten amerikanischen Studie, in der fünf Unternehmen untersucht worden sind, die Balanced Scorecards eingeführt haben. o.V. (1997), S.11

Ashton (1997) führt zur Implementierungsdauer aus: „As with any major change programme, be prepared for a long haul if building and deploying a framework, along with resistance and negative responses. Some practioners report a three- to four-year time- scale, with 18 months being a minimum for benefits to emerge.“ Ashton (1997), S.37

683 Ashton (1997), S.155

684 o.V. (1997), S.13

685 Kein anderer Erfolgsfaktor ist von allen Unternehmen genannt worden. o.V. (1997), S.11

ratern weitestgehend verzichtet haben und das methodische Wissen selber aufgebaut haben.[686]

Trotz des hohen Zeitbedarfs in der Implementierungsphase betont Ashton ausdrücklich, dass sich die Geduld beim Legen einer soliden Wissensbasis auszeichnen kann: „Once technical/professional/process skills and knowledges are embedded, only behavioural performance will sustain the improvement process, or take it beyond the plateaux which most corporate programmes experience.“[687]

Ein weiterer Zielkonflikt durch die Unternehmenskultur begründet sein, da die Einführung eines PMS sehr stark mit der spezifischen Unternehmenskultur interagiert.[688] Zahlreiche Performance Management Projekte sind lanciert worden, um den kulturellen Wandel zu unterstützen.[689] Der Wandel hin zu einem ergebnisorientierten und durch Offenheit geprägten „Mindset“ der Mitarbeiter stellt gemäss Rucci et aleine Erfolgsposition dar, die von der Konkurrenz nicht so schnell kopiert werden kann: „Any retailer could copy the Sears measures – even our modeling techniques – and still fail [...] because the mechanics of the system are not in themselves enough to make it work“.[690]

Damit solche Projekte erfolgreich abgeschlossen werden können, bedarf es zahlreicher flankierender Massnahmen sowie sehr kommunikativer Sponsoren auf obersten Hierarchiestufen.[691] Die Lern- und Kommunikationsstrategie eines Unternehmens sollte auf die anspruchsvollen und weitgefassten Ziele eines Kulturwandels abgestimmt sein. Das PMS ist in einem solchen Umfeld meistens nur ein Katalysator neben vielen anderen, um den Wandel zu beschleunigen.

Auch wenn Zielsetzungen eines kulturellen Wandels nicht explizit ein Performance Management Projekt initieren, sollte bezüglich der Unternehmenskultur eine besondere Vorsicht geboten sein. Spangenberg warnt, dass alle personen- und prozessbasierten Systeme eine grosse Gefahr des Scheiterns in sich bergen, wenn sie inkompatibel zur Unter-

---

686 o.V. (1997), S.11, S.13
Weiter heisst es in der Studie zur Mitarbeiterpartizipation: „Involving a large number of employees in the development of the balanced scorecard often leads to more effective implementation.“ o.V. (1997), S.11ff.

687 o.V. (1997), S.11ff.

688 Spangenberg (1994), S.41

689 Kennedy (1998), S.262ff.; o.V. (1997), S.11; Creelman (1998), S.76ff.

690 Rucci et al. (1998), S.84

691 Fuller (1997), S.57

nehmenskultur oder nicht Bestandteil eines geplannten Programms zur Kulturveränderung sind.[692]

Von Barbato/Collini durchgeführte Untersuchungen in Fiat Automobilwerken bestätigen den starken Einfluss der (werksspezifischen) Kultur und Geschichte auf die Gestaltung von PMS.[693] Sie stellten in einem jüngeren Automobilwerk eine grössere Konsistenz und Balance in den verwendeten Performancemessgrössen fest als in den älteren Werken. Das Werk zeichnete sich u.a. dadurch aus, dass in ihm vorwiegend jüngere Mitarbeiter arbeiteten, denen das Konzept des „Lean Managements“ vermittelt worden ist. Es ist zudem in einer ländlichen Region ohne Industrievergangenheit erstellt worden.

Die Ergebnisse von Barbato/Collini bzgl. des Einflusses der Unternehmenskultur werden auch durch die oben zitierte amerikanische Studie bekräftigt. Zahlreiche Unternehmen sahen sich darin mit kulturellen Änderungen konfrontiert, die sie vor der Implementierung des PMS nicht antizipiert hatten.[694]

In solchen Fällen kann die interne Kommunikations- und Lernstrategie dazu beitragen, Barrieren kultureller oder persönlicher Natur zu entkräften. Sei es, indem sie die Basis für eine stärkere Partizipation der Mitarbeiter legen oder indem sie den Wissensaustausch zwischen den Mitarbeitern unterstützen.

---

692 Spangenberg (1994), S.41f.
Ähnlich äussert sich auch Fuller (1997), S.57

693 Barbato/Collini (1997), S.12

694 o.V. (1997), S.13

4 Cases zu Performance Management Systemen

In den Cases sollen wichtige Aspekte der im vorherigen Abschnitt vorgestellten sieben Module anhand von Praxisbeispielen erläutert werden. Fünf verschiedene Unternehmen dienen hierbei als Beobachtungsobjekte, um Aspekte des im zweiten Abschnitt entwickelten Performance Management Frameworks (wie z.B. das Reportingdesign oder die Herleitung von Messgrössen) zu veranschaulichen. Aus Gründen der Vertraulichkeit bleiben alle Unternehmen anonym.

Die Fallstudienunternehmen können wie folgt charakterisiert werden:

- Unternehmen A – Tochter eines international agierenden amerikanischen Elektronikkonzerns, primär spezialisiert auf die Entwicklung und Herstellung von Standarderzeugnissen mit kurzen Lebenszyklen
- Unternehmen B – Hersteller von analytischen Geräten, Tochter eines europäischen Konzerns, weltweiter Vertrieb der Standarderzeugnisse mit Varianten
- Unternehmen C – Division eines europäischen Konzerns der chemischen Industrie mit eigenen Produktions- und Vertriebsaktivitäten
- Unternehmen D – Europäische Tochter eines amerikanischen Herstellers von elektrischen Geräten, Herstellung und Vertrieb von Standarderzeugnissen mit geringfügigen Varianten
- Unternehmen E – im Multimediamarkt tätige Start-up-Unternehmung mit homogener Produktstruktur

Es soll in den Fallstudien sowohl ein Überblick über die Rahmenbedingungen gegeben werden, die zur Entwicklung der beschriebenen Elemente von Performance Management Systemen (PMS) geführt haben, als auch deren unmittelbare Wirkungen dargestellt werden. Differenzierte Aussagen zur Unternehmenskultur können leider aufgrund der oftmals nur sehr kurzen Beobachtungsperioden nicht gemacht werden, sodass Schwerpunkte auf der Beschreibung der Vorgehensmethodik sowie der eingesetzten Instrumente liegen.

Die inhaltliche Zuordnung der Cases zu den Modulen des im zweiten Abschnitt entwickelten Performance Management-Frameworks kann der nachfolgenden Abbildung entnommen werden.[1]

Abbildung 4-1: Inhaltliche Zuordnung der Cases zu den Modulen des Performance Management Frameworks

Modul des PMS-Frameworks	Im Case behandelte Aspkete	Case
1	Unternehmensstrategie, Kritische Erfolgsfaktoren	E
2	Strategy Deployment Prozess	A
3	Ableitung operativer Messgrössen	A, B, E
4	Reporting auf Prozess- und Gesamtunternehmensebene	B, C, E
5	Zielvereinbarung und Leistungshonorierung	D
6	IT-Support bei Implementierung des PMS	E
7	Kommunikations- und Lernstrategie	A

Begonnen wird mit einer Darstellung des PMS des Unternehmens A, das einen Überblick über die Gestaltungsprinzipien von PMS in einem dynamischen Umfeld liefert.

1 Aufgrund der Komplexität sowie der Dauer bei der Implementierung von Performance Management Systemen konnte leider kein Fallstudienunternehmen gefunden werden, anhand dessen sich alle Elemente des Frameworks erläutern lassen. Daher wurden fünf Fallstudien geschrieben, in denen Aspekte einzelner Module behandelt werden.

4.1 Case A –Gestaltungsprinzipien eines PMS in dynamischen Märkten

4.1.1 Charakterisierung Unternehmen A

Unternehmen A ist die Tochter eines weltweit agierenden Elektronikkonzerns mit rund 24'000 Mitarbeitern und einem jährlichen Umsatz von über 8,5 Milliarden USD. A besitzt eine Matrixstruktur mit den Dimensionen Produktgruppen (3 Produktbereiche) und Regionen. Neben 20 Produktions- und Forschungsstätten unterhält A Vertriebsgesellschaften in 22 Ländern Europas, Afrikas und des Nahen Ostens.

Diese durch zahlreiche kleine Einheiten geprägte Struktur unterstützt einen Risikoausgleich und gewährleistet gleichzeitig dezentrale und zielorientierte Bereiche, die mit kurzen Wegen ein innovationsfreundliches Klima schaffen. Die Unternehmensstruktur soll zudem auch Zeit- und Qualitätsgewinne bei Entscheidungsprozessen sicherstellen.

Fünf Merkmale charakterisieren Unternehmen A:

- seine starke Dezentralisierung von Entscheidungskompetenzen
- ein Managementstil, der auf den Prinzipien des Management bei Objectives beruht und folglich ergebnisorientiert ist
- das entwicklungsorientierte Umfeld, das durch die sehr hohe Marktdynamik geprägt ist
- eine Unzufriedenheit mit dem Status Quo („change is good")
- eine globale Orientierung als weltweiter Marktführer

Um den Planungsprozess mit der Herleitung von Performancemessgrössen charakterisieren zu können, empfiehlt es sich, ihn innerhalb des gesamten Managementsystems von A zu positionieren. Das Fundament des Managementsystems bilden das Wertesystem von A mit seinen Core Values[2], die Unternehmensziele (Corporate Objectives[3]) sowie die anzustre-

---

2 Die Core Values lauten: "We have trust and respect for individuals", "We focus on a high level of achievement and contribution", "We conduct our business with uncompromising integrity", "We achieve our common objectives through teamwork" und "We encourage flexibility and innovation". Quelle: Unternehmensverfassung von Unternehmen A. Sie werden vom Management als essentiell für den Erfolg von Unternehmen A betrachtet.

3 Die sieben Corporate Objectives betreffen die folgenden Aspekte: Profit, Customer Satisfaction, Innovative Information Products, Growth to Maintain Leadership, People, Empowerment und

benden Handlungsweisen (Practices[4]), die sich von der Vision (Purpose Statement) ableiten. Sie sollen die „Leitplanke" für das Handeln aller Mitarbeiter setzen.

Gleichzeitig bilden sie den Orientierungsrahmen für das Planungssystem (linke Seite, Abbildung 4-2), für das Qualitätssystem (rechte Seite) sowie für den Management Prozess (Zentrum), der durch die Funktionen "Deployment, Measurement Review und Reward" geprägt ist.

Abbildung 4-2: Management System von Unternehmen A

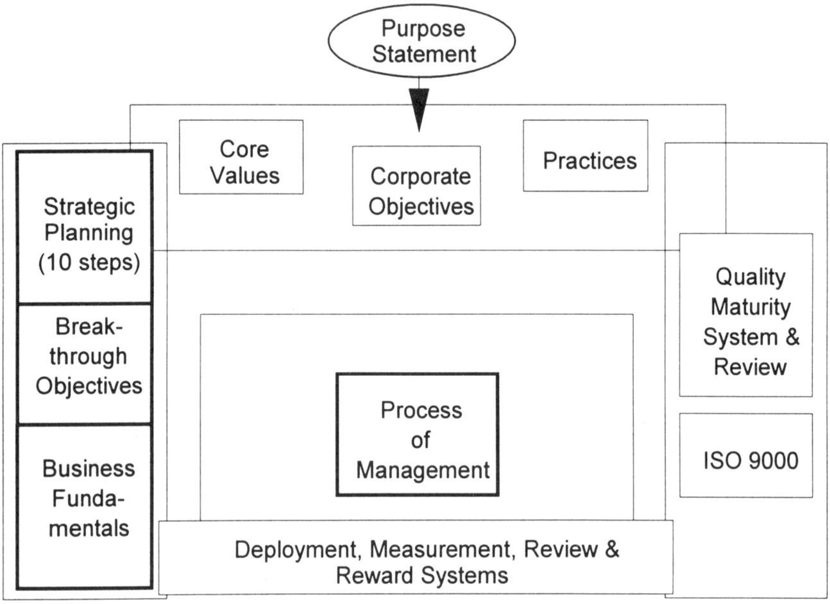

Der Chief Financial Officer (CFO) von Unternehmen A betont die Bedeutung der Konsistenz des gesamten Management Systems für das Funktionieren der Planungsprozesse. Diese können nicht isoliert bewertet werden, da sich nur durch die Integration in ein abgestimmtes und institutionalisiertes Modell ihre volle Wirkung entfalten kann. Das heute bestehende Management System von Unternehmen A ist im Laufe der Jahre weiter-

---

Citizenship. Sie gehen auf das Jahr 1957 zurück und sind seit dieser Zeit nur geringfügig modifiziert worden.

4 Die Practices sind: Management by wandering around, Management by Objectives, Open door policy und Informality. Diese Prinzipien prägen die Arbeitsatmosphäre und schlagen sich u.a. in der Arbeitsplatzgestaltung in Grossraumbüros nieder.

entwickelt und angepasst worden. Dabei erwiess sich der Entwicklungsprozess der einzelnen Elemente des Management Systems als genauso bedeutsam wie deren Ergebnisse, wobei die Core Values, Objectives und Practices die einzigen beständigen Komponenten bilden.[5]

Simons spricht in diesem Zusammenhang von einer Steuerung durch Belief Systems, die auch als ein normatives Steuerungsinstrument in Unternehmen A fungieren.[6] Im Gegensatz dazu stehen die Performancemessgrössen, die er den Diagnostic Control Systems zuordnet.[7]

Im folgenden soll dargestellt werden, wie Performancemessgrössen und ihre Zielwerte in Unternehmen A abgeleitet werden. Ausgangspunkt soll dafür die strategische Planung bilden.

4.1.2 Strategische Planung

Der strategische Planungprozess besteht in Unternehmen A aus zehn Stufen. Ausgehend von der Unternehmensvision wird bestimmt, wo Unternehmen A in drei Jahren stehen sollte. Das Zeitfenster ist infolge der zunehmenden Dynamisierung des Wettbewerbs in jüngerer Vergangenheit von fünf auf drei Jahre reduziert worden. Die internen Zielsetzungen für die nächsten drei Jahre werden mit den Ergebnissen von Markt- und Kundenanalysen verknüpft, um sicherzustellen, dass die wichtigsten Stakeholderinteressen in die Planung einfliessen.[8]

---

5 In einer internen Informationsschrift heisst es hierzu: "[A's] organisational values and our commitment to meeting our corporate objectives shape our strategies and practices. Today, our traditional practices of Management by Wandering Around, Management by Objective and the Open Door Policy are supported by others including a Ten-Step Business Planning Process, Total Quality Control, the Definition of Business Fundamentals and Hoshin Kanri. Tomorrow, these practices will be supplemented by others which will further help us manage the changing environment in which we operate. Together [A's] organisational values, objectives and practices, [...] will endure through changing times."

6 Simons (1995b), 33ff.

7 Simons (1995b), S.59ff.

8 Dieses Vorgehen bei der Strategieentwicklung und –überarbeitung wird in der Praxis als essentiell für den Erfolg einer Strategie betrachtet. Baschera führt über das Vorgehen bei der Strategieentwicklung aus: "Wir beginnen draussen und arbeiten uns nach innen vor; wir fangen nicht bei den Mitarbeitern, sondern bei den Kunden an [...]. Nun sehen wir, dass die Strategie 2000 mittlerweile auch schon wieder zehn Jahre alt ist und dass sie auf Kundenbefragungen und –bedürfnisse beruht, die sich in der Zwischenzeit verändert haben." Deschwanden/Baschera (1997), S.10

Im nächsten Schritt werden die Best Practice Werte in Bezug auf die Kundenorientierung analysiert und daraus eine Produkt- und Servicestrategie für die nächsten drei Jahre hergeleitet. Eng damit verbunden ist die Entwicklungs- und Einführungsplanung neuer Produkte, die den sechsten Schritt im Planungsprozess kennzeichnet. Dieser Bestandteil der Strategieentwicklung ist von kritischer Bedeutung für eine Branche, in der die Time to Market als eine Kerngrösse für den Unternehmenserfolg betrachtet wird. Die finanzielle Analyse schliesst sich als siebter Teilschritt an. Auf der achten Stufe werden potentielle Probleme identifiziert. Der Problemanalyse schliessen sich unmittelbar die Empfehlungen für die anschliessende Ein-Jahresplanung an.

Die Prämissen der Dreijahresplanung werden alle sechs Monate überprüft. Die strategische Planung wird auf jährlicher Basis durchgeführt. Aus den strategischen Zielen für das nächste Jahr werden sowohl die "Breakthrough Ziele/Hoshins"[9] als auch Zielwerte für die operativen Performancemessgrössen (sog. "Business Fundamentals") abgeleitet.

4.1.3 Business Fundamentals

Unter "Business Fundamentals" werden 13 Messgrössen/-gruppen verstanden, die Indikatoren verschiedener Dimensionen des Geschäftsverlaufs enthalten.

Den Managern von Profit Centern wird empfohlen, in ihren Controllingsystemen alle Dimensionen der Business Fundamentals abzudecken, wobei ihnen die Wahl der Messgrössen sowie deren Ausgestaltung im Detail freigestellt ist.[10]

Die Business Fundamentals bilden lediglich den Gestaltungsrahmen für die operativen Messgrössen der einzelnen Profit Center. Aufgrund der individuellen Auswahlmöglichkeit werden die nichtfinanziellen Messgrössen innerhalb von Unternehmen A nicht konsolidiert. Lediglich bei den finanziellen Business Fundamentals (Revenue Growth, Net Profit, ROA und EVA) besteht eine konkrete Vorgabe der zu verwendenden Messgrössen, die eine Konsolidierung erlauben.[11]

Der Rahmen der Business Fundamentals wird in der nachfolgenden Abbildung dargestellt. Interessanterweise haben sich – ähnlich wie beim Scorecardansatz – vier Dimensionen von

---

9 Zur Erläuterung der Begriffe „Breakthroughs" und "Hoshins" sei auf den Abschnitt 3.2.1 verwiesen.

10 Aussage des CFO von Unternehmen A zur Frage, ob Vorgaben für die Verwendung konkreter Messgrössen bestehen: "There is no common fashion"

11 „ROA" steht für „Return on Assets" (Gesamtkapitalrendite), während „EVA" die Abkürzung für „Economic Value Added" ist, einem Indikator der Wertgenerierung in Unternehmen.

Messgrössengruppen herausgebildet, die inhaltliche Parallelen zu diesem besitzen. Es ist aber zu betonen, dass die Kategorisierung der Business Fundamentals in Unternehmen A bereits vor den ersten Publikationen zur Balanced Scorecard existierte.[12]

Abbildung 4-3: Struktur der Business Fundamentals

Financials

- Revenue Growth
- Net Profit
- ROA and EVA

Citizenship

- Environmental Health and Safety

Customers

- Product, Service and Service Reliability
- Customer Satisfaction and Loyality
- Minority Business Program
- Order Fulfillment

People and Management

- Employee Satisfaction
- Diversity
- Business Controls
- Performance Reviews and Development Plans
- Safety Leadership

Die Business Fundamentals basieren auf Prozessen, deren Beherrschung in Unternehmen A als Basis des zukünftigen Erfolgs betrachtet wird. Über diese kritischen Prozesse besteht innerhalb der Konzernleitung sowie auf Geschäftsleitungsebene von A ein weiter Konsens.

Auffallend ist die Breite der betrachteten Messgrössendimensionen, die von finanziellen Grössen (z.B. "Revenue Growth") bis zu ökologischen Messgrössen ("Environmental Health") reicht. Den inhaltlichen Rahmen für die Business Fundamentals bilden die sieben Corporate Objectives des Unternehmens A.[13]

Die Business Fundamentals bilden einen unternehmensweit geltenden Rahmen von Messgrössen und stellen so sicher, dass ein weitgehend konsistentes Leistungsbewertungsraster verwendet wird, das auf die strategischen Zielsetzungen von Unternehmen A abgestimmt ist.

---

12 Ein Unternehmen des Konzerns, dem Unternehmen A angehört, hat an der 1989 von KPMG gesponsorten Arbeitsgruppe teilgenommen, deren Ergebnisse Kaplan und Norton zur Entwicklung der generischen Balanced Scorecard initiiert haben.
Kaplan/Norton (1996a), S.xi

13 vgl. Fussnote 3

Im Rahmen der jährlichen Planung werden Zielwerte für die einzelnen Business Fundamentals innerhalb der einzelnen Profit Center autonom definiert. So kann beispielsweise in einem Profit Center als Indikator für die Customer Loyality die Anzahl der tatsächlich wiederkaufenden Kunden ermittelt werden. In einem anderen Profitcenter kann hingegen die bekundete Bereitschaft von Kunden gemessen werden, Produkte von A zukünftig wieder zu kaufen. Das kann bspw. monatlich aufgrund der Ergebnisse von stichprobenartigen Kundenbefragungen erhoben werden.

Das Intranet von Unternehmen A, das eine bedeutende Rolle bei der internen Kommunikation und Wissensgenerierung besitzt, bietet für die einzelnen Felder der Business Fundamentals Messgrössenvorschläge und Best Practice-Werte an.

4.1.4 Hoshin-Messgrössen

Während die jährlichen Verbesserungen der Business Fundamental-Messgrössen eher inkrementieller Natur sind, besteht innerhalb von Unternehmen A eine zweite Gruppe von Messgrössen, die Hoshin-Messgrössen. Es handelt sich bei den Hoshins um aggressive Ziele (in Unternehmen A auch als "Breakthrough"-Ziele bezeichnet), die signifikante Änderungen nach sich ziehen. Die Hoshins gelten konzernweit für alle Töchter.[14] In jüngerer Vergangenheit hiess z.B. ein Hoshin des Gesamtkonzerns:

"Achieve a leadership position in customer satisfaction and loyality across all businesses."

Von dem Hoshin wurden in einem nächsten Schritt sog. "Strategic Issues" abgeleitet. Darunter können Themen verstanden werden, die im Rahmen der Hoshinumsetzung eine grosse Bedeutung besitzen.[15] In weiteren Schritten werden die "Strategic Issues" konkretisiert, indem separate "Goals" daraus abgeleitet werden. Ein von dem genannten Hoshin abgeleitetes Goal lautete z.B. in der Vergangenheit:

"The Businesses have to meet order fulfillment goals related to substantial improvement in customer satisfaction"

Der Order Fulfillment-Prozess wurde in A ausgewählt, da Probleme in diesem Bereich als wichtigste Ursache der Kundenunzufriedenheit identifiziert worden sind. Auf nächster Stufe wurden die Strategien von Unternehmen A und deren Profit Center auf dieses un-

---

14 Für vertiefte Ausführungen zum Begriff „Hoshin" siehe Abschnitt 3.2.1
15 Siehe hierzu auch das erste Modul in Abschnitt 3.1

ternehmensweit geltende Goal abgestimmt. Dabei wurden die Ziele weiter konkretisiert und auf die individuellen Situationen der Tochtergesellschaften zugeschnitten, in ähnlicher Weise, wie im zweiten Modul beschrieben.

Innerhalb von Unternehmen A wurde als ein Teilziel dieses Hoshins die Reduzierung der Durchlaufzeit eines Auftrags von durchschnittlich 40 auf fünf Tage definiert. Um dieses anspruchsvolle Teilziel zu erreichen, waren substanzielle Einschnitte in der Zusammenarbeit der einzelnen Profit Center von Unternehmen A notwendig.

Typisch für ein Hoshin ist auch, dass die Art und Weise, wie es erreicht werden soll, noch nicht genau definiert worden ist. Nur durch die Zusammenarbeit von Mitarbeitern verschiedener Unternehmensbereiche können diese Ziele von hoher strategischer Relevanz erreicht werden. Zudem führt die Beschränkung auf eine sehr geringe Anzahl von Hoshins (3-4 jährlich für den Gesamtkonzern) zu einer Konzentration der Kräfte.

Der Prozess des Strategy Deployments führt dazu, dass innerhalb des Konzerns die Hoshins bis auf Abteilungsebene heruntergebrochen und dabei sukzessive konkretisiert werden. Wichtig ist bei diesem Prozess, dass die Ziele an eindeutige Messgrössen gekoppelt werden, wie z.B. an die Durchlaufzeit bzw. deren bedeutendsten Einflussgrössen.

Das wird auch anhand eines wichtigen Werkzeugs dieses Prozesses, der sog. "Hoshin Planning Tables" ersichtlich, die für jedes vom Hoshin abgeleitete Teilziel einen klaren Verantwortlichen ("Owner") sowie eine eindeutige Messgrösse ("Performance Measure") festhalten.

4.1.5 Performance Review

Die Business Fundamentals sowie die Hoshin-Messgrössen bilden die Basis für die Performance Reviews in Unternehmen A. Zu bemerken ist in diesem Zusammenhang, dass in Unternehmen A der Selbstkontrolle und -abstimmung ein grosser Stellenwert eingeräumt wird.

Auf Ebene der nichtfinanziellen Business Fundamental Messgrössen bestimmen die einzelnen Abteilungen und Bereiche nicht nur ihre Messgrössen, sondern auch, welchen Wertebereich sie als sehr gut, akzeptabel und unbefriedigend betrachten, indem sie im Rahmen des Planungsprozesses diese Wertebereiche definieren.[16] Die Lernkomponente

16 Für die finanziellen Messgrössen bestehen feste Vorgaben.

spielt bei dieser Art der Selbststeuerung, die sich durch die Selbstbestimmung der Messgrössen sowie deren Zielgrössen ausprägt, eine bedeutende Rolle.

Laut Beobachtungen des CFO von Unternehmen A hat dieses Vorgehen dazu geführt, dass sich die Abteilungen / Bereiche sehr anspruchsvolle Ziele setzen und dadurch eine grössere Eigenverantwortlichkeit und Verpflichtung für ihre Erreichung besitzen.

Als weiteres augenscheinliches Merkmal der Management Reviews ist die Konzentration der Berichte auf eine Seite Länge zu erwähnen. Diese Seite bildet die Entwicklung der Business Fundamentals sowie der Hoshin-Messgrössen ab.

Abbildung 4-4: Elemente des Performance Reviews

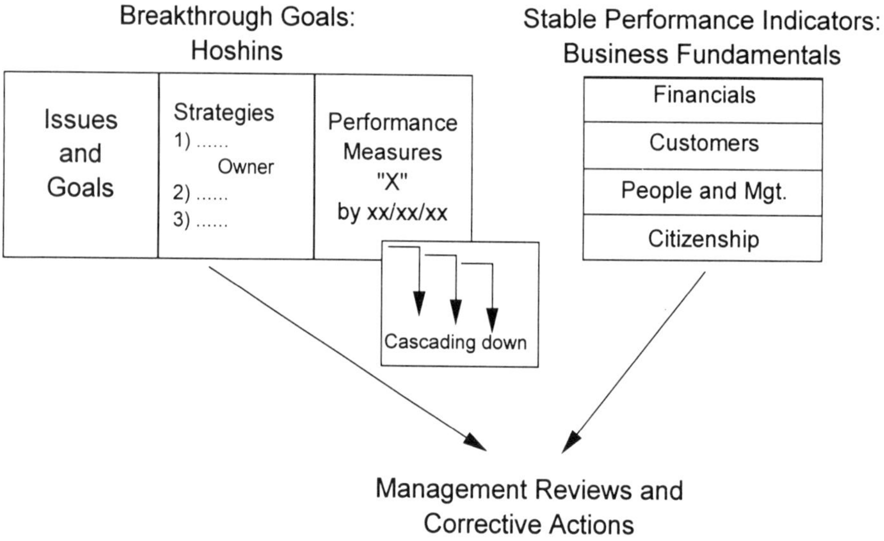

Als wichtiges Kommunikationsinstrument innerhalb des Performance Management-Prozesses dient das Intranet von Unternehmen A. Auf ihm werden nicht nur wichtige unternehmensweite Messgrössen für alle Mitarbeiter abgebildet, sondern auch für jede Hierarchiestufe die Business Fundamental- und Hoshin-Messgrössen der jeweils über- und untergeordneten Hierarchiestufen ersichtlich. Dadurch können nicht nur die Ziele der einzelnen Hierarchiestufen besser aufeinander abgestimmt, sondern auch die Ergebnistransparenz stärker gefördert werden.

Neben der Transparenz der aktuellen Performance werden auch Informationen zur Unterstützung des Performance Measurement Prozesses wie z.B. häufig gestellte Fragen (FAQs) sowie interne Consultingadressen abgebildet.

Die durch das Intranet geschaffene Transparenz fügt sich in das übrige Arbeitsumfeld von A ein, das durch die Prinzipien eines offenen Arbeitsplatzes sowie des "Management by wandering around" geprägt ist.

4.1.6 Zusammenfassung Case A

Mittels dieser Fallstudie sollte eine Übersicht über Gestaltungsprinzipien eines Performance Management Systems in einem dynamischen Umfeld gegeben werden. Das Performance Management in Unternehmen A wird durch zwei Faktoren massgeblich geprägt: durch die konsequente Dezentralisierung von Entscheidungsgewalt, die sich u.a. auch in der grossen Bedeutung von selbststeuernden Gruppen niederschlägt, sowie den hohen Stellenwert, den der Leistungstransparenz beigemessen wird. Nur so sieht sich Unternehmen A laut ihres CFOs in der Lage, in ihrem dynamischen Markt auf Veränderungen mit der angemessenen Geschwindigkeit reagieren zu können.

Die Hoshin-Ziele sichern im Rahmen der strategischen Planung die Kommunikation strategisch relevanter Faktoren. Das Gegenstromverfahren stellt dabei sicher, dass wertvolle Informationen von den Unternehmenseinheiten mit Marktkontakt zu den zentralen Stellen von Unternehmen A zurückfliessen. Den Rahmen zur Messung von Continuous Improvements bilden die von den Business Fundamentals abgeleiteten Performanceindikatoren, wobei den Mitarbeitern lediglich ein Orientierungsraster vorgegeben wird. Die Auswahl spezifischer Indikatoren obliegt den Mitarbeitern in den operativen Bereichen.

Eine Besonderheit des Performance Managements von Unternehmen A ist die Unternehmenskultur, die einen prägenden Einfluss auf die Entwicklung des PMS ausgeübt hat. Sie legt sowohl die Basis für eine stark verbreitete Selbstkontrolle als auch für die interaktiven Elemente bei den Planungsprozessen.

Simons betont in diesem Zusammenhang die grosse Bedeutung, die sog. "Beliefs Systems"[17] als Steuerungsinstrument in turbulenten Unternehmensumwelten zuteil wird: "This environment of constant challenge and change creates a need for strong basic values

17 „Beliefs Systems" definiert er als „explicit set of beliefs that define basic values, purpose, and direction including how value is created; level of desired performance; human relationships". Simons (1995b), S.178

to provide organizational stability."[18] Diese Aussage kann anhand der Beobachtungen in Unternehmen A bestätigt werden. Dabei wird der Einfluss ersichtlich, den die Unternehmenskultur auf die Gestaltung des PMS ausüben kann.[19]

---

18 Simons (1995b), S.37

19 Das sehr starke Wachstum in der jüngeren Vergangenheit hat auch Auswirkungen auf die Kultur von Unternehmen A gehabt. Aufgrund einer grossen Anzahl neuer Mitarbeiter können erste Anzeichen einer „Erosion" (Zitat eines Mitarbeiters) festgestellt werden. Der Förderung der spezifischen Kultur von Unternehmen A soll daher zukünftig ein sehr grosser Stellenwert beigemessen werden.

4.2 Case B – Implementierung prozessbasierter Performanceindikatoren

4.2.1 Charakterisierung Unternehmen B

Unternehmen B ist ein bedeutender Hersteller von analytischen Geräten und ist die Tochter eines Technologiekonzerns. Es gehört zu den vier grössten Anbietern dieser Art auf dem Weltmarkt. Im oberen Marktsegment besitzt B eine einflussreiche Stellung als Technologieführer, was auf seine umfangreichen Entwicklungsaktivitäten zurückgeführt werden kann. Daneben geniesst B auch einen exzellenten Ruf für seine Servicequalität. Die Mitarbeiterstruktur spiegelt das auch wider: Ein sehr grosser Anteil der Beschäftigten ist in der Entwicklung sowie im Vertrieb tätig.

In den vergangenen Jahren hat der Preisdruck im globalen Wettbewerb für Analysegeräte weiter zugenommen, sodass nur noch im Wartungsgeschäft positive Ergebnisse erzielt werden konnten. Da die qualitativen Unterschiede zwischen den Geräten gering sind und der technische Standard im grössten Abnehmermarkt für Analysegeräte das Potential weiterer Differenzierungen begrenzt, herrscht ein sehr aggressiver Preiswettbewerb vor.

Durch den Ausbau der Technologieführerschaft besteht eine Möglichkeit für B, sich zukünftig von seinen Konkurrenten zu unterscheiden. Dafür wäre eine signifikante Verbesserung der Entwicklungsperformance nötig.

Im Jahr 1995 ist ein Projekt in Unternehmen B mit dem Ziel gestartet worden, das Prozess-, Produkt- sowie (Entwicklungs-)Projektcontrolling in einem gemeinsamen Ansatz zu integrieren. Das erschien sinnvoll, da starke Interdependenzen zwischen den drei Feldern des Controllings bestehen: So kann bspw. eine Reduktion der Mitarbeiter in der Entwicklung zwar zur Senkung der Projektkosten führen, aber die Entwicklungszeit sowie die spätere Produktqualität spürbar beeinträchtigen. Es war die Intention des Projektes, Zielgrössen innerhalb des Prozess-, Produkt- und Projektcontrollings integriert zu planen und zu kontrollieren.

Im Rahmen dieses Cases soll der Teilbereich des Prozesscontrollings näher betrachtet werden. Beim Prozesscontrolling bestand in Unternehmen B ein grosser Nachholbedarf, da die Geschäftsprozesse kaum konkretisiert waren.[20] Das Projekt- sowie das Produkt-

20 Geschäftsprozesse beinhalten all jene wertschöpfenden Aktivitäten, welche für die Erbringung einer spezifischen Kundenleistung notwendig sind.

controlling besassen hingegen in Unternehmen B einen hohen Reifegrad[21], sodass dem Ausbau des Prozesscontrollings ein grosser Stellenwert zukam.

4.2.2 Prozesscontrolling in Unternehmen B

In Unternehmen B sind fünf zentrale Indikatoren als Basis des Prozesscontrollings identifiziert worden. Neben zwei Grössen der Zeitdimension (Termintreue und Prozesszeit) sowie zwei Messgrössen der Qualität (Kundenzufriedenheit, und First Time Yield) wird auch der Ressourceneinsatz erfasst. Da das Projekt im Entwicklungsbereich initiiert und gestartet worden ist, stehen F&E-Kenngrössen in dieser Darstellung im Vordergrund.

Die Termintreue berechnet sich im Entwicklungsbereich über den Anteil der fertiggestellten Arbeitspakete ohne Zeitverzögerung. Schwierigkeiten bei der Berechnung und Analyse der Liefertreue können aufgrund der Dauer der Arbeitspakete entstehen. Diese sollten im Idealfall sehr kurz sein, um Feedbackschlaufen möglichst kurz zu halten. Arbeitspakete mit langer Dauer (länger als drei Wochen) verringern die Aussagekraft der Messgrösse „Liefertreue".

Die Prozesszeit wird nicht mittels der Durchlaufzeit, sondern anhand der Grösse „Zykluszeit" bestimmt. Im Gegensatz zur Durchlaufzeit wird bei der Zykluszeit auch der Bedarf für zeitparallele Aktivitäten berücksichtigt. Eine Komponente, die für die Berechnung der Zykluszeit benötigt wird, ist die Prozessgeschwindigkeit. Sie wird aufgrund des Arbeitsfortschritts in der Messperiode berechnet. Die Zykluszeit soll als Frühwarnindikator der Liefertreue darüber informieren, ob das noch ausstehende Arbeitsvolumen termingerecht erledigt werden kann.

Obwohl die beiden Messgrössen der Zeit auch als Indikatoren für eine Überlastung des Prozesses (und somit auch der Mitarbeiter) dienen können, sind sie von den betroffenen Mitarbeitern nicht als Hilfe empfunden worden. Stattdessen wird ihre Erfassung als zusätzlicher nichtwertschöpfender Aufwand wahrgenommen, der die Mitarbeiter von ihrer eigentlichen Arbeit abhält. Obwohl dieser Eindruck subjektiv geprägt ist und objektive Beobachtungen eine sehr marginale Belastung bescheinigen, kann er jedoch als Indiz für Kommunikations- und Akzeptanzprobleme dienen.

---

[21] Auf Produktstufe existierten sog. „wirtschaftliche Produktpläne", die mittels umfangreicher Messgrössen (Marktanteilentwicklungen, Produktergebnisse, Kostenprognosen u.a.) Produktentscheidungen unterstützten. Auf Projektebene ist die Planung und Kontrolle der Projekttermine und –kosten in Unternehmen B fest etabliert.

Bei der Bestimmung der externen Kundenzufriedenheit wird die externe Zufriedenheit als Steuerungsgrösse für die Entwicklungsprozesse aufgrund der fehlenden Zeitnähe vernachlässigt. Die interne Kundenzufriedenheit wird u.a. aufgrund von Befragungen/ Feedbacks der internen Leistungsempfänger gemessen.[22]

Als zweite Messgrösse der Prozessqualität dient der First Pass Yield (FPY), der aufgrund der Fehlerhaftigkeit und Unvollständigkeit der Arbeitspakete bestimmt wird. Da die Beurteilung der Arbeitsqualität durch den dafür Verantwortlichen erfolgt, der i.d.R. auch die Arbeitsleistung erbracht hat, hängt die Glaubwürdigkeit des FPY von dessen Offenheit ab. Zwar können Reviews die Zuverlässigkeit der Aussage des FPY erhöhen, doch ist deren Zeitaufwand hoch. Erschwerend kommt hinzu, dass Reviews von einigen Mitarbeitern als Kontrollaktivität wahrgenommen werden können. Dadurch können sie hemmend bei dem Wandel zu einer vertrauensfördernden und offenen Unternehmenskultur wirken, der bei Unternehmen B angestrebt wird. Zudem liefern sie keine Gewähr dafür, dass alle Fehler tatsächlich auch entdeckt werden.

Um diese Schwächen des FPY zu kompensieren, wird die Fehlerbehebungszeit als weiterer komplementärer Indikator der Prozessqualität in das Prozesscontrolling integriert.

Dank dem Aufschreiben der beanspruchten Zeit werden die Kosten einzelner Arbeitspakete bestimmt und differenzierten Bearbeitungsobjekten (Neu-, Weiterentwicklungen, Fehlerbehebungen u.a.) zugeordnet. Damit wird die Basis für eine Prozesskostenrechnung gelegt, deren Kostensätze auch in die Projekt- und Produktplanung einfliessen.

Für jeden Hauptprozess existiert ein Prozess Cockpit Chart, in dem der Status der fünf Messgrössen abgebildet wird. Auf einer Seite werden die Trends der Messgrössen sowie ihre Zielwerte ersichtlich. Daneben eröffnet ein Kommentarfeld die Möglichkeit, zu der Entwicklung der Messgrössen ergänzende Informationen festzuhalten.

Es war in Unternehmen B vorgesehen, dass die Cockpit Charts wöchentlich von den verantwortlichen Prozessteams analysiert werden. Von ihrer Diskussion in den wöchentlichen Management Meetings wurde eine Signalwirkung erhofft, sodass die Verantwortlichen sie als operatives Steuerungsinstrument verwenden.[23] Die nachfolgende Abbildung stellt ein Prozess Cockpit Chart exemplarisch dar.

22 Dazu zählen die Beteiligten an den Fertigungs-, Logistik-, Vertriebs- und Serviceprozessen.

23 Die Einführung zeichnete sich durch einen Top-down-Ansatz aus. Die Klassifizierung der Cockpitindikatoren ist von einer zentralen Abteilung vorgegeben und von den zukünftigen Anwendern weitestgehend übernommen worden.

Abbildung 4-5: Prozess Cockpit Chart Unternehmen B

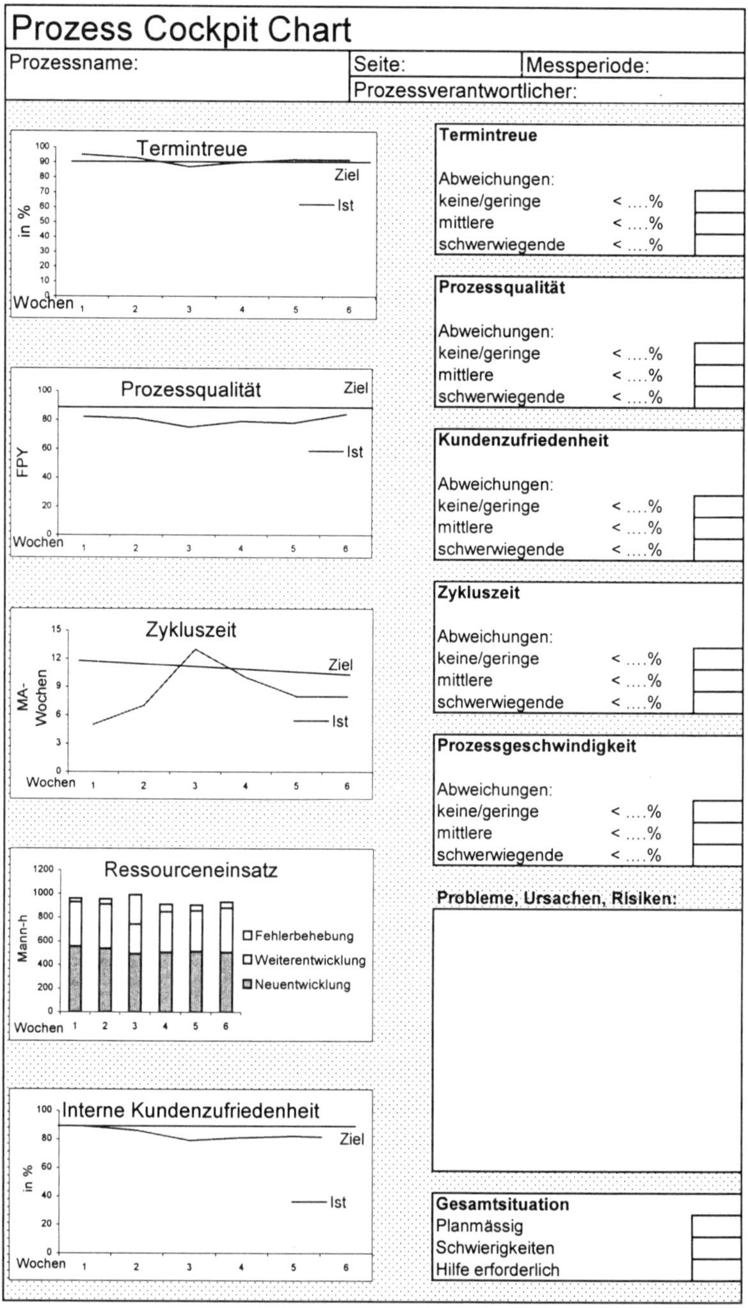

4.2.3 Erfahrungen mit dem Cockpit Reporting

Die erhofften Wirkungen des Projektes (höhere Aussagekraft der Controllingdaten, bessere Steuerung von Prozessen und Projekten) sind nicht eingetreten. Das Prozesscontrolling-Projekt mit Cockpits ist vorzeitig beendet worden. Prozess Cockpits spielen im Reporting von Unternehmen B heute praktisch keine Rolle mehr, da die Geschäftsleitung sich von diesem Instrument distanziert hat. Die Erfahrungen mit dem Projekt haben auch personelle Konsequenzen nach sich gezogen.

Die Suche nach Ursachen für das Scheitern des beschriebenen Prozesscontrollings gestaltet sich sehr schwierig, da viele Faktoren zusammengewirkt haben. Das Ende des Projekts fällt in eine Periode, in der die wirtschaftliche Situation von Unternehmen B sehr angespannt war. Das Projekt konnte in dieser Phase keine positiven Auswirkungen auf die finanzielle Performance ausweisen, was sich für die interne Unterstützung als hemmend erwiesen hat.[24]

Von den betroffenen Mitarbeitern ist das Vorgehen bei der Implementierung des Prozesscontrollings kritisiert worden: Der beschriebene Ansatz ist mit einem Top-Down-Approach ohne eine weitreichende Integration der betroffenen Entwicklungsingenieure umgesetzt worden. Folglich ist der integrierte Ansatz von einigen Mitarbeitern als dogmatisch empfunden worden. Zudem hat die subjektive Wahrnehmung des dadurch erzeugten höheren administrativen Aufwands zu einer Verärgerung bei den betroffenen Mitarbeitern geführt.[25]

Beeinflusst wurde der Projekterfolg durch die Beeinträchtigung des Aussagegehalts der Cockpits. Dafür können sowohl externe als auch unternehmensinterne Faktoren verantwortlich gemacht werden. Zum einen haben sich die Marktgegebenheiten und als Folge davon die internen Prozessabläufe in der Einführungsphase rasch verändert, ohne dass sich das in den Cockpits rechtzeitig niedergeschlagen hat. Ferner sind die Messgrössen von den Mitarbeitern eingegeben worden, die für ihr Resultat verantwortlich waren. Diese Manipulationsmöglichkeit von Messgrössen wie z.B. der First Pass Yield wurde wahrscheinlich auch von einigen Mitarbeitern genutzt.

---

[24] Von Mitarbeitern ist der Projektleiter auf einer Orientierungssitzung mit Aussagen konfrontiert worden, dass sein Controllingansatz die wirtschaftliche Entwicklung in Unternehmen B unterstützt hat.

[25] Es ist in diesem Zusammenhang daran zu erinnern, dass die Reportingzyklen auf wöchentlicher Basis stattfinden, ohne dass eine Automatisierung des Reportingprozesses stattgefunden hat.

Des weiteren lassen die Implementierungserfahrungen darauf schliessen, dass die Cockpits von vielen Mitarbeitern nicht als „ihr“ Instrument zum Selbstcontrolling betrachtet worden sind, sondern primär als Kontrollinstrument einer höheren Hierarchiestufe. Es können darüber Vermutungen angestellt werden, inwiefern Diskrepanzen zwischen der spezifischen Unternehmenskultur von B und dem Charakter der neuen Messgrössen (siehe u.a. First Pass Yield) sowie der Implementierungsmethodik zu einem Scheitern der Neuausrichtung des operativen PMS geführt haben. Dass eine Kausalität zwischen diesen Faktoren besteht, wird von einigen betroffenen Mitarbeitern nicht bezweifelt, der Grad der Intensität konnte aber im Rahmen einer Befragung durch den Verfasser nicht erhoben werden.

4.2.4 Konsequenzen für neue Projekte

1998 wurde ein Projekt mit der Zielsetzung gestartet, Balanced Scorecards in Unternehmen B einzuführen. Dieses Projekt wurde im Rahmen der Neuausrichtung des PMS von B initiiert.[26]

Aus den Schwächen des Prozesscontrolling-Projektes sind bei dieser neuen Aufgabenstellung Konsequenzen gezogen worden: die Mitarbeiterintegration und Kommunikation werden im Rahmen des Scorecard Projektverlaufes von den Projektverantwortlichen als sehr kritische Faktoren betrachtet. Von der stärkeren Einbindung der Mitarbeiter erhofft man in Unternehmen B eine Aktivierung ihres Wissens der Mitarbeiter sowie eine Zunahme ihrer Identifikation mit dem Scorecard-Ansatz.

Die Scorecards nehmen ganz bewusst nicht den Rang eines Top-Management Instruments ein und werden folglich auch nicht auf Gesamtunternehmensebene von B implementiert. Stattdessen werden Scorecards für die acht Produktbereiche des Unternehmens B sowie der nächsten Hierarchiestufe eingeführt. Davon erhofft man eine vereinfachte Operationalisierung der Produktstrategien sowie eine stärkere Ausrichtung auf die Bedürfnisse der heterogenen Produktbereiche. Die Einführung von Scorecards auf Gesamtunternehmensebene von B hätte u.a. auch die Gefahr beinhaltet, dass sie für die einzelnen Produktbereiche kopiert worden wäre, ohne spezifische Anpassungen vorzunehmen.

---

[26] Zur Neuausrichtung des Performance Management Systems gehört auch die Einführung der Steuerungsgrösse Economic Value Added (EVA) in Unternehmen B. Die Messgrössen der Scorecard (in Unternehmen B „Treiber“ genannt) werden als Einflussfaktoren auf den EVA betrachtet, sodass die Legitimation für das Scorecard-Projekt auch aus der Einführung des EVA resultiert.

Die Messgrössen der Scorecards werden in den Produktbereichen von Gruppen identifiziert und ausgewählt, die sich aus 5-8 Mitarbeitern unterschiedlicher Abteilungen zusammensetzen. Bei der Gruppenzusammensetzung wurde versucht, einen repräsentativen Querschnitt aller Mitarbeiter eines Bereichs abzubilden. Diese intensive Phase der Messgrössenauswahl, die durch zahlreiche Workshops gekennzeichnet ist, hat meiste Zeit der Planungsphase beansprucht.

Als weiterer Aspekt ist festzuhalten, dass keine externen Unternehmensberater hinzugezogen worden sind. Das Know-How ist primär in Unternehmen B erarbeitet worden, wobei in der Anfangsphase des Projekts Mitarbeiter aus einem anderen Konzernbereich den Wissentransfer unterstützt haben.

4.2.5 Zusammenfassung Case B

Zahlreiche wichtige Aspekte aus dem gescheiterten Cockpit-Controlling-Projekt sind bei der Einführung von Balanced Scorecards berücksichtigt worden.

Der dauerhafte Erfolg eines Controllingwerkzeugs hängt nicht nur von der Datenqualität, sondern viel stärker von der Akzeptanz seiner wichtigsten Stakeholder ab. Oft herrscht zwischen diesen beiden Aspekten eine starke Interaktion.

Durch die Integration der beteiligten Mitarbeiter in der Entwicklungsphase kann frühzeitig ein Konsens geschaffen werden, der das Controllingprojekt tragen kann.

Wie anhand der Erfahrungen von B sichtbar wird, kann die Einführungsphase kritischer als die inhaltliche Geschlossenheit einer Konzeption sein. Zwar vermag eine konsistente Konzeption u.U. eher zu überzeugen, doch ist ein interaktives und iteratives Vorgehen einem „grossen Wurf" vorzuziehen.[27]

Das Cockpit Controlling Konzept in Unternehmen B versuchte das Selbstcontrolling zu fördern, führte aber zu einer subjektiv wahrgenommenen Mehrbelastung der betroffenen Mitarbeiter aufgrund kurzer Reportingzyklen. Zudem konnte die kundenfreundliche Darstellungsweise die vertrauensschädigende Wirkung von Daten mangelhafter Qualität nicht kompensieren.

In Unternehmen B ist zudem in einem Bereich angefangen worden, in dem die Heterogenität der Prozesse sowie die Zurückhaltung gegenüber Controllinginstrumenten die Er-

27 Erfolgreiche Lösungen können oft durch ihre Einfachheit bestechen.

folgsaussichten sehr stark einschränkten. Schnelle erste Erfolge („Quick Wins“) konnten in dem Projekt nicht rasch genug erzielt werden, um das Projekt nachhaltig zu unterstützen.

Die grosse Bedeutung der Mitarbeiterpartizipation für den langfristigen Erfolg eines PMS spiegelt sich folglich auch beim Vorgehen während des Balanced Scorecard-Projekts wider.[28] Vorwürfe einer „dogmatischen“[29] Vorgehensweise sollen dadurch verhindert sowie eine intensive Einbindung und starke Selbstverpflichtung der Mitarbeiter erreicht werden. Die ersten Ergebnisse weisen darauf hin, dass das Balanced Scorecard Projekt einen grösseren Erfolg besitzen wird als der Versuch, ein Prozesscontrolling mittels Cockpits zu implementieren.

28 Es muss darauf hingewiesen werden, dass ein partizipatives Vorgehen alleine nicht ausreichend ist, um ein Performance Management System einzuführen. Es hat sich aber im Fall von Unternehmen B gezeigt, dass die Wahl der Vorgehensweise inkl. der Geschwindigkeit bei der Implementierung sehr kritisch für den Erfolg des Gesamtprojekts sein kann.

29 Dieser undifferenzierte Vorwurf wurde vereinzelt von Mitarbeitern gegenüber der Art und Weise erhoben, mit der die Prozesscockpits implementiert worden sind.

4.3 Case C – Neugestaltung eines PMS aufgrund einer strategischen Neuausrichtung

4.3.1 Charakterisierung Unternehmen C

Unternehmen C ist eine Division eines international agierenden Konzerns. In der Division C sind rund 2100 Mitarbeiter beschäftigt. Der Divisionsleitung sind nicht nur Produktionsstätten sondern auch der Vertrieb des gesamten Konzerns in Land P unterstellt. In der Produktion werden Vorprodukte hergestellt, die an andere Konzerntöchter vertrieben werden. Die Liegenschaften anderer Konzerndivisionen an den Standorten A und B werden ebenfalls von der Division C unterhalten und ihnen von C vermietet. Zudem übernimmt C auch Sicherheits- und Umweltschutzaufgaben im Rahmen dieser Serviceleistungen.

4.3.2 Motivation zur Neuausrichtung des PMS

Das Projekt ist im Anschluss an ein Activity Based Management (ABM) Projekts gestartet worden. Das ABM-Projekt hat zu einer umfangreichen strategischen und operativen Neuausrichtung geführt und umfassende strukturelle Massnahmen nach sich gezogen. Im Rahmen des Projekts wurde eine neue Mission erarbeitet und Organisationsgrundsätze davon abgeleitet. Diese Grundsätze haben auch auf die Gestaltung der Balanced Scorecard Auswirkungen, sodass sie kurz umrissen werden.

Struktur

Es sollen in Unternehmen C Hierarchiestufen abgebaut werden, sodass zukünftig höchstens noch drei existieren. Das erfolgt in dem Bestreben, die Entscheidungskompetenz so weit wie möglich nach unten zu verlagern. Diese grösseren Freiräume der Mitarbeiter verlangen aber auch nach einer erhöhten Transparenz.

Managementprozesse

Des weiteren wird im Rahmen der Neuausrichtung in Unternehmen C ein Management by Objectives eingeführt. Mit allen Mitarbeitern sollen konkrete und messbare Ziele kommuniziert und abgestimmt werden. Das kann wiederum einen ergebnisorientierten Feedback-Prozess nach sich ziehen, um die Zielerreichung zu messen. Wie die Ziele erreicht werden, soll zweitrangig sein, solange nicht gegen grundsätzliche Regeln der Zusammenarbeit verstossen wird.

Kommunikation

In Unternehmen C wird in Zukunft eine stärkere Förderung des unternehmerischen Denkens angestrebt. Das setzt eine offene und sachbezogene Kommunikation mit den Mitarbeitern voraus. Die Kommunikation sollte aber auch die Erhöhung der Transparenz der Performance miteinbeziehen.

Mitarbeiter

Die Weiterentwicklung der Mitarbeiter soll zukünftig als zentrale Managementaufgabe betrachtet werden. Alle Führungskräfte sollen fortan auch daran gemessen werden, wie gut sie ihre Mitarbeiter fördern und entwickeln. Überdurchschnittliche Leistung soll honoriert werden, indem bei jeder Leistungsbewertung die Beurteilung der individuellen Performance ebenso hineinfliesst wie der Erreichungsgrad von Bereichs-, Abteilungs- und Projektzielen.

4.3.3 Auswirkungen des Activity-Based Management-Projekts

Als einer der negativen Begleiterscheinungen des ABM-Projektes sind zahlreiche Personen in den Vorruhestand entlassen worden. Die schmerzhafte Trennung von langjährigen Mitarbeitern und Know-How-Trägern, die die Entwicklung von Unternehmen C massgeblich beeinflusst haben, hat auch den Druck auf Änderungen der Managementsysteme ausgeübt: um zukünftig solche gravierenden Einschnitte wie im Rahmen des ABM-Projektes zu vermeiden, soll ein neues Performance Management System Informationen liefern, die frühzeitig über den Erfolg bei der Neuausrichtung Aufschluss geben. Daher wird ein Performance Management System angestrebt, das Informationen zur Unterstützung der evolutionären Weiterentwicklung der Division zur Verfügung stellt.

Ferner wird auch eine Anpassung und Verknüpfung von drei bisher isolierten Managementprozessen angestrebt. Die Divisionssteuerung, die bislang über Zielrahmen und Budgets erfolgte, soll mit den Instrumenten der Entwicklung und der Steuerung der individuellen Ziele und Leistungen der Mitarbeiter synchonisiert werden.

Damit soll u.a. der Bedeutung des Humankapitals für das Unternehmen C Rechnung getragen werden. Die nachfolgende Abbildung soll den Koordinationsbedarf wichtiger Elemente des Performance Management Systems von Unternehmen C verdeutlichen.[30] Sie

[30] Das in Abbildung 4-6 dargestellte Schema zeigt den Zeitrahmen wichtiger Sitzungen und Aktionen. Viel wichtiger als ihre Terminierung ist die Illustration des Ineinandergreifens sowie der

hat einen sehr wichtigen Aspekt zum Inhalt: die Abstimmung der Scorecard- mit den individuellen Zielen der Mitarbeiter.

Der neue Management-Prozess verdeutlicht das Ineinandergreifen der drei Steuerungsinstrumente der Division. Mit dem Vorliegen der Konzernvorgaben Mitte Juni wird der Planungsprozess für das nächste Jahr initiiert. Die Auswirkungen der Vorgaben auf die Zielwerte der erhobenen Messgrössen sowie der Bedarf nach neuen Messgrössen, um die Ziele transparent zu gestalten, werden auf dem Measurement Team Meeting erläutert.

Abbildung 4-6: Synchronisation der Steuerungsprozesse

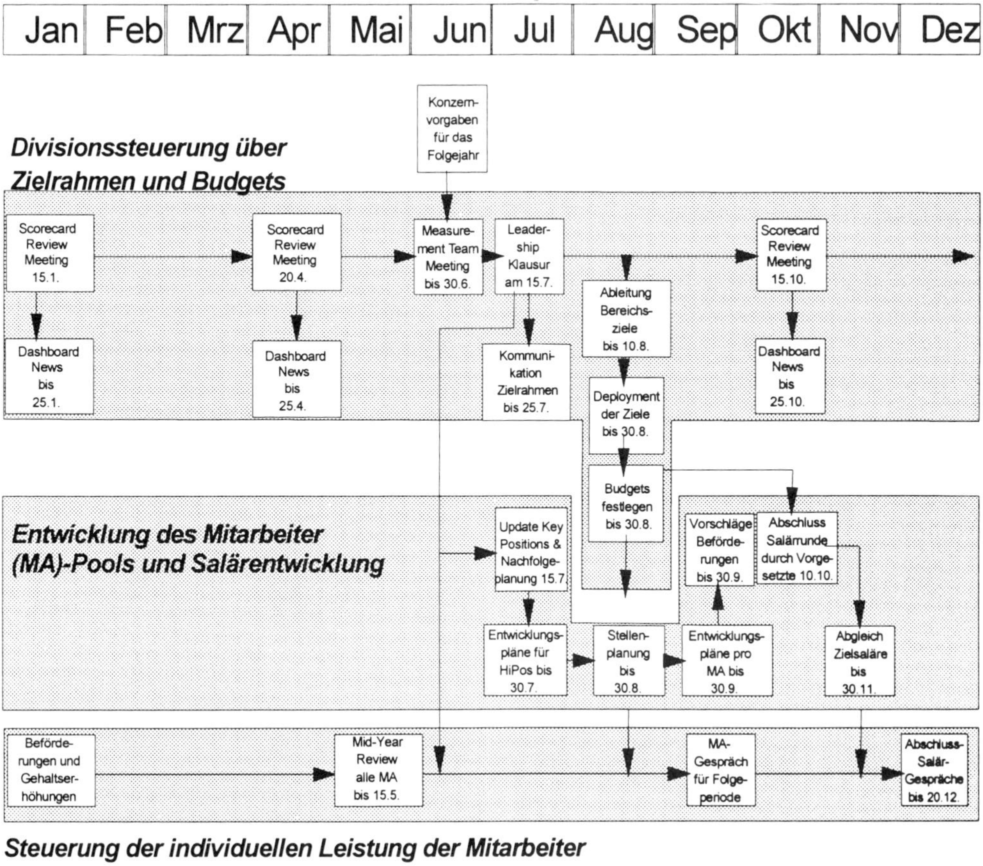

Wechselwirkungen. Obwohl es auf dem ersten Blick für einen Aussenstehenden wenig spektakulär erscheinen mag, stellte die Abstimmung der drei Instrumente für Unternehmen C im Rahmen des Balanced Scorecard-Projekts eine Neuerung dar.

Diese Sitzung dient auch der Vorbereitung des Leadership Meetings, an dem die Führungskräfte der Division die Konzernvorgaben konkretisieren sowie weitergehende Massnahmen und Projekte für das nächste Jahr in Form eines Zielrahmens erarbeiten. Hier werden auch provisorische Zielwerte für das nächste Jahr festgelegt. Das Vorgehen dabei besitzt zahlreiche Parallelen mit dem im zweiten Modul vorgestellten Strategy Deployment Prozess.[31]

Synchron zur Budgeterstellung werden die Divisionsziele nach dem Leadership Meeting in Bereichsziele und Abteilungsziele heruntergebrochen, die ihren Niederschlag auch in der Budgetplanung finden. Ein signifikanter Bestandteil der budgetierten Kosten sind Personalkosten, sodass die Personalplanung einen wesentlichen Bestandteil des Budgetprozesses ausmacht. Die Beförderungen von Mitarbeitern sollen stärker an ihre individuelle Performance gekoppelt werden. Dafür werden im Jahr drei Mitarbeitergespräche geführt, an denen die Ziele der Mitarbeiter besprochen sowie deren Erreichungsgrade ermittelt werden (im Mai, September und Dezember).[32] Zudem soll das Bonussystem von C zukünftig stärker auf die individuelle Zielerreichung abgestimmt werden.

Der Reportingzyklus ist massgeblich durch die quartalsweisen Scorecard Review Meetings geprägt. Auf monaticher Basis besitzten die einzelnen Bereiche ihre individuellen Scorecards, deren Ergebnisse sich in verdichteter Form in den Quartals-Scorecards widerspiegeln können. In Abstimmung auf die Scorecard Review Meetings wird die Performance der Division sowie der Abteilungen viermal jährlich den Mitarbeitern im Rahmen der "Dashboard News" dokumentiert, wobei im Juli die Ergebnisse in die Kommunikation über den Zielrahmen einfliessen.

---

31 Siehe hierzu die Ausführungen im Abschnitt 3.2.1

32 Dieser Prozess fusst auf der Methodik des Management by Objectives.

4.3.4 Elemente des Performance Management Ansatzes bei C

Der Performance Management Ansatz in Unternehmen C zeichnet sich durch vier Elemente aus:

- Die Verwendung von Balanced Scorecards im Reporting
- Die Etablierung von Review Meetings, auf denen einmal im Quartal die Ergebnisse besprochen werden
- Die Kommunikation der Daten u.a. im Rahmen der "Dashboard News"
- die Bildung eines Performance Measurement Teams

Das neunköpfige Team setzt sich aus je einem Mitglied der Divisionsbereiche zusammen. Neben den Werksleitern sind auch Personen des Einkaufs, der Qualitätssicherung, des Marketing sowie des Controlling vertreten. Ihr Aufgabengebiet ist durch sieben Kernaktivitäten geprägt. Diese haben einen projektbezogenen Hintergrund und betreffen nicht ausschliesslich Aspekte des Reporting mit Balanced Scorecards. Neben der Weiterentwicklung und Betreuung der Kundenzufriendenheitsmessung gehören zu den Aufgabenfeldern auch die Weiterentwicklung des Leistungsvereinbarungsprozesses sowie die inhaltliche Betreuung des Themenkomplexes "Konzentration auf Kernaktivitäten".

4.3.4.1 Scorecardentwicklung und Design

Der Entwicklungsprozess der Scorecard auf Divisionsebene ist durch einen Top-down Ansatz geprägt. Der Divisionsleiter hat zusammen mit Consultants einen Entwurf in der Spätphase des ABM-Projektes erarbeitet, den er seinen Bereichsleitern präsentiert hat. Das Ergebnis weist dieselben vier Dimensionen wie die generische Scorecard von Kaplan/Norton aus.

Abbildung 4-7: Scorecardentwurf von Unternehmen C[33]

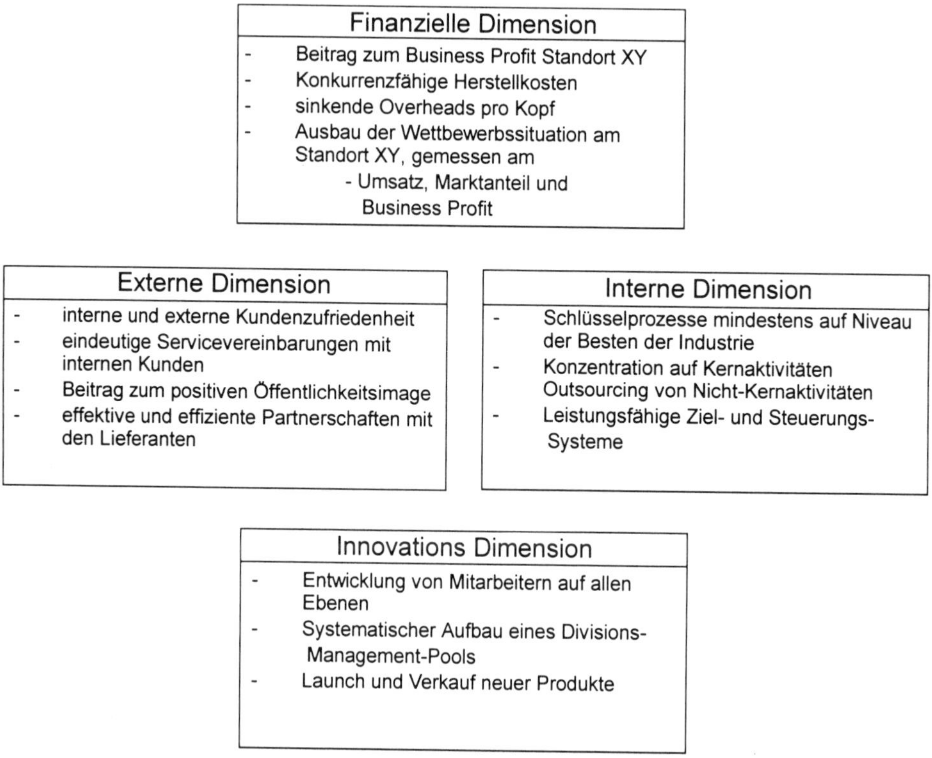

Bei genauer Betrachtung der sich hinter den Zielen verbergenden KPIs fällt die starke finanzielle Orientierung der KPIs auf. Vielfältige Gründe haben einen Einfluss darauf:

- Die Betreuung des Reporting-Teilprojektes liegt in der Controllingabteilung
- Der Divisionsleiter von C besitzt eine starke Fokussierung auf finanzielle Grössen
- SAP/R3 ist das dominierende betriebswirtschaftliche Produktivsystem, auf das die Projektleitung zur Datenextraktion direkt zugreifen kann

Die oben abgebildeten vier Scorecards dienen den Bereichsleitern als Orientierungsrahmen für ihre Bereichsscorecards. Sie haben in ihren Verantwortungsbereichen Scorecards entwickelt, die sich nach den Divisionszielen richten. Dieser Vorgabe ist weitestgehend entsprochen worden: die Anzahl der verwendeten Dimensionen beträgt bis auf einen

[33] Ebene Gesamtunternehmen

Bereich vier, die Anzahl der ausgewählten KPIs bewegt sich zwischen 12 und 20 Messgrössen. Diese Anzahl kann ein sehr ausgewogenes Bild über die Performance eines Bereichs liefern.

4.3.4.2 Operationalisierung der Messgrössen

Schwieriger gestaltet sich die Ableitung von konkreten Messgrössen aus den Zielvorgaben der Divisionsleitung. Während in der finanziellen Dimension primär Kosten- und Ertragsarten die Basis für die Messgrössenbestimmung bilden, ist die Informationsgewinnung bei den Messgrössen der externen Dimension schwieriger.

Abbildung 4-8: Entwurf der Leistungskarte für die externe Dimension[34]

externe Dimension			
Ziele	**KPIs**	**Baseline**	**Ziel 1998**
interne und externe Kundenzufriedenheit	Kundenzufriedenheitsindex der 5 Top Kunden der Vertriebsgesellschaft P		
	Kundenzufriedenheitsindex der 5 Top Kunden innerhalb des Konzerns		
	Intercompany Delivery Performance innerhalb DivisionC		
eindeutige Servicevereinbarunge mit internen Kunden	Anteil abgeschlossener Servicevereinbarungen in %		
Beitrag zum positiven Öffentlichkeits-Image	Umsetzung der definierten Massnahmen zur Imageverbesserung in %		
effektive und effiziente Lieferanten-partnerschaften	realisierte Beschaffungskostenvorteile in % des gesamten Beschaffungsvolumens		

Die Mehrzahl der KPIs (z.B. der Kundenzufriedenheitsindex oder die Massnahmenumsetzung zur Imageverbesserung) können nicht den Produktivsystemen entnommen werden, sondern müssen manuell erhoben werden, was den Pflegeaufwand des Systems erhöht.

Zudem besteht die Gefahr einer einseitigen Verzerrrung, die davon ausgeht, dass ein vielschichtiges Ziel mit einer Grösse gemessen wird. So wird bspw. das Ziel der effektiven und effizienten Lieferpartnerschaften nur über die Beschaffungskostenvorteile gemessen. Das ist akzeptabel, sofern die Total Costs of Ownership in die Beschaffungskosten ein-

[34] Diese Scorecard bildet keine reale Scorecard von Unternehmen C ab, sondern lediglich einen Entwurf in der Entwicklungsphase.

fliessen.[35] Werden nur die Bezugskosten als Basis verwendet, werden qualitative Grössen wie die Liefertreue und –qualität vernachlässigt. Der Nutzen langfristiger Lieferantenbeziehungen kann nicht vollumfänglich in den Beschaffungskosten abgebildet werden, insbesondere dann nicht, wenn im Laufe der Beziehungsdauer zusätzliche Leistungen (wie z.B. in der Entwicklung) ausgegliedert werden.

Bei der Operationalisierung dieses Zieles wäre ein Index bzw. die parallele Verwendung von zwei Messgrössen zweckmässig.

Zahlreiche Grössen der externen Dimension (externe Kundenzufriedenheit) werden nur jährlich erhoben, sodass die Feedbackgeschwindigkeit verzögert wird. Hier könnten vorgelagerte Indikatoren der Kundenzufriedenheit (z.B. On Time Delivery, Reklamationsentwicklung), die sich monatlich erheben lassen, frühzeitig einen Trend aufzeigen und ein rascheres Gegensteuern ermöglichen.

Anhand der Messgrössen der Innovations-Dimension wird ein weiteres Problem ersichtlich: die Klarheit über realistische und erstrebenswerte Zielwerte.

Abbildung 4-9: Beispiel für eine Leistungskarte der Innovations-Dimension[36]

Innovations-Dimension			
Ziele	**KPIs**	**Baseline**	**Ziel 1998**
Entwicklung der Mitarbeiter auf allen Ebenen	Investierte Zeit für Aus- und Weiterbildung in % der Gesamtarbeitszeit		
	Anzahl Mitarbeitende mit Weiterbildungs-Aktivität an allen Divisionsmitarbeitern in %		
Systematischer Aufbau des Management-Pools von C	Anzahl identifizierter High Potentials von C im Corporate High Potential Programm		
Launch und Verkauf neuer Produkte	Produktionsanteil aus Produkten, die jünger sind als 5 Jahre		
	Umsatzanteil aus Produkten des Vertriebskanals in P, die jünger sind als 5 Jahre		

35 Unter den „Total Costs of Ownership" kann man die gesamten über die Dauer einer Lieferantenbeziehung auftretenden Kosten im Rahmen der Beschaffungsprozesse verstehen. Dazu gehören. nicht nur die Bezugskosten, sondern bspw auch Folgekosten, die durch die Reklamationsbearbeitung fehlerhafter Lieferungen entstehen können.
Bei der Bestimmung der Total Costs of Ownership tritt das Problem der periodengerechten Zuordnung. Zudem besteht die Gefahr, dass Wechselkursschwankungen einen grösseren Einfluss auf die Auswahl der Lieferanten haben werden, da sich so Preisvorteile rasch realisieren lassen. Eine sehr detaillierte Übersicht über die Bestimmung der Total Costs of Ownership liefert Ellram (1994).

36 Diese Scorecard bildet keine reale Scorecard von Unternehmen C ab, sondern lediglich einen Entwurf in der Entwicklungsphase.

Bei der Operationalisierung des Ziels "Entwicklung der Mitarbeiter auf allen Ebenen" stellt sich die Frage, wie die Erreichung dieses Ziels gemessen werden kann und welcher Zielwert angestrebt werden soll. Als KPI werden zwei Grössen verwendet: die investierte Zeit für Schulungen in Prozent der gesamten Arbeitszeit sowie der Anteil der Mitarbeiter, die Weiterbildungen besucht haben, an den gesamten Mitarbeitern der Division.[37]

Hier treten Probleme im Zusammenhang mit der ersten Grösse auf: da das Zeiterfassungssystem von C die Aus- und Weiterbildungszeit nicht misst, ist erwogen worden, diese Grösse über die Aus- und Weiterbildungskosten an den Primärkosten zu ermitteln. Ein weiteres Problem stellt die Bestimmung der Baseline sowie des Jahresziels dar. Dass der Zielwert über 10 Prozent liegen soll, wird akzeptiert, über die Obergrenze gehen jedoch in der Divisionsleitung die Meinungen auseinander. Im Rahmen der Einführung der Scorecard stellt sich daher die Frage: "Soll der Status Quo gehalten, gesenkt oder erhöht werden?" Die Diskussionen bei der Auswahl der KPIs haben zu einer Konkretisierung und Klärung über die Ziele von C geführt.

Auffällig ist, dass in die Innovationsdimension keine KPIs über Entwicklungsprojekte eingeflossen sind, obwohl sich die Entwicklungskosten im Konzern auf rund 20 Prozent der Gesamtkosten belaufen. Der Grund dafür ist, dass bei C informelle Instrumente der Projektkontrolle im Forschungs- und Entwicklungsbereich vorgezogen werden. Es konnte ein Misstrauen gegen die Einführung von Instrumenten und Messgrössen im Entwicklungsbereich festgestellt werden.[38]

Verdichtung von KPIs

Bei der Verdichtung von KPIs auf Divisionsleitungsstufe sind wiederum Probleme aufgetreten. Dem Wunsch des Divisionsleiters, nur eine geringe Anzahl von drei bis vier "Kerngrössen" auf der gesamten Divisionsebene zu liefern, konnte nicht entsprochen werden. Das hätte dem ausgewogenen Charakter der Scorecard widersprochen. Auch wäre die Gefahr entstanden, dass positive und negative Ausprägungen von Messgrössen sich u.U. kompensiert hätten und somit der Aussagegehalt eines Indizes verlorengegangen wäre.

---

37 Davon erhoffte man, ein ausgewogeneres Bild über die Massnahmen zur Mitarbeiterentwicklung zu erhalten, da der Anteil der Weiterbildungszeit alleine keine Rückschlüsse auf die Verteilung der Zeit erlaubt hätte.

38 Der Leiter des Balanced Scorecard Projektes sagte, dass in einem Gespräch mit dem Verantwortlichen eines Entwicklungsprojektes mehr Klarheit über das Projekt gewonnen werden kann als durch Projekt-Controlling-Instrumente, die eine fatale Scheintransparenz vortäuschen können. Es sei hierzu auf die Erfahrungen verwiesen, die Unternehmen B dbzgl. gemacht hat.

Die meisten Messgrössen der Divisionsscorecards lassen sich durch Verdichtung der Bereichs-KPIs herleiten. Der Prozess der Gewichtung lief jedoch nicht ohne ausführliche Diskussionen, da den Bereichsleitern die Auswirkungen der Scorecard auf ihren Performanceausweis sehr wohl bewusst waren.

Standards of Performance

Die einzelnen Divisionsbereiche von Unternehmen C legen ihre eigenen Zielwerte fest. Zudem ist eine Ampelfunktionalität eingeführt worden, die vier Symbole als Statusindikatoren verwendet: Sonne, bewölkter Himmel, Gewitter und Regenfall. Auf die Verwendung der Farben grün, orange und rot ist verzichtet worden, da man davon eine demotivierende Wirkung befürchtete. Ergänzt werden die Statusindikatoren mit einem Trendpfeil, der die Entwicklung seit der letzten Messung anzeigt.

4.3.5 Zusammenfassung Case C

Der Anstoss zur Entwicklung und Implementierung einer Balanced Scorecard besitzt einen starken Strategiebezug: Im Rahmen der strategischen Neuausrichtung ist das Projekt initiiert worden. Die Balanced Scorecard soll auch zum angestrebten Kulturwandel bei der Division C beitragen.

Die Partizipation der Bereichsleiter bei der Entwicklung der übergeordneten Divisionsscorecard kann im Vergleich zu anderen Projekten als verhältnismässig gering bezeichnet werden. Zudem spielt das Qualitätsmanagement bei der Entwicklung sowie der Implementierung der Scorcards praktisch kaum eine Rolle, was sich u.a. auf die Integration prozessorientierter Messgrössen niederschlägt.

Der Einsatz von Beratern beschränkt sich lediglich auf eine Moderationstätigkeit bei der Bestimmung der Divisionsziele und deren KPIs. Vom Projektleiter wäre aufgrund der zeitlichen Ressourcen ein stärkerer Beratungssupport bei der Moderation wünschenswert gewesen. Das Zeitbudget für das Projekt wird auf 5 Prozent der Gesamtarbeitszeit der im Projekt involvierten Personen beschränkt, was als recht gering betrachtet werden kann.[39]

Die Priorität des Projektes wird auch anhand der Aufgabendelegation ersichtlich: Der Projektverantwortliche ist für die Koordination verantwortlich, ohne organisatorische Wei-

---

39 Horváth/Kaufmann stellen dbzgl. fest: „Da eine BSC [Balanced Scorecard]-Diskussion provoziert, bindet der Prozess ihrer Erarbeitung auch relativ viel Topmanagement-Kapazität." Horváth/ Kaufmann (1998), S.48

sungsrechte zu besitzen. Ein stärkerer Support von den Mitgliedern der Bereichsleitung wäre wünschenswert, um die Bedeutung des Projektes zu symbolisieren.

Von der EDV-Seite her ist der Support in der Anfangsphase nicht zufriedenstellend: Es bestehen zahlreiche lokale Systeme, die nicht durch ein Data Warehouse miteinander verbunden sind. Auch sind die Humanressourcen sehr stark eingeschränkt, die notwendig wären, um Abfragen auf die Produktivsysteme zu erstellen. Somit ergibt sich eine Dominanz von Messgrössen aus finanziellen Systemen. Das birgt das Risiko, dass die Verfügbarkeit von Messgrössen zum dominierenden Faktor für ihre Integration in die Scorecards wird.

Bei Unternehmen C besteht die Gefahr, dass der Scorecard-Ansatz an Bedeutung verlieren wird, sofern er nicht "gelebt" wird. Die Erstellung einer Scorecard ist ein Prozess, der sich bei Bedarf rasch abschliessen lässt und innerhalb kurzer Zeit zu ersten sichtbaren Ergebnissen in Form von Ergebniskarten führen kann. Um diesen Prozess dauerhaft mit Erfolg zu implementieren, ist aber die Unterstützung aller Bereichsleiter notwendig. Ihre Unterstützung beginnt durch ihre Einbindung bei der Auswahl von KPIs, die im operativen Geschäft als Steuerungsgrössen verwendet und weiterentwickelt werden.

Der Divisionsleiter kann mit der Einbindung der Scorecard-Ergebnisse in die Management-Meetings Signale setzen. Indem die Scorecard-Ergebnisse auch Konsequenzen für die Beförderungspolitik sowie den Bonus haben, kann er die Aufmerksamkeit der Bereichsleiter auf die KPIs richten und sie somit auch als Katalysator im Transformationsprozess verwenden.

In dieser Fallstudie sollte eine Übersicht über die Vielschichtigkeit eines Performance Management Projekts gegeben werden, das im Rahmen einer strategischen Neuausrichtung initiiert worden ist. Dabei ist auf reale und potentielle Probleme hingewiesen worden, die im Rahmen der Neuausrichtung aufgetreten sind. Die Ausführungen beziehen sich auf eine sehr frühe Phase des Projekts, sodass eine abschliessende Bewertung zum Zeitpunkt der Erstellung dieser Arbeit noch nicht möglich war.

4.4 Case D – Balanced Scorecards und Leistungshonorierung

4.4.1 Charakterisierung Unternehmen D

Unternehmen D ist die europäische Tochter eines weltweit führenden Herstellers von elektrischen Geräten. D beschäftigt in Europa 12'000 Mitarbeiter, die in 11 Werken sowie in 25 Vertriebsorganisationen arbeiten.[40] Der jährliche Umsatz ist aufgrund von zahlreichen Akquisitionen auf über 3,7 Milliarden SFr. angestiegen. Waren die Märkte von Unternehmen D in der Vergangenheit durch zahlreiche regionale mittelständische Anbieter geprägt, so hat sich in den vergangenen zehn Jahren der Konzentrationsprozess beschleunigt. Aufgrund der Unternehmensakquisitionen konnte D Skaleneffekte in der Produktion und im Vertrieb realisieren. Ein schwieriges Unterfangen stellt aber die Integration der verschiedenen regionalen Hersteller mit ihren spezifischen Unternehmenskulturen innerhalb des Gesamtunternehmens D dar.

4.4.2 Ursachen und Zielsetzungen des Performance Management Projekts

Ein Audit der Unternehmenskultur legt Anfang 1996 offen, dass exorbitante Unterschiede in den einzelnen Organisationseinheiten bestehen und dass die Mitarbeiter durch die nach den Akquisitionen eingeleiteten Massnahmen stark verunsichert sind.[41] Zudem bestehen Vorbehalte, dass Unternehmen D bei der Leistungsmessung zu finanzorientiert ist, während nicht-finanzielle Indikatoren in der Wahrnehmung der Mitarbeiter kaum eine Rolle spielen. Diese Ansicht wird auch vom Management geteilt: Kritikpunkte sind nicht nur die sehr grosse Anzahl finanzieller Grössen, sondern auch der vielen Managern geteilte Eindruck, dass Unternehmen D zu zahlenorientiert ist.

Um die angestrebten Synergiepotentiale der Akquisitionen voll ausschöpfen zu können, wird eine unternehmensspezifische Kultur angestrebt, die als Orientierungsraster für das

---

40 Diese Fallstudie stützt sich auf einen Vortrag des Vice President Human Resources, den er 1997 in London im Rahmen eines Kongresses zum Thema Balanced Scorecards gehalten hat, sowie auf Interviews mit zwei Mitarbeitern von Unternehmen D ab. Aus Gründen der Vertraulichkeit werden Unternehmen und Mitarbeiter nicht genannt.

41 Das ist nicht verwunderlich, wenn man berücksichtigt, dass auf der zweiten Hierarchiestufe Mitarbeiter mit 14 verschiedener Nationalitäten arbeiten und es auf der nächsten Hierarchiestufe bereits 21 sind.
Den Anstoss zum Audit der Unternehmenskultur lieferten unzufriedenstellende finanzielle Ergebnisse im Jahr 1995.

individuelle Verhalten der Mitarbeiter dienen soll.[42] Basierend auf den Erkenntnissen des Kulturaudits wird im Sommer 1996 das Projekt "High Performance Culture" gestartet. Im ersten Schritt wird mittels Workshops im dritten Quartal 1996 damit begonnen, die in der Unternehmensverfassung angestrebten Werte von D vorzustellen, Self-Assessments durchzuführen und Ziele zur Umsetzung der Werte auf individueller- und Abteilungsebene zu bestimmen.[43] Einen grossen Stellenwert wird dabei den Self-Assessments eingeräumt, um auf dem Fundament der eigenen Einschätzung den konstruktiven Dialog zu fördern.[44]

Im Rahmen des „High Performance Culture" Projektes wird auch der Performance Management Prozess innerhalb der Gesamtorganisation von D modifiziert und vereinheitlicht. Anfang 1997 wird das Reporting auf den Balanced Scorecard Ansatz ausgerichtet. In der europäischen Verwaltung besitzt die Scorecard drei Dimensionen, wie aus der nachfolgenden Abbildung ersichtlich wird.

Abbildung 4-10: Beispiel einer Scorecard von D

Measures	Weightening	Targets	Score
Financial	**50%**		**0.5 - 1.5**
EVA Cash Flow EPS/NOPAT Total Cost Productivity			
Customer	**25%**		**0.5 - 1.5**
Quality Market Share Customer Satisfaction Trade Partner Satisfaction			
Employee	**25%**		**0.5 - 1.5**
High Performance Culture Introduction Training Development Plan Implementation Diversity Plan Implementation			
Total	**100%**		**0.5 - 1.5**

Die Unternehmensleitung von D überlässt es den regionalen Gesellschaften, ob und wie sie

42 Zwar wird die kulturelle Diversifikation als Quelle zukünftiger Wettbewerbsvorteile betrachtet, doch werden Defizite auf der normativen Ebene identifiziert: „There was clearly no sense of common values within the company." (Aussage des Vice President Human Resources)

43 Die fünf in der Unternehmensverfassung statutierten Grundwerte von D sind: Respect, Integrity, Teamwork, Learning to Lead und Spirit of Winning

44 Zur Funktionsweise von Self-Assessments im Rahmen des Performance Managements siehe auch Ashton (1997), S.66ff.

eigene Scorecards implementieren möchten.

Aufgrund des hohen Aggregationsniveaus in der Europazentrale ist in der in Abbildung 4-10 dargestellten Scorecard keine Prozessperspektive abgebildet, die für alle europäischen Vertriebsniederlassungen und Werke Gültigkeit besitzt. Das Fehlen einer Prozessperspektive kann auf zwei weitere Aspekte zurückgeführt werden: zum einen besteht bereits ein unternehmensweit umgesetztes Benchmarkingprogramm, das auf die operative Performance von Prozessen fokussiert. Zum anderen teilt das Management von D die Auffassung, dass Wettbewerbsvorteile nur in einem beschränkten Masse anhand von Indikatoren der operativen Prozessperformance ersichtlich werden.[45]

4.4.3 Auswirkungen auf das Honorierungssystem

Mit der Einführung der Scorecards wird auch das 1991 implementierte Performance Management- und Honorierungssystem überarbeitet und auf die "High Performance Culture"-Initiative abgestimmt.[46] Dadurch soll sichergestellt werden, dass alle Elemente des Performance Management Prozesses angepasst werden und keine Inkonsistenzen die Glaubwürdigkeit der Initiative beeinträchtigen. Von diesen Massnahmen werden alle Mitarbeiter von der dritten Hierarchiestufe aufwärts betroffen. Der Einführung der Scorecards und des scorecardbasierten Honorierungssystems sind zahlreiche Workshops vorausgegangen, in denen die Elemente der angestrebten Unternehmenskultur sowie deren Verknüpfung mit dem Performance Management Prozess erläutert worden sind.

Der überarbeitete Zielvereinbarungsprozess lässt sich wie folgt charakterisieren: Im Laufe des Jahres soll der Mitarbeiter mit seinem Vorgesetzten zusammentreffen, um die Hauptziele sowie die Prioritätensetzung abzustimmen, Fortschritte bei deren Erreichung zu ermitteln sowie die Pläne zur Zielerreichung zu diskutieren.

---

45 Diese Ansicht wird auch von Kaplan/Norton geteilt: „Therefore, an exclusive focus on improving the cycle time, throughput, quality and cost of existing processes may not lead to unique competencies." Kaplan/Norton (1996a), S.93

46 Das vorher bestehende Honorierungssystem basierte auf der Management by Objectives-Methodik, besass aber keine einheitliche Ausrichtung auf unternehmensweite Ziele wie der neue Ansatz mit seiner Ausrichtung auf die Balanced Scorecard.

Drei Elemente kennzeichnen den persönlichen Performance Management Prozess jedes Mitarbeiters bei Unternehmen D:

- Der Zielvereinbarungsprozess mit dem Karrieregespräch
- Das Coaching durch den Vorgesetzten
- Der Performance Review mit der Leistungshonorierung

4.4.3.1 Auf Scorecards abgestimmter Zielvereinbarungsprozess

In Unternehmen D existieren drei verschiedene Arten von Zielen, die das Fundament für den Zielvereinbarungsprozess legen: drei bis maximal fünf Performance-Zielgrössen, die als quantitative Messgrössen von den Balanced Scorecard Massen hergeleitet werden. Daneben werden i.d.R zwei Ziele vereinbart, die den persönlichen Entwicklungsbereich betreffen sowie zwei verhaltensorientierte Ziele in die Objectives-Liste des Mitarbeiters aufgenommen. Die letztgenannten verhaltensorientierten Ziele sollten sich von den fünf in der Unternehmensverfassung statutierten Werten ableiten. Anhand der beiden "Objective Setting Worksheets" wird die Funktionsweise dieses Zielsetzungsprozesses ersichtlich.

Abbildung 4-11: Objectives Setting Worksheet (A)

Objective Setting Worksheet (Part A - Results)						
Name: **Position:**			**Mid-Year Review date:** **Year-End Review date:**			
Perspective Balanced Scorecard	Basic Job Responsibilities, Performance Objectives, and Personal Development	Measures	Priority	Self-Assessment	Supervisor Assessment	Rating

Das erste Arbeitsblatt dient der Dokumentation der Scorecard-bezogenen sowie der individuellen Entwicklungsziele. Ausgangspunkt bilden die Ziele der Balanced Scorecard, auf die die wichtigsten Verantwortlichkeiten der Mitarbeiter abgestimmt sein sollten. Die Scorecard-Ziele sollten in einem engen Bezug zum persönlichen Aufgabengebiet des Mitarbeiters stehen. Sofern sich die Tätigkeiten sowie die Leistungsziele eines Mitarbeiters nicht unmittelbar mit der Scorecard von D verbinden lassen, sollten sie eingehender überprüft werden. Ferner können auch Entwicklungsziele der Mitarbeiter bei Bedarf vereinbart werden, die der Unterstützung seiner Performanceziele dienen. Benötigt z.B. ein Mitarbeiter spezielle Kenntnisse, um zukünftig eine neue Aufgabe zu übernehmen, so können unter der Rubrik "Personal Development" die damit verbundenen Ziele aufgenommen werden.

Wichtig ist im Rahmen des Zielsetzungsprozesses, dass über die Prioritäten der Ziele sowie den Indikatoren über ihre Erreichung Klarheit besteht. Die Bedeutung der Selbsteinschätzung auf dem Weg zu einem Selbstcontrolling wird anhand des Feldes "Self-Assessment" ersichtlich.[47]

Das zweite Arbeitsblatt dient der Dokumentation der verhaltensbasierten Ziele. Der Mitarbeiter sollte zusammen mit seinem Vorgesetzten für die wichtigsten der fünf angestrebten Unternehmenswerte ein bis zwei persönliche Ziele für das nächste Jahr erarbeiten. Diese können sowohl die Führungsfunktion als auch die Zusammenarbeit mit anderen Abteilungen in übergreifenden Teams betreffen. In Unternehmen D besteht das Ziel, wenige verhaltensorientierte Ziele anzustreben, diesen vereinbarten Zielen aber eine grosse Aufmerksamkeit und Visabilität zu sichern. Das setzt eine Prioritätenbildung voraus, die das Ergebnis aus dem Gespräch zwischen Mitarbeiter und Vorgesetzten sein sollte.[48]

---

47 Damit wird auch darauf hingewiesen, dass ein konstruktiver Dialog zwischen dem Mitarbeiter und seinem Vorgesetzten über die Bewertung der Performance stattfinden soll, da beide separat von einander ihre Einschätzung der Leistung liefern.

48 Es kann der Eindruck entstehen, dass dieser Prozess aufwendig ist und einen grossen bürokratischen Aufwand nach sich zieht. Dabei ist aber zu bedenken, dass die Zielvereinbarung einmal jährlich zwischen Dezember und Ende Januar und der offizielle Review der Performance lediglich zweimal im Jahr im Juni/Juli und im Dezember/Januar stattfindet. Da seit 1991 bereits ein Management by Objectives implementiert worden ist, werden diese Aktivitäten bereits seit geraumer Zeit in Unternehmen D durchgeführt.

Abbildung 4-12: Objective Setting Worksheet (B)

Objective Setting Worksheet (Part B - Behaviors)						
Name: **Position:**			**Mid-Yea Mid-Year Review date:** **Year-En Year End Review date:**			
Corresponding Value	Behavioral Objective(s)	Measures	Corresponding Value	Self-Assessment	Supervisor Assessment	Rating
					Overall:	

Nachdem die individuellen Ziele innerhalb der Periode zwischen Dezember und Februar vereinbart worden sind, sollte sich der Mitarbeiter regelmässig mit seinem Vorgesetzten treffen, um die Fortschritte bei der Zielerreichung zu besprechen und ggfs. Massnahmen einzuleiten. Im Laufe des Jahres kann es aber auch aufgrund veränderter Marktverhältnisse zu Verschiebungen der Zielprioritäten kommen, was sich in dem Objective Setting Worksheet niederschlagen kann.[49]

4.4.3.2 Bonusberechnung

Zweimal jährlich (Juni/Juli sowie Dezember/Januar) erfolgt ein formaler Review, bei dem ein Rating der Mitarbeiterleistungen vorgenommen wird. Dem Rating geht ein Self-Assessment sowie die Bewertung durch den Vorgesetzten voraus. Daneben sollten auf periodischer Basis weitere informelle Reviews stattfinden, bei denen u.a. über die Fortschritte, kritische Entscheidungen, Prioritätenverschiebungen oder die zukünftigen Pläne gesprochen werden kann.

Der im März ausgezahlte Bonus der Mitarbeiter berechnet sich aus zwei Komponenten: aus einer individuellen sowie einer unternehmensbezogenen Leistungskomponente. Die individuelle Kompenente wird aufgrund des Zielerreichungsgrades gemäss den Objective Setting Worksheets berechnet. Die unternehmensbezogene Bonuskomponente leitet sich aus den Ergebnissen der unternehmensweiten Balanced Scorecard ab. Die individuelle Komponente besitzt eine stärkere Hebelwirkung, wie aus der nachfolgenden Abbildung

[49] Die Gefahr, dass durch die Ziele des Behaviors Worksheet ein opportunistisches Verhalten bei den Mitarbeitern gefördert wird, hat sich nicht konkretisiert. Um Befürchtungen dieser Art zu entkräften, ist darauf hinzuweisen, dass bei der individuellen Bonsuberechnung das Schwergewicht auf dem Grad der Erreichung der Scorecard-bezogenen Ziele liegt.

hervorgeht. Während der individuelle Multiplikator von 0,85 bis 2,0 reichen kann, beträgt für den unternehmensweiten Scorecard-Hebel der maximale Wert lediglich 1.5. Damit wird der individuellen Leistung ein grösseres Gewicht bei der Bonusberechung zugewiesen.

Abbildung 4-13: Berechnung des individuellen Bonus

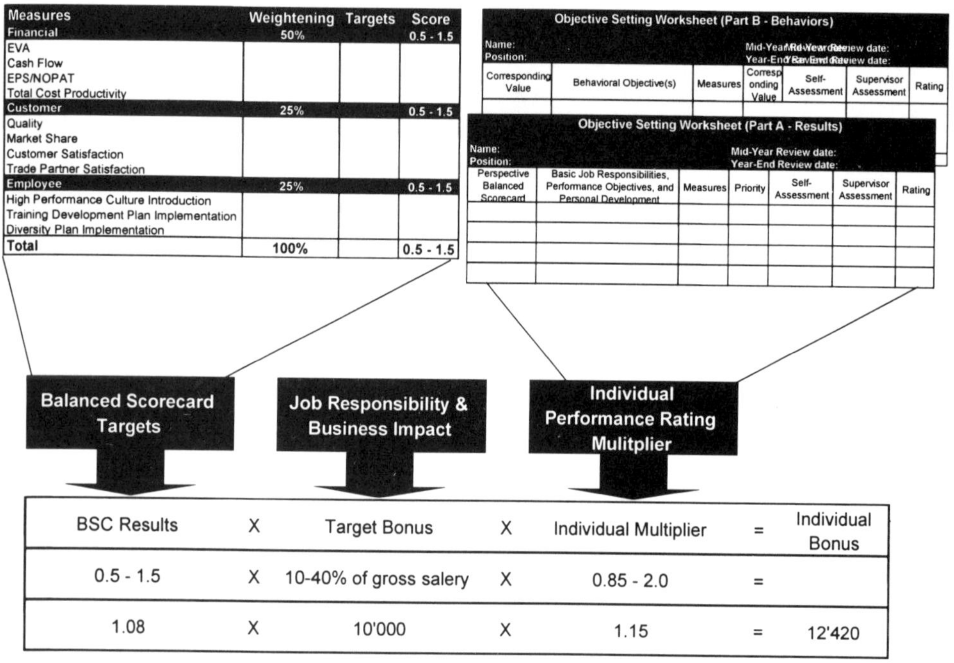

4.4.4 Zusammenfassung Case D

Der Anstoss zu dem Projekt kam aufgrund der Ergebnisse eines Audits der Unternehmenskultur. Um den Wandel des aufgrund von Akquisitionen stark gewachsenen Unternehmens D in Richtung einer einheitlicheren Kultur zu unterstützen, wurde das PMS neu ausgerichtet. Der Balanced Scorecard Ansatz diente dabei als ein Strukturierungs-rahmen, um zu kommunizieren, was und wie gemessen werden soll. Er beschränkte sich nicht nur auf das Reporting sondern bildete einen integrativen Rahmen für den Zielvereinbarungs- und Leistungshonorierungsprozess. Dieser Prozess bezieht sich aber nur auf Mitarbeiter höherer Hierarchiestufen (von der Managerstufe aufwärts). Für Mitarbeiter, die z.B. in den Produktionsstätten arbeiten, stehen in Unternehmen D primär Kosten- und Produktivitätsgrössen als Zielwerte im Vordergrund.

Die bisherigen Erfahrungen in Unternehmen D haben gezeigt, dass der Kommunikations- und Trainingsbedarf bei der Einführung des Scorecard Ansatzes bei weitem unterschätzt worden ist. Der hohe Erklärungsbedarf, der notwendig ist, um die Transparenz des PMS sicherzustellen, resultiert auch aus der Anzahl Mitarbeiter, die im Performance Management Prozess involviert sind. Die Kommunikation und Schulung der Mitarbeiter wird als es kritischer Erfolgsfaktor des Implementierungsprozesses betrachtet, der aber auch die grösste "Rendite" verspricht ("that's where you will get the greatest payback"[50]).

Um die Kommunikation sowie das Verständnis zu erleichtern, wurde ein grosser Wert auf eine einfache, verständliche und konsistente Zielvereinbarung und Leistungshonorierung gelegt. Als sehr wichtig hat sich bei der Implementierung zudem die sichtbare Unterstützung durch das Topmanagement herausgestellt.

Scorecards haben in Unternehmen D den Kulturwandel hin zu einer stärkeren Leistungsorientierung flankierend unterstützt. Sie bleiben aber inhaltsleer, wenn sie nicht – wie im Falle des Unternehmens D – auf einem umfassenden Fundament ("High Performance Culture Initiative") fussen und mit den übrigen Massnahmen der Initiative abgestimmt worden sind.

Die Verknüpfung der Scorecard-Ergebnisse mit der individuellen Leistungshonorierung hat die Neuausrichtung hin zu einer mehrdimensionalen Performancemessung gefördert. Der Erfolg bei der Einführung von Scorecards und einer überarbeiteten Leistungshonorierung ist, wie am Beispiel von D sichtbar, oft sehr eng an die intensive Kommunikation und Synchronisation der zukünftigen Ziele gekoppelt. Dabei halfen zahlreiche Workshops sowie der Versuch, das gesamte System überschaubar und einfach zu gestalten. Um die Komplexität zu beschränken, ist in Unternehmen D ein Begrenzung auf Mitarbeiter des Managements sowie höherer Hierarchiestufen in der Administration vorgenommen worden. Für die Mitarbeiter in der Produktion ist ein Gainsharing-Programm implementiert worden, dass auf Kosten- und Produktivitätsindikatoren basiert.[51]

50 Zitat des Vice President Human Resources von Unternehmen D

51 Eine Übersicht über Gainsharing-Konzepte liefern Imberman (1995), S.35ff.

4.5 Case E – Implementierung eines PMS in einem Start-up-Unternehmen

Anhand dieser Praxisfallstudie soll aufgezeigt werden, wie ein integrierter Performance Management Ansatz in einem Start-up-orientierten Unternehmensumfeld gestaltet sein kann.[52] Als Beobachtungsobjekt soll Unternehmen E dienen, ein Unternehmen der Multimediabranche, der in seinem Heimatmarkt innerhalb kurzer Zeit eine führende Position eingenommen hat.

4.5.1 Charakterisierung Unternehmen E

4.5.1.1 Wettbewerbsumfeld in Europa

Der Multimediamarkt wächst in Europa mit zweistelligen jährlichen Raten. Betrachtet man als einen Indikator dieser rasanten Entwicklung das Wachstum von Hosts[53] in Europa, so stieg diese Grösse 1998 um über 40 Prozent.[54] In den USA, wo die Penetration der Haushalte mit Internetanschlüssen höher ist als in Europa, wurden 1997 erstmals mehr Computer als Fernsehgeräte verkauft.[55]

Neue Technologien wie ADSL oder Kabelmodems sind vor kurzem eingeführt worden und werden durch höhere Übertragungsgeschwindigkeiten vollkommen neuartige Anwendungsfelder im Multimediasektor eröffnen.[56]

Der Heimatmarkt von E besitzt eine informations- und computerbezogene Infrastruktur, die sehr gute Voraussetzungen für eine rasche Penetration mit Produkten von E schafft. In dem Markt nehmen drei Unternehmen, die landesweit agieren, eine wichtige Position ein. Daneben bestehen zahlreiche weitere Anbieter, die primär eine regionale Ausrichtung besitzen.

---

52 Die Fallstudie stützt sich auf praktische Erfahrungen des Verfassers bei der Einführung der Balanced Scorecard bei einem Internet Provider.

53 Unter einem Host versteht man einen Computer, über den der Zugang zum Internet hergestellt wird.

54 Siehe hierzu die Hoststatistik bei Ripe (1999)

55 Die Entwicklung des PC-Verkaufs in Deutschland weist ähnliche Parallelen auf: 1998 wurden mit knapp 5,6 Millionen Computer 1,2 Millionen mehr als im Vorjahr verkauft. o.V. (1999), S.103

56 ADSL steht für „Asymmetric Digital Subscriber Line", einer Technologie, mit der auf Kupfertelefonleitungen Übertragungsgeschwindigkeiten von bis zu 9 Mbyte pro Sekunde realisiert werden können. Pultz et al. (1998), S.23

4.5.1.2 Zielsetzungen von Unternehmen E

Um an dem erwarteten Wachstum in der Multimediabranche zu partizipieren, wurde E im Herbst 1996 gegründet. Aufgrund ihrer Akquisition ist E seit Herbst 1997 in einem Technologiekonzern integriert.

Die strategischen Ziele von E lassen sich wie folgt umschreiben:

- Marktführer im Heimatmarkt bei dem Hauptprodukt zu werden mit einem eigenen Branding.
- Die Schaffung einer loyalen Kundenbasis durch das Kreieren von geschlossenen Gemeinschaften (Communities) auf dem Internet. Dafür ist es notwendig, dass eine Plattform für Inhalte (Content) geschaffen wird, die allen Kunden von E zur Verfügung gestellt wird.
- Der führende Systemanbieter für E-Commercelösungen von Unternehmen (Applications) im Heimatmarkt zu werden.

Diese Zielsetzungen haben ihren Niederschlag in der Organisationsstruktur von E gefunden. Es bestehen drei Unternehmensbereiche, die für ihr Ergebnis verantwortlich sind: die Center „Access“, „Content“ und „Applications“. Daneben bestehen zentrale Dienste, die von den Abteilungen „Business Development and Controlling“, „Marketing“ und „Operations“ wahrgenommen werden.

Die Unternehmenskultur von E zeichnet sich nicht nur durch junge und unkonventionelle Mitarbeiter aus, sondern auch durch ein offenes und konstruktives Klima.

4.5.2 Projektstruktur

Im Sommer 1997 wurde von der Geschäftsleitung beschlossen, ein Controllingsystem einzuführen, das den Besonderheiten der Multimediabranche sowie der Unternehmenskultur von E Rechnung trägt. Ausschlaggebend war die Erkenntnis, dass zahlreiche Faktoren für den zukünftigen Erfolg von E verantwortlich sein werden, die sich nicht in der Erfolgsrechnung abbilden lassen.[57]

---

57 Finanzielle Informationen wurden bis dato via SAP der Muttergesellschaft mit einer Verzögerung von drei Wochen auf Monatsende der Geschäftsleitung von E zugänglich gemacht. Da bei der Muttergesellschaft die Implementierung von SAP/R3 zu diesem Zeitpunkt noch nicht ab-

Bei der Geschäftsleitung entstand nicht nur das Bedürfnis nach der Abbildung qualitativer Messgrössen, sondern auch nach Frühwarnindikatoren, die als „Enabler" des finanziellen Erfolgs ein frühzeitiges Gegensteuern ermöglichen. Die wichtigsten Erfolgsgrössen sollten auf wöchentlicher Basis vorliegen, sodass ihre Entwicklung in den allwöchentlichen Kadersitzungen besprochen und ggfs. Gegenmassnahmen diskutiert und eingeleitet werden können.

Wegen der Dynamik des Multimediamarktes sowie der noch unbekannten Marktstrukturen bestand zudem das Bedürfnis nach einer Überprüfbarkeit der Prämissen, die der strategischen Planung zugrunde gelegt werden.

Das Performance Management Projekt gliedert sich in fünf Schritte. Der erste Schritt besteht in der Erstellung eines Executive Cockpits, anhand dessen die Entwicklung der wichtigsten KPIs wöchentlich verfolgt werden kann.

Abbildung 4-14: Projektschritte bei der Implementierung des PMS

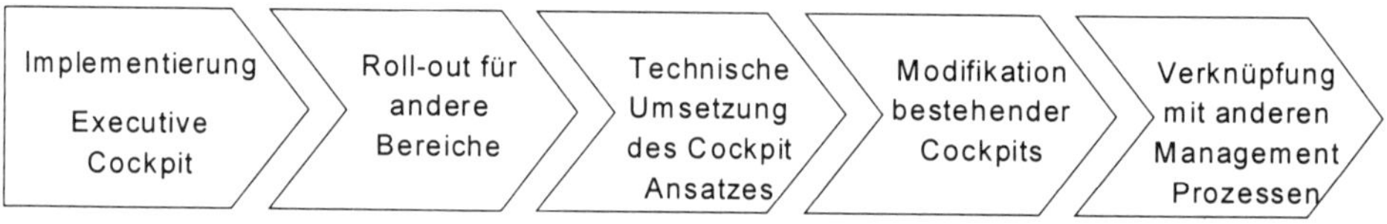

Er dient der Sicherung der Unterstützung durch das Management für den weiteren Projektverlauf. Daher ist es in dieser Phase wichtig, schnell erste Erfolge auszuweisen, was auf Kosten eines zu detaillierten und daher schwer umsetzbaren Modells geht.

Beim zweiten Schritt erfolgt ein „Roll-out" der Cockpits auf die wichtigsten Unternehmensbereiche. Dieser sollte auf einem konsistenten Konzept beruhen, das die Entscheidungsträger jedes Bereiches in die Messgrössenauswahl und das Cockpitdesign integriert. Damit verbunden sind umfangreiche Kommunikationstätigkeiten, um die Unterstützung für das Reporting auf Basis von Cockpits aufzubauen.

Der dritte Schritt beschäftigt sich mit der technischen Umsetzung eines Cockpit-basierten Reportings. Die kontinuierliche Pflege und Weiterentwicklung der Cockpits werden im vierten Schritt behandelt. Diese Phase kann viel Zeit beanspruchen, da aufgrund des innovativen Charakters sowie der Marktdynamik einzelne Charts modifiziert werden müssen.

geschlossen war, konnte noch kein umfassendes Bild der finanziellen Situation von E geliefert werden.

Der vorläufig letzte Schritt im Rahmen des Projektes in Unternehmen E beinhaltet die Verknüpfung des Cockpit Reportings mit den anderen Management Prozessen, wie z.B. dem Management by Objectives. Er steht noch bevor, da z.Zt. noch die Erfahrungen der Mitarbeiter im Umgang mit den KPIs beobachtet werden.

4.5.3 Implementierung eines Executive Cockpits

Ausgehend von den erfassten Bedürfnissen des Managements wurde im August 1997 mit der Einführung eines neuen Controllingsystems begonnen. Die erste Aufgabe bestand darin, rasch die Transparenz über wichtige Faktoren des Geschäftsverlaufs zu erhöhen, ohne die oben genannten Zielsetzungen nach einem umfassenden Controllingansatz zu vernachlässigen.

Als erstes Projektergebnis wurde ein Executive Cockpit für die Geschäftsleitung entwickelt, das bei den wöchentlichen Kadersitzungen vorgestellt wird. Da es mit einem Tabellenkalkulationsprogramm umgesetzt worden ist, konnte es ohne grossen Aufwand modifiziert werden. Dies geschah in der ersten Phase oft, wobei wechselnde Charts innerhalb des Cockpits auch dazu dienten, Grössen, die sich nicht auf wöchentlicher Basis signifikant veränderten, abwechselnd abzubilden und dadurch die Aufmerksamkeit in den wöchentlichen Management Meetings auf sie zu richten.

Es wurde in dem Cockpit versucht, die Kundensicht zu integrieren, indem Daten aus den Schnittstellenbereichen zum Kunden eingefügt worden sind.[58] Da finanzielle Grössen erst mit einiger Verzögerung vorlagen, wurden die bedeutendsten Ertragstreiber integriert: die Entwicklung der Access- sowie der Hostingkunden.[59]

Ein Entwurf eines Cockpits geht aus der nachfolgenden Abbildung hervor.

---

58 Die Schnittstellenbereiche zum Kunden bestehen aus dem Help Desk sowie aus dem administrativen Bereich, die den Schriftverkehr mit den Kunden organisieren.

59 Sie dienen als Feed-Forward-Indikatoren des finanziellen Ergebnisses.

Abbildung 4-15: Entwurf eines Executive Cockpits

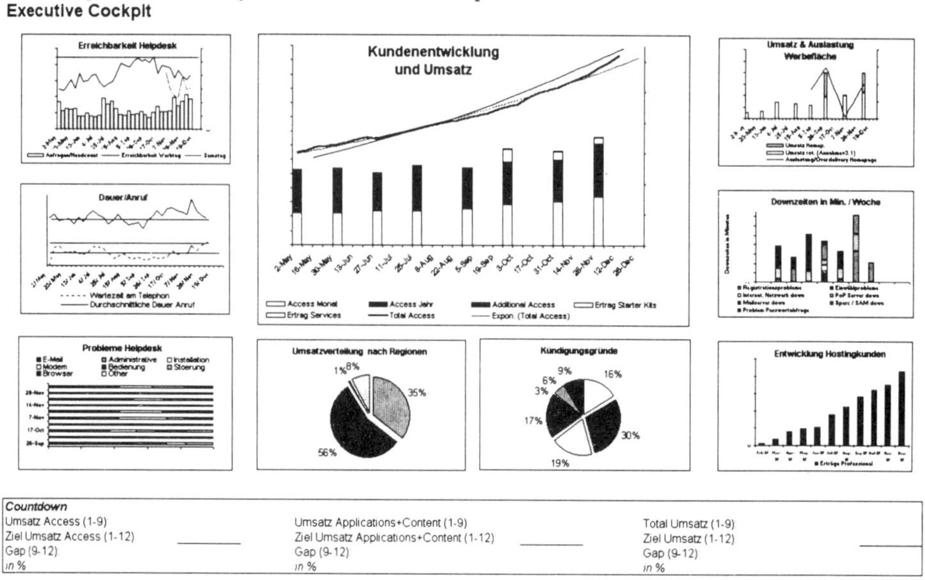

Anmerkung: Es handelt sich bei dem Cockpit um den Design-Entwurf für ein Management Informations System. Da einige Daten noch nicht in der gewünschten Form vorliegen, wurden Näherungswerte verwendet (z.B. bei den Personalkosten pro MA)

Die Hauptmessgrösse (Entwicklung der Kunden) wird anhand ihrer dominierenden Position im Cockpit ersichtlich. Auf der linken Seite befinden sich Informationen über die Wahrnehmung von E aus Kundensicht: die telefonische Erreichbarkeit des Helpdeskbereichs sowie die durchschnittliche Warte- und Gesprächsdauer. Darunter werden die wichtigsten Probleme der vergangenen Wochen dargestellt, um der Geschäftsleitung zu eröffnen, wo Probleme vom Kunden wahrgenommen werden.

Auf der rechten Seite werden Treiber der Contentdivision in Form der PageViews abgebildet. Da es nicht genügt, einen interessanten Inhalt zu offerieren, wird hier ein Indikator für die Verkaufsaktivitäten des Contentbereichs integriert: die Auslastungsquote der vermieteten Werbefläche. Unter dem Stabilitätsindikator verschiedener IT-Systeme (sog. „Downtime in Minuten") wird mit der Anzahl der Hostingkunden der wichtigste Umsatztreiber der Applicationdivision abgebildet.

Während sowohl die drei linken als auch die drei rechten Charts permanente Grössen repräsentieren, bilden die beiden kleinen Charts in der Mitte wöchentlich wechselnde Indikatoren ab. In diesem Fall werden die Kündigungsgründe sowie die Struktur der Kunden nach Regionen. Da sie sich nicht innerhalb einer Woche wesentlich ändern, werden sie im Cockpit der Folgewoche ersetzt.

Unterhalb des Cockpits befindet sich ein Panel mit finanziellen Umsatzzielen[60], um die Verknüpfung der primär nichtfinanziellen Grössen zur finanziellen Ebene herzustellen.

Die starke Konzentration von Informationen in Cockpitform erfordert ergänzende Ausführungen. Daher wird den Mitgliedern des Managements zusätzlich zum Cockpit ein einseitiger Kommentar zugestellt, der Erläuterungen zu den einzelnen Charts liefert. Das ist notwendig, da Abweichungen der Messgrössen oft Ursachen haben, die nicht im Cockpit abgebildet sind.

4.5.4 Roll-out von Cockpits in anderen Unternehmensbereichen

Nach erfolgreicher Einführung des Executive Cockpits wurde von der Geschäftsleitung beschlossen, für alle wichtigen Unternehmensbereiche spezifische, auf deren Informationsbedürfnisse zugeschnittene Cockpits zu entwickeln und zu implementieren. Ausgehend von der Ermittlung der Teilstrategien für die Unternehmensbereiche wurden die wichtigsten Fähigkeiten sowie Indikatoren bestimmt, die für die Strategieumsetzung notwendig sind. Die verschiedenen Teilschritte dieses Prozesses von der Klarheit über die Konsequenzen der Unternehmensstrategie für einen Teilbereich bis zum Cockpitentwurf werden im nachfolgenden dargestellt.

4.5.4.1 Cockpitdesign als iterativer Prozess

Der erste Schritt bei der Cockpitimplementierung in Unternehmen E besteht darin, Klarheit über die strategischen Ziele des Unternehmens zu gewinnen. Dadurch wird die Basis für die Auswahl strategiekonformer Messgrössen gelegt.

Anhand des Contentbereichs soll das Vorgehen beschrieben werden.[61] Die Contentdivision besitzt eine grosse strategische Bedeutung für E.[62] Insbesondere im Internetbereich werden viele Produkte zu einem „Commodity", was sich am Beispiel von Internetprovidern in der Tendenz zu niedrigen Grundgebühren niederschlägt. Daher versucht E, mit seinen Inhalten

60 Kosteninformationen konnten zu diesem Zeitpunkt noch nicht integriert werden, da der Aufbau eines Kostenrechnungssystems mit SAP/R3 in der Entwicklungsphase war.

61 Die Ausführungen hierzu sind als Gestaltungsentwurf zu interpretieren, an dem das methodische Vorgehen erläutert werden soll. Aus Gründen der Vertraulichkeit können aber keine Aussagen zur effektiven Umsetzung gemacht werden.

62 Haupteinnahmequelle bilden im Contentbereich Werbeerträge sowie Erträge aus Kommissionsgeschäften. Die Aufwendungen für Mitarbeiter und Journalisten bei der Generierung sowie dem Erwerb von Inhalten verursachen den bedeutendsten Kostenblock.

die Kundenbindung zu erhöhen und sich auf Aktivitäten mit einer höheren Wertschöpfung zu konzentrieren.[63]

Ausgehend von der strategischen Zielsetzung, die Kundenloyalität durch die offerierten Inhalte zu erhöhen und dadurch zu einem profitablen Business Channel zu werden, stellt sich die Frage, wie diese Auswirkungen gemessen werden sollen.

Daraus können fünf kritische Erfolgsfaktoren abgeleitet werden, die beherrscht werden müssen, um das strategische Ziel des profitablen Business Channels erfolgreich umzusetzen:

- Fähigkeit, Kooperationen einzugehen, um Quellen für den Content zu erschliessen und zu sichern
- Fähigkeit, aktuelle und für die Zielgruppen attraktive Inhalte anzubieten
- Fähigkeit, die Zielgruppen längere Zeit auf den Seiten von E zu binden
- Fähigkeit, den zunehmenden Verkehr vermarkten zu können (z.B. durch Vermietung von Werbefläche)
- Fähigkeit, die Ressourcen für die Contentgenerierung zu kontrollieren

Nachdem die strategischen Zielsetzungen für den Contentbereich erfasst worden sind, werden die typischen erfolgs- und kostenrelevanten Merkmale jedes Bereichs in einem Kausalkettenmodell erfasst. In der nachfolgenden Abbildung wird dargestellt, welche Einflussfaktoren auf den Erfolg in der Contentdivision wirken können.

[63] Zur Fundierung dieser Zielsetzung siehe auch Hagel/Armstrong (1997), S.49ff.

Abbildung 4-16: Kausalkettenmodell der Contentdivision

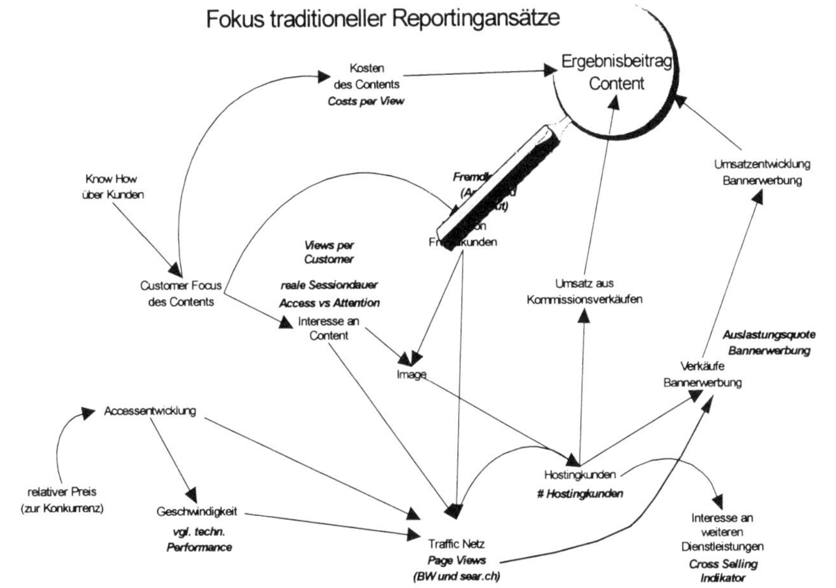

Während konventionelle Controllinginstrumente auf den Ergebnisbeitrag der Contentdivision fokussieren, wird in Unternehmen E versucht, alle kritischen erfolgs- und kostentreibenden Faktoren transparent darzustellen. Das Kausalkettenmodell kann dabei als ein Instrument dienen, um mutmassliche Abhängigkeiten abzubilden. Es eignet sich als Diskussionsgrundlage, um Einigkeit über die mutmasslichen „Spielregeln“ des Contentgeschäfts zu erzielen. Diese Einigkeit ist notwendig, um eine Auswahl der geeignetsten Messgrössen vornehmen zu können, die von allen Entscheidungsträgern dieser Division getragen werden

Die hergeleiteten Messgrössen (in Abbildung 4-16 kursiv dargestellt) können in einem weiteren Schritt den auf Seite 317 dargestellten kritischen Erfolgsfaktoren zugeordnet werden.[64] Dadurch wird ersichtlich, wo noch Defizite bei der Messgrössenauswahl bestehen: So lässt sich z.B. die Fähigkeit, Kooperationen einzugehen, kaum messen.

---

64 siehe Seite 318

Abbildung 4-17: Zuordnung von Performanceindikatoren zu den kritischen Erfolgsfaktoren

Kritische Erfolgsfaktoren				
Fähigkeit, Kooperationen einzugehen	**Neuigkeitsgehalt und Attraktivität der Inhalte**	**Bildung von Kundenloyalität**	**Verkaufsaktivitäten**	**Wirtschaftlichkeit (Realisierung Skaleneffekte)**
?	von neuen Produkten erzeugte Onlinezeit im Internet Erneuerungsquote des Inhalts auf der Homepage Match mit Zielgruppen	Onlinezeit nach verschiedenen Inhaltsgruppen durch Content erzeugte Onlinezeit zu gesamter Onlinezeit Entwicklung Fremdkunden (AOL, Compuserve u.a.) Anteil erzeugte Onlinezeit durch Stammkunden	Auslastung Werbefläche auf der Homepage Entwicklung Werbekunden nach Struktur (z.B. Agenturen) und Dauer der Zusammenarbeit Entwicklung der Werbeattraktivität (Gemessen an der Klick Rate)	Umsatz nach Werbeflächenart Kosten der Inhaltsgruppen Kosten pro 1'000 aufgerufene Seiten Kostenstruktur: interner vs. externer Content

Spätestens bei der Auswahl der Messgrössen wird die Frage nach der Erhebbarkeit der gewünschten Informationen auftreten. Es hat sich als empfehlenswert erwiesen, diese Fragen möglichst spät zu stellen, um nicht bereits bei der Kausalkettenmodellierung den Entwurfsspielraum zu stark einzugrenzen. Bei der Modellierung sollten im Rahmen des Brainstorming alle potentiellen Einflussgrössen erfasst werden. Feststellungen, dass einzelne Grössen nicht erhoben werden können, können diese Phase lähmen.

Es hat sich bei E herausgestellt, dass der bedeutendste Teil der ausgewählten Messgrössen bereits in den Produktivsystemen vorhanden ist und mittels Abfragen (Queries) erhoben werden kann. Dort, wo der Erfassungsaufwand zu hoch ist, kann entweder auf Surrogatgrössen ausgewichen oder mit einem niedrigeren Detaillierungsniveau gearbeitet werden.

Nach der Selektion der Messgrössen kann es im weiteren Schritt empfehlenswert sein, ein Mustercockpit mit Dummyzahlen zu erstellen, damit sich die zukünftigen Anwender eine konkretere Vorstellung über das zukünftige Reportingdesign machen und ihre Bedürfnisse frühzeitig berücksichtigt werden können.

Der Auswahlprozess kann für viele spätere Anwender leichter erfolgen, wenn er konkret am Cockpit vollzogen wird. Zudem kann anhand der grafischen Darstellung rasch festgestellt werden, ob ein ausgeglichenes Bündel an Messgrössen verschiedener Dimensionen selektiert worden ist.

Ein weiterer Aspekt, der in dieser Phase nicht unterschätzt werden sollte, ist die Einbindung der späteren Anwender. Wenn sie nicht nur an der Auswahl der Messgrössen beteiligt sind, sondern auch bei der Gestaltung des Cockpits, kann ihre Akzeptanz für den neuen Reportingansatz signifikant steigen.

In dem nachfolgenden Dummycockpit sind wichtige Performanceindikatoren für den technischen Bereich abgebildet worden.[65] Aus Kundensicht besitzt die E-Mail-Server-Stabilität gefolgt von der Netzstabilität und –geschwindigkeit die grösste Bedeutung. Das wird u.a. an dem Kundenverhalten nach kurzen, singulären E-Mail-Serverproblemen sowie anhand zahlreicher Providertests ersichtlich, bei denen die Downloadgeschwindigkeit häufig als wichtigster Indikator verwendet wird.

Abbildung 4-18: Cockpit Entwurf für den technischen Bereich

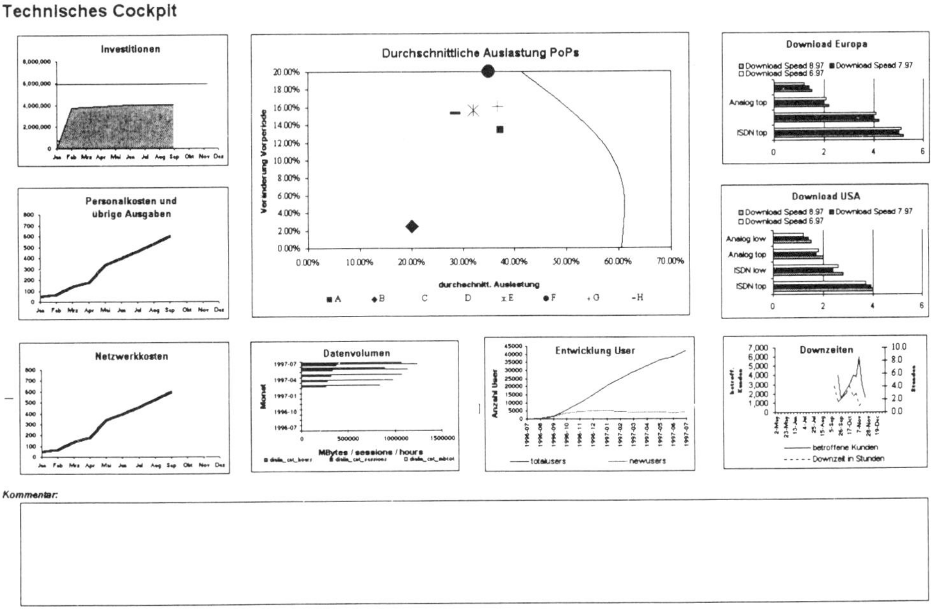

65 Es ist nicht in dieser Form implementiert worden

Die technische Performance ist in den drei rechten Charts abgebildet worden (Downloadgeschwindigkeit Europa, USA und Downzeiten). Einflussfaktoren auf die Netzperformance sind die Auslastung der Einwählknoten, die wiederum aufgrund der Kundenentwicklung sowie des dadurch zu bewältigenden Datenvolumens bestimmt wird.

4.5.4.2 Zusammenfassung der Messgrössen

Nachdem Messgrössen für alle wichtigen Unternehmensbereiche bestimmt worden sind, wird die Reportingstruktur sowie das Layout des Executive Cockpit noch einmal überprüft und in der Geschäftsleitung diskutiert.

Anhand von Abbildung 4-19 wird dargestellt, wie die neue Struktur des Reporting mit den verschiedenen Teilstrategien korrespondiert. Das Executive Cockpit bildet eine Zusammenfassung der wichtigsten Grössen ab. Auf eine Konsolidierung von Messgrössen wurde im Executive Cockpit verzichtet, um den Aussagegehalt nicht zu beeinträchtigen sowie um die Aktionsorientierung der operativ ausgerichteten Messgrössen zu bewahren. Aufgrund der Unternehmensgrösse bestand zudem kein Bedarf nach einer Verdichtung, da die Gefahr einer Informationsüberflutung nicht gegeben war.

Abbildung 4-19: Neue Reportingstruktur sichert Abstimmung auf Teilstrategien

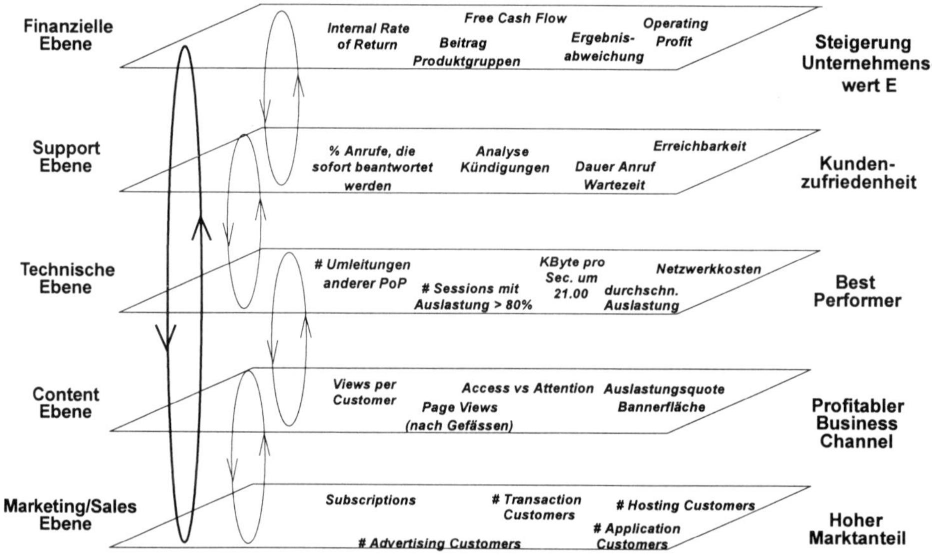

Die Vorteile beim Roll-out von neuen Cockpits können neben einer erhöhten unternehmensweiten Transparenz auch in den Ergebnissen des Prozesses liegen, der zur Herleitung der Cockpits geführt hat: Der Prozess kann alle Beteiligten dazu angeregen, die Unternehmensstrategie auf ihre Bereiche herunterzubrechen und daraus Teilstrategien zu entwickeln. Nachdem für die Teilstrategien die kritischen Erfolgsfaktoren ermittelt worden sind, können mithilfe eines Kausalkettenmodells Messgrössen hergeleitet werden. Sobald Klarheit darüber geschaffen worden ist, was gemessen werden soll, erfolgte in einem nächsten Schritt die technische Umsetzung.

4.5.5 Technische Umsetzung der Cockpits

Parallel zur Entwicklung von Cockpits für alle wichtigen Unternehmensbereiche stellte sich im weiteren Projektverlauf die Frage nach einer IT-spezifischen Umsetzung des Reportings im Cockpitformat.

Die wöchentliche Erfassung der Daten in einem Tabellenkalkulationsprogramm hätte die Anwenderakzeptanz aufgrund des Erfassungsaufwandes beeinträchtigen können. Zudem wären gewisse Detailanalysen entfallen, da das manuell erfasste Datenvolumen nicht ausreichend gewesen wäre. Da die meisten Daten bereits in den Produktivsystemen existierten, wuchs der Wunsch, diese automatisch in eine IT-basierte Cockpit-Applikation hineinzuladen.

In diesem Unterabschnitt sollen daher einige IT-spezifische Aspekte bei der Umsetzung des PMS in Unternehmen E kurz erläutert werden. Er gliedert sich in drei Teile, die mit dem Vorgehensmethodik in Abschnitt 2.6.1 übereinstimmen:

- Datenextraktion
- Verwaltung der Daten im Warehouse
- Front End Applikation

Es soll an dieser Stelle darauf hingewiesen werden, dass einige im Markt erhältliche Reportinginstrumente auf den zweiten Schritt (Verwaltung der Daten in einem eigenen Warehouse) verzichten, indem sie direkt auf die Produktivsysteme zugreifen. Im Fall von Unternehmen E wurde für das Reporting ein eigenes Data Warehouse eingerichtet, weil die Stabilität einiger Produktivsysteme äusserst kritisch für den Unternehmenserfolg ist. Man wollte dadurch u.a. auch das Restrisiko ausschliessen, dass durch (Query-)Zugriffe auf diese Produktivsysteme Komplikationen im täglichen operativen Geschäft auftreten können.

4.5.5.1 Datenextraktion aus den Produktivsystemen

Eine grosse Herausforderung bei der Umsetzung eines Cockpit-basierten Reporting resultierte bei E aus der grossen Anzahl an heterogenen Produktivsystemen.

Aufgrund verstärkter Outsourcingaktivitäten in der jüngeren Vergangenheit (wie z.B. bei der Implementierung von SAP) waren grosse Koordinationsbemühungen notwendig, um die externen Wissensträger in das Projekt zu integrieren. Das führte zu spürbaren Verzögerungen im Projektablauf, die dadurch noch vergrössert wurden, dass innerhalb der Beratungsgruppen eine starke Arbeitsteilung durchgeführt worden ist.

Die Datenextraktion setzt genaue Kenntnisse über die einzelnen Transaktionen sowie ihre Abbildung in den Produktivsystemen voraus. Ein grosses Problem stellte die oft mangelhafte Dokumentation der Datenbankstrukturen der Produktivsysteme dar. Dadurch wurde das Schreiben von Abfragen (Queries) auf die Transaktionssysteme signifikant erschwert.

Im Rahmen der Datenextraktion stellte sich auch die Datenqualität der Produktivsysteme z.T. als verbesserungswürdig heraus. Das führte zu notwendigen Anpassungen in den Transaktionssystemen, um in Zukunft die gewünschte Datenqualität zu erhalten. So wurden z.B. bei einigen Eingabemasken in SAP zusätzliche Felder sowie Überprüfungen der Eingabewerte integriert.

Dort, wo bisher schriftliche Listen geführt worden sind (wie z.B. bei der Posterfassung), wurden Applikationen in Access bzw. Excel geschrieben, um diese Informationen im datenbankkompatiblen Format zu erhalten. Diese Anwendungen haben u.a. zum Ersetzen schriftlicher Strichlisten geführt, sodass Doppelerfassungen zukünftig entfallen.[66]

---

66 Grösstenteils besitzen die Transaktionssysteme ihre eigenen Reportingwerkzeuge, wie z.B. SAP oder die Telefonanlage. Da das Datenformat aber nicht passend strukturiert sowie nicht in dem gewünschten Aggregationsgrad zur Verfügung gestellt werden konnte, waren separate Abfragen (Queries) auf diese Systeme notwendig.

4.5.5.2 Verwaltung der Daten

Die Daten aus den Produktivsystemen werden i.d.R. einmal wöchentlich in das Data Warehouse hineingelesen. Das Warehouse bildet das Unternehmensmodell von E mit allen relevanten Analysedimensionen ab. Dieses sog. „Metadatenmodell“ ist in der Entwicklungsphase auf die Messgrössen der Cockpits aller Unternehmensbereiche abgestimmt worden.

Die primäre Verantwortung für die Datenqualität befindet sich bei den System Ownern der Produktivsysteme. Der Betreuer der Cockpit-Applikation von E führt lediglich regelmässige Stichproben durch, um die Datenvalidität zu überprüfen.

Ein sehr wichtiger Aspekt bei der Verwaltung der Daten sind Service Level und Notification Agreements: Die Notification Agreements stellen sicher, dass Änderungen, die die Dimensionen des Metadatenmodells betreffen, frühzeitig dem Verantwortlichen der Cockpit-Applikation kommuniziert werden.[67]

Die Service Level Agreements sollen gewährleisten, dass die Daten aus den Produktivsystemen in der gewünschten Qualität geliefert werden.[68]

Anhand der Abbildung 4-20 wird die Bedeutung der Notification- und Service Level Agreements sichtbar. Veränderungen in der Unternehmensumwelt sowie innerhalb von Unternehmen E können u.a. Modifikationen im Metadatenmodell sowie auf Userinterface-Ebene nach sich ziehen. Der Anstoss dazu sollte aufgrund der Notification und der Service Level Agreements durch die verantwortlichen Mitarbeiter in den entsprechenden Unternehmensbereichen (z.B. durch den Superuser der Helpdeskapplikation) erfolgen.

Die Applikation von Unternehmen E ermöglicht dank der Verwendung grafischer Oberflächen eine rasche und unkomplizierte Anpassung der Ladeprozesse sowie der Userinterfaces.

---

67 Relevante Änderungen können z.B. die Einführung eines neuen Produkts oder einer neuen technischen Problemart betreffen. Erfolgt die Bekanntgabe der Anpassungen nicht rechtzeitig, so kann es bei den Ladeprozessen der Daten aufgrund unbekannter neuer Dimensionselemente zu Fehlern kommen.

68 Sie spezifizieren u.a. den Datenumfang, den Liefertermin, das Dateformat sowie die Verantwortlichkeiten im Falle, dass offensichtliche Fehler auftreten.

Abbildung 4-20: Vorgehen bei Modifikationen der Cockpit-Applikation

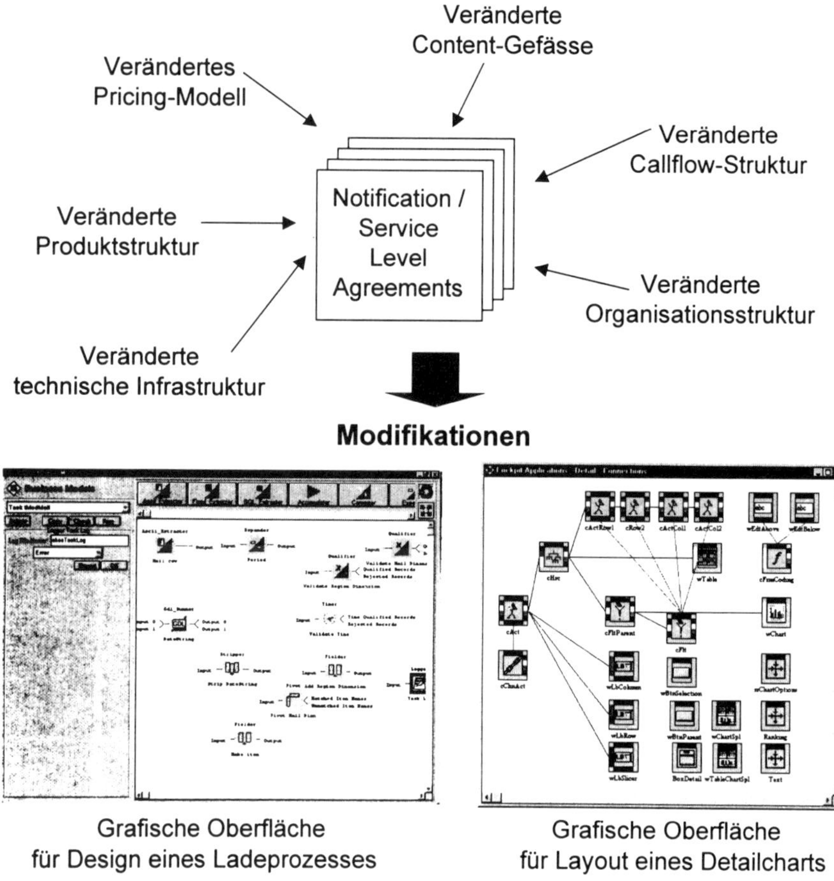

4.5.5.3 Funktionalität der Front-End-Applikation

Bei E sind fünf verschiedene Cockpits gestaltet worden, die auf wöchentlicher Basis die Performance des Unternehmens abbilden. An oberster Stelle steht das Executive Cockpit, dass eine Zusammenfassung der wichtigsten KPIs enthält.[69]

Auf wöchentlicher Ebene nichtfinanzielle Grössen in den Cockpits. Darin spiegelt sich u.a. auch die starke Kundenfokussierung von E wider.

---

69 Alle abgebildeten Werte sind Dummygrössen, die nicht mit den aktuellen Zahlen übereinstimmen. Um die Kausalitätsbeziehungen zu bewahren, stimmt der Trend bei ihrer Entwicklung im Zeitablauf.

Durch Anklicken eines Charts kommt man vom Cockpit direkt in das Detailchart, das ausführliche Informationen sowie ein separates Kommentarfeld zu einzelnen den Key Performance Indicators enthält. Neben der grafischen Entwicklung werden die zugrunde liegenden Daten im Detailchart auch im Spreadsheet-Format abgebildet. Die derart abgebildeten Daten können beliebig in andere Spreadsheet-Applikationen exportiert werden. Dasselbe gilt für die einzelnen Charts, die in individuelle Reports sowie in Web-Publishing-Programme übernommen werden können. Dadurch können sie auf dem Intranet veröffentlicht werden.

Auf Cockpitebene existieren wenige, über eine längere Periode konstant gehaltene KPIs, sodass sich die Benutzer rasch über deren Entwicklung informieren können. Dabei findet im Sinne des Scorecard- und Tableau de Bord-Ansatzes eine Konzentration auf wenige wesentliche Grössen statt.

Möchte der Anwender die Ursachen für die Entwicklung der KPIs hinterfragen, so kann er in das entsprechende Detailchart wechseln. Dort besitzt er mittels der OLAP-Funktionalität die Möglichkeit, Daten verschiedener Dimensionen miteinander zu verknüpfen. Dadurch erhält er bei den Auswertungen einen sehr grossen Gestaltungsspielraum.

Eine weitere Funktionalität der Cockpit-Applikation ist neben der Erstellung von Teilsichten (sog. „Slicing & Dicing“) die Drill-Down-Funktion. Damit können Daten aus tieferen Hierarchiestufen durch einfaches Aufrufen der gewünschten Dimension abgebildet werden. Durch die Hierarchisierung des Datenmaterials wird die strukturelle Komplexität reduziert. Auf Cockpitebene werden meistens aggregierte Daten abgebildet, um einen Überblick über die Gesamtentwicklung zu erhalten. Im Detailchart besitzt der Anwender wiederum die Möglichkeit, für ihn relevante Details zu betrachten, indem er die aggregierten Grössen auf ihre Teilelemente herunterbricht.

4.5.5.4 Bewertung der technischen Umsetzung

Die zuvor beschriebene Applikation des Cockpit-Reporting weist vier wesentliche Vorteile gegenüber einer Spreadsheet-basierten Lösung auf:

- Der Doppelerfassungsaufwand entfällt. Die Daten können z.B. nachts geladen werden, wenn die Systeme wenig beansprucht sind. Ferner sind die Daten jederzeit verfügbar.[70]

- Erfassungsfehler können dadurch ausgeschlossen werden, da die Daten bereits weitestgehend in den Produktivsystemen vorhanden sind.

- Grössere Datenmengen könnten integriert werden, die vertiefte Detailanalysen ermöglichen.[71] Auf einer tieferen Ebene können im Cockpit dargestellte Abweichungen untersucht werden. Zudem können Korrelationsanalysen über die verschiedenen Zahlenreihen von Einflussgrössen der Performance Abhängigkeiten zwischen verschiedenen Faktoren aufdecken.

- Die elektronische Distribution der Cockpits wird mit einer Client-Server-basierten Applikationslösung erleichtert. Zeitparallel können mehrere Personen dasselbe Cockpit aufrufen. Die Frage der Informationsdistribution befindet sich auch in einer Weiterentwicklungsphase, was sich u.a. daran zeigt, dass Web-Client-Lösungen näher betrachtet werden.[72]

---

70 Es konnten Einsparungen bei der Erstellung von Reports infolge ihrer Automatisierung realisiert werden. Da bei E erst mit dem Aufbau eines Reporting begonnen wurde, lagen aber keine Erfahrungsdaten über die Kosten einer manuellen Reportingerstellung vor. Der Aufwand zur Weiterentwicklung und Pflege der Cockpits kann auf ca. einen Tag pro Woche veranschlagt werden.

71 Damit unterscheidet sich die Applikation in Unternehmen E von Performance Management Applikationen, wie sie z.B. für die Umsetzung von Balanced Scorecards offeriert werden. Während letztgenannte eine starke Beschränkung alleine auf Scorecard-bezogene Informationen vornehmen, dient das Data Warehouse der Applikation von E auch als Datenbank, um die Geschäftsmodellentwicklung sowie die strategische Planung zu unterstützen. Das grosse Datenvolumen wird aber für den Anwender aufgrund der Cockpitgestaltung sowie der Einrichtung verschiedener Hierarchieebenen nicht sofort ersichtlich, sondern erst, sobald er Ad-hoc Analysen auf Detailchart-Ebene durchführt.

72 Ein wichtiger Aspekt betrifft die weite Distribution von entscheidungsrelevenaten Informationen. Dieser Aspekt spielt in Unternehmen E eine wichtige Rolle, da ein grosser Bestand an „Kerninformationen“ (wie. z.B. die Kundenstruktur und –entwicklung) für verschiedene Unternehmensbereiche (u.a. Marketing, Contenterstellung) relevant sind. Ein Grossteil der Anfragen an die Datenbankverantwortlichen entfällt, da es den Entscheidungsträgern ermöglich ist, durch eigene Zugriffe die für sie relevanten Informationen aufzurufen und ggfs. in eigenen Spreadsheet-Applikationen weiterzuverarbeiten.

Der grösste Nachteil einer solchen Applikation liegt in seiner Komplexität begründet, da aufgrund sehr produktspezifischer Kenntnisse die Pflege und damit zusammenhängende Modifikationen oftmals nur von einer zentralen Stelle vorgenommen werden können.[73] Durch die Zentralisation der Verantwortung für die Applikation können im vierten Modul vorgestellte „Ownership"-Aspekte eines PMS beeinträchtigt werden.

4.5.6 Verknüpfung mit anderen Managementprozessen

Um das Cockpit-basierte Reporting zu einem festen Bestandteil des Führungssystems zu machen, ist es empfehlenswert, dass es auf die wichtigsten Managementprozesse von Unternehmen E abgestimmt ist.

Ein wesentlicher Baustein des Führungssystems bei E ist das Management by Objectives (MbO). Vierteljährlich werden Zielwerte zwischen den Mitarbeitern und ihren Vorgesetzten vereinbart, die in Quartalsgesprächen überprüft und ggfs. weiter spezifiziert werden. Als Ergebnis dieser Gespräche werden auch quantitative Ziele formuliert, die in den Cockpits abgebildet werden können.

In der Abbildung 4-21 sind Schnittstellen zwischen dem Cockpit-basierten Reporting und vier wichtigen Managementprozessen dargestellt worden, die eine Abstimmung des Reporting erfordern.

Im Rahmen des Service Development Prozesses, der die Produktentwicklung strukturiert, ist eine Voraussetzung für das Passieren des letzten Meilensteins („Tollgate"[74]), dass die Integration der neuen Produkte ins Cockpit gewährleistet ist. Bei grösseren Projekten, die eine starke Beanspruchung der internen Ressourcen nach sich ziehen, sollten auch weitere kritische Faktoren in die Cockpits integriert werden. Des weiteren ist vorgesehen, dass auch Daten des Service De-velopment Processes als wichtige Indikatoren des Time-to-Market in das Executive Cockpit fliessen. Dieser Prozess besitzt in dem dynamischen Umfeld mit fallenden Preisen eine äusserst kritische Bedeutung.

---

73 Die Data-Cleansing-Tätigkeiten waren in der Implementierungsphase wegen der zahlreichen unterschiedlichen Produktivsysteme sehr aufwendig und sind folglich auch bei der Terminierung des Projektes massiv unterschätzt worden. Werden sie aber nicht gewissenhaft durchgeführt, können sie zu einem Scheitern des Projektes betragen, sobald den abgebildeten Daten von den Anwendern misstraut wird. Daher war es notwendig, dass die Verantwortlichkeiten für die Datenqualität klar definiert sowie Service Level- und Notification Agreements abgeschlossen worden sind. Ansonsten kann die Komplexität des Systems von dem Applikationsverantwortlichen nicht bewältigt werden.

74 In der Abbildung 4-21 wird "Tollgate" mit "TG" abgekürzt.

Abbildung 4-21: Abstimmung des Cockpit-basierten Reportings mit anderen Managementprozessen in E

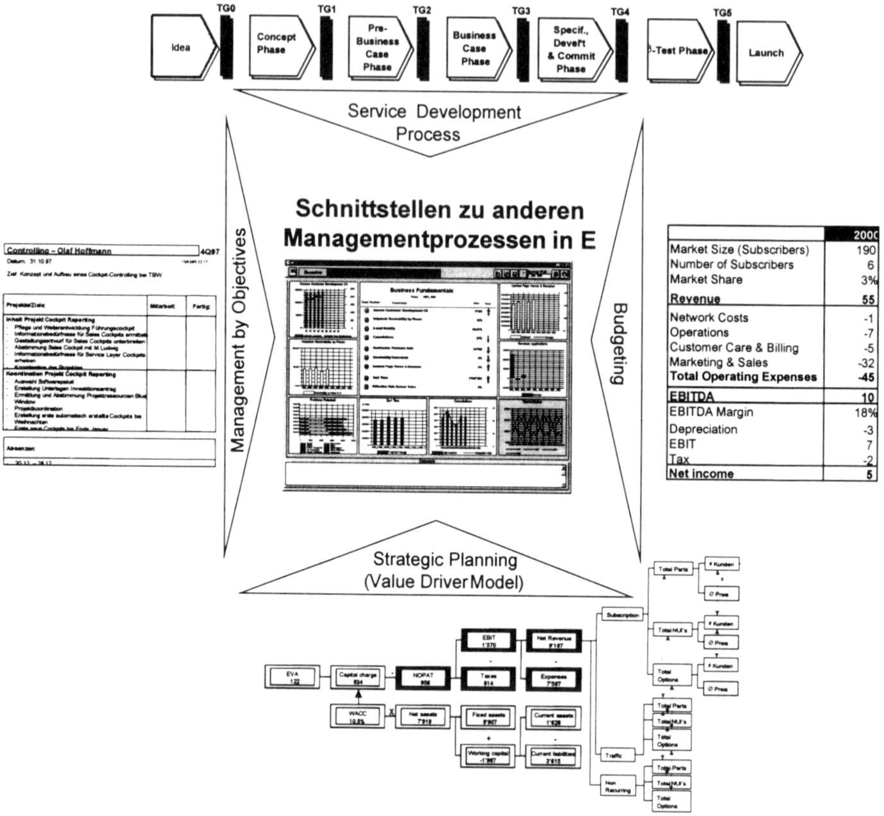

Ein wichtiges Instrument zur Unterstützung strategischer Planungsentscheidungen stellt in Unternehmen E das sog. „Value Driver Model" dar, in dem wichtige Einflussgrössen auf den Unternehmenswert von E integriert worden sind.[75] Mithilfe dieses Modells können verschiedene Szenarien (wie z.B. ein neues Pricing-Modell) abgebildet sowie der mutmassliche Einfluss einzelner Treiber identifiziert werden. Dem Value Driver Model liegt ein Kausalmodell zugrunde, das auch für das Design der Cockpits verwendet worden ist.[76] Das Kausalmodell konnte aufgrund von Beobachtungen der Messgrössenwerte sowie ihrer Interdependenzen überarbeitet und neuen Marktentwicklungen angepasst werden.

[75] Siehe hierzu auch Abschnitt 3.4.3.2.2

[76] Siehe hierzu auch Seite 319

Während das Value Driver Model Planungszwecken dient, liefert das Reporting der in den Cockpits dargestellten Grössen ein Abbild der Ist-Entwicklung der wichtigsten Wertgeneratoren von Unternehmen E. Die Ist-Werte können wiederum in die Annahmen hineinfliessen, die dem Value Driver Model zugrunde liegen.

Die Budgetiergung basiert auf einer Struktur, die mit dem Value Driver Model verwandt ist. So wird bspw. von der Marktvolumen-, Marktanteils- sowie der Preisentwicklung der Umsatz des nächsten Jahres abgeleitet und mit den Umsatzvorgaben der Muttergesellschaft abgestimmt. Im Gegensatz zum Value Driver Model weist das Budgetmodell einen wesentlich höheren Detaillierungsgrad bzgl. der Kosten- und Umsatzstruktur sowie den Kosten- und Umsatztreibern auf. Zahlreiche Komponenten des Budgetmodells werden auch im Cockpit-basierten Reporting abgebildet.

Durch die Abstimmung der Cockpitinhalte auf die vier Managementprozesse soll zum einen sichergestellt werden, dass die Konsistenz und Verständlichkeit der Planungsprozesse gewahrt wird, zum anderen dass ein rascher Feedback erfolgt, der auch die der Planung zugrunde liegenden Prämissen betreffen kann.

4.5.7 Zusammenfassung Case E

In Unternehmen E standen am Anfang des Projekts - ähnlich wie in den ersten Artikeln von Kaplan/Norton über den Balanced Scorecard-Ansatz - alleine Aspekte des Reportingdesigns im Vordergrund.[77] Es kristallisierte sich aber im Laufe des Projekts heraus, dass die verwendeten Messgrösssen eine viel grössere Bedeutung haben, als anfangs angenommen: Sie sind nicht alleine Performanceindikatoren, sondern auch elementare Bestandteile des Geschäftsmodells, das seinen Ausdruck sowohl in einem Kausalkettenmodell (wie auf Seite 319), als auch in dem Value Driver- und dem Budgetmodell im Rahmen der Planungsprozesse findet.

Es bestand zu Beginn des Projekts ein grosser Abstimmungsbedarf, da unterschiedliche Auffassungen über die strategischen Schwerpunkte sowie die Gestalt des umzusetzenden Geschäftsmodells bestanden. Die Einführung eines strategieorientierten Performance Mangement Systems (PMS) kann hierbei einerseits unterschiedliche Vorstellungen zum Vorschein bringen, andererseits aber auch als Katalysator bei der Konkretisierung und Umsetzung der Unternehmensstrategie wirken.

---

77 Kaplan/Norton (1992), S.71ff.

Ein hiermit zusammenhängender Aspekt, dessen exorbitant grosse Bedeutung sich erst im Laufe des Projekts herausgestellt hat, betrifft die Partizipation der Mitarbeiter bei der Abklärung des Geschäftsmodells, der Identifikation kritischer Erfolgsfaktoren sowie der Messgrössenauswahl und –definition. Schwächen in diesem Punkt können sich als äusserst kritisch für einen späteren Projekterfolg herausstellen. Wenn der „Buy-in" nicht bei weiten Teilen der späteren Anwender gelingt, kann der dauerhafte Erfolg des Projekts gefährdet sein.

Aufgrund der zahlreichen Interdependenzen zu anderen Managementprozessen war die tatsächliche Projektkomplexität viel höher als bei Projektbeginn angenommen. Als vorteilhaft stellte sich dabei heraus, dass in Unternehmen E die Planungs- und Feedbackprozesse erst im Aufbau begriffen waren und somit ein grosser Gestaltungsspielraum vorhanden war. Ein weiterer Vorteil betraf die Organisation des Projekts innerhalb von Unternehmen E: eine oft in Grossunternehmen anzutreffende Teilung zwischen (strategischer) Planungs- und Controllingabteilung existierte aufgrund der Unternehmensgrösse dort nicht. Stattdessen arbeiteten die in dem Projekt involvierten Mitarbeiter der Abteilung „Business Strategy & Controlling" sehr intensiv zusammen.

4.6 Zusammenfassung des vierten Abschnitts

In den fünf Fallstudienunternehmen sind verschiedene Aspekte von Performance Management Systemen (PMS) vorgestellt worden. In diesem Abschnitt sollen die dabei gemachten Beobachtungen kurz zusammengefasst sowie Vergleiche beim Implementierungsvorgehen aufgestellt werden.

Im Unternehmen A ist eine weitestgehende Dezentralisierung der Entscheidungsgewalt erfolgt, um rasch auf Umweltveränderungen reagieren zu können. Diese Dezentralisierung hat sich auch auf das PMS ausgewirkt: einerseits wird ein vierdimensionales operatives Messgrössenraster kommuniziert, den die Teilbereiche gemäss ihren individuellen Bedürfnissen spezifizieren können. Andererseits sind die Hoshins derart gestaltet, dass ihre Konkretisierung den Entscheidungsträgern in den operativen Bereichen obliegt. Zahlreiche Aspekte der Dezentralisierung von PMS, die in der ersten Fallstudie vorgestellt worden sind, sind bei der Entwicklung des Performance Management Frameworks im zweiten Abschnitt dieser Arbeit berücksichtigt worden. Des weiteren haben die Erfahrungen von Unternehmen A u.a. auch dazu beigetragen, im zweiten Abschnitt dieser Arbeit zwischen operativen und strategischen Key Performance Indicators (KPIs) zu differenzieren.

Anhand von Unternehmen B konnten die Risiken verdeutlicht werden, die auch auf eine fehlende Partizipation der Mitarbeiter in der Entwicklungsphase eines PMS zurückgeführt werden können. Trotz eines „kundenorientierten" Reportingdesigns in Cockpitform wies der Implementierungsprozess einige Unzulänglichkeiten bzgl. der Einbindung der zukünftigen internen Kunden auf, die den Projekterfolg des PMS beeinträchtigt haben. Diese Beobachtungen haben sich im zweiten Abschnitt sowohl in den vorgestellten Methodiken zur Herleitung von KPIs niedergeschlagen als auch im Modul sieben, in dem Gedanken zur Gestaltung einer Kommunikations- und Lernstrategie festgehalten sind.

Die Beobachtungen in Unternehmen C beschränken sich auf eine frühe Phase einer Balanced Scorecard-Implementierung. Anhand dieser Fallstudie wird der grosse Abstimmungsbedarf bei der Einführung eines PMS deutlich. Dieser bezieht sich nicht nur auf die Abstimmung der Interessen und Ziele der im Implementierungsprozess involvierten Personen, sondern auch auf die Koordination mit anderen Managementprozessen wie z.B. dem Budget- und MbO-Prozess. Durch die Berücksichtigung von sieben aufeinander abgestimmten Modulen wurde im zweiten Abschnitt versucht, der grossen Bedeutung einer konsistenten und abgestimmten Vorgehensweise bei der Implementierung von PMS Rechnung zu tragen.

In der vierten Fallstudie (Unternehmen D) wird die Verknüpfung zwischen einer unternehmensweit gültigen Balanced Scorecard und den individuellen Leistungszielen der Mitarbeiter erläutert. Auf zahlreiche Aspekte dieser Verknüpfung ist im fünften Modul des Performance Management Frameworks eingeflossen.

Die Neugestaltung des Reporting auf Basis von Scorecards sowie die Ausrichtung der Zielvereinbarung und Leistungshonorierung an einen mehrdimensionalen Performancebegriff sind Elemente zur Unterstützung des geplanten Wandels in Unternehmen D. Diese Massnahmen bedürfen sowohl einer sorgfältigen Synchronisation als auch eines integrativen Bezugsrahmens. Die Unternehmensstrategie kann diesen Rahmen bilden, der die Koordination der einzelnen Elemente des PMS unterstützt. Dieser Aspekt ist im ersten Modul des Performance Management Frameworks berücksichtigt worden.

In der letzten Fallstudie wird anhand von Unternehmen E dargestellt, wie ausgehend von der Unternehmensstrategie ein PMS entwickelt werden kann. Dabei hat sich am Beispiel von Unternehmen E gezeigt, dass die Entwicklung eines PMS ein langwieriger, iterativer Prozess sein kann, bei dem erst im Laufe der Implementierungsphase Klarheit über die spezifischen Teilziele geschaffen wird. Dabei kommt dem Wissensaustausch eine besondere Bedeutung zu: Kenntnisse über die „Spielregeln“ des operativen Geschäfts sind dabei ebenso wichtig wie jene über das geeignete methodische Vorgehen.

In der Fallstudie ist auch auf IT-spezifische Aspekte eingegangen worden, für die bereits im sechsten Modul des Performance Management Frameworks die Basis gelegt worden ist. Es hat sich in Unternehmen E gezeigt, dass sehr grosse Datenmengen in der Cockpitdarstellung der Front-End-Applikation übersichtlich dargestellt werden können, indem eine Fokussierung auf Indikatoren der kritischen Erfolgsfaktoren vorgenommen wird.

Obwohl in den fünf Fallstudien unterschiedliche Gestaltungselemente von PMS beschrieben worden sind, wird von allen Verantwortlichen die grosse Bedeutung einer starken Mitarbeiterpartizipation bei der Überarbeitung und Neugestaltung von PMS explizit betont. Zudem besitzt das PMS in fast allen Unternehmen die Aufgabe, die strategische Neuausrichtung zu unterstützen.

In der nachfolgenden Abbildung sollen die fünf Fallstudienunternehmen einander gegenübergestellt werden.

Abbildung 4-22: Gegenüberstellung derErgebnisse der fünf Cases

Merkmale PMS	Unternehmen A	Unternehmen B	Unternehmen C	Unternehmen D	Unternehmen E
Orientierungsrahmen vorhanden (z.B. Balanced Scorecard Ansatz)	◨	□	■	■	□
PMS soll strategische Neuausrichtung unterstützen	■	◨	■	■	◨
PMS soll Kulturwandel unterstützen	■	□	◨	■	□
Grad der Partizipation von Mitarbeitern	■	□	◨	◨	◨
Top-Down-Vorgehen bei Umsetzung	◨	■	■	■	■
Bedeutung von Informationstechnlogie	◨	□	□	□	■

□ Merkmal kaum ausgeprägt

◨ Merkmal ausgeprägt

■ Merkmal sehr stark ausgeprägt

Obwohl die Mitarbeiterintegration ein sehr kritischer Erfolgsfaktor bei der Implementierung von PMS darstellt, konnten in den fünf Unternehmen unterschiedliche Partizipationsgrade beobachtet werden. Zudem ist auffallend, dass bis auf Unternehmen A alle beschriebenen wichtigen Elemente des PMS mittels Top-down-geprägter Ansätze umgesetzt worden sind.

5 Fazit

Ziel dieser Arbeit war eine Systematisierung der Elemente von Performance Management Systemen sowie die Entwicklung von Gestaltungsempfehlungen für die Implementierung solcher Systeme.

Dazu sind sowohl drei Performance Management Ansätze untersucht worden, die finanzielle und nicht-finanzielle Indikatoren integrieren, als auch praktische Erfahrungen bei ihrer Umsetzung berücksichtigt worden.

Performance Management Ansätze erfüllen verschiedenartige Aufgaben, was anhand der Schwerpunkte der drei analysierten Ansätze ersichtlich wurde: Während beim Tableau de Bord-Ansatz ein starker Fokus auf die Entscheidungsunterstützung individueller Personen liegt, wird beim Balanced Scorecard-Ansatz der Beitrag zur Strategieumsetzung besonders hervorgehoben. Der Intellectual Capital Ansatz besitzt aufgrund seiner Entwicklungsgeschichte eine Nähe zur Unternehmensbewertung.

Trotz der unterschiedlichen Schwerpunkte zeigt es sich, dass die Ansätze zahlreiche Ähnlichkeiten aufweisen: Gemeinsam ist allen drei Ansätzen nicht nur eine Beschränkung der Indikatorenanzahl und die Verknüpfung finanzieller mit nichtfinanziellen Messgrössen im Reporting.[78] Parallelen existieren auch in der Entstehungsgeschichte: stand zuerst das Bestreben nach einer ausgewogeneren Leistungsmessung bei allen drei Ansätzen im Vordergrund, so verschob sich im weiteren Entwicklungsverlauf der Fokus von der Messung (Performance Measurement) auf eine Integration von Aktivitäten zur Planung und Beeinflussung der Performance (Performance Management).

Die Unterschiede betreffen insbesondere die Abstimmung von Performancegrössen und Massnahmen der Performanceverbesserung auf tieferen Hierarchiestufen. Zudem treten bei der Methodik zur Herleitung der Indikatoren sowie der Dimensionierung von Performanceindikatoren Differenzen zutage.

Besonders positiv zu vermerken ist bei allen drei vorgestellten Performance Management Ansätzen, dass sie die Aufmerksamkeit auf zukunftsorientierte Treiber der Performance richten und dadurch den Blickwinkel erweitern. Edvinsson weist ausdrücklich darauf hin, dass die Bewertung des zukünftigen Ertragspotentials ein wichtiges Argument für die

---

[78] Zudem können die in allen drei Ansätzen hergeleiteten Indikatoren der Performance grosse Ähnlichkeiten besitzen.

Entwicklung des Intellectual Capital-Ansatzes war.[79] Beim Balanced Scorecard-Ansatz schlägt sich die Zukunftsorientierung u.a. auch in der Integration einer Innovations- und Entwicklungsperspektive nieder. Praktische Erfahrungen bei der Umsetzung von Scorecards zeigen jedoch, dass insbesondere in dieser Dimension noch ein grosses zukünftiges Entwicklungs- und Verbesserungspotential liegt.

Die Umsetzung von Performance Management Systemen ist ein sehr komplexes und herausforderndes Unterfangen, wie die Erfahrungen von fünf Fallstudienunternehmen demonstrieren. Dabei zeigte sich, dass die inhaltliche Geschlossenheit eines Ansatzes nicht vor der Gefahr des Scheiterns schützt, wenn dessen Umsetzung signifikante Defizite aufweist.

Zwei Aspekte sollten daher besonders berücksichtigt werden: die frühzeitige Einbindung der Mitarbeiter sowie die Abstimmung auf andere Managementsysteme und unternehmenskulturelle Besonderheiten. Zudem sollten sich die Initiatoren bewusst sein, dass die Umsetzung eines Performance Management Systems ein sehr langwieriger Prozess sein kann, bei dem Implementierungsdauern von 18-24 Monaten durchaus keine Seltenheit sind.[80]

Die wichtigsten vom Performance Management Framework abgeleiteten Gestaltungsempfehlungen können wie folgt zusammengefasst werden:

- Es ist sehr hilfreich, wenn innerhalb der Geschäftsleitung ein weiter Konsens über die Unternehmensstrategie, das gewählte Geschäftsmodell sowie über die Hypothesen der wichtigsten dabei zugrunde gelegten Kausalzusammenhänge vorhanden ist. Dieser Konsens erleichtert eine Konzentration auf kritische Erfolgsfaktoren sowie die Kommunikation und Herleitung von strategischen Zielen und Massnahmen.
- Eine Differenzierung zwischen operativen und strategischen Key Performance Indicators (KPIs) ist zweckmässig, da sie eine unterschiedliche Prioritisierung, zeitliche Ausrichtung und Stabilität besitzen. Während die Verbreitung von operativen KPIs als "Hygienefaktoren" der operativen Prozesse fortgeschritten ist, können Defizite auf dem Gebiet der Strategieableitung auf tieferen Hierarchiestufen (Strategy Deployment) festgestellt werden. Anhand des sog. „Hoshin Planning-Ansatzes" sind Grundzüge des Strategy Deployment-Prozesses erläutert worden.

---

79 Edvinsson (1999), S.4

80 In einer 1998 veröffentlichten Untersuchung über den Einsatz von Balanced Scorecards in Grossbritannien gaben 56 Prozent der Unternehmen an, dass sie den zeitlichen Implementierungsplan um mehr als sechs Monate überschritten hatten. Creelman (1998), S.337

- Operative nicht-finanzielle Messgrössen sollten hauptsächlich von den Personen hergeleitet und verwendet werden, die die Verantwortung dafür tragen, anstatt dass sie von zentralen Abteilungen (Controlling, Qualitätssicherung o.a.) vorgegeben werden. Eine intensive Auseinandersetzung mit den Bereichszielen, eine Schulung der Mitarbeiter sowie der freie Zugang zu allen notwendigen Informationen ist empfehlenswert, um eine weitestgehende Selbststeuerung zu fördern. Sie sollte durch regelmässige Plausibilitätsüberprüfungen sowie ein aktives Coaching durch den Linienvorgesetzten ergänzt werden.[81]

- Dem Reportingdesign sollte eine Erfassung der spezifischen internen Kundenbedürfnisse vorgelagert sein. Um sowohl eine Entscheidungs- als auch Verhaltensorientierung als gleichberechtigte Zielsetzungen des Performance Managements zu unterstützen, sollte ein selektives Reporting angestrebt werden, das flexibel auf die unterschiedlichen Informationsbedürfnisse seiner Kunden reagiert. Die Konzentration auf kritische Erfolgsfaktoren kann den Selektionsprozess der Performanceindikatoren unterstützen. Cockpits und Scorecards eignen sich als Instrumente eines fokussierten und auf die internen Kunden ausgerichteten Reportings.

- Eine Koppelung der Leistungshonorierung an nicht-finanzielle Kennzahlen sollte erst in einem späten Implementierungsstadium erfolgen. Es ist dabei zu berücksichtigen, dass viele Kennziffern auf Hypothesen über Kausalzusammenhänge von Einflussgrössen der Performance beruhen. Diese Annahmen sollten zuerst weitestgehend verifiziert werden, ehe eine Verknüpfung mit dem Bonussystem stattfindet. Ansonsten könnte ein dysfunktionales Verhalten gefördert werden. Auch kann in einer frühen Phase die Gefahr bestehen, dass zu viele interne Ressourcen benötigt werden, um Bedenken über die Genauigkeit und Zweckmässigkeit der Indikatoren zu zerstreuen.

- Es ist empfehlenswert, bei einer Dezentralisierung der Aufgaben des Performance Managements auch im Informationstechnologiebereich dynamische, dezentralisierte Strukturen („Zeltstrukturen“) zu schaffen, anstatt eine schwerfällige und betreuungsintensive IT-Umgebung („Palaststruktur“) aufzubauen, deren Pflege grosse Ressourcen beansprucht.[82] Entwicklungen im Bereich der Informationstechnologie spielen nicht nur bei der kostengünstigen Erfassung von Performanceindikatoren eine bedeutende

---

81 Die Selbststeuerung befreit jedoch nicht von einer Informationspflicht an zentrale Controllingstellen zur Erfüllung von Informationsaufgaben des Rechnungswesens.

82 Ausnahmen bilden neben Workflowsystemen u.a. solche Systeme, die eine Standardisierung benötigen und demzufolge auch oft eine Zentralisierung erfordern, um eine unternehmensweite Konsolidierung und Transferierbarkeit der Daten zu gewährleisten.

Rolle, sondern insbesondere auch bei der internen Kommunikation und Distribution von performancerelevanten Informationen (z.B. via webbasierter Reportinginstrumente) und Kenntnissen (z.B. Best Practice-Datenbanken).[83]

- Eine effektive Kommunikation kann neben der aktiven Unterstützung durch die Geschäftsleitung als der wichtigste kritische Erfolgsfaktor bei der Implementierung von Performance Management Systemen betrachtet werden.[84] Es ist daher aufgrund des Innovationsgrades, der Komplexität sowie der Dauer von Implementierungsprojekten des Performance Managements empfehlenswert, einen Kommunikationsplan zu entwickeln, um Barrieren zu entkräften. Flankierende Schulungsmassnahmen können zudem die Basis für eine stärkere Mitarbeiterpartizipation legen.

Es sollte abschliessend noch einmal darauf hingewiesen werden, dass eine unkoordinierte Verwendung nicht-finanzieller Grössen einige Unsicherheiten bergen kann: Bei einer starken Fokussierung auf sie können Ziele und Mittel miteinander verwechselt werden. Das kann u.a. auch dazu führen, dass die Prioritätenbildung und damit auch die Entscheidungsfindung erschwert werden. Zudem ist auf die Gefahr eines „Management by Numbers" hinzuweisen, wenn versucht wird, vermehrt „weiche" Faktoren zu quantifizieren und sie in mehrdimensionale Ergebnistafeln zu integrieren.

Umso bedeutender wird daher ein weiter Konsens über die strategischen Ziele sowie die Konzentration auf kritische Erfolgsfaktoren, die eine Fokussierung auf wenige, sehr relevante Aspekte der Leistungserzeugung fördern. Ein koordiniertes Vorgehen, das auch der grossen Bedeutung der internen Kommunikation und Mitarbeitereinbindung Rechnung trägt, kann bei der Vermeidung dieser Gefahren helfen.

---

83 Die Bedeutung der IT manifestiert sich auch in einer britischen Studie über den Einsatz von Balanced Scorecards: Gemäss dieser Untersuchung war der Aspekt „Technology support/integration" das am dritthäufigsten genannte Hemmnis bei der Implementierung. Nur die existierenden Managementsysteme sowie die dem Projekt zugeordneten Ressourcen wurden öfter genannt. Creelman (1998), S.338

84 Diese beiden Faktoren werden gemäss einer britischen Studie über den Einsatz von Balanced Scorecards als die mit Abstand wichtigsten Erfolgskriterien betrachtet. Creelman (1998), S.338

Ausblick auf zukünftige Forschungsfelder

Es besteht im deutschsprachigen Raum noch ein grosser Forschungsbedarf auf dem Gebiet des Performance Measurement und –Management.

Ein zukünftiges Forschungsgebiet bildet die Analyse der Rahmenbedingungen, unter denen mehrdimensionale Performance Management Systeme erfolgreich umgesetzt werden können. Es kann vermutet werden, dass der Einsatz von nicht-finanziellen Kenngrössen in gewissen Umfeldern (z.B. bei strategischer Neuausrichtung nach Krisen, in Start-up-Unternehmen) einen grösseren Nutzen stiftet als unter anderen Rahmenbedingungen.[85]

Ein weiteres Themengebiet umfasst die Frage nach der Federführung sowie der Rolle des Controlling bei der Neuausrichtung, Implementierung und dem Betreiben von Performance Management Systemen.

Von einigen Autoren wird bereits seit geraumer Zeit gefordert, dass sich das Fähigkeitsprofil von Controllern sowie ihr Aufgabengebiet und ihre Verantwortlichkeiten verändern müssen.[86] Aufgrund des im Rahmen des Performance Management Frameworks vorgestellten hohen Koordinations- und Kommunikationsaufwands kann davon ausgegangen werden, dass in Zukunft vermehrt Controller mit generalistischer Perspektive und ausgeprägten interaktiven Fähigkeiten benötigt werden. Ihre anspruchsvolle Aufgabe als interne Performance Management-Berater wird zunehmend konzeptionelle Fragestellungen wie jene der Strukturgestaltung sowie der Sicherung des Wissenstransfers umfassen.

Durch eine weitreichende Dezentralisierung von Aktivitäten des Performance Managements wird andererseits ein vermehrtes Controlling-Know-How bei Mitarbeitern in der

---

85 In der Praxis zeigt sich, dass einige Unternehmen mit einer sehr starken Konzentration auf finanzielle Indikatoren, wie z.B. der Ölkonzern Shell mit vier finanziellen Schlüsselindikatoren, sehr erfolgreich mit dieser Fokussierung sind.
Die vier wichtigen Indikatoren sind das Umsatzwachstum, der Marktwert, ein Indikator des Übergewinns sowie der ROI. Kurtzman (1997), S.3
Dem stehen Unternehmen gegenüber, die den Nutzen ihres Performance Management Systems mit mehreren Dimensionen der Leistungsmessung sehr hoch einschätzen. (Als Beispiele können Mobil Oil oder Analog Devices dienen.)

86 Lusch/Harvey (1994), S.101ff.; Cooper (1996b), S.20ff.; Can (1997), S.231f.; Fickert/Anger (1998), S.61; Weber/Schäffer (1999), S.8ff.
Barbera (1994) führt dbzgl. aus: „It is important that ownership reside in the appropriate area. […] In these cases, the management accountant's involvement is limited to setting some rules and prescribing some processes, and being involved in design issues to ensure system integrity." Barbera (1994), S.8

Linie aufgebaut, was zusätzlich durch das Vordringen von Gruppenkonzepten gefördert wird.

Mit diesen Schwerpunktverschiebungen können die Mitarbeiter des Controlling in Konkurrenz zu internen und externen Personen wie Unternehmensberatern, Mitarbeitern der Unternehmensentwicklung oder der internen Revision treten. Aufgrund ihrer Kenntnisse und Übersicht über Geschäftsvorfälle, Informationssysteme und interne Unternehmensstrukturen sind die Mitarbeiter des Controlling gefordert, vermehrt Führungsverantwortung zu übernehmen sowie frühzeitig Fehlentwicklungen zu erkennen und aufzuzeigen. Dadurch werden sie sich im unternehmensinternen Wettbewerb positionieren und einen wertvollen Beitrag zum Performance Management leisten.

Trotz der Vielzahl der in dieser Arbeit geäusserten Gedanken zur Gestaltung von Performance Management Systemen und den zukünftigen Rollenverteilungen in diesem Prozess, sollte nicht übersehen werden, dass Intuition auch weiterhin eines der wichtigsten Elemente des unternehmerischen Handelns und Erfolges bleibt.

Die in Scorecards und Cockpits abgebildeten Informationen können zu einer Versachlichung von Diskussionen führen, die Transparenz und Ergebnisverantwortung fördern sowie eine breitere Informationsbasis für Entscheidungen liefern. Aufgrund der grossen Ungewissheit zukünftiger Entwicklungen spielt aber die Intuition von Führungskräften eine bedeutende Rolle, die sich leider nicht in konkreten Informationen ausdrücken lässt.

Verzeichnisse

Abbildungen

Literaturverzeichnis

Aaker, D.A. (1998): Developing business strategies. New York, John Wiley & Sons. 5. Auflage.

Anthony, R.N. (1988): The management control function. Boston, Havard Business Press.

Anthony, R.N./Dearden, J./Govindarajan, C. (1992): Management control systems. Homewood, Irwin. 7. Auflage.

Argyris, C. (1992): On organizational learning. Cambridge, Blackwell.

Argyris, C. (1993): Teaching smart people how to learn. erschienen in Howard, R.: The Learning Imperative. Boston, Havard Business Press.

Argyris, C. (1998): Empowerment: the emperor's new clothes. Havard Business Review (May-June).

Argyris, C./Schön, D.A. (1978): Organizational learning: a theory of action perspective. Reading, Addison-Wesley.

Ashton, C. (1997): Strategic Performance Management. London, Business Intelligence.

Atkinson, A.A./Banker, R.D./Kaplan, R.S./Young, S.M. (1997a): Management Accounting. Englewood Cliffs, Prentice Hall. 2. Auflage.

Atkinson, A.A./Waterhouse, J.H./Wells, R.B. (1997b): A stakeholder approach to strategic performance measurement. Sloan Management Review (Spring).

Atkinson, H./Hamburg, J./Ittner, C. (1994): Linking Quality to Profits - Quality Based Cost Management. Milwaukee, ASQC Quality Press.

Babich, P. (1996): Brief history of hoshin kanri. http://www.tqe.com/qtehelp/hoshin

Bach, V. (1997): Rechnerunterstützung für den Entwurf von Geschäftsprozessen. St.Gallen, Dissertation der Universität St.Gallen.

Bacidore, J.M./Bodquist, J.A./Milbourn, T.T. /Thakor, A.V. (1997): The search for the best financial performance measure. Financial Analysts Journal (May/June).

Backhaus, K./Funke, S. (1997): Fixkostenmanagement. Erschienen in Franz, .P. / Kajüter, P.: Kostenmanagement. Schäffer-Poeschel. Stuttgart

Baeuerle, J.U./Gleich, R./Störk, A. (1998): Performance Measurement zur Projektsteuerung unter Einsatz von SAP R/3 bei der Siemens ElectroCom GmbH. Controlling (März/April).

Bair, J./Fenn, J./Bosik, D. (1997): Foundations of enterprise knowledge management. Gartner Group Strategic Analysis Report (7.4.1997).

Baisch, F. /Klopp, M. /Reising, M. (1998): Strategische Früherkennung im industriellen Mittelstand. Controlling (Juli/August).

Barbato, M./Collini, P. (1997): Measuring performance in a changing manufacturing system at FIAT. Seminar "EISAM Workshop on Manufacturing Accounting", Edinburgh, 11.-13.6.1997.

Barbera, M. (1994): Management accounting in 2004: an Australian perspective. IFA: A view of tomorrow management accounting in the year 2004 (September).

Barker, B. (1993): Value-adding performance measurement: a time-based approach. International Journal of Operations & Production Management (5).

Barnett, G.A. (1989): Communication of accounting information. erschienen in Siegel, G./ Ramanauskas-Marconi, H.: Behavioral Accounting. Cincinnati, South-Western Publishing.

Barrett, J.L. (1994): Process visualization. Information Systems Management (Spring).

Barth, R. (1992): Permanente Leistungsmessung. erschienen in Schulte, C.: Effektives Kostenmanagement: Methoden und Implementierung. Stuttgart, Schäffer Poeschel.

Bauer, G. (1995): OLAP im Information Warehouse Konzept. erschienen in Bullinger, H.J.: Data Warehouse und seine Anwendungen. Stuttgart, IRB Verlag.

Beischel, M.E./Smith, K.R. (1991): Linking the shop floor to the top floor. Management Accounting (US) (October).

Berrington, C.L./Oblich, R.L. (1995): Translating business reengineering into bottom-line results. Industrial Engineering (January).

Berry, A.J./Broadbent, J./Otley, D. (1995): Accounting systems and control. erschienen in Berry, A.J. / Broadbent, J. / Otley, D.: Management control. London, Macmillan.

Biel, A. (1996): Aufbau und Gestaltung eines Lean Controlling. Controlling (Januar/Februar).

Bierach, B. (1997): Kein Ersatz für Gespühr. Wirtschaftswoche (21).

Bisp, S./Sorensen, E. /Grunert, K.G. (1998): Using the key success factor concept in competitor intelligence and benchmarking. Competitive Intelligence Review (3).

Bittlestone, R. (1996): From performance measurement to performance management. http://www.fpm.com/script/UK/Sep96/rb6.html

Black, A. /Wright, P./Bachman, J.E./Davies, J. (1998): In search of shareholder value. London, Pitman.

Blake, C./Bourne, M./Pickthall, B. (1998): Panel Session zum Themengebiet Performance Related Pay.

Bleicher, K. (1991a): Das Konzept Integriertes Management. Frankfurt, Campus.

Bleicher, K. (1991b): Einführung in die allgemeine Managementlehre. St.Gallen, Vorlesungsunterlage Hochschule St.Gallen.

Bleicher, K. (1994): Strategische Anreizsysteme. erschienen in Riekhof, H.C.: Praxis der Strategieentwicklung. Stuttgart, Schäffer-Poeschel.

Boemle, M. (1995): Unternehmensfinanzierung. Zürich, Schweizerischer Kaufmännischer Verband. 11. Auflage.

Boisvert, H. (1994): A view of tomorrow: management accounting in 2004. IFA: A view of tomorrow management accounting in the year 2004 (September).

Booth, R. (1995): Process mapping. Management Accounting (UK) (March).

Booth, R. (1997): Performance Management: making it happen. Management Accounting (UK) (November).

Bosworth, R. (1996): The balanced scorecard at NatWest. http://www.fpm.com/script/UK/Sep96/rbos1.html

Brealey, R.A./Myers, S.C. (1991): Priciples of corporate finance. New York, McGraw-Hill. 4. Auflage.

Brecht, L./Legner, C./Muschter, S./Österle, H. (1998): Prozessführung mit nichtfinanziellen Führungsgrössen. Controlling (September/Oktober).

Brethenoux, E./Dresner, H./Strange, K./Block, J. (1996): Data warehouse, data mining and business intelligence: the hype stops here. Gartner Group Strategic Analysis Report (28.10.1996).

Brignall, S./Fitzgerald, L./Johnston, R. (1998): Accountants and improvement strategies: to be involved or not? Seminar "21st Annual Congress of the European Accounting Association", Antwerpen

Bromwich, M. & Bhimani, A. (1994): Management accounting pathways to progress. London, CIMA.

Brown, D. (1997): Using the balanced scorecard to link team and individual objectives with overall corporate goals. Seminar "Linking the balanced scorecard to strategy", London, 4./5.11.1997.

Brunner, J. (1998): Performance management & balanced scorecard. Survey Arthur Andersen Business Consulting

Brunner, J. (1999): Wertorientiertes Management. Seminar "Balanced Scorecards", Zürich, 28.1.1999.

Buess, R. (1996): Entwicklung eines Executive Compensation Systems für multinationale Pharmaunternehmen. Paper, vorgestellt im Rahmen des Doktorandenfachprogramms "Finanz- und Rechnungswesen"

Bühler, D. (1998): Performance measurement - an integrated approach to management steering systems. Seminar "Seminarunterlagen im Rahmen des Ausbildungsprogramms des Collège des Ingenieurs", St.Gallen, 6.10.1998.

Bühler, M. (1997): Data Warehousing - schneller, präziser und besser entscheiden. Unveröffentlichtes Arbeitspapier Arthur Andersen Business Consulting.

Bullinger, H.J./Fähnrich, K.P./van Hoof, A./Nostdal, R. (1995): Produktivitätsfaktor Information: Data Warehouse, Data Mining und Führungsinformationen im betrieblichen Einsatz erschienen in Bullinger, H.J.: Data Warehouse und seine Anwendungen. Stuttgart, IRB Verlag.

Bungay, S./Goold, M. (1991): Creating a strategic control system. Long Range Planning (3).

Butler, A./Letza, S.R. /Neale, B. (1997): Linking the balanced scorecard to strategy. Long Range Planning (2).

Can, K. (1997): Strategic Cost Management. St.Gallen, Universität St.Gallen.

Cartwright, G./Hogg, B. (1996): Measuring processes for profit. TQM Magazine (1).

Chamoni, P./Gluchowski, P. (1997): On-Line Analytical Processing (OLAP). erschienen in Mucksch, H. / Behme, W.: Das Data Warehouse-Konzept. Wiesbaden, Gabler.

Chatwin, H. (1995): Why do so many business performance measurement initiatives fail to live up to expectations?

Chiapello, E. (1996): Frantour. Schulungsunterlagen der HEC.

Chiapello, E./de Guerny, J./Jordan, H. (1996): Air Pérombia. Schulungsunterlagen der HEC.

Chiapello, E./Lebas, M. (1996): The Tableau de Bord, a French Approach to Management Information. Seminar "19th Annual Congress of the European Accounting Association", Bergen.

Chow, C.W./Kato, Y./Merchant, K. (1996): The use of organisational controls and their effects on data manipulation and management myopia. Accounting, Organisations and Society (2/3).

Clinton, B.D./Hsu, K.C. (1997): Linking manufacturing control to management control. Management Accounting (US) (September).

Coates, J./Rickwood, C./Stacey, R. (1993): Control and audit in management accounting. Oxford, Butterworth-Heinemann. 2. Auflage.

Coenenberg, A.G./Fischer, T.M./Schmitz, J. (1996): Qualitätscontrolling mit Kennzahlen. Controlling (November/Dezember).

Coff, R.W. (1997): Human assets and management dilemmas: coping with hazards on the road to resource-based theory. Academy of Management Review (2).

Cohen, H.B. (1998): The performance paradox. Academy of Management Executive (3).

Cole, R.E. (1985): Target information for competitive performance. Havard Business Review (May-June).

Colletti, J. (1996): A field guide to focused planning: Hoshin Kanri - American style. East Granby, CI, The Woodledge Group. 2. Auflage.

Collins (1994): English Dictionary. Glasgow, Harper Collins. 3. Auflage.

Conti, T. (1993): Building Total Quality Management. London, Chapman & Hall.

Cooper, R. (1995): The confrontation strategy. Boston, Havard Business Press.

Cooper, R. (1996a): The changing practice of management accounting. Management Accounting (UK) (3).

Cooper, R. (1996b): Look out, management accountants, part 2. Management Accounting (US) (June).

Copeland, T./Koller, T./Murrin, J. (1994): Valuation. New York, John Wiley and Sons. 2. Auflage.

Corporation, Mobil Oil (1996): USM&R Balanced Scorecard

Creelman, J. (1998): Building and implementing a balanced scorecard. London, Business Intelligence.

Crockett, F. (1992): Revitalizing executive information systems. Sloan Management Review (4).

Crowther, E.A. (1996): Corporate performance operates in three dimensions. Managerial Auditing Journal (8).

Curtis, C.C./Ellis, L.W. (1997): Balanaced Scorecards for new product development. Journal of Cost Management (May/June).

Daniel, D.R. (1961): Management information crisis. Havard Business Review (September-October).

Das, L. (1994): Performance measurement takes center stage at Johnson space center. Industrial Engineering (March).

Davis, R. (1997): Making it happen. Seminar "Konferenz der Foundation for Performance Measurement - UK". Internetadresse des Skripts der Präsentation: http://www.fpm.com/script/UK/Mar97/970304.htm

De Guerny, J./Mariani, J.M. (1986): Principes et mise en place du tableau de bord de gestion. Paris, Masson. 5.Auflage.

de Haas, M./Kleingeld, A. (1997): Consistent performance measurement thoughout the organisation: the Copytech case. Seminar "3rd International Seminar on Manufacturing Accounting Research", Edinburgh, 11.-13.6.1997

de Sitter, L.U./den Hertog, J.F./Dankbaar, B. (1997): From complex organizations with simple jobs to simple organizations with complex jobs. Human Relations (5).

Dean, E. (1996): Hoshin kanri. http://www.mijuno.larc.nasa.gov/dfc/hp.html

Dearden, J. (1987): Measuring profit center managers. Havard Business Review (5).

Dejung, K./Moog, M. (1998): Team- und Gruppenarbeit: Mit Geld allein nicht zu bezahlen. Personalführung (4).

Demeestère, R./Lorino, P./Mottis, N. (1997): Business process management: case studies of different companies and hypothesis for further research. Seminar "3rd International Seminar on Manufacturing Accounting Research", Edinburgh, 11.-13.6.1997.

Deschwanden, E./Baschera, P. (1997): Wir sind uns nicht zu schön, die Hände schmutzig zu machen. io Management (1/2).

Determann, L./Rey, M. (1999): Chancen und Grenzen des Data Mining im Controlling. Controlling (März).

Dhavale, D.G. (1996): Problems with existing manufacturing performance measures. Journal of Cost Management (Winter).

Dirks, P. (1997): Implications of new manufacturing environment for management control system design. Seminar "3rd International Seminar on Manufacturing Accounting Research", Edinburgh, 11.-13.6.1997.

Doerken, W. (1996): Teambeurteilung und Teamvergütung. Personal (4).

Dresner, H./Lett, B. (1996): Business Intelligence development strategies. Gartner Group Strategic Analysis Report (26.9.1996).

Drtina, R.E./Monetti, G.A. (1995): Controlling flexible business strategies. Journal of Cost Management (Fall).

Drucker, P. (1995): The information executives truly need. Havard Business Review (January-February).

Drucker, P.F. (1968): The practice of management. London, Pan Piper. 3. Auflage.

Drucker, P.F. (1992): The new society of organizations. Havard Business Review (September/ October).

DuPree, J.M./Hartgraves, A.H. (1987): How management accountants can communicate better. Management Accounting (US) (February).

Eccles, R. (1993): The new agenda for business performance measurement. Seminar "Konferenz der Foundation for Performance Measurement - UK", http://www.fpm.com/script/UK/Jun93/930603.htm

Eccles, R.G. (1991): The performance measurement manifesto. Havard Business Review (January-February).

Eccles, R.G./Pyburn, P.J. (1992): Creating a comprehensive system to measure performance. Management Accounting (US) (October).

Edvinsson, L. (1997a): Developing Intellectual Capital at Skandia. Long Range Planning (June).

Edvinsson, L. (1997b): "Leading Lights" Interview with Leif Edvinsson, http://www.co-i-l.com/coil/knowledge-garden/ic/edvinsson.html

Edvinsson, L. (1999): Human capital in transformation. Intellectual Capital Prototype Report, Skandia 1998.

Edvinsson, L./Malone, M.S. (1998): Intellectual Capital. New York, Harper Business.

Ellermann, G.J.W. (1998): Umsetzung von Kernkompetenz-Zielen durch Einbindung der Balanced Scorecard Methode in evolutionierenden Entscheidungsprozessmodell-Systeme. Seminar "Balanced Scorecards", Frankfurt a.M., 28.10.1998.

Ellram, L.M. (1994): Total cost of ownership in purchasing. Tempe, Center of Advanced Purchasing Studies.

Epstein, M.J./Manzoni, F. (1997a): Translating Strategy into Action. Management Accounting (US) (August).

Epstein, M.J./Manzoni, J.F. (1997b): The balanced scorecard and the tableau de board. Working paper Insead.

Ericsson/Skandia (1999): Words of value. http://www.ericsson.se/intellectualcapital/home.html

Euske, K.J. /Lebas, M.J./Chachula, S.K./Kilby, J.W. (1995): Characteristics of performance management systems in world-class production units. Seminar "18th Annual Congress of the European Accounting Association", Birmingham, 10-12.5.1995.

Ewing, P./Lundahl, L. (1996): The Balanced Scorecard at ABB Sweden - the pilot projects. Working paper.

Fay, C. (1990): Performance management as a strategy to increase productivity. Compensation and Benefits Management (June).

Feigenbaum, A.V. (1991): Total quality control. Ney York et.al., McGraw-Hill. 3. Auflage.

Fenn, J. (1996): Knowledge Management Defined. Gartner Group Research Note (29.August 1996).

Fenn, J. (1997): Knowledge management technologies. Gartner Group Research Note (20 June 1997).

Fetterman, R. (1997): The interactive corporation. New York, Random House.

Fickert, R. (1993): Management Accounting - quo vadis? Die Unternehmung (3).

Fickert, R. (1997): Key Account Controlling. erschienen in Fickert, R. / Meyer, C.: Moderne Ansätze in Rechnungslegung und Controlling. Bern, Verlag Paul Haupt.

Fickert, R. (1998): Customer Costing. erschienen in Fickert, R.: Customer Costing. Bern, Verlag Paul Haupt.

Fickert, R. /Anger, C. (1998): Accounting - Servicefunktion der Unternehmensführung. io Management (3).

Fickert, R. /Schedler, B. (1995): Trends im Management Accounting für Service-Unternehmen. erschienen in Fickert, R. / Meyer, C.: Management Accounting im Dienstleistungsbereich. Bern, Haupt.

Fink, C.A./Grundler, C. (1998): Strategieimplementierung im turbulenten Umfeld. Controlling (Juli/August).

Fischer, H. (1992): Konzerncontrolling und Frühwarnung. Seminar "Konzerncontrolling - 2.Forum zur Konzernführung", St.Gallen, 24.11.1992

Fisher, J. (1992): Use of nonfinancial performance measures. Journal of Cost Management (Spring).

Fisher, M. (1995): Producing a success model using the balanced scorecard. http://www.fpm.com/script/UK/Sep95/mf1.html

Fisher, S.G. (1997): The manager's pocket guide to performance management. Amherst, HRD Press.

Fitzgerald, L./Johnston, R./Brignall, S./Silvestro, R./Voss, C. (1991): Performance measurement in service businesses. Cambridge, CIMA.

Frehr, H.U. (1994): Total Qualtiy Management. erschienen in Masing, W.: Handbuch Qualitätsmanagement. Wien, Hanser.

Fries, S. (1994): Neuorientierung der Qualitätskostenrechnung in prozessorientierten TQM Unternehmen. St.Gallen, Dissertation Universität St.Gallen.

Fuller, J. (1997): Managing performance improvement projects. San Francisco, Pfeiffer.

Gaiser, B. (1997): How to integrate Balanced Scorecard into German Management control systems. Seminar "Symposium Balanced Scorecard", Stuttgart, 4.6.1997.

Gast, T. (1998): Performance Improvement - neue Ansätze zur Leistungssteigerung. Personalführung (8).

Geanuracos, J. (1998): The practical case: implementing balanced scorecards in British and American companies. Seminar "Strategy vs. action: How to translate your strategy into measures", 4.6.1998.

Geanuracos, J./Meiklejohn, I. (1993): Performance measurement: the new agenda. London, Business Intelligence.

Gibbon, J./Loughran, J./Robinson, J./Johnston, K. (1997): ABM in manufacturing: evolution or revolution? Seminar "3rd International Seminar on Manufacturing Accounting Research", Edinburgh, 11.-13.6.1997.

Giese, F. (1998): Erfahrungen, Ergebnisse und Auswirkungen nach einem Jahr BSC-Einführung. Seminar "Balanced Scorecards", Frankfurt a.M., 28.10.1998.

Gieseking, O./Senke, E./Roos, J. (1998): Leistungs- und erfolgsorientierte Vergütung von Team- und Gruppenarbeit. Personalführung (4).

Gleich, R. (1997): Performance Measurement. TBW (1).

Goldratt, E.M./Cox, J.F. (1992): The goal: a process of ongoing improvement. Croton-on-the-Hudson, North River Press. 2. Auflage.

Goold, M./Quinn, J.J. (1990): The paradox of strategic controls. Strategic Management Journal (11).

Goyder, M. (1993): New measures in tomorrow's company. Seminar "Konferenz der Foundation for Performance Measurement - UK", http://www.fpm.com/script/UK/Mar93/fs4.html

Gouillart, F.J. (1995): Transforming the organization. New York, McGraw-Hill.

Grady, M.W. (1991): Performance measurement: implementing strategy. Management Accounting (US) (June).

Grebenc, H./Geiger, U./Klotz, A./Maassen, H. (1989): Das Managementsystem der langfristigen operativen Planung und Kontrolle - Programme/Bereiche -. erschienen in Kirsch, W. / Maassen, H.: Managementsysteme. München, Verlag Barbara Kirsch.

Greer, O.l./Olson, S.K./Callison, M. (1992): Unterstanding the numbers. Management Accounting (US) (May).

Groffmann, H.D. (1997): Das Data Warehouse Konzept. Theorie und Praxis der Wirtschaftsinformatik (Mai).

Gürsching, R./Hummel, D./Langschied, J. (1997): COGITO - Das Controlling-Managementinformationssystem der DG BANK. erschienen in Mucksch, H. / Behme, W.: Das Data Warehouse-Konzept. Wiesbaden, Gabler.

Guthunz, U. (1994): Informationssysteme für das strategische Management. Wiesbaden, Gabler.

Hagel, J./Armstorong, A.G. (1997): Netgain – Expanding markets through virtual communities. Boston, Havard Business School Press.

Hahn, D. (1994): PUK - Controllingkonzepte. Wiesbaden, Gabler. 4. Auflage.

Hammer, M./Champy, J. (1993): Reengineering the cooperation: a manifesto for business revolution. London, Nicholas Breadley Publishing.

Harrington, H.J. (1991): Business process improvement. New York, McGraw-Hill.

Harris, K. (1998a): The Gartner Group cultural framework for KM. Gartner Group Research Note (1.12.1998).

Harris, K. (1998b): Will enterprise performance benefit from KM? Gartner Group Research Note (4.6.1998).

Hauenstein, P. (1998): Variabilisierung der Honorierung bei HILTI. Seminar "Leistungsorientierte und flexible Honorierungskonzepte", Zürich, 22./23.4.1998.

Hauer, G. (1994): Hierarchische kennzahlenorientierte Entscheidungsrechnung. München, Vahlen.

Hay, R.D./Lesikar, R.V. (1957): Business report writing. Homewood, Irwin.

Heerema, D.L./Rogers, R.L. (1991): Is your cost accounting system benching your team players? Management Accounting (US) (September).

Heilmann, M.L. (1996): Geschäftsprozess-Controlling. St.Gallen, Dissertation Universität St.Gallen.

Hermann, U. (1996): Ressourcenmanagement - Neuausrichtung der Kostenrechnung unter Berücksichtigung einer ressourcenbasierten Sichtweise auf die Unternehmung. Wiesbaden, Gabler Verlag.

Hilb, M. (1994): Integriertes Personal-Management: Ziele, Stategien, Instrumente. Berlin, Luchterhand.

Hilb, M. (1998a): Integrierte Strategien des Honorierungs-Managements. Seminar "Leistungsorientierte und flexible Honorierungskonzepte", Zürich, 22./23.4.1998.

Hilb, M. (1998b): Praxiserprobtes modernes Funktionsbewertungskonzept. Seminar "Leistungsorientierte und flexible Honorierungskonzepte", Zürich, 22./23.4.1998.

Hinterhuber, H. (1994): Paradigmenwechsel: Vom Denken in Funktionen zum Denken in Prozessen. Journal für Betriebswirtschaft (2).

Hoffecker, J./Goldenberg, C. (1994): Using the balanced scorecard to develop companywide performance measures. Journal of Cost Management (Fall).

Hoffmann, B. (1998): Balanced Scorecard - Ideale Ergänzung traditioneller Controllingmethoden. Seminar "Balanced Scorecards", Frankfurt a.M., 28.10.1998.

Hoffmann, W./Kusterer, F. (1997): Handelscontrolling auf Basis eines Data Warehouse und OLAP. Controlling (1).

Homburg, C./Hildebrandt, L. (1998): Die Kausalanalyse: Bestandesaufnahme, Entwicklungsrichtungen, Problemfelder. erschienen in Hildebrandt, L. / Homburg, C.: Die Kausalanalyse. Stuttgart, Schäffer-Poeschel.

Hope, T./Hope, J. (1995): Transforming the bottom line. London, Nicholas Brealey.

Horngren, C.T./Foster, G./Datar, S. (1994): Management Accounting. Englewood Cliffs, Prentice-Hall. 8. Auflage.

Horngren, C.T./Foster, G./Datar, S. (1997): Management Accounting. Englewood Cliffs, Prentice-Hall. 9. Auflage.

Horváth, P. (1996): Controlling. München, Vahlen. 6. Auflage.

Horváth, P. (1997): Lessons learned: balanced scorecard as the framework of your management system. Seminar "Strategy vs. action: How to translate your strategy into measures", Stuttgart, 4.6.1998.

Horvàth, P./Gleich, R. /Voggenreiter, D. (1996): Controlling umsetzen: Fallstudien, Lösungen und Basiswissen. Stuttgart, Schaeffer Pöschel.

Horváth, P./Kaufmann, L. (1998): Balanced Scorecard - ein Instrument zur Umsetzung von Strategien. Havard Business manager (5).

Horváth, P./Seidenschwarz, W./Sommerfeld, H. (1993): Kostenmanagement - Warum die Schildkröte gewinnt. Havard Business manager (3).

Hostettler, S. (1997a): Economic Value Added. St.Gallen, Dissertation Universität St.Gallen.

Hostettler, C. (1997b): Time Based Management und Controlling. St.Gallen, Dissertation Universität St.Gallen.

Hostettler, D. (1999): A Balanced Scorecard - a decentralized management sys-tem. Seminar "Balanced Scorecards", Zürich, 28.1.1999.

Hrebiniak, H.J./Joyce, W.F. (1986): The strategic importance of managing myopia. Sloan Management Review (Fall).

Hronec, S.M. (1993): Vital Signs. New York, Amacom.

Hunter, R. (1998): The whys and hows of knowledge management. Inside Gartner Group (4.2.1998).

Hyndman, N. (1997): Performance targets and executive agencies: some empirical evidence. Management Accounting (UK) (June).

Imai, M. (1986): Kaizen. New York, McGraw-Hill.

Imberman, W. (1995): Is gainsharing the wave of the future? Management Accounting (US) (November).

Institute, Nolan Norton (1991): Performance measurement in the organisation of the future. Boston.

Irvin, R.A./Michaels, E.G. (1989): Core skills: doing the right things right. McKinsey Quarterly (Summer).

Ishikawa, K. (1985): What is total quality control? Englewood Cliffs, Prentice-Hall.

Jeannet, F. (1998a): Build sustainable momentum. Seminar "Ambition Driven Strategy Workshop", Murten-Meyriez, 10.-12.5.1998.

Jeannet, F. (1998b): Strategic planning and controlling with the high performance business scorecard. Seminar "Ambition Driven Strategy Workshop", Murten-Meyriez, 10.-12.5.1998.

Johnson, H.T. (1992): Relevance regained. New York, Free Press.

Jones, C.R. (1994): Improving your key business processes. TQM Magazine (2).

Jordan, H./Fiol, M. (1997a): La Methode OVAR - Définir les indicateurs et élaborer le tableau de bord. Schulungsunterlagen des HEC. Jouy en Josas.

Jordan, H./Fiol, M. (1997b): La Methode OVAR - Elaborer les grilles et établir des plans d'action. Schulungsunterlagen des HEC. Jouy en Josas.

Jordan, H./Fiol, M. (1997c): La Methode OVAR - Définir les indicateurs dt élaborer le tableau de bord. Schulungsunterlagen des HEC. Jouy en Josas.

Juran, J. (1989): Juran on leadership for quality. New York, McGraw-Hill.

Juran, J.M. (1988): Juran's quality control handbook. New York, McGraw-Hill. 4. Auflage.

Juran, J.M. (1992): Juran on quality by design. New York, The New Press.

Kaiser, B.U. (1997): Das Data Warehouse-Konzept - Basis erfolgreicher Managementunterstützung bei BAYER. erschienen in Mucksch, H. / Behme, W.: Das Data Warehouse-Konzept. Wiesbaden, Gabler.

Kamiske, G./Kassebohm, K./Malorny, C./Schulze, H.D. (1994): Qualifizierung, Auditierung und Zertifizierung im Meinungsspektrum zertifizierter Unternehmen. erschienen in Riekhof, H.C.: Praxis der Strategieentwicklung. Stuttgart, Schäffer-Poeschel.

Kano, N. (1993): A perspective on quality activities in American firms. California Management Review (Spring).

Kaplan, R.S. (1995): Balanced Scorecard: Strategische Einbindung. Seminar "Mehr Rentabilität mit Activity-Based Costing und Balanced Scorecard", Zürich

Kaplan, R.S. (1990): Limitations of cost accounting in advanced manufacturing environments. erschienen in Kaplan, R.S.: Measures of manufacturing excellence. Boston, MS., Havard Business School Press.

Kaplan, R.S. (1997a): The Balanced Scorecard. Seminar "Balanced Scorecard Symposium", Stuttgart. 4.6.1997.

Kaplan, R.S. (1997b): Using the Balanced Scorecard as a strategic management system. Seminar "Linking the Balanced Scorecard to strategy", London, 4. / 5.11.1997.

Kaplan, R.S./Johnson, H.T. (1987): Relevance lost: the rise and fall of management accounting. Boston, Havard Business Press.

Kaplan, R.S./Klein, N. (1995): Chemical Bank: implementing the balanced scorecard. Havard Business School Case.

Kaplan, R.S./Norton, D.P. (1992): The balanced scorecard - measures that drive performance. Havard Business Review (January-February).

Kaplan, R.S./Norton, D.P. (1996a): The Balanced Scorecard. Boston, Havard Business Press.

Kaplan, R.S./Norton, D.P. (1996b): Linking the Balanced Scorecard to strategy. California Management Review (Fall).

Kaplan, R.S./Norton, D.P. (1996c): Using the Balanced Scorecard as a strategic management system. Havard Business Review (January-February).

Kaplan, R.S./Norton, D.P. (1997): Why does business need a balanced scorecard? Journal of Cost Management (May / June).

Karlgaard, R./Wallmann, S. (1997): SEC loves IC. http://www.forbes.com/asap/97/0407/038.htm

Katzenbach, J./Smith, D. (1993): The wisdom of teams. Boston, Havard Business School Press.

Kaydos, W. (1991): Measuring, managing and miximizing performance. Cambridge, Productivity Press.

Keegean, D.P./Eiler, R.G./Jones, C.R. (1989): Are your performance measures obsolete? Management Accounting (US) (June).

Kenett, R.S./Waldman, D.A./Graves, S.B. (1994): Process performance appraisal systems: a working substitute to individual performance appraisal. Total Quality Mangement (5).

Kennedy, C. (1998): The roadmap to success: how Gerhard Schulmeyer changed the culture at Siemens Nixdorf. Long Range Planning (2).

Kermally, S. (1997): Managing performance. Oxford, Butterworth-Heinemann.

King, R. (1988): Hoshin planning: the developmental approach. Methuen, GOAL/QPC.

Kinghorn, C.M., Ed. (1996). Information management performance measures. http://www.dtic.mil/dodim/naparpt1.html

Klaus, A. /Dörnemann, J./Knust, P. (1998): Chancen der IT-Unterstützung bei der Balanced Scorecard-Einführung. Controlling (November/Dezember).

Kleinsorge, P. (1994): Geschäftsprozesse. erschienen in Maning, W.: Handbuch Qualitätsmanagement. Wien, Hanser.

Klingebiel, N. (1996): Leistungsrechnung / Performance Measurement als bedeutsamer Bestandteil des internen Rechnungswesens. Kostenrechnungspraxis (2).

Klingebiel, N. (1997): Leistungscontrolling im New Public Management. Betriebswirtschaftliche Forschung und Praxis (6).

Kloot, L. (1997): Organizational learning and managment control systems. Management Accounting Research (March).

Knebel, H. (1995): Zur Beurteilung von Teamfähigkeit und Teamleistung. Personal (11).

Knöbel, U. (1995): Was kostet ein Kunde? Kostenrechnungspraxis (1).

Knöbel, U. (1997): Kundenwertmanagement im Retail Banking. St.Gallen, Dissertation Universität St.Gallen.

Kohn, A. (1993): Why incentive plans cannot work. Havard Business Review (September-October).

Kolks, U. (1990): Strategieimplementierung: ein anwenderorientiertes Konzept. Wiesbaden, Deutscher Universitäts-Verlag.

Koontz, H./Brandspies, R.W. (1972): Managing through feedforward control. Business Horizons (June).

Körmeier, K. (1997): Zielorientierte Festlegung von Geschäftsprozessen. Dresden, Technische Universität Dresden.

Kotter, J.P./Heskett, J.L. (1992): Corporate culture and performance. New York, Free Press.

Kreitner, R./Kinicki, A. (1992): Organisational Behaviour. Homewood, Irwin.

Kromrey, H. (1991): Empirische Sozialforschung. Opladen, Leske & Budrich. 5. Auflage.

Krüger, W. (1997): Implementierung als Kernaufgabe des Wandlungsmanagements. erschienen in Hahn, D. / Taylor, B.: Strategische Unternehmensplanung - strategische Unternehmensführung. Heidelberg, Physica.

Kübel, R. (1997): Ressource Mensch: Potentialfaktor - nicht Kostenfaktor. erschienen in Franz, K.P. / Kajüter, P.: Kostenmanagement. Stuttgart, Schäffer Poeschel.

Kurtzman, J. (1997): Is your company off course? Now you can find out why. http://www.pathfinder.com/fortune/1997/970217/fea.html

Langfield-Smith, K. (1997): Management control systems and strategy: a critical review. Accounting, Organizations and Society (2).

Lanning, M.J./Phillips, L.W. (1994): Building market-focused organisations. Atlanta, Schulungsunterlagen Dow Chemical Inc.

Lauzel, P./Cibert, A. (1962): Des ratios de tableau de bord. Paris, Enterprise Moderne d'Edition.

Lawrence, P.R./Lorsch, J.W. (1967): Organization and environment. Boston, Graduate School of Business Administration, Havard University.

Lebas, M. (1993): The challanges of the next decade. Seminar "ACODI Congress", Madrid.

Lebas, M. (1994a): Management accountants: the challanges for the next decade. IFA: A view of tomorrow management accounting in the year 2004 (September).

Lebas, M. (1994b): Managerial accounting in France: overview of past tradition and current practice. The European Accounting Review (3).

Lebas, M./Chiapello, E. (1996): The Tableau de Bord - a French Approach to Management Information. Seminar "19th Meeting of the European Accounting Association", Bergen

Lebas, M. (1995): Performance measurement and performance management. International Journal of Production Economics (9).

Lederle, O. (1997): Kapazitätsmanagement in Bankfilialen. St.Gallen, Dissertation Universität St.Gallen.

Lehmann, P./Ellerau, P. (1997): Implementierung eines Data Warehouse für die Verpackungsindustrie. Theorie und Praxis der Wirtschaftsinformatik (Mai).

Lev, B. (1997): The old rules no longer apply. http://www.forbes.com/asap/97/0407/034.htm

Lewin, K. (1947): Frontiers in group dynamics. Human Relations (1).

Lewis, T.G. (1994): Steigerung des Unternehmenswertes: Total-value- Management. Landberg/Lech, Moderne Industrie.

Linden, A. (1999): The data mining market: a classification. Gartner Group Research Note (19.2.1999).

Lingscheid, A. (1997): Prozessmanagement Stufe 2: Prozesse bewerten. erschienen in Horváth und Partner und: Qualitätscontrolling. Stuttgart, Schäffer Poeschel.

Lockamy, A./Cox, J.F. (1994): Reengineering performance management. New York, Irwin.

Lorino, P. (1997): Leistungssteuerungssysteme in Frankreich: Entwicklung und Wandel. Controlling (Januar/Februar).

Lusch, R.F./Harvey, M.G. (1994): The case for an off-balance-sheet controller. Sloan Management Review (Winter).

Lüthi, A./Krahn, A./Küng, P. (1998): Herleitung von Indikatoren zur Messung der Prozessqualität. Die Unternehmung (1).

Lynch, R.L./Cross, K.C. (1991): Measure up! Yardsticks for continuous improvement. Cambridge, Blackwell.

Maciariello, J.A./Kirby, C.J. (1994): Management control systems. Englewood Cliffs, Prentice-Hall. 2. Auflage.

Mackenzie, R.A. (1969): The management process 3-D. Havard Business Review (November-December).

Mackrodt, D. (1992): TQM - Total Quality Management im Vertrieb. erschienen in Zink, K.J.: Qualität als Managementaufgabe. Landsberg a.L., Moderne Industrie.

Maguire, B. (1993): Focussed performance: managing things that really matter. Industrial Engineering (November).

Malchione, R. (1993): Die richtige Leistung messen. erschienen in Oetinger, B.v.: Das Boston Consulting Group Strategie-Buch. Düsseldorf, Econ.

Malleret, V. (1989): Tableau de Bord. Skript an der HEC Paris

Malone, M.S. (1997): New metrics for a new age. http://www.forbes.com/asap/97/0407/040.htm

Malorny, C. (1997): Qualitätsmanagement. Spektrum der Wissenschaft (Januar).

Mandl, G. (1997): Unternehmensbewertung: eine praxisorientierte Einführung. Wien, Ueberreuter.

Marlière, A. (1997): Prozesskostenmanagement als Konzept des modernen Bank-Controlling. Seminar "Erfolgreiches Ertrags- und Kostenmanagement", Zürich, 24.9.1997.

Martinkovic, P. (1995): Financial control for creative process companies. Management Accounting (US) (March).

März, Th. (1997): Non-financial Scorecards: Anwendungen und Erfahrungen bei Siemens Nixdorf. Seminar "Performance Measurement", St.Gallen, 11.November 1997.

Maschmeyer, V. (1998): Management by Balanced Scorecard - alter Wein in neuen Schläuchen? Personalführung (5).

McDermott, R.E./Mikulak, R.J./Beauregard, M.R. (1993): Employee driven quality. White Plains, Quality Resources.

McGill, M.E./Slocum, J.W. (1996): Das intelligente Unternehmen. Stuttgart, Schäffer-Poeschel.

Mcmann, P./Nanni, A.J. (1994): Is your company really measuring performance? Management Accounting (US) (November).

Meissner, D. (1998): Zukunftsorientierte Geschäftsfeldsteuerung mit Balanced Scorecards. Seminar "Balanced Scorecards", Frankfurt a.M., 28.10.1998.

Mende, M. (1995): Ein Führungssystem für Geschäftsprozesse. St.Gallen, Dissertation Universität St.Gallen.

Merchant, K. (1990): The effects of financial controls on data manipulation and management myopia. Accounting, Organisations and Society (3).

Merchant, K.A. (1998): Modern management control systems. Upper Saddle River, Prentice Hall.

Merli, G. (1995): Breakthrough Management. New York, N.Y., John Wiley & Sons.

Mévellec, P. (1995): The French approach to abc. Australian Accountant (April).

Meyer, Chr. (1994a): How the right measures help teams excel. Havard Business Review (May-June).

Meyer, C. (1994b): Moderne Controlling-Ansätze für Dienstleistungsunternehmen. erschienen in Fickert, R. / Meyer, C.: Management Accounting im Dienstleistungsbereich.

Meyer, J.A. (1996a): Visualisierung im Management. Wiesbaden, Deutscher Universitäts-Verlag.

Meyer, R. (1991): Prozesskostenrechnung und Prozesskostenmanagement: Methodik, Vorgehensweise und Einsatzmöglichkeiten. erschienen in IUFA Horváth, & Partner: Prozesskostenmanagement. München, Vahlen.

Meyer, R. (1996b): Prozesskostenrechnung und Prozess(kosten)optimierung. erschienen in Berkau, C./ Hirschmann, P.: Kostenorientiertes Geschäftsprozessmanagement. München, Vahlen.

Michel, U. (1997a): Strategien zur Wertsteigerung erfolgreich umsetzen. erschienen in Horvàth, P.: Das neue Steuerungssystem des Controllers. Stuttgart, Schäffer-Poeschl.

Michel, U. (1997b): Unternehmenswert schaffen. erschienen in Horvàth und Partner: Qualitätscontrolling. Stuttgart, Schäffer-Poeschel.

Miller, G.J. (1992): Managerial dilemmas: the political economy of hierachy. Cambridge, Cambridge University Press.

Mills, D.Q. (1991): Rebirth of the cooperation. New York, John Wiley & Sons.

Mintzberg, H. (1991): The strategy process : contexts and cases. Englewood Cliffs, Prentice-Hall. 2. Auflage.

Mizuno, S. (1988): Management for quality improvement. Cambridge, Productivity Press.

Moon, P./Fitzgerald, L. (1996): Delivering the goods at TNT: the role of the performance measurement system. Management Accounting Research (7).

Morrow, M. (1992): Activity-based mangement. New York, Woodhead-Faulkner.

Mountfield, A./Schalch, O. (1998): Konzeption von Balanced Scorecards und Umsetzung in ein Management-Informationssystem mit dem SAP Business Information Warehouse. Controlling (September/Oktober).

Mucksch, H./Behme, W. (1997): Das Data Warehouse-Konzept als Basis einer unternehmensweiten Informationslogistik. erschienen in Mucksch, H. / Behme, W.: Das Data Warehouse-Konzept. Wiesbaden, Gabler.

Müller, A. (1996): Ganzheitliches Controlling. München, Oldenbourg.

Mulligan, P./Hatten, K./Miller, J. (1996): From issue-based planning to hoshin: different styles for different situations. Long Range Planning (4).

Muralidharan, R. (1997): Strategic control for fast-moving markets: updating strategy and monitoring performance. Long Range Planning (1).

Mutscheller, A.M. (1996): Vorgehensmodell zur Entwicklung von Kennzahlen und Indikatoren für das Qualitätsmanagement, St.Gallen, Disseration Universität St.Gallen.

Nanni, A./Dixon, R./Vollman, T.E. (1992): Integrated performance measurement. Journal of Management Accounting Research (4).

Neely, A./Mills, J./Gregory, M./Richards, H./Platts, K./Bourne, M. (1996): Getting the measure of your business. Cambridge, University of Cambridge.

Newman, G. (1999): The absolute measure for corporate excellence. http://www.fpm.com/articles/absolute.html

Nölken, D./Form, S. (1999): Implikationen moderner Informations- und Kommunikationstechnologien für das Controlling am Beispiel des OLAP. Controlling (Februar).

o.V. (1994): Companies worried about workforce performance. Industrial Engineering (June).

o.V. (1996): Balanced Scorecard für die Geschäftsleitung. Internes Diskussionpapier der schweizerischen Telecom.

o.V. (1997): Primary Research: The Balanced Scorecard. The Corporate Strategy Board (June 1997).

Oetinger, B.v. (1993a): Vision: Fernbild einer neuen Logik. erschienen in Oettinger, B.v.: Das Boston Consulting Group Strategie Buch. Düsseldorf, Econ.

Oetinger, B.v. (1993b): Von der Strategie zur Vision. erschienen in Oettinger, B.v.: Das Boston Consulting Group Strategie Buch. Düsseldorf, Econ.

Ostinelli, C./Toscano, G. (1997): Business process mapping and cost driver analysis. Seminar "3rd International Seminar on Manufacturing Accounting Research", Edinburgh, 11.-13.6.1997.

Otley, D. (1987): Accounting control and organisational behaviour. London, Heinemann.

Otley, D.T. (1980): The contingency theory of management accounting: achievement and prognosis. Accounting, Organisations and Society (5).

Palermo, R.C./Watson, G.H. (Hrsg.) (1993): A world of quality: a timeless passport. Milwaukee, WI, ASQC Quality Press.

Paul, J. (1998): Balanced Score Card (BSC) in einem internationalen Unternehmen - ein Projektbericht. Seminar "Balanced Scorecards", Frankfurt a.M., 28.10.1998.

Pautzke, G. (1989): Die Evolution der organisatorischen Wissensbasis: Bausteine zu einer Theoriedes organisatorischen Lernens. München, Dissertation Unisversität München.

Payne, L.W. (1996): Honeywell drives measurement thoughout the organisation. http://www.apqc.org/Practce4.htm

Peavey, D.E. (1990): It's time for a change. Management Accounting (US) (February).

Pederson, M./Lidgerding, G.A. (1995): Pay for performance in a service firm. Management Accounting (US) (November).

Pfaff, D./Weber, J. (1998): Zweck der Kostenrechnung? DBW (2).

Pfohl, H.C./Stötzle, W. (1997): Planung und Kontrolle. München, Vahlen. 2. Auflage.

Poe, V. (1996): Building a data warehouse for decision support. Upper Saddle River, Prentice Hall.

Prahalad, C.K./Hamel, G. (1990): The core competence of the cooperation. Havard Business Review (May-June).

Price Waterhouse Change Integration Team, Hrsg. (1996): The paradox principles. Chicago, Irwin.

Price Waterhouse, Hrsg. (1997): CFO - Architect of the cooperation's future. New York, John Wiley & Sons.

Probst, P./Gomez, P. (1995): Die Praxis des ganzheitlichen Problemlösens. Bern, Haupt.

Pultz, J./Payne, S./Egan, R./Girard, J./Smith, C. (1998): Remote network access technologies: addressing the need for higher speeds. Gartner Group Strategic Analysis Report (16.11.1998).

Pümpin, C./Geilinger, U.W. (1988): Strategische Führung. Die Orientierung

Quinn, R. (1997): How to apply a balanced scorecard for improved strategic performance. Seminar "Linking the balanced scorecard to strategy", London, 4./5.11.1997.

Quittenbaum, G. (1997): Geleitwort zur 2.Auflage. erschienen in Mucksch, H. / Behme, W.: Das Data Warehouse-Konzept. Wiesbaden, Gabler.

Rappaport, A. (1986): Creating Shareholder Value. New York, Free Press.

Raubach, C.J. (1996): Steigerung der Kosten-Leistungs-Transparenz durch Prozesskostenmanagement in der Industrie. St.Gallen, Dissertation Universität St.Gallen.

Reichmann, T. (1993): Controlling mit Kennzahlen und Managementberichten. München, Vahlen. 3.Auflage

Reichwald, R/Dietel, B. (1991): Produktionswirtschaft. erschienen in Heinen, E.: Industriebetriebslehre. Wiesbaden, Gabler. 4.Auflage.

Ripe (1999): Hostcount Statistics January 1999. http://www.ripe.net/statistics/hostcount.html#monthly.htm

Ripperger, A./Zwirner, A. (1995): Prozessoptimierung. Controlling (2).

Robbins, H. (1995): Why teams don't work. Princton, Peterson.

Roberts, H. (1994): Prozesskostenrechnung: The German answere to activity-based costing. Seminar "17th Annual Congress of the European Accounting Association", Venice.

Roberts, H. (1997): Implementation of management accounting systems. Seminar "20th Annual Congress of the European Accounting Association", Graz, 23.-25.4.1997.

Roberts, J. (1996): Key performance indicators manual. Melbourne, Pitman Publishing.

Rockart, J.F. (1979): Chief executives define their own data needs. Havard Buniness Review (March-April).

Roehm, H.A./Klein, D./Castellano, J.F. (1995): Blending quality theories for continuous improvement. Management Accounting (US) (February).

Rommel, G./Brück, F./Diederichs, R./Kempis, R.D./Kaas, H.W./Fuhry, G./Kurfess, V. (1995): Qualität gewinnt. Stuttgart, Schäffer-Poeschel.

Roos, G./Roos, J. (1997): Measuring your Company's Intellectual Performance. Long Range Planning (June).

Roos, J. (1996): Intellectual Performance: Exploring an Intellectual Capital System in Small Companies. Seminar "Knowledge in Action", Herzlia.

Röttger, B. (1994): Das Konzept des Added Value als Massstab für die finanzielle Performance. Kiel, Vauk.

Rucci, A.J./Kirn, S.P./Quinn, R.T. (1998): The employee-customer-profit chain at Sears. Havard Business Review (January - February).

Rummler, G.A./Brache, A.P. (1990): Improving performance: how to manage the white space on the organization chart. San Francisco, Jossey-Bass Publishers.

Rust, R.T./Zahorik, A.J./Keiningham, T.L. (1995): Return on quality: making service quality financially accountable. Journal of Marketing (4).

Rutledge, J. (1997): You're a fool if you buy into this. http://www.forbes.com/asap/97/0407/042.htm

Schäfer, A. (1998): Leere Worte. Manager Magazin (August).

Schaffer, R.H. (1974): Demand better results - and get them. Havard Business Review (November-December).

Schäffer, U. (1996): Controlling angesichts zunehmender Selbstabstimmung im Unternehmen? Kostenrechnungspraxis (6).

Scheer, A.W. (1994): Wirtschaftsinformatik. Berlin, Springer. 5. Auflage.

Scheer, A.W. (1996): Datawarehouse und Data Mining. Information Management (1).

Schick, A.G./Gordon, L.A./Haka, S. (1990): Information overload: a temporal approach. Accounting, Organizations and Society (3).

Schneider, C.E./Shaw, D.G./Beatty, R.W. (1991): Performance measurement and management. Human Resource Management (3).

Schneider, H./Knebel, H. (1995): Team und Teambeurteilung. Köln, Wirtschaftsverlag Bachem.

Schneiderman, A.M. (1996): Metrics for the order fulfillment process (part 2). Journal of Cost Management (Fall).

Scholz, R./Vrohlings, A., (1995): Prozess-Leistungs-Transparenz. Erschienen in Gaitanides, M.: Prozessmanagement: Konzepte, Umsetzungen und Erfahrungen des Reengineering. München, Hanser.

Schonberger, R.J. (1996): World class manufacturing: the next decade. New York, The Free Press.

Schreuder, H. (1995): Strategic monitoring at a chemical company. Long Range Planning (6).

Schulz, M. (1999): Armes Rechnungswesen. IT.Services. (1/2).

Schust, G.H. (1994): Total Performance Management. Stuttgart, Schäffer-Poeschl.

Schwanninger, M. (1994): Managementsysteme. Frankfurt a.M., Campus.

Scott, M.C. (1997): Value drivers: the manager's framework for identifying the drivers of corporate value creation. New York, John Wiley & Sons.

Seghezzi, H.D. (1996): Integriertes Qualitätsmanagement. München und Wien, Hanser.

Seidenschwarz, W. (1998): Controlling für Unternehmen mit beweglichen Strukturen. Controlling (4).

Senge, P.M./Klostermann, M. (1998): Die fünfte Disziplin: Kunst und Praxis der lernenden Organisation. Stuttgart, Klett-Cotta. 3. Auflage.

Shank, J.K./Govindarajan, V. (1993): Strategic cost management. New York, The Free Press.

Shonk, J.H. (1992): Team-based organisations. Homewood, Irwin.

Silk, S. (1998): Automating the balanced scorecard. Management Accounting (US) (May).

Simons, R. (1994): The role of management control systems in creating competitive advantage: new perspectives. Accounting, Organizations and Society (1/2).

Simons, R. (1995a): Control in the age of empowerment. Havard Business Review (March-April).

Simons, R. (1995b): Levers of control. Boston, Havard Business School Press.

Simons, R./Dávila, A. (1998): How high is your return on management. Havard Business Review (January-February).

Skandia (1994): Visualising Intellectual Capital in Skandia - Supplement to Skandia's 1994 Annual Report.

Smith, M. (1997): Putting nfis to work in a balanced scorecard environment. Management Accounting (UK) (March).

Smith, M. (1998): Linking balanced scorecard measures to employee performance and reward. http://fpm.com/script/UK/Jun98/Margaret%20Smith/980601.htm

Solutions, Renaissance (1997): Communication strategy. Schulungsunterlagen.

Spangenberg, H. (1994): Understanding and implementing performance management. Plumstead, Juta.

Spenger, R.K (1995): Mythos Motivation. Frankfurt, Campus. 9. Auflage.

Spreitzer, O. (1997): Controlling in prozessorientierten Organisationen. St.Gallen, Dissertation Universität St.Gallen.

Stalk, G. (1993): Zeit - Die entscheidende Waffe im Wettbewerb. erschienen in v. Oetinger, B.: Das Boston Consulting Group Strategie-Buch. Düsseldorf, Econ.

Stamm, M. (1998): Prozessmanagment und -controlling in der Kollektivversicherung. Seminar "Management Informationssysteme im Controlling", Zürich. 22.6.1998.

Steingart, G. (1998): Wo bleiben die Gefeuerten? Spiegel Spezial (9).

Steinmann, H./Schreyögg, G. (1991): Management: Grundlagen der Unternehmensführung. Wiesbaden, Gabler. 2. Auflage.

Stern, C.W./Burnside, W.H.L. (1993): Idee und Umsetzung. erschienen in Oetinger, B.v.: Das Boston Consulting Group Strategie Buch. Düsseldorf, Econ.

Stewart, G.B. (1991): The quest for value. New York, Harper Collins.

Stewart, T.A. (1997): Intellectual capital: the new wealth of organizations. New York, Doubleday.

Stivers, B.P./Covin, T.J./Green, N./Smalt, S.W. (1988): How nonfinancial performance measures are used. Management Accounting (US) (February).

Stonich, P.J. (1984): The performance measurement and reward system: critical to strategic management. Organizational Dynamics (Winter).

Stricker, G. (1997): Beobachtung fundamentalen Wandels von Unternehmen - Bausteine einer "Erfolgsmessung" organisationalen Lernens. St.Gallen, Dissertation Universität St.Gallen.

Strivers, B.P./Covin, T.J./Green, N./Smalt, S.W. (1998): How nonfinancial performance measures are used. Management Accounting (US) (February).

Studie G2R (1997): Data Warehousing Market Analysis - Communications Industry. Zusammenfassung der Ergebnisse.

Süssmuth-Dykerhoff, C. (1995): Intrapreneuring. St.Gallen, Dissertation Universität St.Gallen.

Suzaki, K. (1993): The new shop floor management. New York, Free Press.

Sveiby, K.E., Ed. (1988). The invisible balance sheet. Stockholm. Eigenverlag.

Sveiby, K.E. (1997a): "Leading Lights" interview with Karl-Erik Sveiby. http://www.co-i-1.com/coil/knowledge-garden/ic/sveiby.shtml

Sveiby, K.E. (1997b): The new organizational wealth: managing & measuring knowledge-based assets. San Francisco, Barrett-Koehler.

Sveiby, K.E. (1998a): The Balanced Scorecard and the Intangible Assets Monitor. http://www.sveiby.com.au/IntangAss/BSCandIAM.html

Sveiby, K.E. (1998b): The Intangible Assets Monitor. http://www.sveiby.com.au/IntangAss/CompanyMonitor.html

Sveiby, K.E. (1998c): Market Value of Intangible Assets. http://www.sveiby.com.au/IntangAss/MarketValue.html

Sveiby, K.E. (1998d): Skandia AFS Business Navigator. http://www.sveiby.com.au/IntangAss/SkandiaAFS.html

Sveiby, K.E. (1998e): The Swedish comunity of practice. http://www.sveiby.com.au/CompaniestoLearnFrom.html

Talley, D.J. (1991): Total quality management. Milwaukee, Quality Press.

Theuvsen, L. (1996): Business Reengineering. zfbf (1).

Thom, N. (1992): Organisationsentwicklung. erschienen in Frese, E.: Handwörterbuch der Organisation. Stuttgart, Schäffer-Poeschel.

Thompson, K.R./Hochwarter, W.A./Mathys, N.J. (1997): Stretch targets: what makes them effective? Academy of Management Executive (3).

Tregoe, B.B./Zimmerman, J.W./Smitz, R.A./Tobia, P.M. (1989): Vision in action - putting a winning strategy to work. New York, N.Y., Simon & Schuster.

Troillet, H. (1996): Performance measurement as an enabler for corporate transformation, St.Gallen, Diplomarbeit Universität St.Gallen.

Unisource/Uniworld (1997): Personal Performance Guide.

Vitale, M.R./Marinac, S.C. (1995): How effective is your performance measurement system? Management Accounting (US) (August).

von Krogh, G./Köhne, M. (1998): Der Wissenstransfer in Unternehmen: Phasen des Wissenstransfers und wichtige Einflussgrössen. Die Unternehmung (5/6).

Voyer, P. (1999a): Les Tableaux de Bord de Gestion. http://enap.uquebec.ca/tbord/WebTB-1/sld003.htm

Voyer, P. (1999b): Les Tableaux de Bord de Gestion. http://enap.uquebec.ca/tbord/WebTB-1/sld005.htm

Voyer, P. (1999c): Les Tableaux de Bord de Gestion. http://enap.uquebec.ca/tbord/WebTB-1/sld007.htm

Waldroop, J./Butler, T. (1997): Der Vorgesetzte als Coach. Havard Manager (2).

Walsh, P. (1995): Overcoming chronic TQM fatigue. TQM Magazine (5).

Walsh, P. (1996): Finding key performance drivers: Some new tools. Total Quality Management (5).

Walt, B. (1996): Leistungstransparenz und Leistungssteuerung im Overhead-Bereich. Seminar "Hidden Costs - erkennen und vermeiden", Weiterbildungszentrum der Universität St.Gallen. 21.11.96.

Weaver, C.N. (1991): TQM: A step-by-step guide to implementation. Milwaukee, ASQC Quality Press.

Weber, J. (1995): Prozesskostenrechnung und Veränderung von Organisationsstrukturen. erschienen in Männel, W.: Prozesskostenrechnung. Wiesbaden, Gabler.

Weber, J. (1996): Selektives Rechnungswesen - Schlankes Controlling durch selektive Führungsinformationen. Kostenrechnungspraxis (4).

Weber, J./Aust, R. (1998): Reengineering der Kostenrechnung - vom komplexen Rechensystem zur internen Dienstleistung. Kostenrechnungspraxis

Weber, J./Goedel, H./Schäffer, U. (1997): Zur Gestaltung der strategischen und operativen Planung. Die Unternehmung (4).

Weber, J./Schäffer, U. (1999): Controller auf dem Weg zum internen Berater. Kostenrechnungspraxis (2).

Weiss, E. (1998): Controlling-Anforderungen reorganisierter Unternehmen. Kostenrechnungspraxis (Sonderheft 1).

Welge, M.K./Amshoff, B. (1997): Neuorientierung der Kostenrechnung zur Unterstützuung der strategischen Planung. erschienen in Franz, K.P. / Kajüter, P.: Kostenmanagement. Stuttgart, Schäffer-Poeschel.

Wildemann, H. (1995): Kosten- und Leistungsrechnung für präventive Qualitätssicherungssysteme. München, TCW.

Willmann, H. (1994): Langenscheidts Taschenwörterbuch. Berlin, Langenscheidt. 8. Auflage.

Willson, J.D./Colfold, J.P. (1991): Controllership. New York, John Wiley & Sons.

Wilson, R.M.S./Chua, W.F. (1993): Managerial accounting. London, Chapman & Hall.

Winkler, M./Wolf, R. (1997): Prozessmanagement Stufe 1: Prozesse identifizieren und dokumentieren. erschienen in Horváth und Partner: Qualitätscontrolling. Stuttgart, Schäffer Poeschel.

WM-Data (1997): Geschäftsbericht 1996.

Wolfrum, U. (1993): Erfolgspotentiale. München, Dissertation Universität München.

Wolter, O. (1997): Prozessmanagement Stufe 3: Prozesse verbessern. erschienen in Horváth & Partner: Qualitätscontrolling. Stuttgart, Schaeffer Poeschl.

Womack, J.P./Jones, D.T./Roos, D. (1990): The machine that changed the world. New York, Rawson Associates.

Woodward, J. (1965): Industrial organization: theory and practice. London, Oxford University Press.

Wruck, K.H./Jensen, M.C. (1994): Science, specific knowledge and total quality management. Journal of Accounting and Economics (3).

Wunderer, R. (1997): Führung und Zusammenarbeit. Stuttgart, Schäffer-Poeschel. 2. Auflage.

Zachau, T. (1995): Prozessgestaltung in industriellen Anlagengeschäften. Wiesbaden, Deutscher Universitätsverlag.

Zdronwomyslaw, N. (1995): Kosten-, Leistungs- und Erlösrechnung. München, Oldenbourg.

Zimmermann, T.P. (1992): Vernetztes Denken und Frühwarnung. St.Gallen, Dissertation Universität St.Gallen.

Bitte beachten Sie die folgenden Seiten!